日本野球をつくった男——石本秀一伝

西本恵

JN192292

講談社

日本野球をつくった男——石本秀一伝

はじめに

石本秀一《いしもとひでいち》※1は広島商業で野球の基礎を身につけ、母校広島商業の監督に就任し、〝野球の鬼〟とも呼ばれ、四回の全国制覇を果たした。昭和初期に職業野球がスタートしたときには、大阪タイガースの監督として黄金時代を築く。

戦後は、原爆により廃墟と化した町、広島に〝カープ球団〟を誕生させる。広島カープ初代監督である。カープではいきなり経営難に直面するが、監督でありながら、存続の危機を〝後援会発足〟という妙案で乗り越え、〝たる募金〟という県民市民からよせられる浄財をもとに経営を立て直すという離れ技をやってのける。

球界には多くの人脈があり、西鉄ライオンズや中日ドラゴンズのコーチも経験した。本書後半に稲《いな》尾《お》和久《かずひさ》投手との因縁が登場するのも、そうした人脈による。傍らではプロ野球解説者として、また、新聞記者として野球を論じた。

昭和四七年（一九七二）には、野球殿堂入りを果たしている。

強い信念と執念の持ち主で、試合中ここぞという場面では、この上ない集中力で、勝利をたぐりよせた。勝機をもたらす瞬間をからだの全てで感じとることができた人間なのであろう。

近年の野球においても〝野球の神様〟もしくは〝ミラクル〟などという表現を見かけるが、石本にはたびたびそんな現象がおこった。

しかし、こうした〝神がかりでみえない野球理論〟をふりかざし、持論として貫き通すあまりに、周囲の人間に対して、勢いが余ることも少なくなかった。

まっすぐな気持ちで行動し続けるだけでなく、その思想が一般人の感覚には理解できないことも多く、つまずいたりもした。

この本では石本の素顔にふれ、本質に迫ってみたいと考える。野球を仕事としてではなく、人生の全てとして情熱をふりそそぎ、まっすぐに歩んだ八五年間の生涯を振り返りたい。

これから未来に向けて、野球界の発展と飛躍を願うならば、石本の生き方を回顧することで、今の時代に忘れかけている何かが見えてくるのではないかと信じるからである。

※1　石本の名前の読み方については、「しゅういち」「ひでいち」と二つの説がある。『カープ50年』（中国新聞）と『阪神球団のあゆみ』（阪神タイガース）では、共に「しゅういち」とされている。長男、剛也の証言でも、「昔はシュウやんと（愛称で）呼ばれていました」とのことで、「しゅういち」が本名であろう。ところがカープの草創期のメンバー取材で、その多くは「ひでいち」と呼ばれている。どこからともなく、俗称的にひでいちという、呼称が生まれ広まったのは確か。事実、昭和三六年に中日のヘッドコーチに就任したときの書類には、本人直筆で「ひでいち」と記されており、本人も「ひでいち」を用いた。晩年のテレビ、ラジオ番組の多くでは「ひでいち」と語られているものが多い。本書でも、石本の生きた時代に沿って、カープ草創期までを、「しゅういち」とし、カープ誕生後を「ひでいち」とする。なお、カープ時代には一時的に力《りき》三《そう》（昭和二七年頃）も出てくる。ごく短期間に改名がなされたが、根付くことはなかった。

目次

第一章　戦争と中等野球

川原ベースに熱中

明治三〇年（一八九七）一一月一日、石本秀一は、広島市の中心街から、東に約二キロ離れた小高い比治山《ひじやま》のふもとの段原東浦町《だんばらひがしうら》（現、広島市南区段原）にある石本家の長男として生まれた。

石本の父、和三郎は土建業を営んでいた。主に広島市内の橋梁《きょうりょう》工事に携わっていたが、当時、アジア大陸へ進出しようとする日本にあって、広島は特需にわいて景気がとてもよかった。そのため若い従業員を、秀一の付き添いにさせることもあった。

石本が生まれる三年前の明治二七年、日清戦争がはじまった。朝鮮半島の利権をめぐって、日本と清（中国）が対立したのだ。アジア大陸への軍事物資の輸送が必要とされたが、そのための格好の良港とされたのは広島の宇品《うじな》港である。これには理由があった。この年、国鉄山陽線が開通したため、広島までの鉄道による輸送が円滑になったからだ。あとは広島駅と宇品港を鉄道で結べば、大陸までの輸送が可能になる――。

こうして宇品線の工事が始まった。広島駅から宇品港までの五・九キロの区間を、たった一七日間の工事で完成させたのだ。いかにアジア進出への思いが強かったかがうかがえる。

いわば〝戦争路線〟である宇品線は、石本家から約四〇〇メートル東側に敷設されたが、沿線には広島陸軍被服支廠《ししょう》が建設されたり（大正二年〈一九一三〉）、広島陸軍兵器支廠が、広島市の中心部から移されたりもした（大正七年）。銃剣をはじめ軍服などの軍需物資が当たり前のように行き交ったのだ。

明治二七年は広島に大異変がおこった年である。

明治天皇が、七ヵ月間滞在されたのだ。また、翌年には皇后陛下も一ヵ月余り広島入りをされている。

広島城内の質素な建物の中の会議室が、天皇の御座所とされた。現在では、建物の石積跡のみ残るが、実際、明治天皇がここで寝起きされたことを知るのは、広島の人でさえ少ない。

同年九月二二日には、「第七回議会を広島に召集する」との詔書が公布され、急遽《きゅうきょ》、臨時の仮国会議事堂の建設が始まった。二週間あまりで建設し、一〇月一四日に竣工させている。ついに広島で国会が開催されることになった。

一五日から四日間の日程で、臨時軍事費予算案が可決された。広島は、着実に軍都として歩みはじめ、大本営がおかれ、日本の中心的な政治機能を果たしていくことになるのだ。

石本の生まれた段原東浦町は、人情のあふれる町だった。昭和初期には、石本家は土建業をやめて風呂屋を営んでいた。大正七年の米騒動にはじまり、昭和初期の金融恐慌による慢性的なインフレのあおりをうけて、土建業は成り立たなくなったのだ。

石本家が営む〝石本の風呂屋〟の隣には、〝石本の駄菓子屋〟があり、さらにその隣は、〝石本の化粧品屋〟があった。これらすべてが石本の親戚縁者で営まれ、現在でいう骨董《こっとう》通り※1に立ち並んでいた。今でも骨董品店をはじめ、酒屋や薬局、寿司屋などが連なり、当時の風情を残している。

石本は、明治三七年、地元の段原小学校に入学した。近所の小川にはハヤやフナが泳ぎ、自宅の裏には小高い比治山（標高七〇・九メートル）がある。遊ぶには、申し分のない環境だった。

石本はやんちゃで体の動きもよかった。当時、幟町《のぼりちょう》小学校まででかけては、よく学校対抗で野球の試合をやった。

「情熱と信念の野球人〜石本秀一物語〜」（『中国新聞』※以下「情熱と信念の野球人」）は「ハイカラなベース（野球のこと）に興じている」と伝えている。

幟町小学校との対抗意識は強かった。段原の親分格である石本は、当然ながらピッチャーだった。「自分よりも年長者を差し置いてである」（「情熱と信念の野球人」）

小学校同士の戦いだけではない。

石本家から広島駅方面に向かって、五分も歩けば猿猴川《えんこうがわ》にでる。この川をはさんで、しばしば野球対決が行われていたのだ。

広島の町は、当時、太田川《おおたがわ》を中心とした七つの川が流れ、三角州であったため子どもたちも川に親しんだ。潮の満ち引きによっては、子ども達の遊びまでが変わってくる。満ち潮のときは、護岸整備もほとんどされていないため、川土手の高さまで水位があがる。

夏になると子ども達は、川縁《かわべり》からそのまま〝どぼん〟と飛び込む。また、時おり小石を投げては水切りをして遊ぶ。段原の子どもが投げれば、これに負けまいと蟹屋《かにや》（広島駅近く、対岸の町名）の子ども達も投げ返す。

そうこうしているうちに引き潮になると、川の中心に大きな中州ができて、そこが格好の遊び場になるというわけだ。

そこで始まるのは、三角ベースである。

段原のガキ大将である石本と、対岸の蟹屋のガキ大将である山辺《やまべ》省二《しょうじ》の兄らが対戦する。猿猴川をはさんだ決戦となる。

山辺省二は、昭和五五年（一九八〇）にＲＣＣ中国放送の広島市広報番組である『サンデーひろしま』で「石本君は気が強く、川原ベースで負けるとバットを持って追いかけてきた」と語っている。

これらの遊びは、護岸工事がほとんどされていない昭和初期頃まで続いた。西蟹屋一丁目に住む小《お》笠原孝治《がさわらこうじ》が、子どもの頃にやった三角ベースはこうだ。

「引き潮になると川の両端に少し流れが残るものの、ほとんどが中州になり、大きな砂地ができあがる。段原側から打って、蟹屋側が守りになるが、潮の引き加減によっては、ホームベースと一塁は砂の上。でも、三塁は水の中になることもあった」

よって三塁ベースは、棒をたてて目印にした。三塁ベースで、走者にタッチをしようとすると、走者はそのタッチをかいくぐって、川にもぐるなんてこともしばしばだった。

石本のベースのメンバーには、段原小学校に通う小田大助もいた。小田とは後のことになるが、第一回全国中等学校優勝野球大会山陽大会[※2]の決勝戦、広島商業対広島中（現、広島国泰寺《こくたいじ》高校）の試合で対戦している。後述する〝アカシアの木〟にあてた伝説の二塁打を放った男である。

また、秀一の長男、剛也《たけなり》と友人であった松本團治《まつもとだんじ》は、「猿猴川沿いに〝官有無番地〟とよばれた空き地があった。そこで石本さんは、野球に熱中されていたのではなかろうか」と語る。猿猴川を挟んだ決戦は、さまざまな形で人々の記憶に残り、語り草になっている。

※1　広島電鉄の電停「段原一丁目」から〝中広宇品線（南三区）〟に抜ける通り。
※2　昭和二三年（一九四八）の学制改革により同年の第三〇回大会から全国高等学校野球選手権大会と改称。夏の甲子園。

広島商業へ

石本が小学校に入学した翌明治三八年のこと。広島市の周辺の動きがはげしくなっていた――日露戦争である。

二月、呉《くれ》から出発した軍艦三笠《みかさ》に乗り込んだのは東郷平八郎《とうごうへいはちろう》だった。三笠は、広島県の江田島《えたじま》や長崎県佐世保《させぼ》を経由して、朝鮮半島にむかった。

東郷平八郎率いる日本海軍の連合艦隊は、五月、対馬《つしま》海峡上で、当時、世界最強といわれたバルチック艦隊と激突した。軍艦数や兵器の能力でも不利といわれた日本軍だが、敵の軍艦の進行方向に対して、大きくターンをして砲撃を加えるという〝丁字戦〟でいどみ、劇的な大勝利をおさめた。ロシアは海上の戦力のほとんどを失うにいたった。

わきかえる日本国内。広島でも呉市の海軍工廠に勤める職工らは、旗行列をなして〝わっしょい、わっしょい〟と喜びあったという。

ところで、石本家は土建会社である石妻組《いしづまぐみ》を経営していた。これらに関する資料がほとんどないため、石本家の親族の証言から、その実態を探ることとする。

おおよそ明治時代の初頭に創業し、昭和の初期、石本秀一の長男、剛也が生まれる頃まで事業を行っていたと思われる。

昭和六年生まれの剛也が、幼稚園に通いはじめた頃のこと。

父、秀一は、野球のことで出たっきりで、家にはほとんど帰らない。剛也は、祖父、和三郎と一緒にいることが多かった。

「おーい、剛也、でかけるぞ」

和三郎は剛也をひょいと肩にのせ散歩に出る。

和三郎は、連れ出した剛也と、決まって行く場所があった。

今日は、猿猴橋《えんこうばし》、明日は、御幸橋《みゆきばし》に。さらに、鶴見橋《つるみばし》、京橋《きょうばし》にと出かける。広島の川にかかる橋を見てまわるのが日課だった。

剛也は、一四歳で被爆した後、広島に帰ることはなかったというが、今でも、当時の記憶は鮮明だ。

「来る日も来る日も橋ばかり見てまわるのだから、当然、土地勘も強くなった」という。

祖父、和三郎は、

「ここは、大丈夫だな」

と、橋の一つひとつを見てまわる。

――剛也の証言から、石妻組の専業はというと、おそらく橋梁工事を請け負っていたのであろう。

さらに、同族経営だったと思われる――親戚である石本孝則の記憶では「景気もよく、たいへんはぶりのいい会社だったと聞いたことがある。かなり前だが、実家で見た写真の中に相生橋《あいおいばし》の建設工事をしていたものがあった」というのだ。

取材期間中、その写真は発見できなかったが、相生橋は〝石妻組〟が工事をしたというのが親族の証言だ。

この相生橋が、〝原爆〟の投下目標とされたことは有名である。さらに戦後になるが、カープの本拠地である広島市民球場(現、旧広島市民球場跡地)へも一〇〇メートル余と近い橋なのだ。

こうしてみると相生橋や石本家、カープなどは不思議と因縁があると思えてくる――これは相生橋の歴史をたどるとなおさらだ。

相生橋は、広島市内中心部を流れる本川《ほんかわ》(太田川)にかけられ、現在、市の中心街である紙屋町《かみやちょう》地区から西側の十日市《とうかいち》地区を結んでいる。特徴は、その橋の中ほどで、川が、本川と元安川《もとやすがわ》に分流しており、中州（中島《なかじま》地区）ができている。よって、この紙屋町と十日市、中島の三地区を結ぶために、Tの字の形をしているのだ。

明治一〇年に建設された当時は、木造の橋であり、民営だったために通行料を払わねばならないという〝銭とり橋〟だった。しかし、コンクリート建築が時代の趨勢となり、昭和七年に銭とり橋に並んで、コンクリートの橋が架けられ、さらに中島地区にも渡れるようにしたためH字型橋となった。昭和一一年に銭とり橋が撤去されて現在のような形になった。

〝T字〟で生まれた橋の運命は悲惨だった。昭和二〇年八月六日未明、原子力爆弾〝リトルボーイ〟を搭載し、テニアン島から飛び立ったB29〝エノラ・ゲイ〟の標的になったのだ。

実際に投下されたのは、相生橋から約三〇〇メートル東南方向に離れた島病院の上空になるが、原爆の熱線とその爆風が、すさまじい破壊力となって川に反射し、相生橋は折れ曲がり、倒壊寸前になる——。

落橋こそまぬがれたものの全壊に近い状態になり、町の中心部である東西の交通が、断裂寸前に追い込まれてしまう。

この事態に立ち上がったのは、広島県呉市に本社がある増岡組《ますおかぐみ》だ。折れ曲がった橋桁《はしげた》の復旧工事にいち早く動き、広島の要衝を立ち直らせた。くしくも、この増岡組は、後に誕生するカープとは、とても関わりが深い。というのは、後の広島市民球場の建設工事を請け負った会社だからだ。

広島市民球場は、地元の財界一〇社で構成する二葉《ふたば》会《かい》とともに、増岡組も身銭を投じて完成させた。昭和三二年二月から五ヵ月間でなされた短期工事は、今でいうと奇跡に近いものであったろう。

家業には目もくれず、親の反対を押し切って、大正二年、石本秀一は広島商業に入学した。段原小学校に六年まで通ったが、これは石本らの学年から小学校の義務教育が四年から六年になったためである。その後、広島東高等小学校に通った後、広島商業に進学したというわけだ。

石本は、一六歳になっていた。

この頃、広島の中等野球界は、広島中の天下が続いていた。

当時は、東海大会に優勝した学校が日本一とされていたが、大正二年の東海大会を制覇したのは大阪商業だった。大阪商業は、優勝した勢いでもって中国四国遠征をおこない、強豪校をなぎ倒していくが、遠征の最後に対戦したのが、広島中だった。当然、大阪商業が凱歌をあげるはずであったが、なんとこの試合は大番狂わせで、10対2と広島中が大勝利をおさめたのだ。

広島中は強い——その名がひびきわたった。

ならば、広島中を倒せ——これが広島商業の目標になった。

石本は入学後、一年生ながらレギュラーになる。ファーストを守ったが、二年からは投手に転向した。

大正三年、石本は二年生になったが、広島商業は春におこなわれた呉実業野球大会に参加して優勝している。この実業団大会の参加チームは、「呉学友」、「製鋼」、「火薬」などで、一部には強いとされた呉海軍工廠の各部のチームもいた。それらを破って、石本にとっては初の優勝となった。

また、石本が幸運であったのは、大正四年から全国中等学校優勝野球大会が始まったことだ。その年、石本は三年生になり主力であった。右の上手から投げおろすダイナミックな投球フォームで、強打者を次々なぎ倒した。得意のボールは、アウトコースに沈むカーブ（アウトドロップ）だった。

石本は、猛練習を自らに課した――一七日間毎日、四〇〇球を投げ込むという練習だ。

何事にも研究熱心な石本は、明治時代の本を読んで、〝投げ込んで肩をつくる〟ことを覚えたという。

その結果、「一八日目には、肩が上がらなくなりました。それで一週間休みましたが、その次からはスピードがでましてね。しかも四〇〇球の一球一球をストライクゾーンめがけてねらったものですから、コントロールもよくなりました。四〇〇球投げましてね、ボールは一〇球もなかったですよ」（「情熱と信念の野球人」）と語っている。

石本は、コンクリートの壁の一ヵ所を狙って投げ続け、そこに穴をあけたという逸話に触発されたという。壮絶な練習でコントロールを身につけたのだった。

石本を擁する広島商業は、記念すべき第一回全国中等学校優勝野球大会の予選を順当に勝ち上がっていった。

当時は、広島中、広島商業、修道《しゅうどう》中学（現、修道高校）、明道《めいどう》中学[※1]、福山中学（現、福山誠之館《せいしかん》高校）、そして岡山県の関西《かんぜい》中学（現、関西高校）を加えた六校でトーナメントを行い、山陽大会とされた。現在のような一県一代表[※2]ではない。

福山中学などを下して勝ち上がった広島商業と、修道中学を破った広島中が、決勝戦で対戦することになる――。

決勝戦は、広島高等師範学校[※3]のグラウンドで行われた。

試合前のことだ。広島中の中心選手である広藤《ひろふじ》省三選手が、

「レフトのフェアグラウンドにつき出ている木がありますが、あれにあたったらどうしますか？」と主審につめよった。この広藤は、野球の〝オニさん〟の異名をとるほどの選手であり、広島の野球界を牽引した男だ。

広藤はかつての苦い経験を思い出していた。ハワイチームを招いて試合をした際に、自らの打球が、そのアカシアの木にあたり、なんとファウル扱いになったのだ。このときのトラウマがあった。

これには一理あると審判は、広島商業の主将を呼んで協議した。

二塁打にしましょう――。

結局、話し合いで特別ルール[※4]が決定する。このことが、伝説の名勝負を生むこととなった。

試合は予想通りの大接戦となった。

広島商業は、初回に死球押し出しで1点を先制したが、広島中は四回にホームスチールを決めて同点とした。その後は広島商業、石本投手と広島中、岸投手による緊迫した投手戦になった。八回裏を迎えたときのこと、広島中の攻撃はツーアウト満塁。

打席には、石本の幼なじみの小田大助がいた。一緒に〝川原ベース〟をやった段原小学校時代の同級生だ。

石本は、晩年のインタビューで「小田は大変、強気な男だった」と述べている。

「カーン」

小田大助の打球は、フラフラとレフト方向にあがった。レフトが落下点にはいった――。しかし、レフトには、あのアカシアの木がフェアグラウンドまでつき出している。球はその枝にあたってポトリと落ちた。

これは、事前にツーベースと決められていたから、ランナーはおどるようにホームイン。結局、この2点が決勝点となりゲームを決めた。石本は、打ち取っていただけに、くやしさはひとしおで、やりばのない恨みをかかえた広島商業ナインや応援団たち。

「くそー、このアカシアの木め。枯らしてしまえ」

その後、石本は「毎日、毎日、守衛の目を盗んでは小便をふりかけ、ついには枯らしてしまった」（「カープ十年史『球』」『読売新聞（広島版）』※以下、「カープ十年史『球』」）というのだ。このことは、後々まで〝アカシアの木の事件〟として、語り継がれることになる。

※1　当時、広陵や修道とならび、広島市三私立中学といわれた。大正一二年に廃校。

※2　一県一代表校になるのは、昭和三三年の第四〇回の記念大会が最初。

※3　現在の広島大学跡地。広島市中区東千田町一丁目。

※4　「タマの当った場所で二塁打・三塁打と決めていた」（『広島県高校野球五十年史』編集：広島県高等学校野球連盟）とも記されている。

全国大会への道

大正時代、野球の試合にのぞむ広島人の盛り上がりはすさまじく、賭けも盛んに行われた。

――大正五年八月五日の『芸備日日新聞』には、「腹を切る、首を掻《か》くといふ様な凄《すご》い所から西瓜《すいか》十瓢《びょう》に金十円といふのやら鉄拳で頭をブン殴る」など、さまざまな賭けが行われ、「正気の沙汰《さた》とも思へぬ程の浮かされ様」――とある。日本酒一升が二円の時代であり、賭けの金額も大きかったのだ。

また、大正一四年、夏の大会のこと――「広陵の勝利を信じ『負けたら腹を切ったらァ』といったいきがかりから、広島市観音町《かんおんまち》の三五、六歳のファンがやむなく切腹した有名な事件もこの頃であった」（「カープ十年史『球』」）――

あるいは「広陵が敗けたため広陵ファンが立腹し柳中（柳井《やない》中学、現柳井高校・山口県）選手に向けラムネ瓶等を投げ危険を感ずる状態となり、大会本部よりの指示で選手は直ちにピッチャープレートを中心に集まり周囲を警官で警備され無事退場する事ができた。このような険悪な状態に対し柳井のファンが怒り一時は柳井町民は広島市からの商品を買わないという不買同盟を作るまでに発展したといわれている」（『広陵野球史』）など、社会問題に発展することもしばしばであった。

当然ながら、広島商業と広島中の対立は過熱した。

みかねた広島商業の初代野球部長が、これではいかんと産業奨励館（現、原爆ドーム）内で昼食会を開いて、両チームの仲直りの宴を開いたりもしたという。

この両校の争いには、大学野球の早稲田大学や慶応大学までが参戦することになった。慶応大学が、広島中のレベルアップにコーチを送りこめば、かたや広島商業には、早稲田大学から市岡忠男《いちおかただお》（後、巨人総監督）や佐伯達夫《さえきたつお》（後、日本高等学校野球連盟会長）などがやってくる。まさに〝リトル早慶戦〟であった。

石本投手は、猛練習のかいがあってか全盛期を迎えていた。「早大からコーチに来ていた市岡忠男や加藤吉兵衛すら、その球を打つことができなかった」とある（「情熱と信念の野球人」）。

当時の石本のピッチングはすごかった。

大正三年一一月におこなわれた中国新聞呉支局主催の大会で、呉工廠造船と決勝を戦ったときのこと――。四回ノーアウト満塁のピンチを迎えた。

マウンドにいるのは石本。『広商校友会誌九号』から引用する。

「選手の杖とも柱とも思う石本投手は非凡の器である。直ちに伊藤を三振に葬り、ものすごきドロップをもて三浦の行なわんとするバントを不成功に終わらしめ、ついに彼を三振させ、ピンチヒッター市岡を投手ゴロにて打ち止め得たのである」

――「さらに技術練習だけでは、だめだ」とも考えたのではあるまいか。大会を前に、深夜一里半（約六キロ）も歩いて、山頂の「観音様」へお百度を踏むなど、精神修養に力を注ぎ始めたのもこのころだった――（「情熱と信念の野球人」）

石本はアカシアの木の怨念を内に秘めて、猛練習にはげんだのだろう。その願いは、ことのほか早く通じた。

大正五年八月四日、第二回全国中等学校優勝野球大会の山陽大会決勝戦は、前年と同じく広島中対広島商業で行われた。広島中、岸投手と広島商業、石本の先発でプレーボール。石本はこの日、三番を打った。広島中が一回表に1点を先制すれば、広島商業は、三回裏に追いつき、その後、少しずつ引き離し六回を終わって、4対1とリードした。おいすがる広島中は、八回に2点、九回に1点をあげてついに同点とした。

4対4で迎えた九回裏の広島商業の攻撃は、九番の島田がフォアボールで出塁し、一番の柚花が送りバント。二番の田川が倒れ、バッターボックスにたったのは、石本だった。一打出ればサヨナラの場面だ。

ここで、石本が放った打球は、セカンドを強襲した。しかし、二塁手の堀原が、これをなんとか押さえた。

しかし、次の瞬間、ドラマはおこった。セカンド堀原の目には、ファースト長岡と一塁側最前列で熱烈に応援していた大野団長（後、大野石油店主）が、かぶって視界に入る。

ここで堀原は、なんと団長にボールを放ってしまった。当然、悪送球になり、ランナーはホームイン――。幸運なサヨナラ勝ちとなった。

この日、広島商業の全国大会への扉は、石本のバットでついに開かれたのだ。

余談になるが、この試合は雨に見舞われたため、マウンド上の石本はボールが滑って仕方がない。するとユニホームのズボンのポケットに、手を入れてゴソゴソとやった。

なんと歯みがき粉を忍ばせており、滑り止めとして使っていたのだ。しかし、相手チームにばれて、抗議にあう――。

石本は、すかさず反対のポケットから、赤いルールブックを取り出してペラペラとやった。

「どこにいけんと書いてあるかいの。ええでしょうが……」

といって、とぼける始末。

これには、相手も引き下がるほかなかった。

当時は、まだロジンバッグが、アメリカ大リーグでさえも採用されていない時代※1である。日本球界において、ロジンバッグの先がけになった逸話であろう。

さらには、自分がきわどいコースに投げたボールでも、

「ストライクッ」

と大声で叫び、審判の判定を誘発したりする。これには、石本は〝こすい（ずるい）〟という批判もあったという。

さあ、全国大会だ――。

一回戦は19対4で、中学明善《めいぜん》（現、明善高校・福岡県）に快勝したものの、二回戦で、和歌山中学（現、桐蔭高校）に4対6と敗れてしまう。

このままではどの面《つら》さげて、広島に帰れようか――。

そのとき、たまたま、神戸一中（現、神戸高校）から練習試合の申込みを受けたからよかった。その試合に勝った勢いでやっと広島に帰ることができたのだ。

「大会で負けても、練習試合では勝って来い――いかにも負けずぎらい石本の、面目躍如とした談話だ」（「情熱と信念の野球人」）

大正六年、石本は、最上級生である五年生になり、第三回全国中等学校優勝野球大会は最後の大会となった。

宿敵、広島中と三度目の勝負を決するときがきた。準決勝で対戦し、接戦になりながら、3対2と勝利をおさめれば、決勝は、敗者復活戦で勝ちあがってきた広陵中学と対戦し、5対0で優勝した。

この日の石本のことを、対戦した山崎数信《やまさきかずのぶ》氏は、『広陵野球史』にこう語っている。

「なにしろ石本投手がすごかった。投げるたびに〝打ってみろ〟〝これでもか〟という声が聞こえてきた。広陵も練習が軌道に乗り自信があったが、石本一人にやられた感じだった。打撃、守備面では劣らなかったと今も思うが、バッテリーは大人と子供の差があった」

ただし、石本投手は一日四〇〇球の投げ込みを課していたためか、その反動がでたのはこの頃からだ。石本の剛速球にも陰りがみえはじめ、ついには、オーバースローからサイドスローの技巧派に転身している。

全国大会に駒をすすめた広島商業だが、当時、まだ甲子園球場は完成していなかったため、大会は鳴尾球場で行われた。

初戦の相手は、関西学院中《かんせいがくいん》（兵庫県）だった。石本投手は、サイドスローから変化球を交えながらかわすピッチングだったが、持ち前の俊足をいかして一番をかってでた。

石本は初回、いきなり出塁して二盗、三盗をきめた。手堅くバントで先取点をあげ、その後も足とバントで3点をあげたものの、ジリジリと追い上げられ、結果、3対6で敗れている。

有終の美は飾ることができず、一回戦で敗退した。

※1　「1925年に使用が認められる」（『球技用語事典』不昧堂出版）。

花の大学野球を目指す

華やかだった石本秀一の広島商業での五年間は終わった。広島商業は、かねてから早稲田大学の指導を受けていたため、石本自身は、早稲田の門戸をたたくのが流れであったろう。

当時、早稲田の野球に対する考え方は、石本の目指す野球にかなり近いものであったと想像できる。

早稲田の野球の創始者である飛田穂洲《とびたすいしゅう》の著書『熱球三十年』には、

――呼吸も相通ずれば、手も触れ合う。そこに自然の情愛がわくし、物質的利害関係がないために、怒罵《どば》叱責されても、練習がすめば互いに忘れてしまい、不快さが残らない。だから、学校教師と生徒の関係のごとく――

あるいは、

――君は本当の早稲田野球部精神というものをまだ知っていない。死ぬまでやるのが早稲田の選手なんだ――

などとある。

この早稲田の〝飛田野球〟の考え方に石本が共鳴しても不思議ではない。広島商業の、全員野球で相手に立ち向かい、全身全霊を込めて一つのプレーに集中して戦う、こういう点において近いものであったといえよう。

しかし、慶応大学に鞍替えして受験するのである。

「卒業を前に、慶応大学からスカウトを受けたのが波乱のきっかけだった」（「情熱と信念の野球人」）という。

後のことであるが、石本の長男、剛也は、「慶応大学の応援歌のレコードを大切にもっていた」。「野球の技術的な理論としては、慶応の腰本寿《こしもとひさし》を崇拝していたと思います」と語っている。

この腰本こそ、慶応大学野球部の生みの親であり、野球を技術から論ずることができた人間である。

結局、石本は慶応大学を受験する。

こうした動きに怒ったのは、早稲田大学の野球部の首脳陣だった。慶応大学に進学[※1]した石本に、わが恩を忘れたのかといわんばかり、連日、石本を責め立てる。

完全に疲れきった石本は、東京から逃げるように、大阪にたどりつくのである。そして、以前から勧誘のあった関西学院大学に逃げ込むように入学した。

しかし、せっかく入った関西学院大学も一年でやめてしまう。

※1　慶応大学の試験に合格できなかったので、関西学院大学に行ったという説もある。

満州へ

野球から離れてしまった石本秀一は、目標を失ったのか、糸の切れた凧《たこ》のような日々を送るのだった。

広島に帰り、呉市の海軍工廠の砲熕《ほうこう》部に勤めたりした。また、突然、恋に目覚める。父、和三郎は家を貸していたが、そこに住む幼なじみでもある下岡サワヨと恋に落ちてしまう。

これには、父、和三郎は大反対——。

当時、中国大陸への政策が盛んであったため、サワヨを連れて、駆け落ち同然で大連に渡った。サワヨは、石本の最初の妻であった。

そこで、大正八年、石本が二二歳になる年のこと。三井物産庶務部に勤務するようになる。当時、日本の企業が集まって、大連実業団のチームを結成していたが、そこから誘われ、石本は再び白球を手にする。

最初の試合は、なんと本土から遠征してきた慶応大学だった。石本は六番を打ち、マウンドに立った。石本投手、大陸でのデビュー戦である。

肩を壊してからというもの、石本の球は、全盛期のスピードはなかった。ひょろーと投げ込むボールに、慶応側のベンチからは、大したことはないの——といわれる始末。

大連商業ナイン（実業団球場にて・大正12年9月撮影）。石本は中の列の中央。『大商』（大連商業学校同窓会）より（所蔵：増田功）

しかし、試合が始まってみると、石本の球は全く打てない。

この試合を戦った高須《たかす》一雄《かずお》（後、南海初代監督）は、

「石本君のヒョコヒョコと投げ込まれるアウトドロップに調子が合わず、あせればあせるほど、結果は物笑いになるようなしまつであった」（「情熱と信念の野球人」）と語っている。

3対1、ゲームセット――。

石本の頭脳的なピッチングで、因縁のある慶応大学に勝利をおさめた。慶応大学ナインは遼東のホテルで、悔しさのあまり涙したという。

大陸で野球に復帰した石本は、大正一〇年から、大連商業の監督（コーチの年もあり）を務める。そして、いきなり中等学校優勝野球大会の予選大会で優勝させるのだ。さらに大正一二年もである。

結果、大連商業は満州代表として、全国中等学校優勝野球大会に出場を果たし、本土にやってきている。

しかし、この後、さまざまなことが石本に降りかかる。

妻、サワヨとの間に子どもを授かったはいいが、二日後に亡くなってしまう。さらに、父、和三郎が大怪我をする。建設工事現場で、レールが背中に落ちてきたのだ。

シュウイチ、[※1]シキュウカエレ――

これにより、大正一二年九月、石本はついに大連から広島に帰る。さらに、本土に帰るや否や、駆け落ちまでしたサワヨとは、別れてしまう。

この頃の石本は、野球はおろか、仕事や家庭においても、しっかりと腰をすえることができなかった。野球に打ち込んだのもつかの間で、次々に事件が起こり、揺れ動きながら生活の根をおろすことができなかった。

唯一やりとげたことといえば、大連商業を満州の代表として、凱旋したことであろう。大会の歴史の中で〝大陸からの甲子園〟（当時は、鳴尾球場）に出場した最初の監督になった。この時の大連商業は、全国大会ベスト4という輝かしい成績を残している。

※1　4ページ※1参照。この時期は「シュウイチ」と呼ばれていた。

第二章　広島商業の黄金時代を築く

大阪毎日新聞記者をしながら、広島商業監督に

大正一二年（一九二三）九月、広島に帰った石本は大阪毎日新聞広島支局に就職する。現役の野球選手としては退くことを決め、記者として第二の人生を歩みはじめる。二五歳のときのことだ。

毎日新聞広島支局は、広島市の中心街である紙屋町の交差点の角にあった。[※1] 支局員は五人程度なので、一人の記者で多くのクラブを担当しなければならなかった。石本が担当したのは税務署や商工会議所、師団司令部などであった。野球やサッカーをはじめ、柔道や剣道などの試合も取材した。石本は「二人前ほど働いたような気がします」と「情熱と信念の野球人～石本秀一物語～」（『中国新聞』）で語っている。

何事も努力を惜しまない石本のことである。みるみるうちに敏腕記者として成長していった。「慣れないながらも、見よう見まねで一生懸命取材をしていたのだろう」とは長男、剛也《たけなり》の話である。さらに剛也は、「政治記者をさせてもらったことが、本人にとって、最大の収穫であったと思う」と語っている。世間の風聞にさらされながら、ペンを走らせる毎日で、事の起こりから、過程、その顛末《てんまつ》までを見届けていく力――いわゆるモノを見る目を身につけていったのだ。石本本人は「広島で起こった贈収賄事件の手がかりをつかんだのが大手柄だった」と語っているが、時代を見抜く、するどい眼力を持つようになった。

こうして記者生活が始まった石本だが、野球から離れることができたのであろうか――当然ながら、できるはずはない。

大連から帰ってきて三日目のことだ。母校の広島商業の試合を観戦するが、そのことが、再び野球

の世界に身をおくきっかけになった。この近県野球大会で広島商業は、松山商業（愛媛県）に0対1[※2]で敗れてしまう。

まず、気迫に欠けたその戦いぶりが、石本にとって気に入らなかった。

この頃、広島県下の中等野球は、大きく変わっていた。名門、広島一中（広島中改称）は、野球禁止令がだされ、部の活動を休止していた時期である。そこで、広島の中等野球の勢力図に変化をもたらしたのは、広陵中学だった。

満州遠征（大正12年7月8日から23日）。長春満鉄倶楽部前にて。（『広陵野球史』より）

広陵中学は、広島商業に先がけて満州遠征を行い、経験をつんだ。このことは、大正二年卒業で満鉄に勤める広陵ＯＢ松富保明氏から、当時の鶴虎太郎《とらたろう》校長に、無賃のパスを支給しますからと提案されて、実現したものだ。

広陵中学としては願ってもないチャンス。多くの実戦をこなすことで成長できると考え、大正一二年七月八日から二三日まで、一六日間の遠征にでかけた。

後に記すが、広島商業のアメリカ遠征が実現するのは、昭和六年のことであるから、海外遠征においては、広陵中が先陣をきったことになる。

広陵中にとってこの遠征は、「今にたとえるならば世界一周にも匹敵し得る快挙であった」と『広陵野球史』に記されている。

こうした広陵中の台頭があったが、勢力あらそいが問題ではなかった。石本は、母校、広島商業の後輩たちの気力がない戦いぶりが情けなかったのだ。

「私に監督をさせていただきたい――」

自ら監督を申し出て、猛練習に挑んだ。

選手時代から抜群のバットコントロールの持ち主である石本は、ノックの鬼になり、火のでるような猛烈な打球をあびせた。しかし、全ての選手にそうしたのではない。石本は、選手個々の能力をみて、守備範囲の狭い選手には、それに合ったノックを行い、少しずつ守備範囲を広げていった。

今日は、ここまでは捕らんといかん――。

明日は、ここまでじゃ――。

「本物の打球のような重みがあった」（「情熱と信念の野球人」）とは、当時捕手だった杉田俊雄の話である。現状のレベルをみつめ、さらに個々の技術を向上させるべく、自らのノックバットで、選手に向き合った。

投手である浜井武雄には、一日二五〇球の投げ込みを課した。これは、石本自身が投げ込みで肩をつくった経験からであろう。当初、軟投派の浜井であったが、みるみるうちに速球派に成長していった。

大正一三年の夏の全国大会に臨むにあたり、広島商業は、佐伯達夫（後の日本高等学校野球連盟会長）から、浜井は「当大会唯一の良投手」（「情熱と信念の野球人」）とまで評価された。

予選の山陽大会にのぞむ広島商業にとって、一番の強敵は広陵中だった。縄岡修三投手率いる広陵中と準決勝で対戦し、1対0の僅差で勝利をおさめた。これではずみをつけた広島商業は、決勝は山口中だったが、危なげなく8対1で快勝し、甲子園に駒を進める。

この年の大会は魅力的だった。というのも、第一〇回全国中等学校優勝野球大会は、鳴尾球場から甲子園球場に会場を移して行われた最初の大会だったからだ。

石本は広い甲子園球場での戦いとあって、あらゆることを想定していた――あの広さに対応するには、広島商業のグラウンド※3では狭い。おまけに三角形のグラウンドでは外野の練習ができたものではない。そこで西練兵場のグラウンド（現在の広島県庁）を借りて練習に励んだ。小石のあるデコボコのグラウンドにもかかわらず、抜群のノックを浴びせ、甲子園に備えた。

さらに、台屋町《だいやちょう》※4にある青年会館で合宿をさせた。このとき何を思ったか、疲労防止のためといって、風呂に入らせないこともあったという。現代のプロ野球で投手の疲労箇所である肩の熱をとる〝アイシング〟などは一般的であるが、この時代から石本は、独自のアイデアで体調管理に気を配った。選手が裸で寝ないように見てまわったりもした。

まだ、野球における技術指導はおろか、練習方法や運動選手の体調管理などが確立されていない時代である。しかし、石本は、これぞと思うものに関しては、独自の理論で実践したのだ。

甲子園大会では、二回戦からになったが、和歌山中を4対2で破った。三回戦は、第一神港《しんこう》商業（現、神港高校）を13対10で下し、勢いをつけた広島商業であるが、準決勝は、なんと前年まで自らが育てた大連商業であった。大陸（満州）からの代表だったのだ。三回裏に3点を先制し、着実に追加点をあげた広島商業は、七回を終わって5対2とリードした。しかし、石本が仕込んだ粘り強さであろうか、追いすがる大連商業は八回表に3点を入れ、九回表には、ついに逆転を許してしまう。しかし、粘る広島商業は、九回裏に同点においつき、6対6で延長にもつれこむ。

しかし、一二回裏、大連商業は力尽きた。広島商業が1点をあげて、サヨナラ勝ち——。

この時対戦した大連商のレギュラーメンバーの九人中八人が、前年まで石本に育てられた面々だった。広島商業にとっては、石本の攻め手を知るメンバーとあって、やりにくさもあったろう。しかし、かつての教え子たちと、一年間育てたチームでもって、互いにベスト4で肩を並べるとは、石本の指導力の高さをみせつけた一戦になったのではなかろうか。

決勝戦は、強敵、松本商業（現、松商学園高校・長野県）だったが、八回裏に一挙3点をあげ、3対0のシャットアウトで下し、ついに優勝した。

栄えある甲子園球場でひらかれた最初の大会、そして記念すべき第一〇回目の大会で、はじめて広島県が手にした栄冠だった。関西までしか来たことがない優勝旗が中国山脈をこえて広島にやってくることに——。初ものづくしの栄光を、広島県民が手中におさめるのだった。

優勝メンバーの凱旋は大正一三年八月二一日のことだった。広島駅の出迎えから大騒ぎ。バンザイ、バンザイと歓喜の渦。この中には、数日前に熱戦を繰り広げた広陵野球部も加わっていたというから、なんとも美しい。広商びいきも広陵びいきも、この日ばかりはお祭りムードで、わっしょい、わっしょいのちょうちん行列がはじまった。

約一万人にものぼる人出が、必勝祈願のしゃもじや、のぼり旗をふりふり行進する。

広島商業の選手は、一躍町の人気者になった。

この優勝を機に、石本は、記者に専念する。

この優勝させるまでの間のことであるが、石本は、新聞記者をしながら監督をしており、二足のわらじをはいたのだ。

かたや、原稿の締め切りを守らねばならず、時間に追われる記者生活。かたや、じっくりと時間をかけて選手を育てなければならない監督生活。この二律背反するものを、どうやって両立させるか——。

これには、石本は知恵をしぼった。

悩んだ挙句、生み出した結論としては、

「オートバイで走りまわれば、できる——」

だった。

「よし、オートバイだ。オートバイを買おう」

石本は、当時、広島では珍しいオートバイを買って、仕事と野球の両立をはかったのだ。

取材をして原稿を書いて、練習時間の午後三時頃になれば、広島商業のグラウンド（現、南竹屋町）にかけつけた。

広島の町は官公庁をはじめ、主要な行政機関は、おおよそ広島の三角州の東西南北、約一〇キロ内に集中しており、これらが、石本の取材エリアだった。この地の利をいかせばよい。ペンと手帳を片手に、バットをバイクにつんで走り回れば、全てがうまくいくじゃないか——と、石本はこうよんだのだ。

「何事も計算して、効率よくなるよう考えて行動する人ですから、動きはよかったのだと思います」

と、長男の剛也は語る。が、しかし、試合などが重なり、どうしても原稿を書く時間がとれないときはこうだ。

――広商の対外試合が終わると、指揮をとっていた石本は、事務室へやってきて、支局へ電話。原稿は下書きもなく、いきなり試合の記事をペラペラと送り、それが実に名文だったそうだ。広島商業の教員だった山田信蔵の証言だ――（「情熱と信念の野球人」）。

※1　昭和六年当時の住所としては、広島市研屋町《ときやちょう》七十五番地。
※2　文献によっては、1対3で敗れる、ともある。
※3　明治三五年から昭和九年まで広島市竹屋村（現、広島市中区南竹屋町）にあった。センターの守備位置が浅く〝三角グラウンド〟〝油揚げグラウンド〟などと呼ばれた。
※4　現在でいう広島市南区京橋町、的場町一丁目付近。

再び広島商業監督に

石本の退任後、広島商業は、なかなか勝てなくなった。

翌大正一四年の夏の大会は準決勝で、新興勢力である柳井中と対戦した。初回に一挙9得点をあげながらも、15点を入れられ逆転負けを喫した。

柳井中は、決勝で広陵中を下して、みごと甲子園出場を果たす。

翌大正一五年の第三回春の選抜大会では、広陵中が全国優勝を果たす。

さらに広陵中の快進撃は続き、昭和二年には春の選抜、夏の選手権ともに準優勝とめざましい飛躍をとげた。全国制覇こそ、広島商業に先をこされたものの、黄金時代をつくったという意味では、広陵中が先行したのだ。

めざましい広陵中の台頭を尻目に、広島商業は、熱狂的な支援を続けた後援会も新旧の派閥が生まれ、ついには消滅するという事態になった。

「このままでは、広島商業は野球どころではなくなる」

昭和三年、石本は再び母校、広島商業の監督に就任する。しかし、一度、崩壊したものを建て直すのは、並々ならぬ情熱を持たねばならぬ。加えて、確固たる思想も必要であろう。しかし、野球部の現実はというと——

一、二、三年の低学年が大半で、体も相当小さかった。

「大正一三年の全国制覇のときと同じ練習をしたのでは、病院行きが続出するのではなかろうか」

そんな思いにかられながら、石本は、十数日間考えに考えた。

「部の財政も厳しくなっている」

「一度に、全国優勝できるチームはつくれまい」

——その結果、編み出したのが、三年計画である。一年目は基礎、二年目は試合経験を学ばせ、三年目に優勝をねらう(「情熱と信念の野球人」)。

この三年計画という考え方は、現代の高校野球にあっては当然のこととなっていよう。甲子園出場を目指す学校が、最初の年に、地元やOBから名指導者といわれた監督を探して連れてくる。当然ながら、地元や近隣の中学校にでかけ選手集めに奔走する。そして、技術指導を交えた練習を徹底してやっていく。

二年目には、遠征などの対外試合を増やして、多くの実戦から経験をつませる。父兄などに呼びかけ後援会などを結成、または強化して、資金的な面を充実させる。

こうして、三年目にはみっちり鍛え上げた選手たちが、最上級生になり、飛躍をとげるべく、甲子園大会の出場を果たすというのが高校野球の一般的な「三年計画」であろう。実力がついた証として、予選大会を順調に勝ちあがり、幾度かベスト8に名前を連ねるうちに、甲子園出場のチャンスが訪れるというわけだ。

しかし、時代は昭和初期、中等野球の歴史も三〇年余りである。この石本の発想は、現代の三年計画の先がけともいえ、後の高校野球に影響をもたらしていくのだ。石本の計画は魂を持った。広島商業は三年を待つことなく、開花していく。

まず、最初に新入部員を募集し、体格のいい選手や器用な選手に分けて、そのデータを集計しながら、選手をタイプごとに育成した。石本は、この頃からデータを重視するようになる。

さらに石本が力を注いだのは精神面の強化である。

石本は、選手時代、広島中から勝利を決めた自身が放った決勝打や、監督時代、初の全国制覇を飾った時の甲子園大会三回戦におこった第一神港商業の凡フライの落球など、考えられないような幸運にもめぐりあっている。こうしたことから、野球の中に何か不思議なものを感じるようになっていくのだ。

〈うーん。偶然にしては幸運すぎないだろうか〉

〈勝つべくして勝ちに導かれる何かがあるのではなかろうか——〉

みんなの気持ちを一つにして、相手に立ち向かえば、何かの力が働いたかのような現象がおこり、勝利への扉が開かれるのだ。

言葉では、表わすことができないものが勝負の中にある——。

周到な準備で計画をねって、毎日を極限状態にまで追い込む。もうこれ以上のことはできない。そんなたゆまざる努力をする者だけに、勝利の道筋が与えられ、天から舞い降りたかのように、勝利を手中にする。

これらは精神状態を常に虚空《こくう》の状態におくことでみえてくるものであり、石本はそのことを追求したいと考え、技術練習のみならず、精神修養に多大な時間をさくようになるのだ。その象徴ともいえるのが、広島商業の伝説にもなる〝刃渡《はわた》り〟である。

昭和五年二月、ついに、石本は選手全員に真剣の刃渡りを課すのだ。

広島商業OB勝矢誠三の自宅二階で、選手全員を集めて、武道家の先生から精神訓話がなされた。この居合いの先生のもとで、一〇日間にわたり修行をおこなった。真っ暗な中で、居合いの先生が、暗示のごとくとなえる。

「君たちの足は、たとえ真剣の上を歩いても、絶対に切れない。思い切って歩くことだ」と――。

『週刊ベースボール』(近藤唯之「人生ヒットエンドラン」連載第四六回、昭和五〇年一一月三日)では、自己暗示にかける催眠術のように、暗闇で精神統一をはかると記されている。

――。

刃渡りの当日となった。

畳の上に木枠が置かれ、そこに日本刀が据えられており、その刃は、上をむいているではないか

「さあ、まずは、監督から」と師範は石本を促した。

〈ム、ム、わしからやれというのか――〉

選手のみのことかと考えていたため、石本は気持ちの準備ができていなかったのだ。

〈いや、やはり、指導者たる私からやらねば〉

石本自から手本を見せた。これにより、

――後々まで、自らが率先して範を示したと、ほめたたえられることになる――（「情熱と信念の野球人」）

石本の足の裏には、うっすらと血がにじんだかのようであった。

「刃を渡るぐらいの気持ちがあれば、グラブの中のボールなんか、落球するはずがないんです。人間ってのはそこまでやれるんです」と石本は晩年語っている。

また、宮島の弥山《みせん》に登り、三鬼神にお参りをし、座禅を組むなど、己の信ずることは、全て選手と共に行った。

普段の練習も精力的なものだった。石本は、手にマメができて、そこから血がふきでようと、おかまいなしにノックの嵐を浴びせた。

選手指導においても、一人ひとりをよくみて、しかったほうがいい選手は、人前でもしかったが、やさしく接した方がいい選手には、他人を通じて諭した。最初は、ガミガミと野球理論を押し付けるが、いざ、試合が近づくと、選手の持ち味を引き出すように、持ち上げてゲキをとばした。

こうした石本の独自の人心掌握術による指導は、三年を待たずして開花する。

四度の全国制覇

昭和四年。監督就任から半年後の春の選抜大会（第六回）には、何とか選ばれはしたものの、一回戦で愛知一中（現、旭丘高校・愛知県）に1対4で敗れてしまった。

しかし、就任一年後の夏の大会にのぞむ頃には、原勝主将を中心にまとまりのあるチームに仕上がった。横手投げの田中工と、剛速球の生田規之の両投手が成長して、投手陣はしっかりとした。他では、ショートに灰山元治《はいやまもとはる》（後、カープ二軍監督）や、レフトに久森忠男（後、カープ球団事務局長）らが、主力メンバーだった。

夏の予選大会は危なげなく勝ち進んだ。

広島商業は、二回戦からの登場で、下井工業を17対2で下し、三回戦は、鴻城中学《こうじょう》（現、鴻城高校・山口県）を7対0でシャットアウト。準決勝では、大正中（現、呉港高校《ごこう》）を6対1。決勝戦も危なげなく、下関商業に10対1で圧勝した。

技術練習に加えて、石本の独自理論による精神修養により、心身を鍛えた広島商業は、本当に強かった。

甲子園大会は二回戦からで関西学院中と対戦した。4点を入れられ、七回の表まで押されぎみだったが、七回裏の集中打で一挙5点をあげ、逆転。八回裏には、4点を加えてダメ押し、9対4で勝った。

三回戦は、静岡中学（現、静岡高校）だった。1対1で延長にもつれ込み、一一回に3点を入れて勝負はあった。その裏、ねばる静岡中学は1点をあげたがここまで。4対2で勝った。

勢いにのる広島商業は、準決勝の鳥取一中（現、鳥取西高校）を5対1、決勝は、海草中学《かいそう》（現、向陽高校・和歌山県）を3対0のシャットアウトで下した。

この戦いぶりを、球界の大御所である飛田穂洲は、こう評した。

――広商は、生田投手を中枢とし、終始少しの乱れも見せず、技風はなやかではないが、底に何ものかを有し、いかなる危機に直面しても全員に少しの揺るぎなく、冷静にして、しかも勇敢で、かれらの健闘を祝福したい――（『広商野球部百年史』）

飛田の言葉に〝底に何ものかを有し〟とあるが、精神面を重んじる飛田のことだ。何か見えないものを感じていたに違いなかろう。この言葉のように選手も同じようなことを感じているのだ。

四番を打った灰山元治は、「幸運続きで不思議だった」とコメントしている。「情熱と信念の野球人」から引用する。

――無死満塁で、太田が、一塁ゴロ。一塁手のバックホームが、太田に当たって転々（鳥取一中）。投手が二塁へけん制すれば、遊撃手のカバーが遅れ、これを拾おうとした中堅手も後逸（静岡中）といった具合。しかも、このとき、三鬼神のお守りを胸に石本が「パスせえっ（とるな）」と叫んで、その通りになったというから、少々神がかり的だ――

いくら「とるな」と叫んだとしても、そうなるものではあるまい。まさに神が宿っているかのような戦いぶりだった。石本は、ついに全国優勝を果たした。V２の達成だ。

翌、昭和五年の春のセンバツ大会に、広島商業は出場することになるのだが、この大会は、一回戦で平安中学（現・龍谷大平安高校・京都府）に０対４で敗れている。

昭和五年の広島商業は、前年、全国制覇メンバーであるショートの灰山元治を、投手に抜擢した。この灰山を独自の育成術で、なんと三ヵ月で育てあげたのだ。石本が育てたピッチャーの中では、超高校級といえるのが灰山だった。後にアメリカ遠征が実現するが、灰山は、ここぞという場面で好投するので、石本からの信頼は厚かった。

夏の大会は、選抜大会で調子があがらなかった灰山が立ち直り、危なげなく山陽地区予選を勝ちあがり、決勝戦では、鴻城中に15対０で圧勝し、甲子園大会の出場を決めている。

甲子園大会では一回戦を順調に勝ち上がるが、大苦戦を強いられたのは、二回戦の小倉工業戦だ。

先攻の小倉工業は、七回表に先制した。この日、小倉工業の剛球投手である植田延夫《うえだのぶお》（早稲田大－岩井産業）に抑えられ、八回までノーヒットの広商打線。

絶体絶命のピンチであったろう、最終回の攻撃を迎えた。

しかし、ここ一番の集中力は、残っていた。五番の杉田栄がはなった二塁への打球は、おおよそ内野安打になるであろう深い打球。これをセカンドが何とか押さえたものの、あわてて一塁に投げて暴投――。杉田は二塁をおとしいれる。

植田のノーヒットノーランの夢がついえた。

さあ、こうなると広島商業がチャンスで、はちきれんばかりの盛り上がりに――。

ここでバッターは、保田直次郎《やすだなおじろう》。石本はすかさず、指示を出した。

「相手の植田投手は精神的に動揺している。セレクションだ。セレクションだぞ」

このセレクションとは、当時でいう選球のことで、「よく球をみていけ」という意味である。

以心伝心――。

保田は当然のようにツーストライクまで、バントの構えをしながら、ウェイティングをした。

こうなると石本の狙いは、次々にあたる。

まず、保田が四球を選んで、一、二塁とした。

ここで、野球のセオリーでいうと、送りバントである。まず、二、三塁としてから、一打出れば逆転というケースであろう。強襲して、ダブルプレーだけは避けたい。せっかくの流れを止めることになる。

しかし、石本は定石を守らなかった。

奇襲だ――。ダブルスチールしかない。

これが見事に成功した。

後に、石本は、

「いやあ、無謀だという声が多かったが、ちゃんと計算ずくだったんだ。バッテリーはバントを警戒していたし、内野はコチコチ。そうそう、捕手もかたくなっていたから成功間違いないという確信があった」(『広商野球部百年史』)

この会心の策は、小倉工業を動揺させた。

その後、七番の土手潔は、三振に倒れたが、もう、たぐりよせた勝利の女神は、広島商業から動くことはなく、八番、八林茂樹はショートを超えるヒットで同点とし、押せ押せムードの中で、九番久森は四球で、一死満塁とし、一番竹岡義綱の打球は、ピッチャーとサードの間にボテボテと転がった。サードが猛然とダッシュするが、三塁ランナーの保田が、逆転サヨナラのホームを踏んだ。

ゲームセット――。

後に保田直次郎は「セオリーはセオリーだが、セオリーを超越して状況の変化を素早く読み取り対応出来るこの洞察力が出来た石本さんはさすが名監督だ」(『広商野球部百年史』)と語っている。

確かにそうだ。セオリー通りの采配は大切なことであるが、誰もが予想できるものであろう。しかし、石本は、局面ごとに相手選手の心の動きを感じている。個々の選手の走力から性格までを瞬時にはかり、セオリーを超える作戦を導きだしたのだ。

これに失敗すれば、考えのない奇策とけなされるが、石本は、瞬時に、複数の因子を分析して判断するため、決して奇策ではなく、成功の確率の高い作戦へと変わる。

このシーンは、おおよそ半世紀後になるが、昭和四八年、春の選抜高校野球選手権大会の準決勝、広島商業対作新学院（栃木県）の一戦とかぶる。あの〝怪物くん〟と異名をとる江川卓と広島商業の対決である。広島商業は1対1で迎えた八回裏のツーアウト一、二塁でダブルスチールを決めた。相手捕手、小倉偉民《よしたみ》から三塁への悪送球をさそい、ホームイン。江川を攻略した。

このとき、二塁ランナーの金光興二《かねみつこうじ》は感じていた。「走りたい」。すると次の瞬間、ベンチの迫田穆成《さこたよしあき》監督と目があい、サインが出たという。ダブルスチールだ――。そして、当然のように成功させたのだ。

小倉工業にサヨナラ勝ちして、勢いにのった広島商業は、三回戦で大連商業を3対1とやぶり、古豪、和歌山中に4対1と快勝。さらに決勝戦では、諏訪蚕糸《すわさんし》（現、岡谷工業高校・長野県）を8対2でくだし優勝した。

この大会で、広島商業にとって唯一の1点差ゲームは、小倉工業戦だったが、勝負を決し、勢いづけたのは、あのダブルスチールであったろう。

翌、昭和六年春の選抜大会は広島商業にとっても多くの魅力があった。優勝したチームには、大阪毎日新聞社から、アメリカ遠征のご褒美が与えられるからだ。また、この大会からは、前回までの一六チームの参加から一九チームへとふくらみ、さらに、大会のルールにも変化があり、はじめて選手の背中に番号がつけられた。現在のプロ野球では、選手アイデンティティーの象徴のように扱われている背番号だが、中等野球において元祖といえば、この大会からとなる。

さらに魅力があった。この大会では、大阪毎日新聞社による優勝予想投票が行われ、懸賞金がだされたのだ。その額は一等一〇〇円なり。現代では、野球での賭博はご法度《はっと》とされ、排除されているが、新聞社の主催で懸賞金がだされたのだから、中等野球ファンにはたまらない。寄せられた投票は、なんと三六万四六〇五票で、そのうち広島商業は、五万七九八二票[※1]を獲得した。これは全体の一五％を上まわる数字で、最高の得票数になったのはいうまでもない。広島商業は、圧倒的な注目を集めて大会にのぞんだ。

しかし、この大会の焦点は、もうひとつあった。昭和四年、五年と春の選抜大会に連続優勝した神港商業の存在だ。その三連覇を、前年夏の王者、広島商業がはばむかどうかにも注目が集まった。満を持して臨んだが、はりきったのは投手の灰山であった。

一回戦の坂出《さかいで》商業（香川県）に、ノーヒットノーランで快調に勝ち上がり、二回戦は、松山商業を1安打完封。準決勝では、八尾中学（現、八尾《やお》高校・大阪府）を乱打戦の末10対8で制し、決勝戦に駒をすすめた。

決勝戦の相手は番狂わせで、神港商業に三回戦でシャットアウト勝ちした中京商業（現、中京大附属中京高校・愛知県）が勝ち上がっていた。

中京商業のエース、吉田《よしだ》正男《まさお》とのすさまじい投手戦となった。

それもそのはずだ。この対戦までに今大会で両投手が相手に許したヒットは、灰山が七本、吉田は五本という驚異的なピッチングをみせていたのだ。ちなみに打率は、中京の二割四分八厘に対し、広商は一割七分五厘と大きく水をあけられていた。しかし、広島商業には、打率には現れないが、ここぞというときの集中打がある。

この日、先制したのは広島商業で、四回表に久森が、セカンド頭上を抜くライナー性のあたりで出塁。さらに太田がフォアボールで続いた。

ここはセオリーでいうと、送りバントとなる。

しかし、強攻策にうってでる石本監督。

これがみごとに的中し、灰山がレフト線に二塁打を放った。1点先取——。二、三塁として、さらに、保田がカウント3－1から打って出た。

打球は、ライトとセンターの間に飛んでヒットとなり、2点目を上げた。

中盤で2点を奪った広島商業は、俄然《がぜん》優位に試合を進めた。灰山の投げるアウトコースいっぱいのドロップ（落ちるカーブ）に、中京商業打線は凡打の山を築いた。終わってみれば、4安打で完封し、広島商業は春の選抜大会で初の栄冠に輝いたのだ。

この大会の殊勲選手として、灰山は優秀選手賞に輝き、先取点のきっかけをつくった久森も優秀選手に選ばれている。この両名は、後のカープ立ち上げの際にもスタッフとして名前を連ね、石本の秘蔵っ子として輝いていく。

また、この試合で強攻策にうってでた作戦が的中したが、ベンチと選手が一心同体となって戦う広島商業を、大会前に毎日新聞がこう評価していたのだ。

——石本式の小機関銃が銃口を揃え広商特有の釣瓶《つるべ》打ちの芸当は他の真似得られない痛快な打力である、広商果して覇権を握るか、石本監督の縦横無尽の機策と相待って広商軍の大進軍は旬日を待たず展開されるであろう——

まさに、戦前の評価どおりの優勝であった。

広島商業を、三年連続日本一にするという大偉業をやってのけた石本。大正一二年に監督に就任すると、大正一三年の夏の選手権大会で優勝。昭和三年に就任すれば、昭和四年、五年と夏の選手権大

右に春の選抜大会、左に夏の選手権大会の優勝旗。前列左から津下幹事、石本監督、山崎後援会長、赤木校長、西川教頭、平田幹事、勝田幹事。
後列左から、濱崎、鶴岡（後、南海監督）、竹岡、土手、太田、灰山、驥本、保田、久森、森岡、荒仁井。

会連続優勝、さらに六年の春の選抜大会もだ。

この昭和六年の選抜大会の優勝を機に、石本は広島商業のユニホームを脱ぎ、監督を退く。

「もうやり残したことはなにもない」

石本はそんな気持ちになっていた。

しかし、中等学校の野球自体が急激に発展していく時期にあって、石本の手腕は全国にその名前をとどろかせた。甲子園といえば石本といわれるほどになったのだ。後に職業野球（現、プロ野球）がスタートするが、大阪タイガース（現、阪神）監督にと白羽の矢がたつのは、この中等野球での輝かしい実績が所以《ゆえん》である。

さて、昭和六年の選抜大会の優勝校には、大阪毎日新聞社から、アメリカ遠征という褒美が与えられることになっていた。広島商業の選手の張り切りようは尋常ではない。また、石本にしてみれば、大阪毎日新聞の記者をしていたのでなおのことだ。

こんなエピソードがある。アメリカ行きを決めた決勝戦の時のことだ。

中京商業の攻撃は、九回ツーアウト満塁。

中京の後藤が放った打球は、ショートへ。

ショートの鶴岡一人《つるおかかずと》（後、南海ホークス監督）がつかんで、セカンドにトス。トスの瞬間、鶴岡が叫んだ。

「アメリカだぁ」で、ゲームセット――。

当時、アメリカに行けるということは、今でいう、世界一周旅行のようなものであったろう。後に誕生する広島カープの監督、〝逆シングルの名手〟と呼ばれた白石敏男《しらいしとしお》（後、勝巳《かつみ》）が、プロ野球ができた年に巨人に入団したのは「巨人ならば、アメリカに遠征ができる」からであったのは有名な話。広島商業は、全ての球児たちの憧れと期待を背負って、アメリカ遠征に旅立つのだった。以下のアメリカ遠征に関しては、石本秀一本人の著書である『広商黄金時代』[※2]（大阪毎日新聞社広島支局）から引用したものを要約しながら記させていただく。

※1　正解者で抽選し、五名が一等に。額面百円債券が発行された。『大阪毎日新聞』（一九三一年四月一〇日）より要約引用。
※2　毎日新聞社と石本剛也氏に了解をいただき、旧字体や旧表現を現代文に加筆修正しながら記載。

出発前のセレモニー

昭和六年七月四日。

この日、広島商業の講堂に、全校生徒七五〇名が勢ぞろいした。春の選抜大会を制した野球部員が、晴れのアメリカ遠征に旅立つとあって、壮行会が行われたのだ。

式は赤木雅二・校長の挨拶にはじまった。続いて、藤井覚猛・大阪毎日新聞広島支局長、伊藤爽・広島県学務部長、岡田亮一・前校長らが祝いの言葉を贈った。生徒代表からの送辞、引率の平田弘・教諭の挨拶があり、最後に灰山元治・主将が答辞を述べた。

選手はその後、広島駅に移動した。発車は、午後二時五二分——。列車は、夜九時三〇分、神戸の三ノ宮駅についた。石本やナインは宿舎となる蓬莱舎[※1]からの迎えの車に乗り込んだ。翌日には、中京商業との壮行試合が予定されており、神戸に宿をとったのだ。


七月五日。

甲子園球場での試合は、午後二時のプレーボール。試合開始から乱打戦になるかに見えたが、4対2と門出にふさわしく勝利をおさめた。


七月六日。

広島商業は、神戸港から平安丸[※2]に乗り込んで船出する予定だったが、雨にたたられてしまい、荷揚げができず延期となった。その結果、七日の午後三時が出航と決まった。


七月七日、いよいよ出港。

午前中に大阪毎日新聞神戸支局を訪問。続いて、楠木《くすのき》正成を祀った湊川《みなとがわ》神社[※3]を参拝し、旅の安全を祈ったナインは、昼食会にのぞんだ。大阪毎日新聞社の主催による送別会である。

神戸港は多くの見送りの人でごったがえした――。

船は一路、三重県の四日市港に向かった。

午後七時、潮岬を迂回する頃から波風は高くなった。船は上に下に左に右にと揺れる、揺れる。人も揺れる。波の高さは約四メートルと伝えられた。

夕食を食べることができたのは、エースの灰山をはじめ、太田、土手の三人のみ。しかし、この三人とてスープをのどに通した程度だった。三塁手の濱崎らはデッキに横たわり、青息吐息だった。船酔いである。

石本は、一抹の不安におそわれた。

「こんなことで、二週間の船旅ができようものか――」

七月八日、船は四日市港についた。列車で名古屋へ移動。

この日は八事《やごと》球場[※4]で、中京商業との二回戦にのぞまねばならない。

しかし、先発の鶴岡一人がピリッとしない。結局、5点を献上して敗戦。

この後、慶応大学の新人チームとの壮行試合のため東京に向かう。石本は、あまりにも選手の疲労がはげしいとみて、三等の寝台車をとった。

午後一〇時四五分、名古屋駅を出発――。

選手は、生まれてはじめて乗る寝台車とあって、疲れを忘れて大はしゃぎだった。

七月九日、午前六時五五分に東京駅着。

広商ナインを待っていたのは、郷里の出身、横山金太郎[※5]・文部政務次官をはじめ、東日社[※6]の黒澤運動部長ほか、社員の石川氏、井川氏、加えて、野村・広商同窓会東京支部長など大勢の広商の同窓生たちだった。

東京駅で大歓迎を受けて、一行は中央ホテル[※7]に向かい、旅装をといた。

昼食会は、東京會館[※8]でおこなわれ、その後、武蔵野にある新田《しんでん》球場に向かった。しかし、選手はとまどっていた。というのも、新装なった明治神宮野球場での試合と聞いていたからだ。神宮球場は、都市対抗野球大会のためにまだ改装中[※9]ということで、やむなく変更されたのだ。

エース灰山は初回から飛ばしに飛ばした。「灰山は死に物狂いで投げている……」と、気合のピッチングは、石本まで伝わってきた。超高校級といわれた灰山の全力投球。これには、さすがの慶応大学の新人たちも面食らって、手も足もでなかった。

試合は、途中から雨が降りだし、次第に雨足が強くなる。ノーゲーム――。

この試合をみていた慶応の腰本寿監督は、「こんなに底力があるとは思わなかった」と感心したという。

※1　神戸海岸通りにあった旅館。画家金山平三の父、春吉が旅館の番頭を務めた。当時、神戸近隣では有名だった西村旅館とならび名館といわれたが、戦災後は跡がない。

※2　一九三〇年、大阪鉄工所桜島工場で竣工し、日本とアメリカをシアトル航路で結ぶ。一九四一年から日本海軍に徴用され、一九四四年二月一七日からのトラック島空襲で翌一八日、沈没する。

※3　明治五年に創建。「湊川の戦い」で足利尊氏と戦い敗北し自刃した楠木正成が祀られている。

※4　大正一一年建設、私財を投じた山本権十郎にちなみ、当初、山本球場とも呼ばれた（現、名古屋市昭和区滝川町に「センバツ発祥の地」の石碑あり）。大正一三年、第一回の選抜中等学校野球大会が開催された。平成二年、閉鎖。この日、広商ナインは、山本球場の前に大阪毎日新聞名古屋支局を訪問し、熱田神社（愛知県名古屋市熱田区神宮）に参拝。その後、俵屋旅館［明治初頭、田波良旅館で創業し、多波良旅館、俵屋旅館（当時）名古屋市中区笹島三－一一（現）中村区名駅四丁目

付近〕と名を変えて昭和初頭まで続いた。昭和一〇～一三年の館主は水谷一哉〕で小休憩をしている。

※5　広島市議会議員や広島県議会議員を経て、明治四一年、広島県第三区選出立憲民政党衆議院議員（当選九回）。昭和一〇年、広島市長（第一六代）。

※6　「大阪毎日新聞東京支店　東京日日新聞発行所」のこと。明治四四年三月一日、「大阪毎日新聞」と「東京日日新聞」が合併したが、題号は「大阪毎日新聞」と「東京日日新聞」のまま残ったことから、東日社などと呼ばれたりした。昭和一八年一月一日から、この二つの題号が統一され、「毎日新聞」となる。

※7　当時の住所は、東京市麴町区内幸町で、日比谷公園南側、貴族院正門前にあった。現在でいう中日新聞東京本社付近にあった。

※8　大正デモクラシーの最中、創業者の藤山雷太が「日本に国際的な社交の場を設立」すると、大正一一年に落成。昭和四五年、本館改築のため閉館し、昭和四六年、新本館完成。現在、本館建て替えのため休館。現住所は、東京都千代田区丸の内三－二－一。

※9　昭和六年、観客席が従来の約二倍の五万八〇〇〇人に大改築した。

海路アメリカへ

七月一〇日、出発の日である。

この日、広商ナインは東日社の車に分乗し、明治神宮を参拝した。その後、外苑にある改装中の神宮球場を見学した。

その後、皇居前で拝礼をして記念撮影を行った。

午後零時一五分、東京駅から横浜駅にむけて出発――。

午後三時、いよいよ横浜港を出発――。

全長一六三メートルの平安丸は、力強く動き出した。

一六ノット（時速約三〇キロ）で、全速前進――。房総半島から、太平洋へと向かった。

七月一一日、日本を離れて二日目。

横浜港から約五〇〇キロまで進んだ。

「さあ、朝食だ」

選手たちは、ドラの音が鳴り響くといっせいに食堂に集まった。しかし、よかったのはここまで。しばらくすると様子が変だ。選手は、少しばかり食事に手をつけたかと思うと、すぐに船室に引っ込んでしまう――。船酔いが、またもや選手を襲った。

こうした状態を見かねた船客のとある紳士が、声をかけてきた。

「みなさん引きこもっては、ダメ。逆効果ですよ」

「どうです？　一緒に遊びませんか？」

軽快な口調で話しかけてくる。それでいて博識がありそうな紳士だ。半ば強引に選手たちをデッキまで連れ出す。その紳士は、さあ、さあ、とみなに円陣をくませ、鬼ごっこをはじめた。このリードが実にうまかった。

一段落すると、次はデッキゴルフだ。

「さて、この人は、だれかいな」

昼食を終えると、こんどは食堂で、かの紳士は、選手たちに処世上の訓話をはじめるではないか。

紳士は社会運動家の賀川豊彦《かがわとよひこ》※1だった――。

石本は、どこからともなく聞かされ、これには一同びっくり。

「スラム街の貧しい人々をすくった――」

「社会運動家の――」

「キリスト教を広めた――」

そう、あの賀川豊彦である。選手たちも襟《えり》を正した。さすが、海外でも活躍する有名な先生。数多くの渡航歴のある彼の助言もあってか、元気を取り戻し、午後からはデッキに縄を張り、投球練習ができるまで回復した。

しかし、依然として驥本や濱崎は、部屋からでてこない。

それに引き換え、元気があるのが引率の大人たちで、無事、夕食のテーブルについた選手は、土手、灰山、保田、太田の四人だけだった。

平安丸が、北海道の南沖の一〇〇海里（約一八五キロ）地点にさしかかろうというとき、無線電信（電報）が届いた。慶応大学の腰本寿監督をはじめ、広島商工会議所会頭の森田《もりた》福市《ふくいち》や、副会頭の山縣元兵衛からだった――「平穏無事を祈る」。

これを受けて、「おお、ワシらも忘れてはならん」と石本は、大阪毎日新聞社と、中国新聞社に、そして郷土の人々に無線電信をうたなければならんと、さっそくしたためた。

※1　キリスト教社会運動家。当時、カナダのトロントで催された「世界ＹＭＣＡ大会」に日本代表として出席するため乗り合わせた。昭和六年七月一〇日、平安丸で横浜を出航しカナダへ。同年一一月一二日、リンカーン号で横浜着。戦争に反対し、貧困から弱者を救い、生涯を通じて社会悪と戦いながら世界平和を訴えた人物。

船上の食事管理

広島商業ナインを乗せた平安丸が目指したのは、バンクーバーだ。残り約二〇〇〇キロ。

船旅が終わりに近づくと、三度の食事を欠かす者などはいなかった。

「あと船旅は四日で終わりか」と思うと石本秀一は名残惜しかった。

長い船旅の中、石本は食事管理を怠らなかった。

石本は、船酔いにたたられる選手に、無理やり食事をすすめたりはしない――それよりも食事の摂取回数を、事細かにメモしておいたのだ。さすが記者あがりの石本である。当時からデータを重んじていたことがうかがえる。

これには石本自身が、運動における基礎として食事にかなり重きをおいていたことが分かる。

石本の場合、時代は昭和初頭――確かにこの時代は、オムレツやカツレツなど、洋風化された食事が日本で大衆化した頃ではあるが、まだまだ豊かな時代とはいえない。事実、この遠征の一〇年後には大戦に突入する。さらに翌年には「欲しがりません、勝つまでは」の標語が飛び交い、戦争が本格化する。食事管理などといった発想が生まれにくいのは当然である。しかし、石本の絶対的な野球理

氏名	日数	朝食	昼食	夕食
森元	一〇	一〇	一〇	一〇
石本	一〇	九	一〇	一〇
山崎	一〇	一〇	七	九
平田	一〇	九	八	九
土手	一〇	七	九	九
保田	一〇	七	八	七
桜井	一〇	八	六	八
灰山	一〇	七	七	七
太田	一〇	六	七	七
久森	一〇	六	七	七
竹岡	一〇	六	七	六
鶴岡	一〇	六	七	六
森岡	一〇	六	七	六
荒仁井	一〇	五	四	五
濱崎	一〇	三	四	四
驥本	一〇	一	二	二

論は、勝つことであり、体を使って戦う身とあって食事をこの上なく大事にしているのだ。

アメリカ本土に立つ

七月二一日、午前一〇時、平安丸は八〇〇〇キロにも及ぶ航海を無事に終えた。

バンクーバー港では日本郵船会社シアトル支店長の澤井謙吉氏[※1]や、現地日本人会の幹部の中山氏、さらに、広島青年団幹部をはじめ、たくさんの広島県人に迎えられた。

迎えの車五台に分乗して、いよいよカナダ本土に走り出した。まずは、ヘイスティングスストリートにあるパトリシアホテルに向かった。

ここで、長い船旅の疲れを癒して、ゆっくりと休養をする――はずであったが、どっこいそうはいかなかった。

横浜を出航するまでの間、神戸で悪天候にたたられ、一日順延となったツケが、この日にまわってきたのだ。スケジュールの遅れを取り戻せといわんばかり、初日から試合となった。これは主催者側から、ぜひと願い出られたこともあって、午後六時からプレーボールだという。

「午後六時からの試合とは、夜か？　ならば、試合はできまい」

いや、デーゲームだという。このあたりは日が長く、緯度の関係上、午前三時に夜があけるし、日没は午後九時頃である。午後六時プレーボールも十分可能だったのだ。

ナインは昼食をパトリシアホテルですませ、すぐ裏の公園[※2]で軽めの練習をおこなった。

その後、いざ、会場へ――アスレチックグラウンドに向かった。

「おっ、外野だけでなく、内野にも芝生が敷き詰めてあるのう――」

選手は、慣れない芝生のグラウンドとあって、バウンドの処理に戸惑っている。相手チームのバンクーバー朝日軍は、アメリカ西海岸にある日本人チームでは、一、二を争う強豪チーム。おまけに、前年、遠征した神港商業がボロ負けしたときいている。

「到底かなう相手ではあるまい」

ところが、前評判を吹き飛ばせといわんばかり、灰山は、もちまえの速球と変化球をたくみに使い分けて好投した。なんと、バンクーバー朝日軍を2点に抑えたのだ。打線もくらいついて2点をあげ、2対2のドロー。選手たちも手ごたえを感じたのか、意気揚々と引き上げた。

※1 日本郵船シアトル支店七代目支店長（昭和五年四月から昭和一〇年七月）。明治二九年、大北（グレート・ノーザン）鉄道会社と日本郵船がシアトル経由の日本、ニューヨーク間の貨物船便の契約をした。契約当時、パナマ運河は開通（大正三年）しておらず、シアトルを経由すると、既存のサンフランシスコ経由に比べて、一日程度短縮された。よって、シアトル支店は明治四四年に出張所（大正九年から支店）として開設された。支店廃止は昭和二〇年。

※2 現在もバンクーバーのヘイスティングスストリートにパトリシアホテルがあり、裏手には、オッペンハイマーパークがある。

日本人の活躍

七月二二日、行程を一日早めて、バンクーバーを出発する。

自動車を連ねて、広告業界の新機軸ともいわれている〝カナダ・ネオンサイン製造工場〟へ向かった。次いで、バンクーバーの東端にある小麦の製粉工場を見学した。五〇〇トンを超える小麦を積んだ貨物列車が、一瞬のうちに横転したかと思うと、さらに逆回転し、瞬時に精白した小麦を運び出す。それをたった一人の機関士が行うのだ。選手たちはおどろきながらみとれるのだった。

その後、バンクーバー市に戻った。メインストリートを抜けるとスタンレー公園があり、ここには、日本人の記念碑があった。

第一次世界大戦のこと、ヨーロッパ戦線に、カナダ軍の義勇兵として、勇ましく戦った日本人兵士の英霊が祀ってあるものだった。カナダでは明治から大正にかけて、カナダ在住の日本人をはじめ、アジア人を排除しようとする動きが激しかった。

豊かな大地を耕して、勤勉に働く日本人の働きは、評判がよかった。しかし、カナダでなした財の使い道はというと、母国、日本ですごす親、兄弟、縁者のために送っていたのだ。現地の人は、これが気に入らなかった。

あくまでも自国のみのために働くのか——と、アジア人排斥協会（Asiatic Exclusion League）なるものまでが設立された上、選挙権[※1]すら与えられていなかったのだ。

そんな中、一九一四年（大正三）八月、イギリスがドイツに宣戦布告——。第一次世界大戦である。

カナダはイギリス領という国情もあり、カナダ軍はヨーロッパ戦線に赴いた。これを日本人としては、見て見ぬふりができなかった——。いや、しなかった。

「在カナダの日本人の未来を築くためには我々も往かねばなるまい」

「我々の未来は、この戦いで立派な働きをみせることで開けるはずだ」

「次の時代に生まれてくる在カ日本人の子孫のためには、そうだ」

出兵した一九六名の在カナダ日本人兵のうち、五四名の尊い命が散った。

大戦中、りっぱに任務を遂行して帰還した兵士であっても、すぐには選挙権が認められなかったというのは悲しい史実である。

異国で辛酸をなめてきた同胞を思いやり、改めて、自らの使命を再認識する石本であった。

「故郷を離れて、切歯扼腕《せっしやくわん》の日々であったろう。我々の一投一打が心のより所になるよう、ぜひとも最高のプレーを見せなければなるまい」と――。

夜、広島県人会の主催で歓迎会が催された。なんと広島弁が飛び交うという、楽しいひとときになった。しかし、あわただしいスケジュールは待ってはくれず、午後一一時には、フェリーでシアトルへ向けて出発した。


七月二三日早朝、シアトルの港についた。

ここでも広島県人会や、海外協会シアトル支部が出迎えて、日本人街にあるNPホテル※2に向かった。

通りでは、シアトル町全体を大パノラマで展望できるスミスタワー※3をはじめ、高層建築が立ち並んでいる景色に眼を奪われた。この大都会で、日本人がアメリカ人に負けず、たくさんの店舗を構えて活躍している様子がわかると、石本や選手たちは誇らしく思った。

石本は、シアトルについてから感じたことがある――看板の見せ方がうまいということだ。自動車がたくさん通ることからか、ストリートなどの広告が実にうまい。

トイレに貼られたチラシひとつとってもそうだ。

いきなり「あなたはもしも?」とアイキャッチしたかと思うと、そのチラシの下には、「医者は?」「薬は?」と問いかける。これは性病の薬の広告だが、これをみて石本は広島のあることを思い出していた。

「確か、広島の電車の中に、これと似たような、沢井薬店[※4]の広告があったが、これらからヒントを得ておるんかのう?」

石本の観察眼は、記者としても、異国の地の広告やチラシのような細部にまで及んでいる。こうした観察眼は、後の日本に誕生するプロ野球の球団経営に携わる上でも十二分に発揮されるのだ。

七月二四日。

NPホテルを出発した広商ナインは、タコマに向かった。

※1　選挙権が認められたのは、第一次世界大戦から一二年後の昭和六年。
※2　埼玉県上尾市出身、平野盛三郎の経営による。『米国日系人百年史』（新日米新聞社）には 306 6th Ave. So, Seattle 4, Wash. MA 2 - 3952 とある。
※3　一九一四年に建てられた四二階建てのビル。三五階の展望台からはシアトルの街が一望できる。
※4　昭和一五年頃まで中島町（現、広島平和記念公園）にあった沢井十字堂（社長・沢井文治）のこと。かぜ薬の〝改源〟を、「お茶で飲むかぜ薬」という、うたい文句で販売していた。経営の行き詰まりもあり、昭和一五年一〇月二八日、沢井十字堂は日本甲子会が引き受けた。

異文化にふれながら連戦

午後五時からの試合ということで、広商一行は、タコマ公園やパゲットサウンド大学を見学した。その後、リンカーン・ハイスクールのグラウンドにおいて、ファイフ・ハイスクールチームと対戦した。

石本監督は、二日後にシアトルでの試合が控えているとあって、灰山を温存し、マウンドには濱崎を送り込んだ。石本がこのアメリカ遠征の連戦で一番気を使ったのは、投手のローテーションである。常に先の対戦カードを見据えて先発投手を決めた。

試合は10点と猛威をふるった広商打線、かたや投手の濱崎は、ファイフ・ハイスクール打線を3安打に抑えて完封勝ちをおさめた。二戦目を快勝した石本は、「我々は、じゅうぶんやれるぞ」と手ごたえをつかむのだった。


七月二五日。

広島県人会の案内により、シアトルの市街地を見学する予定であったが、石本監督は、練習に切り替えた。とにかく練習不足を感じていたことと、昨日の大勝に「うかれてはいかん」との気持ちであったろう。「ハラハラ球場」にでかけて、二時間半ほど汗を流した。

午後、海外協会の案内で、海水浴場やワシントン大学、そしてバラードロックなどを見学したが、この日の待遇は違った。連ねた自動車を、地元の警官が先導してくれたからだ。日本人がオートバイの先導を受けたのは、若槻禮次郎[※1]がシアトルに立ち寄ったとき以来のことだと説明を受けて、石本はご満悦であった。

NPホテルに戻ると、七時三〇分からコーストリーグ（パシフィック・コーストリーグのこと）の試合観戦ができるとあって、選手も楽しみであった。

さすがに職業野球チームである。レベルの高さは、石本や選手たちの想像していたものをはるかに超えるプレーであった。

「確か、七、八年前であったよのう。マグロー将軍が、ニューヨーク・ジャイアンツとヤンキースの選抜チームを引率[※2]して日本へ来たのは。そのときの選手もおるかのう～」

グラウンドの選手を凝視した。

「おお、キャッチャーのハーフマン、シカゴ・カブスのケリー[※3]、デトロイトのエカート、コール、ピッツバーグのカリオンなどの名選手がおるのう」。コーストリーグのあるシアトルやミッションチームで、相変わらず活躍している彼らに、石本は感心しきりだった。

七月二六日、シアトルのホワイト・リバー軍との対戦だった。

朝九時三〇分からの試合で、シヴィック、オーディトリアム[※4]に車を走らせた。

広島商業との力量は、拮抗しているのではなかろうか――。

そんな噂が数日前から飛び交い、多くの観客が訪れた。日本人チームとしては、過去最高の入りといわれたほどだった。

広商は一回表、久森がセンター前ヒットで出塁すると、竹岡がレフト前ヒットで続き、太田がフォアボールを選んで満塁とした。ピッチャーが二塁牽制球の際に、ボールがそれてサードランナーの久森がホームイン。先取点を奪った。

灰山の好投もあり、優勢に試合を進めたが、底力のあるホワイト・リバー軍は、九回裏にツーランホームランが出て同点。結局、引き分けに終わった。

※1　第二五代、二八代内閣総理大臣。一九三〇年（昭和五年）一月、ロンドン軍縮会議に日本の全権主席として出席。アメリカ航路であったため、シアトルに立ちより、事前に記者と会見をし「日本の軍艦保有比率は7、アメリカは10」と日本側の主張を発表している。

※2　ヤンキースは、石本の勘違いと思われる。ニューヨーク・ジャイアンツとシカゴ・ホワイトソックスのオールスターチームが、「エンプレス・オブ・ジャパン号」で、一九一三年一二月六日、横浜港に到着した。当時、日本はプロ野球が誕生しておらず、慶応大学チームが親善試合を行ったが、これは広商アメリカ遠征の一七年前のこと。石本は早い時期から、ジョン・マグロー監督に注目しており、彼の「野球とは勝つことである」の考え方に影響を受けたと思われる。

※3　ジョージ・ケリー。ニューヨーク・ジャイアンツ（一九一五年〜一九一七年）、ピッツバーグ・パイレーツ（一九一七年）、ニューヨーク・ジャイアンツ（一九一九年〜一九二六年）、シンシナティー・レッズ（一九二七年〜一九三〇年）、シカゴ・カブス（一九三〇年）、ブルックリン・ドジャース（一九三二年）大リーグに在籍。右投右打、内野手、一六二二試合出場、一四八本塁打、打率二割九分七厘。ジャイアンツ時代、ジョン・マグロー監督から「誰よりも重要なヒットを打つ」といわれた。

※4　現在、シヴィック・センターとなっており、オペラハウスなどがある。

過酷なスケジュール

七月三〇日、ボーンパークにあるコーストリーグの球場で、対富士軍。8対3で勝利。

七月三一日。

二二時間の列車の旅にゆられた選手たち一行は、三一日午後五時一五分、カリフォルニア州の州都、サクラメントについた。サザン・パシフィック鉄道の停車駅では、多くの広島県人に迎えられた。浪花ホテルについて一息いれたが、やはり暑かった。

華氏《かし》一〇〇度と聞かされたが、摂氏でいうと四〇度近くに相当する。選手たちは寝付かれず、暑い夜に苦労した。

八月一日。

カリフォルニア州での第一戦は、強敵ウォーナッツグローブだった。

石本は、一週間で五試合という強行日程を強いられたことで、エース灰山をどうしても勝たなければならない試合にぶつけるというローテーションを実践するのだ。

この過酷な日程の中で考えた秘策がついに登場する。

〝先発、オレ！〟――だ。

石本は、翌日に控えた強敵スタックトンとの対戦に重きをおいた。スタックトン戦に万全の態勢で臨むこととし、エース灰山を温存して、ライトの守備につかせた。

「なあに、今日は、はなから勝ち目のない相手だ」――。

「しかし、古い刀とはいえ、そうやすやすと折れはしまい」

アメリカ行きの船の中で少しばかり投球練習をしたが、そのときは、まずまずスピードがのっていた。この時点では三三歳の石本。まだまだやれる、そんな思いもあったろう。

意気込んだまではよかった。しかし、強打ウォーナッツグローブの打線は、初回からいきなり容赦のない攻撃で石本に襲いかかる。3安打を重ねて一挙4点をあげた。

この先制パンチをくらい、危機感がただよった。広商も攻めたてる。二回表、五番、保田、六番、竹岡が連続でフォアボールを選んだ。その後、ランナーは三塁まで進んで、八番、石本のセカンドゴロの間に保田がホームイン。さらに濱崎もセカンドゴロで、竹岡がホームインして2点を返した。

こうなると、石本投手も踏ん張らねばならなかった。

「力任せのピッチングでは、歯が立つまい」

石本は、すぐに初回のピッチングを修正した――組み立てをがらりと変えたのだ。得意のドロップとスローボールをまじえてかわすピッチングにでた。

するとどうだ。ウォーナッツグローブ打線は、タイミングがとれないのか、からきし打てない。以降、石本は、六回までをピシャリと抑えた。

広商は五回表に太田、灰山の連続二塁打などで、2点を加えて同点――。さらに石本が好投する中、六回表には、敵のエラーがらみで1点をあげて勝ち越した。

事前の申し合わせもあり、七回が最終回とされたが、七回の裏のウォーナッツグローブ軍が、2安打して1点を返し、そのまま5対5の同点でゲームセット――。

八月二日、第六戦目で、スタックトンとの対戦だ。

この日は暑かった。気温は四〇度を超え選手はフラフラになった。

先発は、この日のために温存した灰山だ。

1対1で迎えた五回裏、スタックトンの攻撃。ツーアウトから堀田がショートの頭を超えるヒットで出塁すると、続く沖野もレフト前ヒットと続き、そつのない走塁が光ってランナー二、三塁とした。続く岡田のショートゴロを広商・鶴岡がなんとトンネルし、ランナー二人がホームイン。

六回裏には、スタックトンは主田が二遊間を抜くヒットで出塁すると、すぐに盗塁を決めた。その後キャッチャーのパスボールもあり、三塁に進んだ。続く伊藤がフォアボール。ここで中原が打ったサードゴロの間に三塁ランナーの主田がホームへ突入して、4点目を上げた。そこからは、緊迫した投手戦となり、広商は反撃できず――。

ついに4対1で敗れた。

アメリカ遠征第六戦目で、初黒星となった。

敗因はいろいろあった。スタックトン軍の主田がランナーにでると、自由に走り回られ攪乱された。この主田は当時から、名投手と評判であった。幾度か来日して、持ち前の強打、さらに俊足、加えて好守と三拍子そろった選手として、その名声はとどろいていた。

しかし、主田はガタループに住んでおり、この日は助っ人として呼ばれての出場であった。

石本が腹立たしく感じたのは、主田がスタックトン戦だけでなく、その後のガタループ戦でも主力として出場したことである。ともあれ、負けは負けとあって、石本はスタックトン戦を振り返った。

排日の苦難に涙する

八月四日、対ローダイ軍。7対4で勝利。

八月五日、休養日。

八月六日。

午後からカリフォルニア州の州庁舎を見学した。

州庁舎はサクラメントのほぼ中央にあり、建物のまわりは樹木が植えられ、緑に包まれているロケーション。椰子《やし》の木が立ち並んでいるとあって異国情緒があふれている。

建物は白亜の洋館で、高さは三〇メートル位はあると思えた。

「う〜ん、広島の商品陳列所（当時、産業奨励館）の五倍くらいは、あるかのう」と石本。

庁舎の職員に案内されて、両院議事堂を見て回った。

案内の人が説明する。

「この議事堂は、かつて、日本人を排除しようという〝日本人排斥の法律案〟を議決した場所です」

「そのときは、全米からとても注目されました。また、在米日本人にとっては衝撃的なニュースだったと思います」

「議決の瞬間、日本人たちは、州庁舎に押しかけて、涙ながらに抗議しました」

議席正面には、リンカーンの肖像が掲げられていた。石本はじっと見つめた。

「日本を離れ、つらい日々じゃったんよのう」

石本はたまらず、目頭を押さえた。

「我々の遠征の本当の意味は、その人たちの慰安にあるんじゃのう」と改めて感じるのであった。

強敵サクラメントを倒す

八月六日はコーストリーグの球場で、サクラメントと試合を行わなければならない。夜の八時三〇分開始とあって、広商ナインにとって、初のナイトゲームとなった。

ついにきた。強敵サクラメントとの試合——。

広商にとっては、夜のゲームは初めての経験とあって、煌々《こうこう》と輝くライトにとまどった。ただし、悪い面ばかりでもない。日中のうだるような暑さから解放されるからだ。条件の良し悪しなんぞいうておれん。是が非でも互角の勝負をしなければならん——石本は、そんな気持ちだった。

まずは、広商がチャンスをつくった。

二回表、ワンアウトからゲームは動いた。五番の竹岡が二遊間を抜いて出塁すると、続く保田が三振に倒れたものの、土手が、技ありともいえるセカンドを越えるテキサスヒットを放ち、ボールが転々とする間、竹岡が一挙にホームインし先制した。

三回表にも、久森、鶴岡が連続ヒットで攻勢をかけたが、後が続かず、無得点。しかし、五回表、ツーアウトの後、濱崎がレフト線に二塁打を放つと、ここで久森が三遊間を抜いて、二塁から濱崎が帰り、2点目を入れた。

守っては、灰山がサクラメント打線を五回まで完全に抑え込み、広商ペースだった。

サクラメント軍が反撃に転じたのは六回裏。ツーアウトの後、関野が右中間に二塁打を放つと続く濱竹がヒットで続き、足をからめた攻めで二塁をおとしいれた。さあ、二、三塁。

ここで広商は、原元をセカンドゴロにしとめた——と思いきや、何とトンネル——。ランナー二人が帰って同点に。

広商は七回表、六番、土手がセンター前ヒットで出塁し、続く驥本の打球はライト線上に飛んでスリーベースとなり逆転した。このまま逃げ切って、3対2でゲームセット——。強敵サクラメントに勝ったのだ。また、広商の野球部の長い歴史において、初めてのナイトゲームの勝利であった。八月六日、夜の一一時になっていた。

八月七日、サクラメントから約八〇キロ離れたメリスビルでの試合だ。

対メリスビル軍。6対1勝利。

八月九日、強敵フレズノとの試合だ。

午後、日本人野球場に到着した。

広商は、並み居る強豪を相手に九戦して五勝一敗三分。勝率八割を超える好成績だった。

広商はすごい——これが評判になり、遠方からの観客でスタンドはこれまでにない熱気があふれた。

午後三時、プレーボール——。

一回裏、フレズノの攻撃は一番、銭村《ぜにむら》がレフト前ヒットで出塁すると、二番の吉川が送りバントでランナー二塁とした。ここで、三番の槻村が三振となったが、なんと二塁ランナー銭村が三盗を試みる。これにキャッチャーあわてたか、パスボール——。一挙にホームまで帰って1点を許した。

広商は二回表、七番、保田がセンターを越えるツーベースを放つと、続く驤本は、ピッチャーゴロ。ピッチャーが一塁に投げるのを見て、保田がうまくスタートし三塁をおとしいれた。ここで九番、濱崎がライトにフライをあげると、三塁からタッチアップして同点とした。足でとられた点を足で取り返したのだ。

その後、中盤までは互いに譲らぬ投手戦となった。

動いたのは六回表の広商の攻撃からだった。四番で好投を続ける灰山が、ライト前ヒットを放つと、五番、竹岡もショートの横を抜くヒットでチャンスを広げ、土手もレフト前ヒットと続いて、灰山と竹岡が一挙にホームイン。2点をあげた。七番、保田が三振に倒れたものの、八番、驤本がショートゴロを放った。これをフレズノ軍、銭村がファンブルして打球が転々とする間に、土手がホームイン。この回3点をあげた。

広商の勝利へのムードが高まる中、八回裏のフレズノの攻撃は、死に物狂いだった。

二番、吉川がフォアボールを選ぶと、槻村のショートゴロで、二塁フォースアウト。ここで四番、岩田がしぶとくライト前にヒットした。しかし、五番の佐伯がピッチャーフライでツーアウト。粘るフレズノ軍。六番、山崎がセンター前ヒットを放ち、二塁ランナーの槻村がホームイン。2点目をあげた。

くいさがるフレズノ軍は九回裏、ツーアウトから、一番の銭村がフォアボールで歩くと、キャッチャーがパスボールの間に二塁へ。二番、吉川がするどいあたりのセンター前ヒットを放つが、二塁ランナーの銭村は、三塁にストップ。ランナー一、三塁として、一発でると逆転の場面をむかえた。

ここでピッチャー灰山の投球をキャッチャー土手がパスボール。すかさず銭村は本塁に突入。ホームイン――。

さあ、あと1点と、勢いづくフレズノ。

しかし、ここ一番に強い灰山がふんばり、槻村を一塁ゴロに仕留めてゲームセット――。

強豪フレズノ軍を倒した広商は大喜びであった。

石本は「いくら運がよくても、勝てる可能性は、万に一つもなかった」とそんな思いだった。おまけに四〇度近い酷暑とあって、広商ナインはふらふらになっていたが、強敵を倒したとあって満足感はあった。

際立ったのが灰山のピッチングだった。大学生級といわれたフレズノ打線を真っ向から勝負して打ち取る姿は圧巻であった。

石本は、自分なりにこの日までの戦いを総括した。

「連戦続きの日程にもかかわらず、連勝できたことは大きい。一試合ごとに成長しているのではなかろうか。こうした長期の遠征となると、多くの強敵と戦わなければならない。ならば、何があってもやってやろうという精神力が身についてきたと思われる。選手の技術が十分発揮できていることからしても、それは明らかだろう」

すでにアメリカ遠征の日程は、峠を越えていた。ただ、残り試合は強敵ばかりである。最近、日本に遠征したというアラメダをはじめ、ロサンゼルスやガタループで、三チームだ。

エース灰山はフレズノ戦で完投したため、三日後にひかえたアラメダ戦には、濱崎を送らねばならなかった。投手力でいうと相手の方が上回るはずである。

これは、石本が「全てに勝つことはむずかしい」と判断したためだ。よって、灰山は強敵ロサンゼルス戦に先発させるために温存した。暑い日が続く中、連戦を勝ち抜く秘策として、石本は投手のローテーションには、この上なく気を配った。

サンフランシスコの日本人

八月一一日、サンフランシスコの見学だった。

広商一行の車は、金門湾[※1]側から太平洋側に抜けて走った。大小さまざまなビルをすぎると、林間にあるプレシディオの兵舎、海岸にならぶ砲台の数々――周囲の景色に目を奪われながらも、沿岸を走り続けた後、クリフハウスにあるシールロック洋食店に立ち寄り、しばらく休憩した。

この洋食店は太平洋を一望できる場所にあった。石本は、はるか彼方の水平線上の白い帆船をみつけた。しばらくみつめていると、故郷広島の海を思い出したか、急に帰りたい気持ちにかられるのであった。

岬に目をやると〝オットセイ岩〟という小島が点在していた。まさに本物のオットセイが岩場に、寝そべっているではないか――。

「まるで北極やら南極のようでもあるかのう」と石本。

この洋食店の店主は、広島県の備後《びんご》地区出身の井原定吉郎氏であった。

「このあたりも十数年前から、日本人を排除する運動が激しかったですね」と聞かされた。ただ、ひたすら困難や貧しさに耐える日々だったが、そこで耐え抜いたからこそ、このような一等地に入ることができたという。しかし、これは稀なことだった。

というのも、井原氏は過去十数年の間、軍艦や練習艦隊が寄航するごとに、乗組員たちを心から歓迎しもてなしてきた。こうした地道な努力が一等地を手に入れることにもつながったというのだ。

アジア人を排除しようとする動きは、カナダだけではなかった。アメリカでも当然のように行われた。理由はさまざまであるが、その一つとしてあげられるものに、アメリカ人は日本人のある風習が、まるで理解できなかったのである。

「写真結婚」である——。

一般的に、アメリカンドリームを掲げ、一旗あげてやろうともくろむ日本人が単身で渡米したとしよう。まじめで勤勉に働く日本人とあって、事業がうまくいくようになると、若い男性にあっては、本国から親御さんや仲人さんを通じて、結婚を勧められる。

しかし、女性は、はるばる海を越えて会いにいくことは難しかった。そこで、写真や手紙を送って、縁結びをはかるというわけだ。このやりとりで見事に縁談が成立すれば、女性の入国が許されて渡米するが、この日本の風習がアメリカ人には理解できなかった。

「性の先進国」といわれたアメリカである。男女の出会いや交際はオープンになり、夫婦生活では〝モーニングキス〟で目覚めるアメリカ人たちには、分からぬ話である。

しかし、当時の日本の婚姻はというと、媒酌のお世話をする人が釣書《つりがき》（身上書）と写真で、お見合いをさせ、当人同士の意思というよりは、家柄や周囲のすすめによるもので決まることが一般的であった。日本人にしてみれば、当然のことであった。

ところが、そうまでしてアメリカに入国したいのかと、この写真結婚がやり玉にあげられ排日論者の非難の的にされたため、一時、日本政府が写真結婚を禁止するという事態までおこったのだ――。

これは排日運動の一例であるが、あくまでもアメリカは異国であった。

しかし、全てがつらい日々ということではない。洋食店の井原定吉郎は、話し始めた。

「高松宮殿下がご旅行中のとき[※2]、日本人経営の洋食店へ立ち寄られたのは、ウチの一軒と聞きました」

これには石本も「我々は、そのような所に来させていただいておるのか」と感激した。

八月一二日、午前八時、サンフランシスコを出発した。

アラメダから広島県人の迎えが来て、車に乗ったままフェリーボートに乗せられ、オークランドに渡った。

最初にアラメダの海軍飛行場[※3]を見学した。そこからオークランドまで戻った後、メインストリートを一直線に走って、バークレー市街にでて、カリフォルニア州立大学を訪問した。途中で約四〇〇メートルの海底トンネルを通過したときは、全員がおどろいたものである。

※1　ゴールデン・ゲート・ブリッジ付近の海。
※2　昭和五年五月二七日、兄・昭和天皇の名代として欧米を周遊訪問した時、サンフランシスコに立ち寄り、日系移民の前でスピーチをしたといわれている。その際、シールロック洋食店に立ち寄られたと推察される。
※3　当時は飛行場であったが、現在では映画の撮影などに使われている。映画『マトリックス　リローデッド』の撮影がされた

ことは有名。

アラメダ軍との対戦

大学からアラメダまで車を飛ばして、日本人球場に到着した。

さて、ここでアラメダ軍との試合である。このチームは数年前、フレズノ軍に加わって来日した中野兄弟がいる。パワーのある素晴らしい選手とあって、油断できないと石本は気を引きしめた。しかもアラメダ軍は数日前、スタックトンと試合をおこない8対3で勝っているというのだ。ちなみに広商はスタックトンには敗れたばかりなのでなおさらだ。

午後三時、プレーボール——。

先発は濱崎だった。というのも二日後に、強敵ロサンゼルス軍との試合がひかえており、エース灰山をそこで投げさせるためだ。

この試合、広商は初回に、まずは2点を先制。さらに、三回表、太田がフォアボールで出塁すると、四番、灰山がレフト前ヒット、竹岡ショートゴロで、太田は三塁でフォースアウト。続く六番土手が三振に倒れて、チャンスを逸するかと思われたが、続く保田と驥本が連続フォアボールで押し出し、3点目をあげた。

これ以上、点はやれぬとアラメダ軍は先発の六谷をあきらめ、増田をマウンドに送った。

実は、この増田は広商対策としての〝助っ人〟だった。一〇〇キロ近く離れた町から借りてきたと聞いたが、カリフォルニア州の中部ではナンバーワンと言われるピッチャーだった。この継投は、アラメダ打線にも好影響をもたらした。

三回裏のアラメダ軍は反撃にでる。九番、岩橋の打球は、ライト奥の草むらに入って、そのまま〝ジャングル〟ホームランに――。さらに四回裏、四番、中野（兄）が内野安打で出塁すると続く渡綿がバントで送り、ここで増田がサード頭上を越えるヒットで1点を返した。ついに1点差となった。

これに気をよくした増田は、さすがナンバーワンといわれるピッチャーだけあって、広商打線をピシャリと抑えた。

3対2のまま終盤へともつれこんだが、七回裏のアラメダ軍の攻撃は、八番、中山のファーストへの打球が内野安打、続く九番岩橋の送りバント――。ピッチャーの濱崎が一塁へ放るが、わずかにそれてセーフ。ランナー一、二塁とピンチは続いた。打順は先頭に返り、野上がうまく転がして、ランナーを二、三塁まで進めた。ここで中野（弟）が、センターに犠牲フライを打ち上げ、ついに同点。

この試合は、七回ゲームという取り決めがあったので、広商の勝ちはなくなった。

もう一点もやれない――。

ここで、広商の守備の乱れがあった。三塁ランナーをおいて、三番内海の打球は、セカンドフライになったが、なんと灰山が落球してしまい、ホームイン――。

無念にも広商は、サヨナラ負けとなった。

強敵ロサンゼルス軍を完封

オークランドからロサンゼルスへは、初めての空路の移動となった。

八月一五日、ついにきた。強敵ロサンゼルス軍との対戦だ。

ロサンゼルス軍との対戦は、広商にとっては因縁の対決となる——というのも、この年の六月、ロサンゼルス軍が来日した際、甲子園球場で一戦を交えていたからだ。そのときは、広商は手ひどくやられていたのだ。

試合開始は午後八時のナイトゲームだったが、余裕をもって午後三時に球場入りして、練習に汗を流した。また、ナイトゲームも八月六日にサクラメント戦で経験していたので、気持ちの上ではいくらか余裕があった。

広商は三回表、四球をきっかけに、足をからめて先制した。その後は、緊迫した投手戦になる。

1対0と広商リードのまま、ゲームが動いたのは、八回裏。ロサンゼルス軍は、五番、田村と七番、小松のヒットなどでワンアウト二、三塁とした——ワンヒットで逆転という絶体絶命のピンチだ。

ここでロサンゼルス軍は、なんとしてでも同点に追いつきたいと奇襲にでる。ピッチャーの灰山の投球と同時に、三塁ランナー田村がホームスチールをくわだてた。さらに、バッターの中村は強振する。しかし、バットは空をきり三振——。三塁ランナーも、ホーム寸前でタッチアウト——。ダブルプレーで、この回をなんとかのりきった。

さあ、あとは九回を締めるのみである。しかし、このまま負けてなるものかと、追いすがるロサンゼルス軍は、一番の杉が左中間にツーベースヒットを放った——同点のランナーだ。これには、がぜん盛り上がるロサンゼルス軍だった。

しかし、灰山は動じることはなかった。ここ一番に強い灰山が、後続を難なく抑えて、見事なシャットアウトゲーム。1対0で甲子園での借りを返したのだ。

最終戦を勝利で飾る

八月一九日、午後、ガタルーブに向けて出発した。

ガタルーブは、ロサンゼルスとサンフランシスコのほぼ中央にあり、ロサンゼルスから約三〇〇キロもあって、車で六時間にも及ぶ移動となった。この延々たるハイウェーのドライブに、選手はもううんざり。というのも移動が四〇〇キロを超える日もあって、車と聞くとげっそりだった。

しかし、石本だけは違った。

海がみえてくると、沖にあるヤグラに目を止めた。

「あれは〝ベンチューラの海底〟から石油が湧き出ているところです」と説明を受けると、「こんな光景は、世界広しといえど、そうないですのう」とすぐに反応する。現役記者としてあくなき好奇心と探究心が動き出す。石本は、野球だけを遠征の目的としていなかった。大陸の延々たる移動を心から堪能した。

午後七時三〇分、ガタルーブに到着。

八月二〇日、アメリカ遠征最後の試合となるガタルーブ戦だ。

午前中は、広島県出身の荒谷節夫氏[※1]の農園やサンタマリアのハイスクールを見学した。荒谷氏は、農業を中心とした事業家であり、日米の貿易に多大な貢献をしている人物だ。傍らで、荒谷野球チームを所有しており、日本に遠征をしたこともあるという成功者の一人である。

午後三時から、日本人球場での試合となったが、石本はガタルーブ軍には、聞き覚えがあった。

「前年に来日したこともある荒谷野球チーム[※2]の二軍選手じゃないか」——。これは確かなことで、来日したガタループ軍の二軍メンバーだったので、比較的楽な試合展開が予想された。よって、濱崎を先発に送った。

ところが、口火をきったのは、そのガタループだった。

三回裏のガタループはツーアウト、一、二塁から、四番、主田が左中間を抜く三塁打で、2点を先制した。この主田のことは、石本はよく覚えていた。というのも、スタックトン戦にも出ていてやられていたからだ。

「調子付かせてはいけない主田に打たれたのう」と石本は思ったが、広商もすぐさま反撃にでる。四回表、ワンアウトから一塁に驤本を置いて、九番、濱崎の打球は、レフトの頭上を越えるツーベースヒット――一塁から驤本がホームインして1点を返した。さらに、久森や太田が、細かく内野安打を重ねて同点、2対2とした。

さらに手を緩めない広商は、五回表、フォアボールとヒットで一、二塁とチャンスをつくると、ここで七番、保田が期待されたが、ボテボテのサードゴロ、しかし、これが幸いして進塁打となり、二、三塁とした。

ここで八番、驤本がセンター前にヒットを放って、二者がホームインし勝ち越した。その後、好走塁もあって1点追加。攻撃の手を緩めない広商は、六回表に2点追加してダメを押し、九回表にも、驤本のヒットなどで1点を追加して、ゆうゆうと8対2で勝った。

広商ナインは、アメリカ大陸での最後の試合をみごと勝利で飾ったのだ。

八月二一日、早朝、サンフランシスコに到着。

八月二二日、いよいよ出航だ。

シート	姓名	打数	安打	二塁打	三塁打	本塁打	盗塁	三振	四球	犠打	失策	打撃率
8	竹岡	49	19	1	1	0	5	7	9	1	1	0.388
7	久森	59	22	4	2	0	4	2	2	2	1	0.373
4	保田	43	12	1	2	1	4	13	14	0	2	0.278
1	灰山	54	13	1	0	0	2	8	4	0	4	0.240
9	驥本	41	10	1	1	0	8	11	5	0	1	0.243
2	土手	50	10	3	0	0	2	9	1	4	7	0.200
3	太田	48	9	2	0	1	0	7	13	0	4	0.170
5	濱崎	45	7	2	1	0	1	7	5	1	3	0.155
6	鶴岡	54	7	3	0	0	3	12	7	0	7	0.129

三三日間のアメリカ大陸の滞在を、無事に終えられたことに、石本は感無量であった。

成績は八勝二敗三分で、勝率八割という内容だった。これは堂々たるもので、大学生チームでもこれほどの結果が残せたかどうか分からないと、現地から賞賛されたほどだった。

巨大な春洋丸[※3]に乗り込んだ広商ナインに、桟橋からは多くの在米広島県人が手をふっている。船から見えるのは、スタックトンやサクラメント、さらにメリスビル、ウォーナッツグローブやローダイなど各地で、お世話になった人々の顔であった。

この後、石本は、試合の戦績を分析した。

「好成績が残せたのは、やはり灰山の好投につきるのう――」

「灰山が、往きの船中で、少しばかりサイドスローの練習をしたが、これで、アウトコースのカーブがよく決まっていたようじゃ――」

「灰山の成長が第一じゃろう。一本調子であったピッチングにうまみがましたのう」

「守備に関しては、濱崎や竹岡のいいプレーがあった。ただ、鶴岡は概してふるわなかった。太田は、不器用とは思わんが失策四というのは不本意じゃのう。まあ、練習不足じゃったぶん仕方がないのう」

ただ、打撃に関しては、おおよそ満足のいくものだった。

「チャンスで、保田、驤本らの見送り三振があるにはあったが、全体的にはよう打ったのう——」

「殊勲者といえば、久森や竹岡かのう。この竹岡は、ポートランドの富士軍戦まであまりふるわなかったが、打順を五番に代えたら、立ち直って首位打者になったのう」

「濱崎や土手は、試合ごとに調子が上向いていったが、特に強い相手であれば、あるほどよく打ったものだ——」

「クリーンアップの灰山や太田は、もう少しやれると思ったがのう。特に灰山は長打が一本じゃったのう。太田は、打率が七位でもう一歩じゃった」

遠征期間の打撃成績を計算するのも自らが行い、データを集めた。

この打撃成績と、アメリカ大陸に向かう往きの平安丸での食事の摂取回数をあてはめてみると、これにより石本の思想が少しばかり感じられるのだ——遠征時における、食事の回数が、打撃成績や守備位置などにも比例して現れている。

広商一行は太平洋上で波に大きく揺られ、船酔いにたたられた中で食事をしたが、そんな逆境にあえぎながらも、選手はどれぐらいきちんと食事ができたのか、その割合を算出してみる。マネジャー荒仁井をのぞき、選手一〇人の食事回数の平均を計算すると60・3%となる。この数字から、おおよそ食事が三回あると、そのうち二回程度は食べることができたといえるだろう。

この摂取率を、打撃成績の上位者からみてみるが、リーディングヒッターとなった竹岡は、63・3%、二位の久森は66・6%。三位の保田にあっては、73・3%と高く、いずれもこの平均値を上まわっているのだ。つまり、船上できちんと食事ができた選手が、アメリカ大陸到着後によく打っているのだ。

では、守りについてはどうだろう。食事摂取率の上位者の守備位置をみてみるが、第一位はキャッチャーであり、土手の83%。二位はセカンドで、保田の73%、三位はピッチャーで、灰山の70%である。この上位三名の中に、いわゆる守備の中心となるバッテリーは入っている。

さらに、平均値を上回るポジションはというと、セカンドの保田、内野の中心であるショートの鶴岡、外野の中心であるセンターの竹岡らが該当するが、驚きなのはこれら、いわゆる〝センターライン〟といわれる守備位置の選手は全員、平均値を上回っているのだ。

このデータから、打撃の上位者や守備でも中心的なポジションを任される者は、大海原でゆれる船上でありながらも、しっかりと食事ができた者だといえよう。

石本は、このように、アスリートと食事の関係には、ある一定の哲学を持っていたと思われる。データに基づく管理的な野球を、アメリカ遠征当時の昭和六年には行っていたのだ。

※1　一八八六年、広島県加茂郡西条町生まれ。尾道商業学校卒業後、一九〇五年、渡米して農園経営に携わる。ガタループ農産商会を興し、大規模パッキングハウスを建設。後、オールスター貿易商会を創設。自己農園野球チームを設立し、一九二八年、自らチームを引率して来日し、日米親善に寄与した。息子、哲夫氏はアメリカン・コンマーシャル株式会社社長として、日米貿易において活躍した。

※2　前年は石本の勘違いと思われる。一九二八年に来日し日米親善に寄与した。

※3　一九一一年竣工。全長一六七・七メートル、総トン数一万三三七七トン、三菱重工長崎造船所でつくられた客船。

ホノルル港に到着

広商一行は、サンフランシスコから七日間の航海を終えて、ハワイ・ホノルル港に入った。ハワイでも三試合が組まれていた。

八月三〇日。

午後三時から、ホノルル・スタジアムで日本人学生連合軍と対戦した。

この連合軍は、ハワイ大学やハイスクールのスター選手の中から選抜された選手で構成されている。ハワイ大学から倉田投手、マッキンレー・ハイスクールからは、ファーストの宮城、サードの東、センターの加美、プナホウ・スクールからセカンドの勝沼、ショートの國久など、他からは藤重捕手とライトの井の下など、ハワイ各地から集められたオールスターチームであり、最強といわれた。

いくらアメリカ本土で好成績をおさめたとはいえ「とうてい勝ち目はあるまい」というのが石本の本音だった。

一回表、連合軍の攻撃はワンアウトから、フォアボールのランナーを一塁において、三番、井の下がセカンドへのボテボテのゴロ。しかし、これが幸いしてランナーは二塁に進むと、四番の藤重が三遊間を抜いて、連合軍が先制。

しかし、すぐさま反撃に出る広商は、二回表、二つのフォアボールとヒットで、ワンアウト満塁。ここで九番の驥本が、フォアボールを選んで押し出し、まず同点。

続く久森はボテボテのショートゴロになるが、これをショートの國久が、必死に本塁に送球——きわどいタイミングながら、わずかに土手の足が早くホームイン、逆転した。

二番の濱崎がサードフライに倒れたものの、三番の太田がよく粘って、またも押し出し。これで完全に勢いづいた広商は、四番の灰山がライト前にもっていくと、驥本と久森が帰り、この回、一挙5点を奪った。

連合軍は四回裏、二番の國久がショートへボテボテのゴロを打つが、これを俊足で内野安打にした。ワンアウトの後、四番、藤重がライト線上に快心のスリーベースヒットを放ち、1点を返した。しかし、連合軍の反撃もそこまで。

その後、灰山の投球はさえた。一人のランナーもゆるさない完璧なピッチングをみせ、6対2でゲームセット——。最強といわれた日本人学生連合軍を倒したのだ。午後五時二五分だった。

この日のゲームを現地の新聞は、こうとらえていた——。

「広商軍の灰山投手は、さすが日本中学界ではナンバーワンだ。一七六センチのがっちりとした体格で強肩、おまけにのびのびと投げている。彼は、持ち球であるストレートとドロップをおりまぜながら勝利したのである。また、今回の遠征からサイドスローに変えた結果、外角をかすめるスライダーが決まるようになったという。これは、見せ球のように使うが、ベースの際《きわ》で大きく変化するため、かなり威力を発揮したようだ。学生連合軍もこの三種類のボールにすっかり翻弄されていた。加えて、絶妙なバントや俊足をいかして、5対1と差が開いてしまっては、追い上げることも難しかっただろう。三振が一七個あったが、それは、連合軍の打撃不振というわけではなく、灰山投手の威力が素晴らしかったということだ。また、広商はヒットが四本ながら、あっさりと勝ったが、少ないチャンスを活かしたからである。特別目立ったプレーはないが、守備がうまく底力を感じる。チャンスに食らいついて放さないところが強みといえよう。これは、長年、石本監督が猛練習で鍛え上げたことによるもの。こうした背景により、灰山投手がマウンドにいる以上は、どこか自然と勝因となるものを摑むのであろう。連合軍の倉田投手もよく投げたが、フォアボールを連発して自滅する形となった。もし、二回の広商の攻撃で、倉田が意地を張らずに釣り球を交えて、軽く打たす程度に投げたら、かえって結果はよかったかもしれない」

試合終了後、選手たちは、春潮楼《しゅんちょうろう》※1で開催される広商同窓会主催の慰労歓迎会にのぞんだ。ここでも思う存分ご馳走になった。

偶然ではあるが、石本たちが立ち寄った春潮楼は、一〇年後の昭和一六年に、太平洋戦争の始まりの拠点となった場所でもある。

春潮楼の創業は大正時代に遡り、ハワイでは老舗といえる料亭である。この春潮楼の二階の座敷からは、真珠湾の様子が広く見渡せるのだ。

昭和一六年、日本海軍は森村正という一人の男をハワイ大使館に勤務させるが、この森村の役目は、真珠湾に停泊するアメリカ海軍の様子を日本に報告する、いわゆる諜報員だった。森村は周囲にさとられまいと、春潮楼の二階にやってきては、普段からのんだくれをよそおい、真珠湾に停泊する軍艦の動向を事細かにチェックし、日本外務省に伝えていたのだ。だが、この後におこる戦争のことなど、石本は知るよしもない……。

※1　ホノルルにある最も古い料亭で、大正一一年（一九二二）創業。第二次世界大戦前には、日本が真珠湾のアメリカ海軍の

動向をさぐるために送った密偵・森村正（本名：吉川猛夫）の拠点となった場所。週末には軍艦が帰港するなどの情報もここでつかみ、開戦の日時を決めたとされる。戦後、ＦＢＩに接収された時期もあるが、「夏の家」と名前を変えて、営業を再開した。映画俳優のジョン・ウェインがロケで訪れ、すき焼きを好んで食べたといわれている。

強敵ワイアルア軍を破る――灰山投手フル回転

九月一日、ワイアルア軍との試合の日である。

ワイアルアまでの道中は、オアフ島を一周するとあって、ホテルの出発も午前八時と早かった。午後三時三〇分、ワイアルアグラウンドに到着した。

試合開始が近づくにつれ、スタンドは二〇〇〇人もの観客でふくれあがった。

ワイアルア軍は、ホノルル大会でも優勝経験があり、スゴ者ぞろいだった。

投手陣でいうとハワイの社会人チーム朝日軍にも所属しているS亀田、T亀田、永田、山本という有名どころがいた。キャッチャーはあの〝カイザー田中〟であり、戦後、阪神タイガースの監督にもなった逸材である。この時点で、カイザー田中は、来年の秋から明治大学入り[※1]が決まっていると石本は聞かされた。こうした面々はハワイ全島に知れ渡っているスター選手だった。

「そう、やすやすと勝てまい。ならば、このゲームは最悪、ロストしても仕方があるまい。しかし、四日後に予定されているフィリピン戦だけは負けられん」

こう考えた石本は、エース灰山を休ませ、濱崎をマウンドに送り、フィリピン戦を見すえた陣容をとった。

しかし、いきなり攻め立てるのは広商で、初回、先頭の久森はサードゴロ、これを相手がエラーし出塁すると、二番の鶴岡も内野安打で続いた。ここで、三番の太田がライトオーバーの二塁打を放って先制した。さらに四番の灰山がセンター前にはじき返し、打者四人で、一挙3点をあげた。

ワイアルア軍は、一回裏、すぐさま反撃にでる。

一番、中津がいきなりのライトオーバーでスリーベースにすると、続く、二番の高田の打球は、セカンド後方にフラフラっとあがり、これがセカンドの灰山とライト驥本の間にポトリと落ちた。まず1点を返し、続く三番、M亀田も、二遊間を抜いてチャンスを広げた。

ここで四番のS亀田が、センター前にヒットを打つと、これをセンター竹岡がなんとトンネルしてしまい、ランニングホームランに――。

この回、一挙4点を入れられ、あっさりと逆転された。

初回から打ち合いで、荒れ模様となったが、その後、広商はS亀田の剛速球に手も足も出ず三振の山を築かれる。一回三つ、二回二つ、三回二つと、そのアウトのほとんどが三振だった。

四回表、ツーアウト後、ヒットとフォアボールで一、二塁とすると、六番の土手がライト線上に二塁打を放ち、一人帰って同点とした。さらにフォアボールで満塁にすると、ここで八番の驥本がセンター前ヒット。二者が帰り、6対4と逆転した。

しかし、完全なる広商ペースには持ち込めなかった。その裏、ワンアウトからカイザー田中がライト前ヒットで出塁したかと思うと、すかさず二盗を決めてきた。

ここで、八番、竹田の打球は、マウンド上空にあがったが、これをファーストの太田がポロリとやって、カイザー田中が一気にホームイン。ついに1点差とせまられた。

石本は悩んだ。ここまでやれるとは思っていなかったが、試合が拮抗してくるとどうしても勝ちたくなるのだ。

次の1点が勝負になるとみた石本は、当初の予定を変更した。

ピッチャー交代、灰山――。

この交代が、勝ちへのこだわりとして選手にも伝わった。五回表の広商の攻撃は、ワンアウト後、六番の土手がフォアボールを選ぶと、七番の保田がなんとライトオーバーのホームランで、8対5となり勝負を決めた。

3点差となり水をあけられた感があったが、ワイアルア軍はここから、さらにくらいついてくる。六回裏、ツーアウトからカイザー田中がフォアボールを選ぶと、灰山の牽制が悪送球になり、ボールが転々ところがっていく。ここでカイザー田中は、二塁を蹴り、果敢に三塁を狙った。中継の鶴岡があせったか、送球が低くなりサードが捕れず、そらす間に、田中は一挙にホームイン――。8対6と2点差までつめよられる。

しかし、ワイアルア軍もここまで。

以降は、灰山がふんばって後続を断った。事前ルールで七回ゲームとされていたため、七回裏を抑えて、ゲームセット――。

※1 実際には、昭和一二年の秋から、大阪タイガースでプレーをしている。この時の監督は石本だった。昭和三三年から三四年の間、カイザー田中は阪神タイガースの監督を務める。

ハワイで三連勝

九月五日。

フィリピン軍との試合は、エース灰山が力投して5対2で勝利。見事にハワイでの試合を全勝で飾ったのだ。灰山は、三振一四個を奪う力投をみせた。

こうした灰山の力投の背景としては、ずば抜けた身体能力があった。さらに、速球、変化球は地元のメディアから賞賛された通り。それにくわえて、石本の投手起用の上手さにも一因があると思われる。ここで、石本の采配についてふれる。

アメリカ遠征全一六試合のうち、灰山の先発は九試合ある。その間、先発した試合の登板間隔の平均日数を出してみると、三・四日であり、中等野球にあっては理想的といえよう。特に八月一日から九日間で六試合という強行日程では、石本自ら登板するなどして、エース灰山には最低でも中二日をあけて投げさせている。また濱崎に関しては、中五日が一回あるが、他は七日以上もあけたローテーションを組んでおり、休養十分である。こうした理想的な投手起用により、選手の持つ能力を十二分に活かしているのだ。

こうした監督としての石本の哲学は、遠征中、攻撃面においても、ある特徴が感じられる。

走塁である――。

野球の攻撃に際していうならば、二塁にランナーをおいた場面で、バッターがセカンドにゴロを打てば、おおよそサードを狙うべくスタートをきるのが一般的であろう。ところが、広商の場合、二塁にランナーをおいた場面で、セカンドとは反対側であるサードやショートにゴロが転がったとしても、ランナーは、そのボールをとった野手の動きを瞬時に見極めて、野手がファーストに送球すると同時にスタートしている。この絶妙な走塁で三塁をおとしいれるのだ。

石本の著書、『広商黄金時代』の文面から読み取ることができるだけでも、内野ゴロの間に次の塁をおとしいれるのは、一六試合のうち八試合に見られ、その数は一五回。そのうち、結果として得点に結びついたのが一二回あり、勝敗としては八試合中、六勝（二分け）という結果である。この走塁が得点に結びつくケースは八割と高く、勝率は一〇割とあって、すごい数字である。

チーム全体の共通認識として、常に一つ先の塁をおとしいれる果敢な攻めをみせるのが広商の野球であり、一点でも多くとるという石本の勝負魂が感じられるプレーである。小さな走塁一つにもこだわるという、いわゆる〝スモールベースボール〟であるが、ここぞという場面には高い集中力でもって、ビッグイニングをつくりだすのが石本の野球である。

さらに、この遠征で石本は、あることに気がついていた――審判の判定である。

幾度かミスジャッジでは、という判定があり、石本は試合を中止してやろうかと構えた瞬間もあった。

特にアメリカ大陸ではことさらその感が強かった。全日程で一六試合中、納得のいく判定をしてくれたと思えるのは、バンクーバー戦、スタックトン戦、フレズノ戦、ロサンゼンルス戦、ホノルル戦の五試合だった。

この中で、石本は「スタックトン戦は、敗れはしたものの、非の打ちどころのない、明快で正確な判定であり、なかなかのものだった」と、審判の腕を高く評価した。

正当な審判であった五試合については、コーストリーグに所属する職業審判だったというから、石本の目は正確なものであったのだろう。

広島商業アメリカ遠征
昭和6年7月〜9月(1931)
N
横浜
神戸
名古屋
広島
平安丸
浅間丸
HIROSHO
バンクーバー
シアトル
タコマ
ポートランド
コロンビア川
レニア山
ロッキー山脈
SP(サザン・パシフィック鉄道)
メリスビル
サクラメント
ウォーナッツグローブ
ローダイ
スタックトン
フレズノ
オークランド
アラメダ
サンフランシスコ
サンゼノ
ガタルーブ
ベンチューラ
ロサンゼルス
ハリウッド
ヨセミテ公園
ソルトレイクシティ
シエラネバダ山脈
ワイアルア
ホノルル
カフルイ
ハワイ
対戦チーム スコア 勝敗
①バンクーバー朝日 2-2 △
②ファイフ・ハイスクール 0-10 ○
③ホワイト・リバー 6-6 △
④富士 3-8 ○
⑤ウォーナッツグローブ 5-5 △
⑥スタックトン 4-1 ●
⑦ローダイ 4-7 ○
⑧サクラメント 2-3 ○
⑨メリスビル 1-6 ○
⑩フレズノ 3-4 ○
⑪アラメダ 4-3 ●
⑫ロサンゼルス 0-1 ○
⑬ガタルーブ 2-8 ○
ハワイ
①ハワイ連合軍 2-6 ○
②ワイアルア軍 6-8 ○
③フィリピン軍 2-5 ○

イラスト／momonga

石本の名前、全国にとどろく

アメリカ遠征から帰った石本は、三たび記者活動に専念し、毎日新聞社広島支局に籍を置いた。石本にしてみれば、自らが勤める大阪毎日新聞社主催の選抜大会に優勝しての遠征だったこともあり、新聞社への面目もおおいに保ったのだ。

母校、広島商業は、三年連続の全国制覇を果たし、中等野球といえば石本、甲子園といえば石本といわれるほど、その名前は全国に知れ渡った。まさに野球王国広島を象徴するかのように石本の名前は語られるのであった。

広島商業の監督として、

「もう何も思い残すことはない」

こうして、記者活動に専念するのであった。

石本が退いた後の広島商業の監督には、OBの牛尾政雄が就任した。翌七年の選抜大会には、前年優勝したという優先権※1があって出場を果たすが、一回戦で坂出商業に敗れている。

しかし、昭和八年の選抜大会では、石本の時代にショートを守った鶴岡一人を投手に抜擢し、彼の投打にわたる活躍で、ベスト4に返り咲く。しかし全国制覇にはいたらず、この後、春の大会は出場できるものの、夏はしばらくの間、甲子園から遠ざかる。

こうした中、広島県には新たな勢力も台頭しつつあった。

広島市から東二〇キロにある呉市は、〝野球市〟とよばれるほど、実業団や少年野球が盛んで強かった。こうした中で、大正中学（後、呉港中学）が力をつけていた。

昭和七年から六年連続で、夏の甲子園大会に出場し、昭和九年には、後にミスタータイガースといわれる藤村富美男《ふじむらふみお》投手を擁し、全国制覇を果たすのだ。広島県は、さらにもまして野球王国として全国から注目をあびる。しかし、こうした野球先進県に後れて、一度も甲子園出場を果たせずにいた県もあった。

奈良県である――。

当時、奈良県は、全国的にみても野球に関しては後進県といえた。全国大会が始まった当初、野球部を持つ中等学校といえば、郡山中学（現、郡山高校）と奈良師範の二校だけ。その頃の大会は、近隣の二、三県に勝たなければ代表校になれず、甲子園の土を踏むことはできなかった。この奈良県勢の前に、大きく立ちはだかったのが、お隣の和歌山県である。

奈良県大会で優勝しても紀和大会（奈良県、和歌山県）に勝たなければ、甲子園の道はなかった。余談だが一県一代表で大会を行ったのは、昭和三三年が最初で、第四〇回大会を記念した年である。

甲子園を夢見る奈良県、しかし、お隣の和歌山県には、和歌山中学、海草中学、海南中学（現、海南高校）、和歌山商業など強豪校がひしめき、中でも、和歌山中学は、大正一〇年、一一年と夏の選手権大会で連覇を達成し、昭和二年には、春の選抜大会で優勝し、全国に名をはせた。

和歌山中学が、和歌山、奈良の県境にそびえる護摩壇山《ごまだんざん》を制覇するのは当然のようでもあり、奈良県としては、大正七年の紀和大会から参加したが、昭和八年までの一六年間、甲子園出場は、とうていかなわぬ夢であった。

こうした現状を憂えたのは、郡山中学の卒業生である鳥飼秀男《とりかいひでお》だった。彼は、早稲田大学時代には新聞部に所属しており、早慶戦などの取材をこなしていたこともあって、野球に関する知識は豊富だった。後に日刊スポーツの支社長になる人物である。

ぜひとも、母校、郡山中学を甲子園に行かせたい――と監督をかってでたのだ。選手を鍛え上げ、
そして、いよいよ夏の大会に臨むとなった時、地域の期待を背負いはじめると、まじめで誠実な鳥飼は、自分自身に選手としての経験がないことを憂えた。

〈自分では、甲子園出場は果たせぬ〉と判断した鳥飼。

郡山中学・部長の白井《しらい》昇へ胸の内を打ちあけた。

そして、この白井が大英断を下すのだ。

中等野球で実績のある石本にお願いしよう――。

というのも、広島出身である白井は、広島師範学校時代に石本から野球を習ったことがあったからだ。さっそく、白井は大阪の毎日新聞本社を通じて、広島支局に勤務する石本に依頼した。

これに対し、「石本は監督就任をしぶったというが、あくまでそれはポーズにすぎない」（神門晴之『ふる里の野球＝近畿編＝』）とある。

その証拠の記録もある。昭和五六、五七年に掲載された「情熱と信念の野球人～石本秀一物語～」（『中国新聞』）では、「喜々としてでかけていった」という。

大会まで二〇日（三ヵ月間という説もある）と迫った中での監督要請である。いくら石本とて、そう簡単に結果がだせるわけもなかろう。

しかし、〝四度の全国制覇、夏春あわせて三連覇〟の実績は、石本の確固たる地位をつくり上げていた。くわえて本場アメリカでの試合経験もあるとくれば、石本のいうことさえ聞いておけば、イコール、甲子園に行けると信じられていた。

石本は、まず合宿をはった。若草山《わかくさやま》のふもとで合宿し、自ら先頭にたって春日大社へ参拝をした。石本の指導には、誰一人として疑いもせず、選手はついてくる。というのも「おなじスパルタ練習でも、石本のは何から何まで理にかなっていた」(『ふる里の野球＝近畿編＝』)からだ。

このときの指導を、石本は、後の取材でこう語っている。

「とにかく、奈良県で優勝させてくれというので、二十日間ばかりコーチした。私は、あらゆる知恵をしぼり、暗示を与え、全選手は、人が変わったように打ちまくった」(「情熱と信念の野球人」)

確かに、郡山中学は奈良県予選で打ちまくった。畝傍《うねび》中学(現、畝傍高校)を13対2で下し、そのまま勢いにのり、五條《ごじょう》中学(現、五條高校)を13対1で破って奈良県大会を制した。

新しく生まれようとする奈良の野球史には、幸運もあった。和歌山県の決勝戦は雨で遅れたが、郡山中学は、先に奈良県大会で優勝を決め、休養十分でもあったからだ。

さらに、〝勝負とは勝つこと〟を念頭に、石本はできる全てのことをやりつくそうと、事前に偵察を送りこむなどぬかりない準備を行った。

紀和大会は、春の選抜出場を果たした海南中学との対戦となったが、石本に鍛えられたナインはひるまず、堂々の戦いぶりで6対3と勝利をおさめ、郡山中学は、ついに甲子園出場を決めた。スタンドもグラウンドの選手も声をあげて泣いた。

さらに、地元郡山の町が沸きに沸いた。奈良県民全ての期待を背負った悲願、念願の甲子園である。

出場決定の夕方には、郡山駅に降り立つ選手を待って、花火が打ち上げられた。

翌日、郡山協議会(現、郡山市議会)は、甲子園行きのための特別予算三〇〇円を可決した。

出発の日には、壮行会が行われ、校庭には、先輩、在校生らをはじめ、町民が続々と集まった。さらに駅では選手を見送ろうと、校長をはじめ、地元県議や警察署長まで、老いも若きもこぞって選手にエールを送った。

奈良県全ての期待を一身に、選手たちは出発。花火がたて続けに打ち上げられた。

雌伏一六年という、奈良県民の期待を背負った石本の夏は終わった。甲子園出場請負人の役目を見事に果たした。

こうした中で、石本は、あることが気になっていた。

決勝戦の前日に受け取った電報である――。

「祖母、死す」

しかし、決勝戦当日はそ知らぬ顔で通し、優勝を決めると、その後、広島行きの列車に飛び乗った。

奈良県の甲子園への扉がひらいたのだ。

甲子園大会では郡山中学は秋田中学（現、秋田高校）に勝って、初戦（二回戦）を突破し、平安中学（京都）には敗れたものの、見事ベスト8入りを果たした。

しかし、奈良県勢として、次なる夏の甲子園出場は、昭和二八年の御所《ごせ》実業であり、二〇年後のことだ。石本の退任後は、和歌山県には勝てないまま月日がすぎた。さらに、郡山中学は、長い低迷期に入ることとなる。

こうした他県への指導は、奈良県だけではない。広島県のお隣、山口県でも指導しているという記録があった。

「情熱と信念の野球人～石本秀一物語～」（『中国新聞』）から引用する。

「翌（昭和）九年には、徳山商業で（現、徳山商工）一週間ばかり、コーチした。この間捕手を投手に転向させたのが、成功して、徳山商は、選抜大会で享栄《きょうえい》商業（現、享栄高校・愛知県）を相手に善戦している」

この選抜大会で、徳山商業のマウンドにあがったのは、土谷勘三投手であった。享栄商業との対戦は、高校野球史に残る延長戦になった。

昭和九年四月二日、享栄商業の先攻でプレーボール。

徳山商業、土谷勘三投手と享栄商業、近藤金光投手の投げあいは、両者譲らぬ、緊迫した投手戦となった。

試合が動いたのは五回裏、徳山商業は、ツーベースヒットの後、ショートへの強い打球をはじいた間、ランナーは一気にホームまで駆け抜けて先制した。この1点を守り、徳山商業の勝利まであと一歩というところ――九回表土壇場で、徳山商業の土谷投手はフォアボールを連発して、同点に追いつかれてしまい、延長戦に突入する。

延長一三回、一五回に享栄商業はチャンスをつくるものの、土谷投手の粘りのピッチングで得点にはならず、延長一八回を戦い終わって、1対1の同点である。

現在の高校野球ならば、当然、引き分け再試合[※2]であろう。なおも続いた延長一九回には、スコアボードの得点板がない事態に――。

よって、前年、改装したばかりのスコアボードに、得点板を継ぎたして対応した――。

そこに書き込まれた一九回表の享栄商業の得点はなんと4点。ほぼ勝負がみえたが、おいすがる徳山商業は2点を返して、最後の力を振り絞った。しかし、反撃もそこまで。残念、無念のゲームセット。

土谷投手は、打者八一人に対して10安打を喫したが、九回までは、あわよくば完封勝利かという力投をみせた。一方の享栄商業は、この試合で勢いにのり、見事ベスト4入りを果たす。対戦した近藤投手は八日間で五試合六〇イニングを投げて、最多登球回数記録をつくり、選抜大会では現在も破られていない。

甲子園で記録的な力投をみせた土谷投手であるが、その徳山商業のチームづくりにも一役かった石本は、「石本のメガネにかかれば、選手が育つ、チームが育つ」と、野球関係者の間で評判になっていた。

後の昭和一一年から、日本にもプロ野球（職業野球）が誕生するが、こうした名声は、プロ野球として、放っておくはずもなかったのである。

※1　「本年度のみ昨年度優勝校広島商業の出場優先権を認めるが、次年度からは該優勝チームに異動甚しく実力著しく低下したと思われる場合には、優先権を認めず、全国から真の最強チームを選抜する」（一部省略）（『広商野球部百年史』）

※2　昭和三三年の四国大会、徳島商業の板東英二投手が、二日間で四〇イニング以上投げたことを受けて、最大延長は一八回と決められ、翌日、再試合が行われることになった。さらに、一九九八年の夏の八〇回大会で、松坂大輔を擁する横浜高校とＰＬ学園の試合が延長一七回となり、その疲労がひどかったので、二〇〇〇年の春からは、一五回が最も長い延長とされた。春の選抜大会では、この享栄商業と徳山商業の試合は最多延長試合として不滅の記録となった。

第三章　大阪タイガースの監督に就任

日本にプロ野球をつくる動き

石本は中等野球において、夏と春をあわせた三連覇を達成するなど、華やかな実績を収めるが、それを支えたのは家族でもあった。

昭和四年（一九二九）、露香《つゆか》と見合いで結ばれた。

昭和六年には、長男、剛也《たけなり》を授かり、翌年には、長女、方子《みちこ》が誕生した。

その頃、日本にもプロ野球をつくろうという動きがおこる――。

当初は、プロ野球とはいわず、〝職業野球〟[※1]とよんでいた。

この職業野球の〝生みの親〟といわれるのが、読売新聞社長の正力松太郎《しょうりきまつたろう》である。後に、職業野球連盟を立ち上げる鈴木惣太郎《すずきそうたろう》らと、熱心にアメリカに働きかけて、ベーブ・ルースの来日を促した。

まず昭和四年に働きかけるが、成功するにいたらなかった。昭和六年（一九三一）には、ルー・ゲーリッグを中心とした全米軍、大リーガーを来日させ、全日本を結成して臨んだが一七戦全敗。そして昭和九年、ついにベーブ・ルースを主力とした全米チームの来日を実現したのだ。

日本は全日本選抜チームを結成して立ち向かった。エースは、あの沢村栄治《さわむらえいじ》である。沢村は、京都商業（現、京都学園高校）に在学中にもかかわらず、中退してまで参加するのだ。

この全日本チームが、後の巨人軍の原型ともいえるチームである。

全米チームの来日を呼びかけている頃、日本は、国家として大きな岐路に立たされていた。日本の戦略は、アジア大陸での領土拡大だった。〝資源のないわが国〟の生きるすべを大陸に向けたのだ。

昭和六年、満州事変が勃発――。

さらに、昭和八年、満州国の権益に関わり、アメリカをはじめ世界を相手にもめた挙句、国際連盟から脱退する。ますます、日本が、世界の中で孤立状態になっていく。

こうした国家間における緊張状態にさらされながら、当事国でもあるアメリカから野球チームを招こうというのだ。しかもそのアメリカにならって、日本に職業野球をつくろうというのだから、当時の日本の野球熱には、ひとかたならぬものがあった。

ただ、日本側には、大リーガー来日に向けた国家的な意図もないではなかった。

日本は、アジア大陸における軍部の独走に歯止めがかけられない状態とあって、大陸への侵攻はすんだ。当然ながら、アメリカはこれに神経をとがらせる。しかし、日本は、アメリカとの関係だけはうまく保たねばならない。たとえ戦争をしたところで、超大国アメリカには到底かなうまいというのが、世論でもあった。ならば、アメリカとの交流を保つべく、野球で親交を深めることにかけたのである。

首相・岡田啓介《おかだけいすけ》は、「今回の大リーグ来日が『我が国民体育に極めて良い影響を及ぼす』ものであり、『日米親善にも好結果』とコメントした」（『日米野球史——メジャーを追いかけた70年』）ほどだ。

昭和九年一一月二〇日、静岡県草薙《くさなぎ》球場で行われた日米戦では、日本のエース、沢村栄治が、球史に残る大活躍を見せた。

一回から二回にかけて、当時、〝三銃士〟の異名をとったチャーリー・ゲリンジャー、ルー・ゲーリッグ、ジミー・フォックスに、あのベーブ・ルースを加えた最強打線の四人を、みごと連続三振にきってとるのだ。

試合は、中盤までゼロ行進だった。しかし、七回、ルー・ゲーリッグにカーブが甘く入ったところを痛打され、右中間スタンドに運ばれてしまった。当時のピッチングは、カーブ、ストレートが全盛の時代であったが、沢村には、カーブを投げる際、一瞬表情が変わる癖があり、そこを見破られてホームランされたといわれている。

これが決勝点となり、全日本チームは0対1で惜敗。しかし、この試合でひときわ輝いたのは、沢村栄治のピッチングだった。最強の全米チームを5安打に抑え、9三振を奪って完投したのだ。

このシリーズは、一八試合が行われ、そのうち日米戦は一六試合（二試合は日米混合チーム）だったが、日本チームは全敗とふるわなかった。しかし、光明もあった。阪神電鉄所有の甲子園球場でおこなわれた試合には、収容人員が六万人（当時）というマンモス球場を、観客がうめつくしたのだ。阪神電鉄は、野球チームを所有してもやっていけるのではないか、という期待感がふくらんだ。

また、日本国民の盛り上がりは、すばらしかった。第一五戦のことだ。大雨が降る中、小倉の到津《とうづ》球場には、一目ベーブ・ルースを見たさに、多くの観客が押し寄せた。これに応えようと、ルースは傘をさしてファーストの守りにつくシーンもあったほどだ。

この後、昭和一〇年には、さきの全日本チームをもとに編成された東京巨人軍が、第一回アメリカ遠征※2にでかける。四ヵ月で一一〇試合をこなし、七五勝三四敗一分という成績で帰国した。その後、国内で試合を続けたいと試合相手を探し続ける。しかし、野球統制があるので、学生チームとは試合ができない。社会人チームなどと試合をしていた。

そうした中、やはり日本にもプロチームがほしいという気運が高まり、正力松太郎が阪神電鉄に働きかけた。

昭和一〇年一二月一〇日、阪神電鉄による球団が誕生した。※3チーム名は大阪タイガース――「『阪神』の名は表に出さず、アメリカ流に都市名を頭に冠し、ニックネームは阪神電鉄社員から募集することにしてデビューの日を待った」（『阪神タイガース 昭和のあゆみ』）。その後、監督の人選に入ったが、難航した。

当初は、明治大学の助監督をしていた、地元大阪の明星《めいせい》商業（現、明星高校）出身の谷沢梅雄にあたっており、ほぼ、決まりかけていた。

明治大学の監督は岡田源三郎《おかだげんざぶろう》であったが、八十川《やそがわ》ボーク事件※4の責任問題があり、岡田が辞めるかにみえた。もし、辞めた場合は、谷沢が後任となり明大に残らねばならない。しかし、岡田はいっこうに辞める気配がない。よって、谷沢は大阪タイガースの監督を引き受ける流れとなった。

ところが名古屋地区でも、職業野球チーム設立の動きがあり、名古屋新聞が金鯱《きんこ》軍を結成し、なんと岡田源三郎を組閣参謀（結果、監督就任）に迎えたのだ。こうなると、一度、辞表を書いた谷沢が、明大に残らねばならなくなった。

監督の人選を谷沢一本ですすめてきたため、一時は、タイガースの結成さえ危ぶまれた。

監督の人選をやり直す形で開いた会議の席で、ふと出た名前が、森茂雄《もりしげお》だった。森は、松山商業の出身で、早稲田大学に進学。その後、母校松山商業の監督（ベンチコーチ）として、昭和一〇年、夏の甲子園大会で全国制覇をとげている。実績に加えて、タイガース結成に向けた選手獲得にも協力的だったこともあり、話はスムーズに運んだ。

すぐれた監督には、選手も集まってくる。

森を師とあおぎ集まってきたのは、故郷を共にする、松山商業出身、立教大学在学中の景浦将《かげうらまさる》である。景浦の長打力はすばらしく、森はいち早く獲得へと動いた。勧誘にあたり、森の人柄をあらわすエピソードがある。

森は、自分がタイガースの監督になることを告げたが、景浦には、入団の勧めなどは一切口にしない。

心情を察した景浦から、「森さんが監督ならば喜んで、タイガースに行きたい」と申し出た。

こうして、立教大学を中退して、タイガースの入団を決めたのだ。

森は松山で、景浦の父に会った。景浦家は材木商を営んでいたが、昭和初期から続いていた恐慌や不景気のあおりを受け、苦境に立たされていた。だからウチにやってきたのかと、にらまれもした。しかし、景浦の必要性をといて説得した。

松山商業出身の内野手、伊賀上良平《いがうえりょうへい》にも声をかける。伊賀上は、タイガース入団の後には、球団初の満塁ホームランを放つなど、成長をとげる選手だった。

森の人格に納得した伊賀上の両親は、そろって将来を一任する旨の話をしたというから、よほど森にほれたとみえる。

森を軸としたチーム作りは順調にすすんだ。

他では松山商業の後輩である筒井修《つついおさむ》（後、セントラル・リーグ審判）の勧誘にも、森は一役買った。

シーズン途中には、小島利男《こじまとしお》（後、西日本パイレーツ監督）も、早稲田の先輩である森の人柄が高く評価されていたので喜んで入団したという。こうして、森を慕った選手が続々と集まるのだった。

※1　昭和一一年二月五日、日本職業野球連盟が誕生する。昭和一四年から、日本野球連盟に名称を変更し、昭和一九年、日本

野球報国会となる。

※2　昭和一〇年二月一四日出航、同年七月一六日、帰国。一一〇試合（一〇九試合の説もある）七五勝三四敗（三三敗の説もある）一分。ちなみに第二回アメリカ遠征は、翌一一年二月一四日出航し、七七試合（七六試合の説もある）を行い、四三勝（四二勝の説もある）三三敗一分である。対戦チームは、学生、社会人、2Aクラスのチームなど、さまざまだった。

※3　翌一一日の読売新聞には「『大阪野球クラブ』生る　阪神系職業団・きのふ創立総会」との見出し。

※4　昭和六年五月一八日、明大対慶大の試合で、明大、八十川胖《ゆたか》投手の牽制球動作の判定をめぐり、応援団などの暴行騒ぎになった。

大阪タイガース、石本を監督へと動き出す

日本職業野球連盟は発足するにあたり、まずは規約を作らなければならないと、昭和一一年二月二五日、規約起草審議委員会を開いた。とり急ぎ、体制を整えようというのだ。大阪タイガースをはじめ、大東京、名古屋軍、東京巨人軍、セネタース、名古屋金鯱《きんこ》軍、阪急の七チームの代表者たちが、東京の西銀座菊正ビルに集まった。

国民的な盛り上がりをみせ、ファンが増えていく野球界にあって、プロの体制を築き上げることは、喜ばしいことだった。

ところが、である。翌日、歴史的な大事件が起こる――。

野球の体制をつくりあげることとは対照的に、国家の体制に不満をいだく若い軍人たちが、ある行動にうってでる。

この年、大日本帝国は揺れに揺れていた。アジア大陸への侵略をすすめ、軍国主義が加速する中、国家の体制に異をとなえる若者たちが、いっせいに動き出した。天皇を中心とした国家づくりをすべし――と、青年将校らが結束して、政治の中枢である永田町を襲撃したのだ。

二・二六事件である。

磯部《いそべ》浅一《あさいち》元陸軍一等主計ひきいる若き反乱軍が動き出したのは、二月二六日未明のこと。国家の要人たちの暗殺をもくろみ、銃を乱射――。

永田町の私邸や官邸を次々に襲い、高橋是清《たかはしこれきよ》大蔵大臣をはじめ、斎藤実《さいとうまこと》内大臣らを射殺した。さらに、侍従長である鈴木《すずき》貫太《かんた》郎《ろう》らに重傷をおわせた。

国の将来に、熱く心をたぎらせる青年将校らの行動はおさまらず、内閣総理大臣岡田啓介をも暗殺の的にした。しかし、これは未遂に終わる。

動乱の末、二七日に天皇陛下から勅令が出されたことで、三日後の二月二九日、事態は鎮静化するが、世紀のクーデターは、国家の体制をも揺るがしかねない大事件となった。

岡田啓介内閣は総辞職においやられ、翌三月には、広田《ひろた》弘毅《こうき》内閣が発足する。新内閣では、現役武官が大臣に就任するとあって、ますます軍国主義が加速していく。

国情は、当然ながら、野球どころではない。日本職業野球連盟の委員会は、事件の当日は開催されず、見送られた。[※1]

ところが、翌二七日には委員会を再開したのである。

内閣総理大臣が暗殺の標的にさらされ、国の要職をつかさどる大臣らが次々と射殺され、まさに動乱の最中《さなか》である。しかし、この二ヵ月後の四月二九日には、職業野球を開幕させる。

日本にも職業野球がほしい――と情熱を注ぎこむ野球人らは、歴史的なクーデターもものともせず、着実にことを進めたのだ。

職業野球の最初の年は、春、夏、秋の3シーズン制であり、春のシーズンには三大会（甲子園、鳴海、宝塚）が行われた。この春だけは、巨人がアメリカ遠征中（第二回）ということもあって、巨人以外の六チームで試合を行った。夏のシーズンにも三大会（東京、大阪、名古屋）が行われ、秋は、六大会（大阪、名古屋、大阪、東京、大阪、東京）になった。これらは大会ごとに総当たりであったり、トーナメントであったりと、その形式は一定ではなかった。

また、翌一二年からは、春、秋の二シーズン制に変わっていくが、まだプロ野球のシステム自体が手さぐり状態だった。

こうした中、大阪タイガースは、宝塚球場をホームグラウンド[※2]にする阪急には、負けるわけにいかなかった——地元の客足をとられてはたまらぬ。同じ電鉄会社の阪急は商売敵《がたき》だと、親会社である阪神電鉄の幹部は、この対戦には特に力を入れた。

しかし、タイガースは、ここぞというときに勝てなかった。

次第に不満をつのらせる球団の幹部たち。こうなると、やり玉にあげられるのは監督である。人格のすぐれた森ではあるが、弱腰な采配では勝てぬ、監督を代えるべきだ——などの声が飛び交った。

折も折、昭和一一年五月下旬の宝塚球場での阪急との対戦で、タイガースは大敗してしまう。これを機に浮かび上がってきたのが、なんと石本秀一の名前である。監督に据えてみてはどうかというのだ。

職業野球は、まだスタートしてまもない時期で、職業野球そのものに実績がない。あらゆることを模索した結果、中等野球に目を向けたのだ。そこで、数々の実績を残した石本に白羽の矢がたった。

結局、森監督の上に、総監督として石本秀一を招聘《しょうへい》することにした。

そこで、森のいた早稲田大学の野球部ＯＢで結成する稲門《とうもん》倶楽部にお伺いをたてなければならないと、球団幹部は挨拶にのぞむ。しかし、これには、

〈我が早稲田大学ＯＢの森の上に、中等野球の監督である石本をすえるとは何事だ――〉

と稲門倶楽部は、猛反発にでる――。

倶楽部を取り仕切る佐伯達夫（後、日本高等学校野球連盟会長）や、スラッガーといわれた河合君次《かわいきみじ》が激怒し「森の上に石本をすえるなら、稲門倶楽部の面子《メンツ》にかけて森を引き揚げる」（『大阪タイガース球団史・一九九二年度版』ベースボール・マガジン社）と主張した。

歴史のある花の大学野球には、我らが野球界の頂点であり、格上だという自尊心があった。よって、中等野球界でならした石本を抜擢《ばってき》することを許さなかった。これにより、〝石本監督論〟は、いったん絶たれてしまった。

次の地元甲子園の大会は、雨で数日間延びた後、七月一一日から開催された。しかし、その第一戦で、またもやタイガースは敗れてしまった。

この大会で優勝を飾ったのは、商売敵である阪急だった。

これにより、球団幹部の腹は決まった。

〈やはり、監督を代えるべきだ。石本しかあるまい――〉

球団常務の田中義一が、三度目の交渉に出向いて、石本との契約を済ませた。石本も、おそらく職業野球には心を寄せていたことであろう。ことのほか、話はスムーズだった。

七月一四日、広島の山金旅館※3で、契約を結んだ。――二年契約で年俸三〇〇〇円、ほかに支度金五〇〇円という条件だったが、石本は、金銭には淡白だった。

「好きな野球に情熱がそそげるのは幸せだ」と二つ返事で承知した――（『阪神タイガース　昭和の歩み』株式会社阪神タイガース）

ところが、事態はさらに紛糾する。この契約が成立した翌日のこと――。

七月一五日から八事《やごと》山本《やまもと》球場で行われる名古屋でのトーナメント大会に参加したタイガースは、景浦や松木《まつき》謙治郎《けんじろう》などを中心とした打線が爆発した。エースの若林忠志《わかばやしただし》ら主力の活躍も目をみはるものがあった。初戦で巨人を8対7で破って勢いにのり、セネタースを9対7で下し、さらに、決勝は阪急を11対7と圧倒して、優勝したのだ。

森監督は、選手と手をとりあって、喜んだ。

これに慌てたのは、球団幹部だった。優勝した監督を更迭するなんて誰ができようぞ――。ましてや、森監督を中心にチームにもまとまりがみえてきている。

とはいうものの、石本とはすでに契約を済ましている。

そんなこんなで、森には、解任が告げられたが、石本が監督に就任するのも少しばかり遅れた。七月一四日に入団が決まったにもかかわらず、正式な発表は、七月二九日になった。

森にしてみれば、名古屋トーナメント大会で優勝を決めた後に解任されるという、不本意な結末となったが、森は、特別な抗弁をすることもなかった。すんなりと受け入れたというから、やはり、その人柄は並ではなかった。

※1　『阪神タイガース　昭和のあゆみ』には、「二月二十五日の規約起草審議委員会から活動を始めたが、翌二十六日の未明『二・二六事件』が起きたためその日は流会となり、二十七日に会議を続開した」とある。しかし、昭和一一年二月二八日、読売新聞朝刊には「日本職業野球聯盟では廿五日から廿七日まで三日間にわたつて西銀座菊正ビルで所属七チームの代表者

（中略）諸氏集合、聯盟規約、役員、スケデュール、専属審判等の件について慎重審議を重ねた」ともある。
※2　昭和一一年（一九三六）、阪急は宝塚球場をホームグラウンドとし、翌年から阪急西宮球場を使った。
※3　平成一四年まで広島市中区袋町にあった旅館。

豪傑で個性派揃いのタイガース

総監督に就任した石本※1の最初の仕事は、当然ながら選手への挨拶である。八月一〇日の夕方、明石駅前の旅館に全選手が集合した。

〈石本秀一じゃが、よろしく頼みます〉

最初は、普通に監督らしい挨拶をしたが、どうであろう、すぐに話が変わった。

なんと性病やその予防について話すではないか。

赤線や青線といった遊郭があった時代である。石本が伝えたかったのは、体が資本の職業野球選手は、女遊びで身を滅ぼすことがあってはいけないということだ。

また、職業野球は、発足したばかりで、ヤクザな商売という見方が根強かった。「野球なんぞで、メシを食うとは何事だ――遊び人のすることではないか」と、ささやかれ、大衆に認められた職業とはいえなかった。

選手にしてみれば、戦地へと、応召もある時代である。

どうせ先がない人生じゃないか。好きな野球にかけて、ひとときの幸せを謳歌すればいい。こうした刹那《せつな》的な思いから、試合が終わった後には、女遊びやバクチに入りびたる選手も少なくなかった。

石本は、遊びに夢中になって、性病に侵された選手を幾度かみてきていた。若い選手たちは、絶対に失敗させてはならないという親心からでた話である。

これは確かにあたっていた。体力旺盛な年頃の選手の多くは、石本の狙い通り、夢中になって聞いた。

しかし、選手すべてがそうだったわけではない。石本のいうことは、すべてにわたって聞こうとしない選手もいた。

前監督の森を師として集まった連中にしてみれば、何かにつけ石本の言動が気にさわる。この反発が露骨だから、石本にしてみれば、たまったものではない。

強打者で、東京六大学のスターだった景浦将は、その最たる人物だった。

景浦は、昭和一一年の巨人との優勝決定戦で、あの沢村から特大アーチを放った男である。彼の豪快なバッティングと、沢村の速球は、幾度となくぶつかりあったが、開幕して間もない頃の職業野球の一番の見どころが、この二人の対決であった。

大阪タイガース二代目監督・石本秀一。就任当時38歳。(『タイガース三十年史』株式会社阪神タイガースより)

私生活も豪快で、大食漢といわれ、すき焼きで一貫目（約四キロ）の肉を平らげたという伝説まであった景浦だが、残念ながら二九歳のとき、フィリピンで戦死した。

生きていれば、パワーあふれるバッティングは、戦後も見る者の度肝をぬいただろうといわれている。

景浦は、同郷の森茂雄にほれ込み師と仰いだ。これにより、大学の中退を決意し、タイガースの門戸をくぐったのだ。いかなる理由があったにせよ、我が師のポストを奪った石本を受け入れることができるはずがない。気分がのらないときは、本気でプレーしなかった。

人手の足らない初期のタイガースにあって、景浦は投手もこなし、外野を守ることもあったが、自分の守備範囲内に飛んできた打球でさえ捕ろうとしないのだから、石本嫌いはよほどである。

さらに、ある。

阪急との定期戦のときのことだ。負けられぬ一戦ということで景浦が先発のマウンドに立った。しかし、試合前の投球練習さえろくにせずに、マウンドに向かったのである。おまけに、キャッチャーが捕れないような暴投をしたかと思えば、スピードののらない球をど真ん中に投げてみたり、もう、やりたい放題。

結果6点を失って、若林と交代した。

これには、石本のみならず、主将の松木謙治郎が怒った。

「みんなに迷惑をかけることだけは、やめろ」

しかし、景浦は、ただ笑うだけだった。

小島利男も森の崇拝者であった。彼も石本が監督になってから、試合では全力をださなかった。これは、森が、イーグルスの監督になるのではと聞いていたからだ。

そして、景浦や伊賀上などを誘い、移籍をほのめかしたりもした。しかし、中心選手である景浦や成長著しい伊賀上は、球団が残留させた。結局、小島は、昭和一二年の春のシーズン途中で、森のいるイーグルスへと移籍した。

投手の西村幸生《にしむらゆきお》にいたっては、さらに敵対した。

西村は、三重県の宇治山田中学（現、宇治山田高校）を卒業し、その後、鳴海倶楽部でプレーした後に、関西大学を経て、タイガース入りした。入団当時は二八歳。少しばかり年齢のいった新人投手だった。気分屋で、石本が事細かく出す指示をうさんくさく感じており、従おうとしない。

ある日の巨人戦のことである。

いつもながら、石本は、西村に指示を出した。

「中島《なかじま》（治康《はるやす》）には外角のカーブ以外絶対に放るな」

しかし、西村は、内角低めのボールになるシュートを投げ、これがつまりながら、フラフラとあがって、タイムリーヒットになった。

〈この、バカタレが〉

西村がベンチに帰ってくると、石本が怒声をあげた。

「こんなー（お前）、なんで、ワシのいうた通り放らんのじゃ」

「カーブちゅうたじゃろーが（と言っただろうが）」

西村も、負けてはいない。

「ほっとけ、おれは中学生じゃない。文句があるなら、お前が放れ」

とはき捨てた。挙句の果てに、攻撃が終わり守備になったにもかかわらず、マウンドに行くどころか、動こうとさえとしない。

石本は、じっと腕組みをしてみている。

西村は、主将の松木謙治郎に促されて、やっとのことで腰をあげ、マウンドに向かう始末だった。

また、西村は大の酒好きだった。後にタイガースを代表する主戦投手に成長するが、あまりの酒好きが高《こう》じて〝酒仙投手〟などと呼ばれたりもした。

彼が主戦投手ぶりを発揮したのは、昭和一二年一〇月三一日、後楽園球場での対巨人戦である。この日の西村のピッチングは頭脳的だった。打者心理を鋭くよんで、カーブとストレートを投げわけ、好投手スタルヒンに投げ勝った。

この試合の後、いつものごとく遅くまで飲み歩き〝酒仙〟ぶりを発揮する。

ついには、門限を一五分過ぎて宿舎に帰ってきた。

これに気がついた石本は、即刻、玄関で注意をした。

「おい。何時だと思うちょるんだ」

〈くそー、石本のヤツめ。誰のおかげで巨人に勝ったと思っているのか〉

西村の思いも一理あった。巨人との優勝争いを勝ち抜いていくタイガースにあって、西村は勝ち頭であった。この年の秋のシーズンだけでも一五勝三敗で、防御率は１・４８と最優秀防御率を記録していたのだ。

〈このままですむと思うなよ〉

西村は、石本への仕返しをたくらんだ。なにか石本の弱みはないか――とあら探しをはじめた。

石本はマージャンが好きだった。就寝時間をすぎて、マージャンに興ずることも少なくなかった。

よし、就寝時間をすぎて、石本がマージャンをしていたら、その現場をおさえてやる。この計画を西村は、チームメイトの若林にも伝えておいた。

その翌日のこと。案の定、石本は、宿舎で、若い連中と夜遅くまでマージャンをうっていた。西村は、たまったうっぷんを晴らすため、今か今かと就寝時間の一一時を待った。消灯時間がすぎたその瞬間、[※2]

「監督ともあろうものが、就寝時間をすぎて、マージャンにうつつを抜かすとは何事か」

というやいなやマージャン卓をひっくり返した。

西村は、体力的にも全盛期であったため、四〇歳になる石本を相手にするのは、なんのことはなかっただろう。

ついにはじまったか。石本襲撃の計画を耳にしていた若林は急いでかけつけた。若林は、西村を背後から羽交い絞めにして、石本から離そうとした。

「おい、西村、やめろ」

「これ、ワシだ。ワシだ」――。

と、石本の声がするではないか。なんと、馬乗りになっていたのは石本だった。石本は、とっさの反射神経で、西村をかわしていたのだ。

この時のことは、一部では、背負い投げをしたとも語り草になっている。個性派ぞろいの選手を相手にするのだから、石本も骨が折れた。

入団の挨拶の後のことである。八月一一日から明石公園球場で練習がはじまった。

この合宿では、グラウンドにでれば、ほとんど一日中ノックバットを持って、ノックの雨を降らせていた。石本は、体力もまだまだ衰えるどころか、指導者として全盛期であった。おまけに、そのノックのバットコントロールは絶妙だった。

一心不乱にノックバットを振る石本に対して、花の大学野球を知るエリート選手たちは、口にはださないながら、共通な思いを隠し持っていた。

〈へっ、えらそうにしやーがって〉

〈たかが、中学野球の監督が〉

何かにつけ、大卒の連中は、石本をバカにしていた。

決して言葉にはださないものの、石本は、それを肌で感じとっていた。ならばと、石本は、連日連夜ミーティングを行い、野球理論を徹底的に吹き込んだ。

豪傑ぞろいの選手を相手にしながら、石本は、広島商業時代のスパルタ練習にさらに輪をかけておこなった。しかし、石本に反骨精神をたぎらせる景浦や小島、御園生《みそのお》崇男《たかお》らには、いい形で火がついた。

「くそ、石本のヤツめ」

と、石本への反発心が、練習への執念へと変わっていったのだ。


昭和一一年、秋のシーズンに入った。

いよいよ石本の腕のみせどころである。シーズン序盤から、タイガースは、宿敵、巨人との壮絶な首位争いをしていた。しかし、九月二五日の巨人戦で、タイガースは歴史的な大敗を喫してしまうのだ。この試合、巨人の先発は、沢村栄治である。

沢村の速球の前に、大振りが目立ち、タイガース打線は完全に沈黙した。沢村の許したランナーは、フォアボール四つとエラーが一つの五人で、三塁ベースさえふませなかった。

一方、タイガースの先発、若林もコースを狙ったピッチングが見事に決まり、巨人打線を八回までピシャリと抑えた。しかし、九回、わずかにコントロールミスしたボールを、代打の山本栄一郎《やまもとえいいちろう》に打たれて敗戦投手になった。若林もよかったが、沢村のできがよすぎて、結局、無安打無得点試合を達成されてしまう。

これは、現在八〇年を越えるプロ野球の歴史における初の快挙であった。この面目ない負け試合の監督として、石本は、自らのプロ野球人生に汚点を残すことになったのだ。

沢村は、この後、二七歳で戦場に散った。わずか五年足らずのプロ生活の中で、合計三度のノーヒットノーランを達成しているのだ。その全盛期といわれていた頃であるから、歯が立たなかったのも仕方なかろう。

ふがいない結果だったが、こうした逆境からことごとく立ち上がり、秘策を編み出していくのも石本の野球人生の特徴といえる。そして、後に伝説とまでいわれた〝打倒沢村〟のバッティング練習を生み出すきっかけになったのも、この試合であった。

秋シーズンのタイガースの成績は、勝ち点2・5で、巨人と並んで同点となった。この勝ち点は、秋のシーズンに用いられたものである。秋シーズンは総当りが四大会とトーナメント二大会で、計六大会が行われた。それぞれ優勝チームに1点、準優勝に0・5点の勝ち点が与えられた。結局、両者同点となったため、年度の優勝決定戦が、巨人対タイガースで行われることになった。

ただし、当時、優勝決定までのシステム自体が、総当りであったり、トーナメント戦であったりと手探り状態であった。よって、この年度の優勝戦の持つ意味としては、来春までの〝名残り戦〟という思いもこめられていたようだ。結局、昭和一一年一二月九日から三回勝負で行われることになった。

この決定戦の前に、巨人軍は合宿をはった。その際、沢村栄治は少しばかり肩を痛めていて治療をしていた。馬の肉を肩にあてて熱をさますなどして、独特の処方を用いたという。時代を感じさせるエピソードではあるが、沢村は調整方法には、独自の理論をもっていたのであろう。

なにはともあれ、優勝決定戦がはじまった。この日、石本は〝球界初〟といわれる、歴史的なものを生み出している。

賞金制度である――。

タイガースは、この秋のシーズン六勝、負けなしで、防御率0・79という驚異的な数字を残した景浦を先発マウンドに送った。対する巨人は、当然ながら、エース沢村栄治を立ててきた。試合は、三回裏の巨人の攻撃から動いた。ワンアウトながら二、三塁と、タイガース先発の景浦を攻めたてた。

ここで、巨人・藤本定義《ふじもとさだよし》監督は、三塁ランナーの沢村栄治を呼んで、耳打ちをする――。

プレーがかかり、ワンストライクの後に、ことが起こった。バッターの水原茂《みずはらしげる》が、バントにでる。ホーム前三塁方向に転がったボール、それを懸命にとりにいくキャッチャー小川年安《おがわとしやす》は、ボールをつかんだものの三塁ランナー、沢村にタッチできず、ホームイン――。

体勢を崩しながらもキャッチャー小川は懸命にファーストに投げたが、ボールがバウンドして、これを一塁手の藤井勇《ふじいいさむ》が落球。ここでランナーの三原修《みはらおさむ》（後、脩）が、二塁から一気にホームに突っ込んで2点を先制――。ツーランスクイズが決まった。

動揺を隠し切れないマウンド上の景浦は、その後、三番の前川八郎《まえかわはちろう》にフォアボールを与えてしまい、さらに悪送球もあって、またもや二、三塁とピンチは続いた。

ここで、巨人軍監督藤本は、さらに奇策にでる。

四番で、長打力のある中島治康にスクイズバントをさせたのだ。こうして、二度のスクイズを成功させた。そつのない攻撃は、本来、石本の持ち味でもあったが、そのお株を奪ったかのように小刻みに点を重ねていく。

この意表をついた攻撃に、やんやと巨人側の観客はわいた。その後、さらに1点を加えて、この回、一挙4点を先取した巨人軍は、俄然《がぜん》優位に立った。

石本にしてみれば、〈流れを変えなければならん〉の思いであったろう。この思いが、直後に、プロ野球界初となる賞金制度を生み出すのだ。

四回表、タイガースの攻撃は、三番、小川がフォアボールで歩いた後、四番の小島が二塁打を放ち、ノーアウト、二、三塁とチャンスをつくった。一気にたたみかけたいところだ。

ここぞというときの集中力は、はかりしれない石本である。天から舞い降りてきたのか、あることが頭に浮かぶ。

バッターは五番、景浦だった。普段から石本と対立することが多かった景浦だが、石本は、個性派といえる選手の機微をよくよんだ。また、石本の野球の哲学は、いかなるときも「勝つこと」である。これを貫きとおすが故、ささいな感情論にゆれ動くことはなかった。

〈景浦に一番効くものは、これしかあるまい〉

石本は、景浦を呼びつけた。

「おい景浦、ここで長いのとばしたら賞金出したる」（近藤唯之『プロ野球監督列伝 上』）

これに発奮したのか、景浦は、カウント3－1からの五球目のドロップを、みごとレフト線に運んだ。青い寒空に消えていく白球。まさに大ホームラン――。一挙3点をあげて、試合は俄然《がぜん》盛り上がった。

こうして、景浦に賞金一〇円[※3]が支払われた。

しかし、残念ながら、タイガースの勢いはここまでだった。

七回裏、巨人軍は1点を追加し、ダメをおされたタイガースは、3対5で敗れた。

しかし、この試合により、プロ野球界に、〝賞金制度〟が生み出されたのだ。

第二戦目、連勝をもくろむ巨人軍は、連投ながら沢村を先発マウンドに送った。対するタイガースの先発は御園生だったが、彼は第一戦目、外野手としての出場だったので肩を休めていた。この御園生のふんばりがあって試合は、五回まで3対3と拮抗した。この後、前日の疲れが残っていた沢村に、タイガース打線がうまく付け込んだ。六回裏に、景浦や藤村が安打を連ねて、2点を入れ、5対3でタイガースは勝利した。

勝負が決する第三戦である。

この第三戦は、タイガースが2点を先制したものの、四回裏に4点を入れて巨人軍が逆転に成功した。ここで、五回からのリリーフは何と沢村である。沢村はぴしゃりとタイガース打線を抑えたのだ。二戦目こそ、沢村を打ったものの、三戦目は歯が立たず、沢村の三連投により、タイガースは敗れた。

沢村の好投に加えて、巨人軍監督の藤本は、この後のインタビューで、勝負にかける選手の精神力の高さを、戦場における〝万歳突進〟のようであったと新聞紙上にコメントした。特にショート白石《しらいし》敏男《としお》（後、勝巳）が三遊間に飛んだライナーを超人的ともいえる逆シングルでキャッチし、ダブルプレーにしとめるシーンなど目をみはるものがあった。さらに、他では、三塁手、水原の堅守もあり、それらすべてが、気迫あふれるものであった。

戦いを終えた両チームのことは、「永く日本野球の一章を飾るにふさわしい野球絵巻である」と、読売新聞で賞賛された。

こうした中で、石本が目をつけたのは、やはり沢村以外になかった。シリーズの三連投もさることながら、シーズン中、巨人軍藤本監督も、若手とベテランがかみあいつつあるタイガースが最大の敵であるとばかりに、先発に沢村をあててくることが多かった。最初にやられたノーヒットノーランも、ほかならぬ沢村からである。

〈沢村を攻略せねば、わがタイガースに優勝はなかろう〉

石本は〝打倒沢村〟への執念がいよいよ固まった。その怨念ともいえる思いを、形であらわしたのが、翌昭和一二年二月一二日からの甲子園での合宿練習でのことだ。報道陣の一切を遮断して、画期的なバッティング練習を行った。

石本が考え抜いた上で、あみ出した沢村攻略法である——。

沢村のストレートは、当時、群を抜いており職業野球界では随一だった。その剛速球を普通のピッチャーが再現するのは難しかった。思考をこらした結果、石本は、ピッチャーをプレートの一歩手前に立たせ、そこから全力で投げさせるようにして、バッティング練習を行った。※4 しかも、全力投球である。これには、チーム内で異論をとなえる声もあったが、一度いいだしたら、誰の話とて、聞かない石本のことだ。

打者には「ピッチャーの足元を狙え」を徹底し、センター返しをするように指示した。

この練習に関しては、石本の指導が緩むことはなかった。加えて、野手だけの練習に終わらず、投手陣にまで打たせるという徹底ぶり。

〈いいか、足元だぞ〉

妥協を許さぬ指導は、くり返された。この練習には、毎日三時間もさいた。

この特別なバッティング練習のためにボールを投げたのは、ピッチャーの菊矢《きくや》吉男《よしお》である。菊矢は、連日の投げ込みがたたって、肩がこわれたなどと一部では悪い評判さえたった。しかし、これはどうやら間違いである。一一年のシーズンには一勝しか上げられなかった菊矢は、一二年の春のシーズンは四試合に登板して〇勝〇敗だったため、大東京へ移籍となった。しかし、移籍直後に、彼は大成長をとげる。通年で一九勝一二敗という成績を残し、いきなりエース級にのしあがっているのだ。

他にも一人つぶれた投手がいるなどと揶揄《やゆ》されもしたが、「立派な勝ち星を挙げているから、つぶれたというのは間違いになるが、とにかく、そういう話が出るほどの石本監督の執念が、この年の優勝に結びつく」（南万満『真虎伝　藤村富美男』）というのが、後のミスタータイガース、藤村富美男の話だ。投手陣にも好影響をもたらしたバッティング練習であるが、この時期の石本は、藤村のコメントにもあるように、選手を育成するための練習方法を生み出した上、執念で貫き通し、一切曲げなかったことがうかがえる。

また、若手の育成にも明確なビジョンを持って取り組んだ。

その頃の石本の抱負が、『読売新聞』(昭和一二年三月七日)に掲載された。

「B班の選手を可及的速かにA班の水準に達せしめて、個人個人の実力次第でどんどん選手の入替を行ないたいと思っています。このためにはB班をビシビシ訓練し、連盟主催以外の試合やダブルヘッダー戦などには、入れ代り立ち代り、全部の選手を使うようにして行きたいと考えています。若い新人たちも夏頃には兄貴分たちに追いつかせる予定ですから、この春はともかく秋のシーズンは大いに期待していただきたいものです」

石本の選手育成の哲学は、若手、特に中学野球出身者を鍛えることを目指していた。職業野球の初期の頃から、中卒(現、高卒)の若手に注目していたのだ。さらに、一つのポジションを複数の選手で競わせることを徹底した。

いつのまにか、中等学校卒の選手の合言葉が、「大学卒に追いつき、追い越せ」となった。

伊賀上などは、この石本監督の考えにはまった。愛媛県の松山商業出身で、前の森監督を崇拝して入団してきたが、入団してみれば、森はいない。だが、石本は、中学を卒業した選手で、技も心にも癖のない伊賀上の指導に心をくだいた。

結果、伊賀上は、昭和一一年一〇月二三日の対大東京戦で、ボンナ投手から、満塁ホームランを放つなど、成長を遂げた。記念すべき球団第一号の満塁弾である。

石本の改革は続いた。後にミスタータイガースとまで呼ばれ、長いバットがシンボルの藤村富美男は、当時は、ピッチャーをすることもあった。しかし、昭和一三年のシーズンには、石本は藤村には打者としてのセンスがあると判断して、野手への転向を命じている。

このことを藤村は晩年まで石本のお陰と語っている。「非常に理論的に話をする人だった。（中略）代打に出されてホームランを打ったんだが、これが打者になるきっかけになった」（『中国新聞』昭和五七年一一月一一日）というのだ。

このように、個人の能力や性格をも見極めて、適正なポジションチェンジをさせた。

叱った方がいい選手は叱り、そうでない選手には、それなりに配慮した叱り方だった。「情熱と信念の野球人～石本秀一物語」（『中国新聞』）から引用する。タイガース第一号プロ契約選手の門前真佐人《もんぜんまさと》（後、カープ監督）の話である。

――門前が御園生投手とバッテリーを組んだある試合で、強度の乱視の御園生は、門前がいくら要求しても牽制球を投げない。そのため走者は、盗塁が、ただ同然。

すると、石本は、門前ばかりを大声でどなる。「自分がおこられるのは、スジ違い」と思っている門前は、あまりにも自分ばかりしかられるのでついに頭にきた。

「ワシャ、やめた」と言うと、スタスタと球場を去っていったのである。

その夜、石本が門前にこういったそうだ。

「御園生は気が弱い。気が弱い選手にゴトゴト言うと萎縮する。だから、あんたを怒って、御園生に反省を求めたんだ」と――

広島商業時代から人心掌握にたけた石本らしい指導方法である。

また、前出の西村は、大の酒好きとあって、試合後、ひとり街にでては、おでん屋や屋台で、顔を赤らめて帰ってくることも多かった。

恒例となった新春の広田神社の参拝のときも、

「お神酒《みき》をなみなみとついでくれ」

さらに、お代わりをもらうために再度列にならんで、ついでもらい、飲んで、そして、また並ぶという、酒仙ぶりを存分に発揮した。この西村の特徴は、酒好きという一面があるが、石本が注目したのは、試合では完投勝利が多かったことだ。そこで石本は、完投への意欲をかきたてるために、賞金制度をうまく利用した。

普段から、とっくみあいをするなどして反発しあった西村だが、石本が編み出した賞金制度には素直に従った。飲み代がほしいという西村の気持ちを、石本はよくよく察していたのだ。

※1　昭和一一年八月一四日の読売新聞は、「タイガース総監督に石本氏」と、石本が総監督になったことを伝えている。また、昭和一一年九月一一日の読売新聞では、「夕軍の森監督退社」と、森が辞めたことが告げられ、監督に石本が就任したとある。
※2　当時のタイガースの宿舎は、東京神田駿河台の「竜命館分館」だった。
※3　金額には一〇〇円という説もある。石本は、晩年の取材で、「自分の月給の四〇〇円から払った」と述べている。
※4　主将の松木謙治郎が、自分が始めたと語っている文献もある。しかし、石本が広島商業の監督時代の選手だった保田直次郎の証言では、「広島商業の監督時代にやったことがある」とある。また、距離については、『阪神タイガース　昭和のあゆみ』では「投手をプレートの一歩ほど前に立たせ」とあり、『大阪タイガース球団史』では「投手を一、二歩打者に近づけて」、また『真虎伝　藤村富美男』では「マウンドの一歩手前から」とある。いずれの場合でも全力投球させたことは共通に記されている。

第四章　戦争に向かう日本——国民リーグ誕生

金鯱軍の監督になる

戦前に名古屋金鯱《きんこ》軍というプロ野球チームがあったのを知る人は少なかろう——。

名古屋金鯱軍は名古屋地区をホームにした球団だ。しかし、名古屋地区は、名古屋軍（後の中日ドラゴンズ）もあり、二つの球団を抱えていた。中京と呼ばれ、日本の三大都市の一つでもある名古屋は、昔から野球熱の高いところであった。

しかし、職業野球がスタートした昭和一一年、名古屋市の人口は一一一万人で、現在の球団経営でいうならば、二つの球団が成り立つ都市には程遠かろう。ただし、時は戦前、まだ職業野球もスタートしたばかりとあって、先行きは誰にも分からない。

この二つの球団は、互いの親会社も新聞社で、その親会社同士の販売合戦のみならず、複雑な政治情勢もからんで、チームも当然ながら敵対していた。

「一九三〇年代の中京地区の新聞界は、政友会をバックにする『新愛知新聞』と、民政党を背後に持つ『名古屋新聞』とが、対立してその勢力を争っていた。前者が名古屋軍の結成を目論《もくろ》めば、後者が金鯱（軍）の設立を図ったのも、裏にはそうした事情があったのである」（鈴木武樹『ああ中日ドラゴンズ』）

この名古屋金鯱軍は、日本で最初に行われた職業野球チーム同士の試合、対東京巨人軍戦で10対3で勝利し、時代の幕開けを飾った栄光のチームだった。しかし、その後の成績がパッとしなかった。昭和一一年春、夏、秋ともに六位、昭和一二年春五位、秋四位、一三年春六位、一三年秋九位、一四年七位と下位に低迷していた。

石本秀一は、この名古屋金鯱軍の監督に就任する。初代の監督であった岡田源三郎（早稲田実業〜明大）の後任として、引き受けることになったのだ。

では、石本がなぜ、この名古屋金鯱軍の監督を引き受けたのであろうか——石本の野球の指導における信念の一つに「弱いチームを鍛え上げて育てる」という思いがあった。かつて広島商業を三年計画で育成し全国制覇させた時のように、一から育ててあげるのが、石本の野球人生であった。

「ワシは、やはり、貧乏性に生まれついているんだな。弱いチームをひとつりっぱに育ててやれと阪神を飛び出したのが、そもそもの始まりだったな」（「情熱と信念の野球人」）

しかし、このときを境に、常に野球界の王道を走ってきた人生から、横道にそれてしまう。それだけではない。苦悩と貧しさに追われるという日々が始まる。

名古屋金鯱軍には、金鯱軍プロ契約第一号の広陵出身の濃人渉《のうにんわたる》がいたが、就任後、すぐに敵対する。

当時、広陵は、広島商業を宿敵としており、さらに濃人も広陵時代に、広商にやられた苦い経験から、石本を敵視し、イヤなヤツ——としていた。

「広商の石本と一緒に、野球ができるか」（「情熱と信念の野球人」）

こうした思いから、濃人は、岡田源三郎前監督を支持する請願書を球団に提出する。挙句、岡田を訪ねて、東京にまで逃避行した。しかし、結局のところ岡田に説得されて舞い戻ることになる。

「最初のシーズン前の練習のときです。『知らないヤツ（石本）がおる』いうて、すぐにキャンプから、帰ってきたんです」と濃人光子（夫人）は語る。

さらに、石本主催のすき焼きパーティーが催されても、濃人は一切箸をつけなかったという。

ところが濃人は、石本の熱血指導に次第に魅せられていく。理詰めで熱心な指導、さらに個々の選手の個性をよくつかんだ指導に、濃人自身も心酔していく。

「練習で手取り足取り教えられるうちに、ずるずると引き込まれ、十日ぐらいで〝自分〟は間違っていたと思うようになったんです」(「情熱と信念の野球人」)

こうした情熱を注ぎ込む指導や、ぬかりのない情報収集など、石本の野球に対する、決して妥協しない姿勢を、後に濃人は母校の『広陵野球史』にこう記している。

「石本さんといえば、日本刀の刃渡りとか精神主義重視の指導と思われ勝ちだが、実際この人ほど対戦相手に対し研究・分析を徹底的にして、練習の時からそれに対応した練習に取り組んでいた人はいない。だからここという大事な試合に強かったと思う。一方、広陵は実力的には遥かに広商より優位であっても大事なところで広商に後れをとることがしばしばあった。そこらに広商と広陵の違いがあるのではなかろうか」

石本は戦前、名古屋金鯱軍、大洋軍、西鉄軍と合併・譲渡などでチーム名が変わり、転々とする中、濃人を連れ添った。濃人は石本を師とあおぎ、好守、強肩の内野手として活躍した。

戦後になると、濃人は、無名だったノンプロ、日鉄二瀬《にってつふたせ》(福岡県)を強豪チームに育てあげて名将とも呼ばれた。後に、中日、東京オリオンズ(昭和四四年にロッテオリオンズに改称)の監督を務め、ロッテ監督時代の昭和四五年には、リーグ優勝を果たす。

日鉄二瀬時代には、〝濃人学校〟とまで呼ばれるほどのスパルタ教育を徹底し、無名選手を鍛え上げた。結果、都市対抗野球では二度の準優勝を収めた。

こうして自ら鍛え上げたノンプロの有望選手を次々にプロ野球に送り込みもした。代表的な選手はというと、セ・パ両リーグで首位打者をとった江藤愼一《えとうしんいち》や、後のカープ黄金時代の名将、古葉竹識《こばたけし》らである。

石本は、濃人に頼まれて、年に一、二度、当時の日鉄二瀬の練習場まで足を運んでいる。日鉄二瀬のある福岡県には西日本鉄道や八幡製鉄があり、おとなりの大分県には、植良組や別府星野組《べっぷほしのぐみ》などノンプロの強豪チームがひしめきあって、野球熱が高いところであったが、石本がやってくると必ずといっていいほど、ミーティングが始まった。

毎日午後三時からの練習も終わり、一息ついた七時三〇分頃から、夜中までである。

当時、日鉄二瀬の控えの捕手だった山本晃正は振り返る。

「もう、この辺でやめちょこう、と何度もいわれながらも、夜中の二時でも、三時までも続く。ただ、話は面白く、実に理論的でした。アウトコースのボールは、こういうように来るから、こうボールをとらえるとか、タイミングの取り方からバットの出し方を、黒板に図を描いて解説された」

ボールをとらえるポイントについて、石本は『野球大観』（旺文社）に、こう書き下ろしている。

「このミートのポイントは球の遠近高低によって千差万別である。然《しか》るに遠い球も近い球も同じようなポイントを狙っていると必ずフォームに無理が出来、次第に崩れて来ることは当然である」とコースごとにミートポイントが変わってくることを指摘している。

石本の話に聞き入った山本晃正は、都市対抗野球八〇年を超える歴史の中で、唯一完全試合をやった日鉄二瀬のエース、村上峻介《むらかみしゅんすけ》のボールを毎日二〇〇球受け続けた、いわゆるブルペンの〝カベ〟であった。しかし、日鉄二瀬を引退した後、二九年にわたり、高校野球の指導を手がける。結果、別府鶴見丘高校の野球部を三回、別府商業を一回、甲子園に導いた。地元の高校野球界では名の知れた人物である。

石本の話はつきなかった。日鉄二瀬のメンバー三〇人が聞き入った。

「石本さんが黒板にアウトコースの打ち方を描き始めたら、みんなノートをとっていた。実に分かりやすく、まさに目からうろこ。自分も指導者になったが、その原点はここにあったと思う」と山本は言う。

後の取材で、濃人も日鉄二瀬の野球は、やはり石本流であったと明かしている。

「石本さんにずいぶん教わっているから、石本さんの野球ですよ」（関三穂編『プロ野球史再発掘⑦』）

ただ、金鯱軍では、石本は十分な成果が得られなかった。

打線が小粒であり、戦力不足は否めなかった。肝心の濃人は打率が、二割三分五厘（昭和一五年）とパッとせず、チームも三四勝六三敗で九チーム中七位とふるわなかった。不振の理由は、選手層の薄さである。前監督の岡田源三郎の時代から、これといった選手の補強もなく、さらに軍の召集で選手は抜けていく。前監督の岡田は、自らが試合に出場して戦力をカバーしたこともあったほどだ。

「主力捕手が故障すると四一歳四ヵ月でマスクをかぶり、走者で出塁すると盗塁を敢行してみせた」（野球体育博物館編『野球殿堂2007』）。

この後、名古屋金鯱軍は、吸収合併により消滅してしまう。

東京セネタース[※1]が戦時下に配慮してチーム名を変えた「翼《つばさ》軍」に吸収合併されたのだ。その翼軍というチーム名もわずか数ヵ月で、大洋軍（戦後の大洋とは無関係）と変えられてしまう。

その大洋軍の総監督に就任したのが石本だった。そして試合を取り仕切る監督には苅田《かりた》久徳《ひさのり》が就任し、実権を握った。昭和一六年、苅田久徳率いる大洋軍は、四七勝三七敗三分の勝率五割六分で、三位とまずまずだったが、翌一七年には、石本が監督に就任し、苅田は選手に戻った。

昭和一七年、石本が率いる大洋軍は飛躍したものの、巨人軍には及ばなかった。六〇勝三九敗六分の勝率六割六厘で二位になるが、これはエース野《の》口《ぐち》二《じ》郎《ろう》の活躍がすごかったからである。連投に次ぐ連投で、一〇五試合中六六試合に登板して、驚異的な四〇勝（一七敗）をマークした。

チームの勝ち星の三分の二を、野口があげたのである。この年、野口の特筆すべきピッチングは、五月二四日、対名古屋軍戦であった。相手投手、西沢《にしざわ》道夫《みちお》と延長二八回を投げ抜き、大記録を打ち立てる。

「この数字（延長二八回）は、大リーグにもない当時の世界記録だった[※2]」（『野球殿堂２００７』）

この日は、一日三試合が組まれており、第一試合名古屋対朝日、第二試合大洋対巨人、第三試合大洋対名古屋というスケジュールで、大洋はダブルヘッダーだった。

第二試合で、野口は代打で出場し、決勝打を放っているが、休む間もなく、第三試合の名古屋軍戦に登板した。試合は、六回を終わって２対２と拮抗した。大洋軍は七回裏に、苅田のヒットなどで２点を追加し、４対２と勝ち越す。

ここで気持ちが緩んだか、野口は勝負あったと感じていた――しかし、油断した心の隙間をつくかのように、九回表二死から、走者を一人置いて、古川清蔵《ふるかわせいぞう》にレフト上段に運ばれて、同点――。結果、延長戦に突入した。その後、西沢との投げ合いは、緊迫した投手戦となり、両者譲らず、互いにゼロ行進となった。

好投し続ける野口に、最大のピンチがあった。二六回表の名古屋軍の攻撃である。二死一塁で、迎えるバッターは、好投を続ける西沢。その西沢に右中間に抜けるあたりを打たれて、万事休す。

だが、ライト浅岡三郎《あさおかさぶろう》がこれに追いつき、中継に入った苅田が絶妙な送球を見せて、本塁で刺したのだ。

これに気をよくしたか、逆に大洋軍にチャンスが巡ってくる。二七回の裏、大洋軍は捕手で八番、佐藤武夫《さとうたけお》が二塁打で出塁した。一気にサヨナラの機運が高まる大洋軍。

ここで九番、織辺由三《おりべよしぞう》の打球は左中間に飛んだ。よし――やった、と。二塁から佐藤が、一気に本塁まで帰り、みんなに出迎えを受ける――はずの佐藤が、本塁に来ない。

なんと三塁を回ったところで、転倒したのだ。這って三塁に帰ろうとするところで憤死。

結果、二八回まで無得点で、試合終了。午後六時二七分で日没引き分けとなった。

なぜ、二八回まで戦うのか――と思うかもしれないが、この時期の野球には引き分けという概念がなかった。忍び寄る戦争の影から、勝負とは白黒つけるものだ。引き分けとは、何事であるか。死ぬまでやれ――まさに戦争のごとくであった。

野口はこの日、三四四球を投げたが、対する西沢も三一一球を投げている。

ただ、野口がすごいのは、この二八回の大接戦の前日の試合にも朝日軍と対戦して完投していることだ。加えて、その試合もあわやノーヒットノーランか、という内容だった。そのスタミナは超越している。

「九回ワンアウトまでノーヒットに抑えて、ノーヒット・ノーラン直前まで行くという試合をやっていた。ワンアウトを取った後、朝日の投手・林君（林安夫《はやしやすお》）にセンター前へテキサス性の当たりを打たれて、ノーヒットの記録を逃したけれど、結局シャットアウトして1対0で勝った」（野口二郎『私の昭和激動の日々』）

この日の投球以後、野口二郎は、鉄腕と呼ばれることになった。当時のプロ野球界の中で、投手としての評判は、最高潮に達した。

「野口二郎投手といえば、いまでも当時の投手ではナンバーワンだったと思う。球は速いし、コントロールはいい」（川崎徳次『戦争と野球』）

投げない日は、ライトやファーストなどで出場し、打者としても活躍している。戦後になるが、昭和二一年には、三一試合連続安打記録という金字塔を打ち立てる。

この記録は昭和四六年、阪急の四番、長池徳士《ながいけあつし》（旧名：徳二《とくじ》、一九七九年改名）が三二試合連続安打を達成するまで二五年間、破られることはなかった。その後の記録は、昭和五十四年、機動力を掲げる〝赤ヘル野球〟の申し子といわれた高橋慶彦《たかはしよしひこ》が、三三試合連続安打を達成する。これは、現在も破られていない記録であるが、野口は投手兼任で達成したということからすると、唯一無二の記録ともいえよう。

投打を兼ね備えた鉄腕、野口が大活躍した昭和一七年のシーズンに、監督である石本は、野口にあるボールを伝授している。当時としては一種の〝魔球〟といえるボールだ。

「『野口君、こういう握りで一つ、投げてみたら、どうや』そういって教えてくれたボールというのが、人さし指と親指の間にはさんで、フォークボールを投げるような形で投げる。初めて見る投げ方であった」（『私の昭和激動の日々』）

この石本の魔球は、フォークボールのごとく沈むボールであるが、厳密には異なる。一般的にフォークボールは、人差し指と中指でボールをはさみ、リリースの瞬間に手首のスナップをきかせてボールを抜く。これにより、ボールに回転がかからず、球威は失われ、ベース手前で急激に沈む。しかし、ボールの周囲は約二三〇ミリもあるので、誰もが人差し指と中指の間に〝はさめる〟わけではない。

しかし、石本の魔球は、人差し指と親指の間にはさむというもので、そもそも親指は、他の四つの指とは違って広げやすいため、誰もがたやすくはさめる。その分、ボールを抜きながら投げるのも難しくはない。リリースのしやすさもあり、落差のあるボールが投げられるというわけだ。また、リリースの際に少し右にひねれば、落ちるカーブの軌道とほぼ同じになる。

「ストレートと同じようにして握って、ヒジを前に出すようにして持ってきて、抜くようにして投げる。そうすると、フォークボールと同じように回転が少なくなって、ゆるく沈んでいく、というボールである」（『私の昭和激動の日々』）

この頃のプロ野球は、まだコーチ制度もなく、〝見て盗め〟の時代だった。監督として、チーム全員の指導に目が行き届くわけもなく、なかなか指導らしい指導ができなかった。しかし、石本は違った。監督でありながら、投手のボールの握り一つにもこだわった。野口は選手時代に四人の監督に仕える。さらに引退後には、阪急、毎日（現、ロッテ）、近鉄などで、三三年間にわたりコーチやファーム監督（一時期、フロント）を経験し一〇人の監督の下に仕えているが、

「監督さんで、そういうふうに、ピッチングについて、新しい投げ方を教えてくれたり、細かく注意をしてくれた人はほとんどいなかった」（『私の昭和激動の日々』）

石本は、監督という立場にありながら、ボールの握り一つにこだわり、じっくりと指導し、妥協を許さなかった。こうしたことが、野口の年間四〇勝という大記録に繋がっていく。

「一七年に一九完封したりして、四〇勝できたのは、このボールのお陰もあったと思っている」（『私

の昭和激動の日々』・一部略）

また、プロ野球の歴史において、こうした沈むボールの元祖として〝フォークの神様〟の異名をとったのは、戦後の中日ドラゴンズのエース、杉下茂《すぎしたしげる》（通算二一五勝一二三敗、防御率2・23）であろう。

ただ、この杉下のフォークの握りと、野口の沈むボールの握りには違いがある。杉下は人差し指と中指ではさむ本来のフォークだが、脚光をあびるのは戦後で、昭和二五年以降である。その八年前に野口は、すでに魔球ともいえる沈むボールを完成させていたのだ。

野口二郎は、石本の指導を仰いだ大洋軍から、昭和一八年にプロ野球に参入した西鉄軍まで、石本とチームをともにした。

その後、野口は昭和一九年、満州に赴くが、無事に生還する。戦後は阪急に入団してプロ野球に復帰を果たす。昭和二一年から二八年までの間、現役を続け、実働一二年間（打者としては一三年）で通算二三七勝一三九敗、防御率はなんと1点台で1・96という、まさに大投手であった。

野口は現役を引退した後、阪急や毎日、近鉄などでコーチを務める。特筆すべきは、〝草魂〟とよばれ、球界最後の三〇〇勝投手といわれた鈴木啓示《すずきけいし》の新人時代に、軸足の動きや重心の移動の仕方を教え、さらにミケンズ流の走りこみ※3を実施させたことだ。また、アンダースローの山田久志《やまだひさし》の新人時代には、腰の回転を幅広くとらせるなどの指導をしたことが、野口の自著『私の昭和激動の日々』に記されている。

昭和六〇年、近鉄の二軍コーチを務め、ユニホームを脱ぐが、昭和六一年にはコミッショナー表彰を受けた。日のあたらぬファームのコーチの表彰は指導者に光を投じたであろう。平成元年には野球殿堂入りを果たす。

ところで野口は、コーチ時代に驚くべき経験をした。

海を隔てた野球の本場アメリカで、あの石本から教わった魔球と奇跡の再会をするのだ。

昭和五四年一〇月、野口二郎は近鉄のピッチングコーチになっていた。この頃の日本の野球はアメリカに学べと、多くのプロ選手が海外キャンプを行い、メジャーから指導を受けた時代である。

野口は、近鉄の若手数名を連れて、カープ、阪急の若手選手らとともに、合同の教育リーグに参加する。

「五四年に、私は二度目の近鉄のコーチになった。この年、西本《にしもと》（幸雄《ゆきお》）さんが監督で近鉄は優勝した。この年の秋、広島カープが主体になって、阪急、近鉄の両球団が、若手五名くらいずつ選んで、三球団の混成チームをつくって、フロリダの、パイレーツのキャンプへ行ったことがある」（『私の昭和激動の日々』）

このときの旅程が、中国新聞にはこうある。

「一一月一五日まで、パイレーツシティーで阪急、近鉄ナインと合同キャンプを張り、パイレーツやヤンキースなど六チームと試合が予定されている」（『中国新聞』昭和五四年一一月一四日）

この教育リーグともいえるキャンプでのことだ。

「このキャンプに私も同行した。その時、パイレーツのピッチングコーチが、私が石本さんに教わったのと同じ握り方、同じ投げ方のボールを示して、メジャーで自分が初めて投げた投手であって、これで成功した、という話をしていた。なるほど、大リーグでも投げているのかと思って、考えてみたら、このピッチングコーチが投げた、という時より、私が石本さんに教わった時の方が、年代的に早い」(『私の昭和激動の日々』)

野口の自著『私の昭和激動の日々』では、結局、石本がどこでこのボールを知ったのか、結論付けてはいない。これ以上の真偽は分からずじまいであるが、野口は石本の研究熱心な姿勢を晩年まで評価した。ボールの握りにこだわり、追求し続ける石本が、野口に伝授した魔球は、広島商業の監督時代のアメリカ遠征で学んだものか、もしくは、自身の研究から編み出したものかは断定できない。ただ、このように不思議な逸話が多いのも石本の野球人生である。

石本は、野口二郎を指導した大洋軍時代、最初の年の昭和一六年には、総監督という立場で、ユニホームではなく背広を着ていた。現場からはなれた分、時間的に余裕があったのか、石本を師匠と崇拝している濃人渉と一緒に日本大学の夜間に通っている。

ただ、当時のプロ野球選手で、徴兵逃れのために夜間の大学に通った選手は少なくない。野口二郎も、

「徴兵延期の特典を受けるために大学に籍を置いていた」(『私の昭和激動の日々』)

と書いている。

ならば石本も――と感じるが、石本はすでに四〇歳を超えており、徴兵逃れとは考えにくい。

この当時、石本が大学に通った理由を、石本の長男である剛也《たけなり》に聞いた――。

「確かに、野球は体だけでするものじゃない。頭でするもんじゃとはいっておりました。教え子の中では、『鶴岡(後の南海監督)のように頭がよくないと野球はできない』と言っていました」

当時は、国の行く末も見えない時代とあって、選手たちは、好きな野球がやれるなら、学歴などうでもいい、今この瞬間が謳歌できればいいという考えが支配的な時代であった。しかし、石本は、

常に学ぼうという姿勢を持ち続けていた。

タイガース時代のことだ。宿舎では一一時が消灯時間だったが、主将の松木謙治郎が時折、見回りをすると、いつも石本の部屋に限って電灯がつけられている。ある時、そっとのぞいてみた。

「読書しながら寝る習慣だったと思われる。これは精神修養のたまものと、感心させられたものだ」

（『大阪タイガース球団史』・一部略）

野球をはじめ、物事の真髄を追求する姿勢は、いかなる境遇に置かれても、止むことはなかった。日々の研鑽を積むことで、あの阪神時代の打倒沢村をめざした〝プレートの一歩ほど手前に立たせ、そこから全力投球させた打撃練習〟や、広島商業時代の真剣の刃の上に素足で乗るという〝刃渡り〟など、常軌を逸する発想が生まれ、数々の伝説をつくりあげる。

※1　職業野球開幕当初の東京セネタース（第一次セネタース）の親会社は、あの〝有馬記念〟の有馬頼寧伯爵と共同で、西武鉄道が所有した。当時の西武鉄道は、現在の西武新宿線を経営していたが、その後、武蔵野鉄道などと合併し西武農業鉄道と改称。昭和二一年には、西武鉄道と名称を変えて現在に至る。その後、昭和五三年に再びプロ球団、西武ライオンズ（現、埼玉西武ライオンズ）を所有する。そもそも東京セネタースは、共同出資だが、当時の西武鉄道が所有していたものだ。これが翼軍と名前が変わり、名古屋金鯱軍と合併して、大洋軍（戦後の大洋とは無関係）となり、その後、昭和一八年に西鉄軍となる。戦後、西鉄軍は、昭和二五年に西鉄クリッパースとして復活して、昭和二六年、西鉄ライオンズ、昭和四七年、太平洋クラブライオンズから、昭和五一年、クラウンライターライオンズを経て、西武ライオンズとなるため、結果的に再び西武鉄道のサヤにおさまったといえよう。
なお、戦争の中断期間を終えて、昭和二二年、セネタース（現、北海道日本ハムファイターズ）という球団が発足するが、第一次セネタースとは出資関係が違うため、プロ野球史上では、別球団としている。
※2　国民新聞（後、東京新聞）が昭和一一年、「大東京」として誕生させた。昭和一二年から「ライオン」。昭和一六年から「朝日」。戦中の中断期を経て、「パシフィック」（太平）、「太陽ロビンス」「大陽ロビンス」。二リーグ分裂の昭和二五年には「松竹ロビンス」。昭和二八年には「大洋ホエールズ」に吸収合併され「大洋松竹ロビンス」。昭和三〇年「大洋ホエール

ズ」。昭和五三年（一九七八）より「横浜大洋ホエールズ」、平成五年（一九九三）より「横浜ベイスターズ」、平成二四年（二〇一二）「横浜ＤｅＮＡベイスターズ」となって現在に至る。

※３　近鉄に在籍したグレン・ミケンズ。メジャーでの登板は一年で四試合のみ。一九五九～一九六三年、近鉄。日米通算四五勝五一敗、防御率２・５４。ミケンズについて野口は、「当時あまり守られていなかったローテーションを守って、三日なら三日、四日なら四日の間隔を守るようにしたら、その休養にあてられた日は投げるのじゃなくて毎日走っている。走るのに重点を置いたやり方をやっていた」と語っている。

初代、西鉄の監督に就任する

昭和一八年のことであるが、戦前で一年間だけ、鉄道会社の西日本鉄道がプロ野球に加入した。これは西日本鉄道が、石本が監督を務める大洋軍を買収したことによるもので、チーム名を西鉄軍とした。石本はそのまま大洋軍の監督から、西鉄軍の監督に就任した。戦後、〝野武士軍団〟とよばれた栄光の西鉄ライオンズと同じ親会社であるため、石本は、西鉄の初代監督ということになる。

この年、西鉄軍は、まずまずの成績を収めている。昭和一八年は三シーズン制であったが、秋のシーズンに西鉄軍を優勝に導いている。この当時の記録は少ないため、小野博人『ああ西鉄ライオンズ』から引用する。

「当時は、春、夏、秋と年間三度のリーグ戦の通算勝率で年間優勝チームを決めていたが、巨人が、昭和一六年秋から、昭和一八年夏にわたって六シーズン勝ちっ放しで、巨人黄金時代を築いていた。昭和一八年秋、巨人にストップをかけたのがこの西鉄。野口二郎が一四勝をあげ、（秋のシーズンは）一七勝八敗三分けでわずかながら巨人を上回った。それまでに巨人に代わって、優勝するチームといえば、阪神ぐらいだっただけに、西鉄優勝は大番狂わせだった」

しかし、通年の勝率では巨人軍が上回ったため、優勝は巨人で五連覇を達成した。

この頃の日本は、昭和一七年、ミッドウェー海戦で大敗し、以降、アメリカ軍をはじめとする連合国軍におされ気味で防戦を余儀なくされていく。昭和一八年、アッツ島の戦いを玉砕という屈辱で葬られ、いよいよ身辺にも危うさが増していく。プロ野球選手も例外ではなく、戦場にかり出されていく。

「旅館で一服していると、電話のベルが鳴る。そのたびに顔を見合わせていました。みんなビクビクだったんです」(「情熱と信念の野球人」)

国内では、国家総動員体制の下、挙国一致で戦争へと向かう中、西鉄軍は、昭和一八年のシーズンには野球帽を被って試合をするのではなく、軍の戦闘帽を被って[※1]試合に臨むなどして、軍部への配慮をした。

しかし、アメリカからやってきた敵性スポーツである野球を続けるには、限界があった。軍部としては許しがたい球技として扱われた。また、国民の生活の中から、ダンスホールも閉鎖され、アメリカ映画の上映が禁止されるなど、舶来文化は消えていった。野球は、もはややっていけない状況にあった。

連盟としても対応に苦慮した。

昭和一四年三月一日、日本職業野球連盟は、その名称から〝職業〟を削除し、日本野球連盟と名称を変えたが、その後、太平洋戦争の敗色が濃厚になった昭和一九年には、日本野球報国会という名称に変更している。

まずは〝職業〟の削除だが、これは「職業野球」とは、〝野球でお金をとるのか〟と揶揄され、花形といわれた大学野球に比べて、低い立場に置かれたことを考慮したとされる。その後の〝報国会〟への変更は、国に報いるための団体という意味がこめられた。

「つまり、野球連盟という『野球を職業とする団体』から、野球報国会という、『戦争遂行の産業に従事する合間に野球をする団体』に変わる」（広畑成志『終戦のラストゲーム』）

この時期は、異分野でも、このように○○報国会という名称に変えられた組織が少なくない。例えば、

昭和一七年五月二六日、日本文学報国会の結成
昭和一八年五月一八日、日本美術報国会の設立

などもそうである。いずれにせよ、直接戦争に加勢することができない職業や分野にいる人は、せめて〝報国〟を冠することで、挙国一致とさせたのだ。

選手にしてみれば、野球を続けたい一心であったろう。よって、チーム名を変更するなどして、軍部へ配慮する動きを始めた。

昭和一五年一〇月一七日、東京セネタースが「翼軍《つばさ》」になった。「東京ジャイアンツ」は、秋のシーズン前には「巨人軍」にしている。「大阪タイガース」は、九月二五日、「阪神軍」になっている。

しかし、この程度では軍が許さなかった。

「軍部（陸軍情報部）から連盟役員が呼び出しをくらいます。そして、『先の日本語化はなまぬるい。野球はすべて日本語でやれ』とつめられた」（『終戦のラストゲーム』）

そして、ついに昭和一八年からは、審判の判定である「アウト」や「セーフ」などにも変更がなされていく。

例えば、アウトは「ひけ」、セーフは「よし」で、ワンストライクは「よし一本」というように「野球用語の日本語化」が進められたのだ。

また、試合開始前には、手榴弾の遠投なども行われた。野球で鍛えた肩は、戦場でも光を放つものだと実演してみせたりもした。決して野球はお遊びではないのだと——。

昭和一七年三月一日、後楽園球場で行われた巨人対大洋定期戦の開始前には、選手によって、手榴弾投げの実演が行われた。

「近衛師団から、本物の兵隊の軍装を借りてきて、上から下まで兵隊の軍装をして、短剣を着け、一チーム八名ずつを選んで競技をやる。投手マウンド付近に〝米英撃滅〟と書いた標識を作り、それに向かって手榴弾を投げるのである」（鈴木龍二『鈴木龍二回顧録』）

また、先に述べた野口二郎と西沢道夫の延長二八回の死闘だが、この試合のスコアボードの端には、「進め！　一億火の玉だ」と掲げられている。野球をしたいと願うならば、こうした国威発揚を掲げて、挙国一致で戦争に向かうという姿勢をみせなければ、試合にたどり着けなかった。

戦争に虐《しいた》げられ、野球そのものが、苦難の時をすごした。

石本は、昭和一八年のシーズン、戦闘帽に変わった西鉄軍の帽子をかぶって監督を務めた。その年の秋シーズンを優勝させるが、一旦野球界から身をひいた。

「一八年のシーズン後、西鉄が解散すると石本はついに野球を断念せざるを得なくなった」（「情熱と信念の野球人」）

※1　戦前のプロ野球において、軍の戦闘帽を被ったのは、西鉄軍が昭和一八年からで最初といわれている。

露香、命をお国にささげる

石本秀一は、野球に打ち込む生活の中、昭和四年、久藤露香《くどうつゆか》（当時二五歳）と結婚した。見合いで結ばれた縁だが、露香は秀一をよく支えた。

露香の実家は、広島市から北東に約三〇キロ離れた向原町《むかいはらちょう》（現、安芸高田市）の有留《ありどめ》地区の山のふもとにあった。周囲は山に囲まれ、水も清らかな水田地帯で、人情豊かな農村だった。

明治三七年、父、久藤一《くどうはじめ》と母、タツミの間にできた長女だったが、この久藤家の家系には、医者や教師が多く、田舎の名士といわれ、家のそばには酒蔵があって造り酒屋も営んでいた。

露香は、広島では名門といわれた山中高等女学校[※1]に通い、成績も優秀で何事にも積極的な女性だった。薙刀《なぎなた》に打ち込みながら、勉強にも励んだ。卒業後は、向原町の尋常小学校で教師になったが、地元でも有名な才色兼備の女性だった。

露香（所蔵：久藤宣機）

「きびしくもやさしい、思いやりのある最高の母だった」と長男の剛也は語る。また、露香の弟、秋夫《あきお》の子で、甥にあたる久藤宣機《のぶき》は、「きれいな人やった。秀一さんは、あの美貌にイチコロだった」。

石本家に嫁いだ露香は、野球人である秀一を支えるだけではなく、石本家の家計から、家事、さらに家業の〝石本の風呂屋〟のすべてを引き受けていた。売り上げの帳簿の管理、石炭屋への支払い、風呂屋の掃除など一切である。秀一の父・和三郎や母・ヤスも露香の働きぶりに感心し、甘えることも多かった。

野球に没頭する秀一は、家をあけてばかり。その間、露香が家を守り、家業がきつくてもグチひとついわない。笑顔を絶やさず、周囲に気配りのできる、できすぎた妻だった。

その妻、露香がときおり口にしていたこと——。

それは、秀一のタバコの銘柄である。

「あなた、タバコは、もう少し楽なのにされたらいかがですか。『光《ひかり》』※2はきつうございます」

秀一の体を気づかう妻・露香のやさしい一言だった。

しかし、元来、頑固な秀一のことだ。

「ええから、剛也、『光』を買うて来い」と、長男剛也を使いにやる。

この光とは「黄色葉を多く使った高級感のあるタバコ」「喫味と香料がある」(日本専売公社専売史編集室編『たばこ専売史』)といわれているタバコである。

秀一は、この辛くてきつい「光」を好んだ。

結核など肺の病気に泣かされた時代である。しかし、皮肉なことに秀一の体を気遣う、露香自身が、肺浸潤《はいしんじゅん》に蝕まれていく。

ただし、気丈な性格で、几帳面な性分の露香は、自分に休みを与えることを許さなかった。

また、露香の親元の久藤家の親戚縁者には、医者が多かった。

「医者からも、助言を受けていたはず」と長男、剛也はいうが、なにせ、露香は、剛情な性格で、秀一にも負けずとも劣らぬガンコ者。

「家の中のことは、女である私がやらなければなりません――」と周囲の心配を突っぱねて、休まない。

　そんな露香も、無理がたたってしまい、ついに体を壊して寝込んでしまう。長男、剛也が小学校五年生の時に一度入院をした。心配した向原町の母、タツミは、露香に療養することを勧めた。

「露香、実家に帰ってきなさい。このままでは、あなたは、倒れてしまいます」

　一方、秀一は、昭和一八年にできた西鉄軍の監督に就任し、見事、秋のシーズンには優勝させるが、この年でもって、いったん野球界から身を引いている。

　プロ野球公式戦も昭和一九年のシーズンを終えて中止となった。太平洋戦争の戦況も危うい状況になり、翌二〇年の一月にわずか数試合が行われたのみで、全て中止となった。

「（昭和二〇年一月一日から一月五日）阪神球団の呼びかけで『正月大会』を甲子園、西宮両球場で開催（三日は、空襲で中止）」（『終戦のラストゲーム』）

晩年の露香。顔にはマスクが見られる。右は秀一（所蔵：久藤宣機）

　この大会を最後にプロ野球は中止された。

　昭和二〇年三月一〇日の東京大空襲を皮切りに、全国各地の無差別爆撃が本格化する。広島の町も狙われるのでは――そんな不安や噂が広まって、石本は家族とともに、露香の実家がある向原町に疎開する。実家は有留地区にあったが、そこから山をひとつ隔てた保垣《ほがき》地区の空家（現在、末岡宅）を借りて、住むことになった。

しかし、これが露香にとって吉と出たわけではなかった。

長男の剛也は一四歳になっていた。広島二中（現、広島観音高校《かんおん》）に通っていたが、戦時下、国家総動員体制がしかれ、学徒隊として広島市観音町にある軍需工場に動員された。

剛也は向原から通うことになる。向原駅から、五時すぎの始発に乗った。広島県北部と広島駅をつなぐ芸備線《げいび》で通ったが、広島駅に七時前に着いて、そこから市内電車に乗り、バスに乗り換えて、ようやく工場のある観音までたどりつく。

剛也が勤労を終えて、家に帰るのは九時頃とあって、それから食事や風呂をすませ、寝床につくのは夜の一一時を回った。露香は、零時を越えて床につき、翌朝、剛也を送り出すために、四時に起きる。こんな毎日だった。

ここでも露香の無理は続いた。露香は、剛也を送り出すことで、お国への使命をまっとうした。こうしたことが、さらに露香の体を蝕んでいくのだ。

また、剛也のような多くの学徒隊が、いたるところで勤労している広島で、世界で最初の原子爆弾が投下される——。

※1　明治二〇年創設。昭和二〇年廃止。主に小学校教員の養成機関であった。卒業生は一万三〇〇〇人を超す。露香の時代には、現在の広島市中区千田町に校舎があった。校訓は、「柔而剛《じゅうにしてごう》」で、現、安田学園を築いた安田リヨウも卒業生。安田学園の学園訓には、「柔《やさ》しく剛《つよ》く」とある。
※2　国産の黄色葉を使った喫味、香料のあるタバコ。昭和一一年に販売開始され、昭和四〇年に製造中止。当時は紙巻で両切りだった。デザインは多摩美大、武蔵野美大の創始者・杉浦非水による。石本は戦後、缶ピー（缶入りのピース）などに替えた。

廃墟と化した広島——戦火をのがれた石本

昭和二〇年八月六日、日本時間で午前一時四五分、マリアナ諸島、テニアン島からアメリカ軍の戦闘機が飛び立った。リトルボーイなる原子爆弾を搭載した戦闘機エノラ・ゲイ号（B29）である。

目指すは、広島市の中心部——。

午前八時一五分——。

投下目標となる、広島市中心部のTの字橋である相生橋《あいおいばし》に照準を合わせた。

広島市細工町《さいくまち》、島《しま》病院上空にさしかかったところで、B29がパラリと何かを落とした——。

次の瞬間、閃光が走り、ズドーンと轟音《ごうおん》が響いた。

またたく間に、広島の街は炎の海と化し、壊滅状態に——。

焼け爛《ただ》れた人たちのうめき声や、水を求めてあえぐ声が聞こえてくる。その惨状に、容赦することなく、あちこちから炎が舞い上がり、延々と広がる。

「まるで地獄からとび出して来たような姿であった。ほとんどが半裸体で、頭から血を浴びて真っ赤になっている。ボロ切れをぶらさげているかと見れば、それは腕や手先の皮がベロリとむけてぶらさがっているのである」（浜井信三『原爆市長』）

この時、長男、剛也は、たまたま数日前に工場疎開が行われ、広島市の観音から、県西部の廿日市《はつかいち》宮内《みやうち》地区に動員先が移されていたことで、一命を取り留める。

一瞬気絶したものの、剛也は正気に戻った。怪我《けが》もない。

居合わせた学校の先生は、向原の家まで帰るように促した。

「石本君、山崎君、已斐《こい》の山すその方から、中深川《なかふかわ》にぬけて向原に帰りなさい」

広島県北部の向原から通う生徒は、剛也と友人の山崎二人だけとあって、先生はすぐに帰るように指示を出した。三角州を山で囲まれた地形の広島市だが、その中心街は、原爆により火災が発生して、まさに火の海だった。その火の海を避けるには、広島市西側の已斐の山すそから、北東方向に走り、中深川(現、広島市安佐北《あさきた》区)まで行き、そこから向原に帰れということだった。

二人は、ひたすら已斐方面へ走った。その手前五、六キロの草津《くさつ》の港に来たところで、剛也はあることが気になりはじめた。段原の実家のことだ。剛也は、この数日前の祖父とのやりとりを思い出していた。

「じいちゃんは、生きているだろうか——」

そう考えると、いてもたってもいられない。剛也は、連れの山崎の存在が邪魔になった。

剛也は、担任の先生のいいつけを守らなかった。

「山崎、お前、一人で帰れや」

「えっ、お前、どこへ行くの」

「オレは川を渡って帰るから、先に行ってて」

剛也の適当な返事でも、非常事態とあれば、それなりに説得力をもって響いた。山崎は先生の言いつけを守って、帰路を急いだ。

山崎と別れた剛也は、靴を脱いで川を渡り、丸こげの人がうじゃうじゃ流れてくるのをよけながら、川から陸へ上がり、あちこちから火の手が上がるのをかいくぐってひたすら走った。広島市中心部から、東側にある段原の実家に向かった。

「そこには、じいちゃんが、いる――」

剛也が気になっていたこと――それは、原爆投下一週間前に遡る。疎開先の向原でのことだった。

秀一の父、和三郎は、突如、変なことを言い出した。

「戦争を見てくるわ」と言い残して、家を出て行った。

和三郎は、慣れない田舎暮らしが続いていて、体じゅうがむずがゆくもなり、ついにしびれを切らして、向原を出て行った。向かうは段原東浦町の実家と、その近所の熊本（秀一の実の妹、クニコの嫁ぎ先）の家である。

ところが、そのまま数日間、和三郎の消息がつかめないとあって、父の安否を心配した秀一が動き出した。

父、和三郎のことが心配でしょうがない。いてもたってもいられなくなったのだ。

「親父を見に行ってくる――」

こういい残して、向原を飛び出して広島市内へと向かった。当時、広島市内は空襲の前ぶれであったのか、警戒状態が続いていた。

父を見に行ってくるといって出てから二日後のこと。

秀一が帰ってきた。

「ああ、生きとったぞ。元気じゃった」――。

ほっと胸をなでおろす露香や剛也だったが、広島市中心部の緊張状態はさらに高まっていった。

時折、B29が空を飛んで、アメリカ軍がビラをばらまくなどやりたい放題。広島市の制空権は完全に失われていた。

「原爆投下約一週間前にB29が『爆撃するから逃げろ！』というビラをばらまいていった」（『牛田ニュース』259号・二〇〇二年一一月）

空襲警報が頻発する中、あの八月六日の惨状である。

和三郎の安否が心配になった剛也は、我が家のある段原東浦町に必死に向かった。広島市の三角州のおおよそ南側を西から東へと走りに走った。段原の家まで、約二キロという御幸橋のそばから、さらに、比治山橋付近にたどりついたとき、剛也は、あの黒い雨に打たれた。

「たしか御《ご》便殿《べんでん》※1か、熊本の家かで、雨宿りをした」とは剛也の記憶である。

この御便殿は、原爆とともに吹き飛ばされたので、おそらく記憶違いであろう。黒い雨を避けて雨宿りをしたという熊本の家は、実家からわずか数分のところにあった。

段原東浦町の実家は、小高い比治山の裏側にあたり、原爆の直接被害をさけたところにあったが、不幸にも「家も、銭湯も、爆風を受けてペシャンコ」（「情熱と信念の野球人」）だった。

幸い無事であった和三郎は、炎の中を広島市の中心街近くの十日《とうか》市町《いちまち》に嫁いだ、秀一の末の妹、ツヤを探してさまよった。結局、ツヤは、焼け跡から子ども二人を抱いた姿で死んでいるのが見つかった。和三郎はひたすら探しまわったために、放射能にさらされ、体中に斑点《はんてん》ができ、その年の一〇月四日、七四歳で帰らぬ人となった。

さらに悲しいことは続いた。秀一の母、ヤスはこの死がショックで寝込み、翌昭和二一年二月三日に他界した。六六歳であった。また、秀一の周りの野球関係者も原爆で亡くなった。

しかし、秀一にとっては、妻、露香をはじめ、長女、方子《みちこ》、次男、ケンジらを向原に疎開させており、無事であったことは何よりだった。

剛也は、ペシャンコになった段原の家を離れた。そして、その夜中に広島駅の次の矢賀《やが》駅から、芸備線上を走る貨物列車にもぐりこむように乗り込んで、翌朝七日、向原にたどりついた。

「おい、剛也が生きて帰ってきたぞ」

「あんたは、何しとったの？　心配したのよ」

家族みんなは喜んだが、疲れ果てた剛也は、そのまま死んだようにスーッと眠り込む。その二日後、一瞬目を覚ましたときのこと、何やら耳に入ってきた。

ソ連軍、参戦——。

ラジオから一瞬聞こえてきた。八月九日のことだ。さらに戦況が悪化していることを感じたが、剛也は、すぐに寝込むのだった。

次に目を覚ましたのは、台風が吹き荒れる中、九月の中頃だった。剛也にとって、それぐらい原爆のショックは大きく、ただひたすら眠り続けるのであった。

よって、剛也は、その間の日本国の無条件降伏や、敗戦を知らせる玉音放送など、国家存亡を揺るがす一大事については、いっさい記憶がない。

※1　広島に大本営が置かれ、明治二七年、帝国議会が開催されたとき、天皇の休憩する場所として設置された。明治四〇年代初めに比治山に移設。「屋根は柿葺、天井は綾織白金巾、壁は壁板に白金巾をおおい、二つ割りの青竹を、縦横にうちつけた」（『比治山をめぐる郷土史』段原公民館郷土史クラブ）。原爆で倒壊した。戦後、再建の機運もあったが果たされていない。

栄光のユニホームで野良仕事

石本秀一は、昭和一八年のシーズンを最後にプロ野球から身をひいた後、向原町保垣地区に疎開したが、そこで人生初ともいえる野良仕事に励んだ。

「露香が大事にとっておいたユニホームを野良着にして畑を打つ石本」(「情熱と信念の野球人」)

あの数々の栄光のユニホームを身にまといながらである。畑にでては鍬《くわ》を打ち、田にでてはヒエを引いた。敗戦後の日本にあって、みんな着るものにも不自由していた。

広島商業監督時代には、四度の全国制覇を果たし、中等野球の頂点を極めた。さらに職業野球においても、大阪タイガースを初優勝から二年連続優勝に導き、黄金時代を築いた栄光の男は、もの寂しそうであった。それでも、中央における野球のことがラジオから聞こえてくると秀一の表情は変わった。

「ラジオに耳をそばだて、目は血まなこになり、挙句、体はブルブルと震えてくる。さらに、かーっと体がほてってくるのさえ分かった。いてもたってもいられないようだった」と剛也は、そんな父の姿を今でも忘れることがない。

こうした中、石本の疎開先での楽しみだったのが、地元の有保《ありほ》中学校(昭和二九年に向原中学校に統合)へでかけて、地元の子どもたちと野球をすることだった。当時、小学生だった奥田恒幸は、「石本さんは、セカンドのことをセコンドと呼ばれていたのが、忘れられない」という。

また、長男の剛也のことは、「ホーム側からひょいと軽く投げたはずのボールが、らくらくとセカンドまで飛んでいくほど、肩が強かった」と記憶している。やはり、血は争えない。野球センスはあった。ついつい調子にのって、剛也は、父、秀一の大事にしていたスパイクを勝手に持ち出して大目玉をくらったこともある。

当時、中学生の剛也に、「今から（野球を）やっても、ものになるわきゃーない」といって、取り上げた。

秀一は、いつか再びやってくるであろう、野球がやれる日を夢見て、大事なスパイクをしまいこんだ。

野球が、やりたい――。

いら立ちもあった。農作業に打ち込めるはずもなかった。野球に関しては、超人的な精神力を発揮するが、野良仕事には精神力を発揮するどころか、集中すらできない。

農作業は近所の噂になるほど、下手くそだった。鍬をブルンブルンと振り回しては、また耕す。振り回しては耕すといった日々――。

昭和二一年、秋頃であった。

長男、剛也は「濃人（渉）さんが訪ねてきた」と記憶している。戦争から復帰した濃人は、いち早く鯉城園《りじょうえん》というノンプロチームに属して、再び野球をやっていた。広島の遊技場など娯楽施設を経営する会社のチームであった。

濃人は、新たに誕生するであろう、東京での野球リーグの話を持ってきたのだ。

〈石本さん、もう一度、野球をやりましょう。東京で野球チームができるんです〉

〈なに、本当か？〉

〈本当です。国民リーグという、新しい野球リーグが立ち上がるそうです〉

〈わしに、どうしろというのか――〉

〈監督としてきてくれませんか？〉

「当時、一度、〝野球〟と聞くと、家のことはほったらかしの〝極楽トンボ〟。出たっきり帰ってくることはなかった」と剛也は言う。

戦前、大阪タイガースの監督を務めていた頃もそうだ。たまに広島に帰ってきたかと思うと、剛也の手を引いて、町中の野球関係者の家々を回る。

「たまに、段原の実家に帰ってきたかと思うと、片時もじっとしてない。すぐに広島商業関係の運動具店などにいく。野球の入場券がどうのこうの、いつ広島で試合があるだとか、走りまわっていた。本当に、じっとしていない」

選手時代もそうだ。

「広島商業の投手だったころ、遠征帰りの汽車の中で、駅に停車するごとに客車の一番前から一番後ろまで走っていた」（「情熱と信念の野球人」）

石本にとって生活の一部に野球があるのではない。野球の中で生きていたのが、石本秀一だった。

濃人の話を聞いて石本は、〈よし、分かった〉と、即答した。

日本は第二次世界大戦で敗北し、進駐軍による接収に対しておびえながらも、戦いのない日々の虚脱感を、少しずつ明日への希望に変えて暮らした。あの〝リンゴの唄〟に魅せられ、将来に希望を託して、戦後の復興を願った。

「また野球ができる。好きなことができる。歓声と拍手のなかで、せいいっぱい自分の存在を主張することができる。束縛された、暗い時代は終ったのだ。これからは好きなことをして生きられる」
（阿部牧郎『焦土の野球連盟』）

時代は変わった。

濃人が、石本を呼びにきた翌年、国民野球連盟（国民リーグ）が発足した。プロ野球二リーグ制にむけた、さきがけともいえる動きだった。

幻のプロ野球二リーグ制

終戦の翌年、昭和二一年、プロ野球のリーグ戦が再開した。チームは八つで、グレートリング、巨人、阪神、阪急、セネタース、ゴールドスター、中部日本、パシフィックの球団が名を連ねた。現在のような二リーグに分かれてはおらず、一リーグで、その名称は日本野球連盟であった。

ただ、濃人はこの日本野球連盟とは違う、これから立ち上がる国民野球連盟（国民リーグ）のチームの監督をしてくれと、石本に持ちかけたのだ。そのチーム名は、グリーンバーグ[※1]である。チーム名の由来はアメリカ大リーグのホームラン王「ハンク・グリーンバーグ」からとったといわれている。

グリーンバーグの主力は、濃人渉をはじめ門前真佐人、道仏訓《どうぶつさとし》や倉本信護《くらもとのぶもり》などといった、広島出身で戦前の職業野球（プロ野球）の経験がある者も少なくなかった。他には、キャッチャーに中山唯《なかやまただ》雄《お》、外野手に大竹治三郎といったお相撲さんもいるという異色のチームだった。あの前田《まえだ》山英五郎《やまえいごろう》の弟子というから驚きである。

では、なぜ、寄せ集めながら、国民リーグは誕生したのだろうか――。

一方の日本野球連盟は、終戦の昭和二〇年の一一月二三日には、東西対抗戦を行って復活のノロシをあげ、翌昭和二一年からは、リーグ戦を行っているのに、だ。

理由はいろいろあろう。

この時期、戦後の不況下でも、裸一貫で立ち上がり、早々に企業活動を開始して、財を成した事業家も少なくはなかった。彼らは新規事業として、プロ野球に乗り出そうとした。

「財閥解体で大混乱している大会社より、景気のいい個人会社の方が、遥かに金廻りがいい時代になっていた」（鈴木明『セ・パ分裂 プロ野球を変えた男たち』）

また、アメリカ大リーグにならって、二リーグにするという思いもあった。

「『二リーグ構想』は、まだ戦災の跡が残っている昭和二一年暮れに、早くも芽ぶいていたのだ」（大道文『プロ野球選手・謎とロマン②』）

選手権シリーズ（日本シリーズ）がないことへの批判的な考え方もあった。

「我慢がならないのは、『プロ野球』だというのに、『選手権シリーズ』が存在していないことだった」（『セ・パ分裂 プロ野球を変えた男たち』）

プロ野球を、二リーグにしたい――。

こうした時代の要請にかられ、国民リーグは結成にむけて動き出した。当時、関西を中心に事業を営む宇高勲《うたかいさお》が企てた。宇高は焼け残った工場を使い、自動車のクラクションの製造で成功した宇高産業の経営者。戦後、早々に自動車工場と取り引きを開始して、財を成した人物であった。

当初、宇高は日本野球連盟の会長、鈴木龍二《すずきりゅうじ》にかけあい、プロ野球への参入を企てたのだ。しかし、鈴木は新規参入には門戸を閉ざした。理由は、八チームで戦後スタートしたプロ野球だが、九チームと奇数になっては、試合日程の編成がうまくいかないからだ。

宇高は、当時、三〇代も後半で、勢いのある青年実業家であった。お金にものをいわせ、日本野球連盟の選手の引き抜きをたくらむ。グレートリング（後の南海）に対しては、鶴岡一人以外には、すべての選手に声をかけたほどだった。

その結果、批判をあびてしまう。

「宇高さんが、国民の荒《すさ》んだ気持を野球を通じて立直らせようという気持は同感だ。しかし、〝連盟〟の育てた選手を、金だけで引き抜いてゆくのは、〝野球選手は金だけで動くのか〟という印象を与えてよくない」（『セ・パ分裂 プロ野球を変えた男たち』）

そもそもプロチームの買収をもくろみ、また、選手の引き抜きなどにも多額のお金を使うという色気を出しすぎたため、当初からつまずいた。

結果、別にリーグを立ちあげることになった。実は、日本野球連盟の鈴木龍二から二リーグに向けた話があったのだ。

「アメリカには二大リーグがある。日本もそれを見習って、将来二リーグ制を敷くべきだろう。宇高さん、その先駆者になってみないか。新リーグを結成するのなら、われわれも協力を惜しまないつもりだ――」（『焦土の野球連盟』）

この言葉に心打たれた宇高勲は、リーグ編成に向けて動き出した。しかし、このときの鈴木の言葉の内には、やれるもんなら、やってみろ――という気持ちもあるにはあった。また、宇高も少なからずそれを感じてもいた。しかし宇高は、事業家としても脂が乗った血気盛んな年頃であった。よし、やってやろうじゃないか――。

結果、宇高勲は、宇高レッドソックスの結成に向けて動き出す。

ただ、新リーグをつくることは、結果的に選手の引き抜きを横行させた。

国民リーグが立ち上げに向かう傍らで、石本率いるグリーンバーグは、九州遠征の帰りの巨人軍に声をかけて、全広島の三チームとで、試合を開催した。

昭和二一年一二月一四日から二日間の日程で、広島復興期成会主催、中国新聞社後援により、広島総合球場（現、コカ・コーラウエスト野球場）で行われた総当り戦は、グリーンバーグが健闘し、原爆によって打ちひしがれた広島の人々の心を和ませた。

全広島チームは、残念ながら巨人に16対1と敗れたが、なんとグリーンバーグは、巨人の投手、中《な》尾《か》輝三《おてるぞう》や近藤貞雄《こんどうさだお》らに10安打をあびせ、6点をあげて善戦した。あと一押しがきかず、6対7で惜しくも敗れたが、これに自信をもったのは、宇高である。

「巨人の中尾輝三、近藤貞雄両投手から6点を奪った打線の力はかなりのものだった。日本野球連盟恐るるにたらず。宇高らは気をよくしていた」（『焦土の野球連盟』）

その試合の後のことである。『中国新聞』（昭和二一年一二月一七日）に掲載された石本のコメントは、非常に興味深い。国民リーグへの参入はおろか、プロ野球への参入を意識しているのだ。

「プロ野球も戦前の三倍の入りがあり、経費が十分維持していけるので、戦前より盛んになることは間違いありません。広島の野球界もけっして他県にひけをとってはいません。昔にかえるのに時間が問題と思いますが、野球王国は、必ず実現します。グリーンバーグは、まだ生まれたてでまだ選手も四、五名足りませんし、一年間は鍛えなければだめですが今は未知数というところ。チーム名は、米国の選手の名前を借りたもので正式ではありません。連盟には、来春加入するつもりですが、広島県人を集め、〝広島気質〟といいますか広島人から生まれる特殊なチームをつくります」

石本は、プロ野球参入に向けて、その意欲をぶち上げた。郷土広島にプロ野球の球団をという情熱を持ち続けていた。

これは、石本の独自の先見性であろうか、はたまた、将来性が感じられた故のことであろうか――。この時点で、石本が率いたのは、広島閥で固めたグリーンバーグである。出資者といわれる藤代藤太郎は、小さな自動車工場の経営者というささやかなチームであるが、石本は、連盟入りを意識している。この時点での連盟とは、国民野球連盟（国民リーグ）ということになるが、まだ立ち上がっていない。日本野球連盟への加入を意識しているととれなくもない。

翌二二年三月二九日には、いよいよ国民リーグ結成に向けてののろしをあげることになる。会場は後楽園球場と決まり、メモリアルゲームとして、グリーンバーグ対宇高レッドソックスと決まった。これは、そもそも最初の参加チームが二チームしかなかったからだ。

ところが、早々に困難にぶちあたる。開幕をひかえた三月二一日に、千葉県の銚子《ちょうし》のグラウンドで、この二チームの試合が予定されたが、前日の二〇日になっても石本監督以下、グリーンバーグの選手は現れなかった。

広島からの移動に汽車賃がかかるのはいうまでもないが、監督以下一七名分の、

「上京する汽車賃もなかったのだ」（『焦土の野球連盟』）

〈やはり無理か、こんな時代に、野球などそう簡単にやれるはずがなかろう〉

石本も弱気になったか、結成を前にして、

「サンカデキヌ　コレマデノスベテチトリケス　イサイノチフミ（「詳しくは後で手紙に記す」の意）」

と電報を送っている。

これに慌てたのは、国民野球連盟会長の宇高勲をはじめ、かつてセネタースの監督であり、今回の国民リーグの事務局長となった横沢三郎《よこざわさぶろう》である。当初の結成は、グリーンバーグと、宇高レッドソックスの二チームなのに、その一チームが来なければ旗揚げもあったものでない。

「目の前がまっくらになった。どうしていいかわからない。発会式には在京の報道関係者をぜんぶ呼んでいる。いまさら、グリーンバーグは参加しないことになりました……などと誰がいえようか」

（『プロ野球選手・謎とロマン②』）

しかし、石本を古くから知る横沢三郎のとった行動は、驚くべきものであった。電報を内密にして、待つことにしたのだ。石本の性格を良く知っていたからだ。

「絶望のどん底でした。しかし、ただ、ひとつ祈るように考えたことがあります。古くから石本氏を知っている私には、石本氏の責任感を信じようという気持が心にあるのです。人間的に立派な石本さんのことだ、広島の関係者が放ってはおかないだろう、石本氏の苦境を見殺しにすることはないはずだと自分に思いこませたのです。そう信じ、いいきかせ、私はついに発会式で電報のことはひと言も口にしなかったのです」（『プロ野球選手・謎とロマン②』）

石本よ、頼む、来てくれ！

しかし、念ずれば花開くではないが、願いが通じたのか、何かが石本を救った——。石本以下一七名が乗った汽車が、試合の前日である三月二〇日に、東京に到着した。そして、当日の朝、銚子までかけつけたのだ。

「広島から東京まで乗車し、一夜を東京で仮寝してすぐ銚子にかけつけた石本氏の汗と煤煙《ばいえん》にまみれ、しかも厳然とした姿に接したとき、思わず私は涙をおさえることはできませんでした」（『プロ野球選手・謎とロマン②』）

この時代、広島から上京するには、大阪、名古屋で乗り継がなければならない。さらにどの列車もスシ詰めで、ぎゅうぎゅうに人が積み込まれている。戦争で国土も荒廃し、人の心もすさんでいた頃、網棚に置いたリュックやバッグはすぐに消えて、人をみれば泥棒と思えの時代であった。暖房もなく、割れた窓ガラスからは、真冬の冷たい風や、煤煙がビュービューと吹き込み、選手を容赦なく襲う。

「石本秀一、濃人渉、道仏訓たちは、そういう旅をつづけて銚子に着いたのだった。食べるものも着るものもないこういうすさんだ時代に、そうまでして〝新しい野球リーグ〟に参加しようとした男たちの心。すさまじいというほかない」（『プロ野球選手・謎とロマン②』）

万難を排して石本は到着したが、横沢三郎の言うとおり、石本の野球界における信望は厚かった。

「石本秀一はやはり誠実な人物だった。総勢十七名の男をひきつれて、丸二日がかりで上京してきた」（『焦土の野球連盟』）

ついに、国民リーグは立ち上がったのだ。

待望のリーグ戦は、七月三日からの開催となった。これには、唐崎《からさき》クラウンと大塚アスレチックスが加わり、四チームでのリーグ戦とあって、なんとか体裁を整えていく。

唐崎クラウンは、戦前、海軍に清涼飲料水を納め、戦後は、クラウン印のサイダーを製造した唐崎産業が親会社で、松戸アスレチックス（加盟発表の直後、大塚アスレチックス）は、千葉県松戸市で、コウモリ傘の骨組みをつくる会社を親会社にしていた。

結果、四チームで、無事、国民野球連盟（国民リーグ）はスタート。アメリカ大リーグのごとく二リーグ制を目指すはずであった。

しかし、もともと切符代にすら苦しんだ国民リーグにあって、資金難はなすすべもなかった。個人が経営するグリーンバーグは、すぐに経営に行き詰った。

石本と濃人は、オーナーを探してかけずり回る日々が始まった。石本は監督でありながら、采配をふるう傍らで、親会社を探して歩かなければならなかった。

ただし、光明もあった——かつて広商時代の教え子の土手潔に出会ったことだ。土手潔は、広商が昭和五年夏、六年春に全国優勝したときのキャッチャーだ。

土手は、アメリカ遠征における一六試合（ハワイでの試合を含む）全てに先発マスクをかぶった選手であり、戦時中は軍用の機械工場で儲けて、戦後、茨城県結城町《ゆうき》（現、結城市）にある建築資材販売を手がけて、戦後の一時期は好況をみせていた。

すぐに、このグリーンバーグを土手に譲渡し、結城ブレーブスとチーム名を変えてスタートする。シーズン中に買収劇にあい、親会社が替わり、チーム名まで変わるというリーグだったのである。

資金難にあえいだのは、宇高レッドソックスもしかりで、ノンプロの熊谷組《くまがいくみ》と合体して、熊谷レッドソックスに変わる。合併や吸収の憶測や噂話は後を絶たず、芸能関係の会社でもある松竹や吉本興業などが親会社になるなどと吹聴されもした。

石本の苦難の時代は続いた。しかし、国民リーグを結成した当初の評判はそう悪いものではなかった。むしろ、あのタイガース黄金期の立役者、石本がいるのはすごいと、評判を引き上げたほどだ。

新聞社などから一時的には注目された。

「三宅大輔《みやけだいすけ》（元、巨人監督・大塚アスレチックス監督）や石本秀一がいるって？　監督は一流じゃないか。面白いねえ、国民リーグというのは……」（『セ・パ分裂　プロ野球を変えた男たち』）

ただ、国民リーグには、大きな欠点があった。フランチャイズ球場を持たなかったのだ。地元本拠地を持たないものだから、地元のファンが根付いて、盛り上がりをみせるはずはない。戦前、中等野球が盛り上がりをみせたのは、おらが町のおらがチームであるが故に、県民挙げて団結して応援したからだ。

それだけではない。

「この新しいプロ野球集団は『土、日』を後楽園などから閉め出されているので、きいたこともない地方をドサ廻りしていた」（『セ・パ分裂　プロ野球を変えた男たち』）

東北シリーズと銘打って、青森、弘前、八戸、九州シリーズと銘打って、春日原《かすがばる》、熊本、別府など、全国各地の球場を、四チームで転々とする興行が続いた。

現地では、地元の有力のノンプロチームと試合をやるなど、集客にむけて努力したが、一向に観客がこない。しかも、地元の新聞にもほとんど取り上げてもらえない。

さらには、よっぽど評判が悪かったのか、宿泊先を探すのにへトへトになった。

「金をもって行っても宿に泊めてくれない。米を持参しなければ、どんな旅館も〝宿泊おことわり〟だ。私（宇高）は、選手ひとり一日五合も与えた。五日間遠征に行けば、ひとり二升五合の米を風呂敷に包んで行かなければいかん。これがつらかった」（『プロ野球選手　謎とロマン②』）

さらに、昭和二二年八月三、四日の広島での試合では、入場料大人六〇円、子ども二〇円だったが、これらを無法者に持ち逃げされたという。原爆から立ち直りをみせる広島には、当時はまだ、こうした事件も頻発していた。

石本率いる結城ブレーブスは、親会社が税務署に睨《にら》まれるなどして、経営が悪化していた。

「石本秀一が家宝の名刀五郎正宗を手放して、当座の費用にあてたこともあった」(『焦土の野球連盟』)

家宝を売却して、身銭を切るという行為にでた石本だが、広島閥で固めたブレーブスは、こうした石本の信念のある行動により団結を保っていた。

結果的に結城ブレーブスは、栄冠を勝ち取る。夏のリーグ戦(四チーム各三〇試合)で、二〇勝一〇敗、勝率六割六分七厘で、堂々の優勝を果たした。しかし、表彰はささやかに、豊川《とよかわ》の妙厳寺《みようごんじ》という寺の境内で行われた。ここでもマスコミは来なかったというから、よほど注目されなかったようだ。

結局、ふんだりけったりの昭和二二年のシーズンを終え、翌昭和二三年には、日本野球連盟入りを拒否された大映チームを帯同して、一〇日間ほど九州へ遠征しただけで、打ち切りとなった。その後、国民リーグは日の目をみることはなかった。

ついに、二月二三日、国民リーグは消滅した。

しかし、戦後のドサクサの中にあって、親会社が経営難に陥りながらも、国民リーグという新しい野球の組織をつくりだそうとしたことは、長いプロ野球の歴史からして、決して無駄ではなかった。

敗戦に打ちひしがれた選手の心にも、立ち直るきっかけを与えただけでなく、この新リーグ創設の動きがあったからこそ、昭和二五年からのプロ野球二リーグ制へも向かうことができたのだ。

「悪戦苦闘のかいもなく、アワのように消えた国民リーグ。しかし、石本らの苦労は二大リーグへの機運に一層拍車をかけたといえよう」（『情熱と信念の野球人』）

石本にとっても、この年、食えないながらドサ回り興行をして回った経験は、決して無駄ではなかった。後に、郷土広島に誕生するカープの資金難による存続の危機を救うことにつながるのだ。国民リーグは、その前哨戦でもあったろう。石本は、わずか一年間であったが、国民リーグに所属することで、戦後の野球界に復帰した。

※1　前身は、元中部日本の監督だった竹内愛一《たけうちよしかず》が率いる「東京カップス」で、広島のノンプロチーム「鯉城園」のメンバーだった濃人渉などが、引き抜かれていく。ただ、監督の竹内が朝から酒を飲み、練習がまともにできず、披露試合で川崎いすゞに負けたため、監督をクビにして、農業をしている石本を推薦し、口説き落とした。「大物監督石本を迎えて、球団名もグリーンバーグに変ったのだ」（『焦土の野球連盟』）

金星スターズの二軍監督になる

昭和二三年に「金星《きんせい》」というプロ野球の球団があったのを、知っている人は少なかろう——。

金色に輝く星「金星」は、現在でいう千葉ロッテマリーンズの元祖ともいえる球団だ。

昭和二一年にゴールドスターとして誕生し、昭和二二年、昭和二三年は「金星スターズ」になり、その後、大映スターズ、さらに大映ユニオンズとなり、毎日オリオンズと合併し、東京オリオンズから、ロッテオリオンズ、さらに現在の千葉ロッテマリーンズにたどりつく。

昭和二三年、石本はこの「金星」の二軍監督になる。金星は、国民リーグの中で、一番資金的にゆとりがあった大塚アスレチックスと合併し、ここに結城ブレーブス（前、グリーンバーグ）のめぼしい選手がひきとられていった。石本秀一をはじめ、濃人渉、門前真佐人、林直明《はやしなおあき》の四人が加わる。泡のように消滅した国民リーグから、プロ野球に復帰したが、初めての二軍監督という役回りで、第一線には立てなかった。

このときの一軍の監督は、石本が昭和一二年、一三年と連続で大阪タイガースを日本一に導いたときの、宿敵、巨人軍の監督である藤本定義だ。一軍監督、二軍監督がかつてのライバル同士であり、さらに選手も寄り合い所帯でまとまりが悪く、結局、八球団中七位（一軍）に終わった。

さらに翌二四年に、石本は大陽《たいよう》ロビンスの監督に就任する。「情熱と信念の野球人」から引用する。

――ここでも石本は、五一歳の年齢をものともせず〝精神野球〟をたたきこんだようだ。「ピンチにのぞんで集中する気持ちはナインの打棒に現れ、必死の気迫がヒシヒシと感じられるようになってきた。この変化はいったいどこから来たのだろうか。それは就任以来石本氏が、プレーヤー一人ひとりの心に強い希望を吹き込んだところにある」（『野球界』昭和二四年七月号）

だが、悲しいかな戦力の乏しさは覆うべくもなく、五二勝八一敗で四割にも満たない勝率で最下位に終わる――。

大陽ロビンスは、繊維問屋である「田村駒《たむらこま》」や、「太陽レーヨン」の社長をしていた田村駒治郎《たむらこまじろう》が経営しており、当時、唯一、個人が所有した球団だった。ロビンス（駒鳥）というチーム名は、自身の名前の一文字「駒」に由来している。こうしたことから、かなりのワンマン体制であったと思われるが、監督やチーム名を次々に変えても強くならず、ついには田村が、「野球は点をとる勝負だ。それなのに太陽の太は大の字に点がついている。野球は点をとった方が勝ちだから、太から点をとり、今年から大陽とする」（『プロ野球監督列伝 上』）という、おもしろい逸話だけが残った。

「まさに関西のワンマンオーナーらしい逸話で、プロ野球史の笑い話のひとつだ」（綱島理友『プロ野球ユニフォーム物語』）

新しい野球人生の始まり

石本秀一は、戦後しばらくの間、球団を転々とする。しかし、寄り合い所帯ばかりで、なかなかうまくいかない。振り返ると、この三年間、「国民リーグの消滅」「即席の合併チームの金星で二軍監督」さらに「チーム名もパシフィック（太平）、太陽、大陽と、石本就任前の三年間に、三度も変わるという個人所有チーム」、これらを根無し草のように転々とする生活だった。

選手の育成のために〝三年計画〟を考案した広島商業時代のように、個々の選手の能力を見極めながら、技術論を振りかざし、精神面をじっくりと育てあげ、全員で相手チームに立ち向かうという理想を掲げても、芽が出るはずもなかった。石本、苦悩の時代は続く。

この頃の政治情勢もまた、そうだ——。

昭和二一年五月二二日に発足した吉田茂《よしだしげる》内閣も一年と持たず総辞職に追い込まれる。その後、昭和二二年五月には、社会党、民主党の中道政権ともいわれた片山哲《かたやまてつ》内閣が発足するが、昭和二三年三月には、芦田均《あしだひとし》内閣にとって代わられている。戦後の政情不安の中にあって、戦前にあった日本のシステムのほとんどが取り壊され、手のひらを返したように、民主化、民主化である。

占領統治下の日本にあって、マッカーサー元帥の指示した財閥解体や農地改革、さらに新憲法制定に代表される三大改革のどれをとっても、かつてあった社会構造を根本から覆すものであり、人々のとまどいは当然ながら大きかった。日本国ですら、未来へのビジョンが見えない。ましてやプロ野球にあっては当然そうであろう。

こうした世の流れの中、戦前の輝かしい〝広島商業四度の全国制覇〟〝大阪タイガースの初優勝から黄金期を築き上げた〟という名声だけは、戦争を経験した野球人の心から消えることはなかった。石本が監督を退けば、すぐに別のチームから声がかかり、また、監督に就任するということを繰り返した。では、石本がじっくりと腰をすえて、指導ができるチームはないのか――。

誰もかもが不安定で先が見えない政局不安の時代の中、石本が自身の野球人生を擲《なげう》つべき、チームが誕生する――。

広島カープである。

第五章　故郷広島にカープ誕生

プロ野球が分裂――二リーグ制へ

昭和二四年のシーズンが開幕してまもなくのことである。プロ野球関係者に衝撃が走る。戦前から戦後しばらくの間は一リーグでやってきたプロ野球だが、二リーグ制にしようと動きだすのである。

発端となったのは、昭和二四年四月一五日のことである。正力松太郎がコミッショナーを退いた後に、日本野球連盟総裁[※1]のポストに就任したことが二リーグ制に火をつけた。就任の際の第一声が、時代を揺るがすのである。

プロ野球の生みの親とも呼ばれ、読売新聞を長年育ててきた正力松太郎は、就任の挨拶にその思いをこめる――。

「一たん引受けた以上は日本野球の発展のため全力をつくしたい、総裁としての抱負は三つもっている、その第一は当局の了解を得て今秋アメリカの選手を呼びたい、(中略)第二は日本にも二大リーグを作りたい、日本野球の完全な発達をめざすにはやはりアメリカの如く二大リーグを対立させた方がよいと思う、もちろんいまの八球団では足りないからもう四球団ほどふやしたい、第三には東京の専用球場が後楽園だけでは足りないからもう一つ増設したい」(『読売新聞』昭和二四年四月一六日)

戦前から、アメリカの野球の視察をくり返して、独自に学び続けてきた正力松太郎にしてみれば、ついにこの日がやってきたか――と感慨もひとしおであったろう。この知らせは、野球ファンにとってはたまらないものであった。当然ながら、胸を躍らすのである。

ただし、この発言の裏には、さまざまな思惑があったと考えられる。戦後の国際情勢がからんでいたのである。当時、日本が占領下におかれている中でのことであって、事前にＧＨＱ(連合国総司令部）から、日本プロ野球への働きかけがあったのだ。
遡《さかのぼ》ること、おおよそ二ヵ月前の二月二三日のことである――GHQ経済科学局長、ウィリアム・F・マーカット少将は、正力松太郎と話し合いをもっていた。

マーカット少将は、大の野球好きということもあって、GHQマッカーサー元帥から、占領下における日本の野球に関する権限をまかされた人物である。この時、正力松太郎の役職は、コミッショナーということに決まった。さらにマーカットと正力の話し合いは、丸の内の「日本工業倶楽部」の一室で行われ、そこで二リーグ制を持ちかけられるのである。

こうしたことが、就任の挨拶の裏側にあったのだ。

では、なぜ、GHQが二リーグ制を持ちかけるのか――。

その根源は、第二次世界大戦の日本軍の戦いぶりであろう。この大戦で勝利をおさめたアメリカ軍ならびに連合国軍が、日本に対して一番恐れたのは、日本人の国民性ともいえる団結力だといわれる。

お国のためとあらば、わが身のことはいとわず戦った「大和魂」におどろかされたのである。これは、個人主義がひろがるアメリカにとっては理解しづらいものとされた。

いかなる組織であろうとも、その権力を一つに集中させておくことは好ましくない。ややもすれば、日本が、再び軍国主義の道を歩みはしないか――こうした懸念から、プロ野球であっても例外にしなかった。一つのリーグに権力を集中させてはならぬということで、二リーグ制をもちかけたのである。

「経済科学局長のマーカットが『二大リーグ』といったのは、アメリカ流に均衡のとれた二つの力が日本の野球界にも誕生し、極端な力の集中が日本の中で再び出現することを警戒しての発言であることは、明らかであった」（『セ・パ分裂 プロ野球を変えた男たち』）

二リーグ制に向けて敏感に反応したのは、毎日新聞社である。これは正力松太郎から直接プロ野球の参入をすすめられていたからである。

よって、毎日新聞社社長である本田《ほんだ》親男《ちかお》は積極的にうってでる。たまたま、この時期に、毎日新聞社がかかえていた課題もあった。購読部数に大きく影響していた社会人野球の主催権が、先行きがみえない状態におかれていたのである。よって、プロ野球に参入することで、毎日新聞は、本業の新聞販売の拡大をねらう策にでる。

当初、毎日新聞はある球団の買収を検討する。というのも、大陽ロビンスのオーナー田村駒治郎が、球団を手放すかもしれない、という噂が広がっていたのだ。ただし、結局のところ、大陽ロビンスを買収することにはならない。

大陽ロビンスは、財政面で不安をかかえていたため、当時の日本野球連盟会長・鈴木龍二が、オーナーの田村駒治郎と、松竹をひきあわせたのである。結果、松竹が経営に参加し、資本の参画をとりつけて、松竹ロビンスと名前を変えてスタートする。

しかし、毎日新聞の動きは積極果敢であった。プロの買収がダメとあらば、方向転換して、ノンプロのチームの買収に向かう。

当時、〝和製火の玉投手〟といわれた荒巻淳《あらまきあつし》※2投手のいる別府星野組に目をつけたのだ。昭和二四年の都市対抗野球で優勝し、最強チームといわれた別府星野組を、毎日新聞がまるごと抱え込むという噂が飛び交ったのである。

こうした毎日の動きとはうらはらに、既存の八球団の中には、二リーグ制はおろか、新しいチームがプロ野球に参入することにさえ、抵抗感をもつものもあった。慎重論や反対論がくすぶっていたのだ。

反対派の最たる球団が、読売巨人軍であった。しかし、なぜに読売が反対か？——という疑問がわいてくるであろう。読売は正力松太郎が長年、育ててきた会社である。その正力が、二リーグ制を提唱しているにもかかわらず、反対というのは、どういうことか——これは、読売の内部に、派閥があったことによるらしい。正力派もいれば、反正力派もいたということである。

読売のみならず、プロ野球の新規参入に反対をとなえる球団には、ひとかたならぬ思いがあった——というのも、既存球団には、戦前、生みの苦しみをいやというほど味わいながらも、何とかやってきたという自負があった。

このように〝入れてやらない〟〝入れてやる〟でもめてはいるが、戦後、人々の娯楽として、プロ野球は着実に成長していた。この頃のプロ野球は、敗戦から立ち直りはじめた日本にあって、右肩あがりの業界といえた。これは観客動員数に如実に表れている。

「昭和二一（一九四六）年のプロ野球入場者数は一五六万一二三五人」（中野晴行『球団消滅』）

であり、その後、

「二二年は観客二三七万人、二三年には、三六四万人、二四年には、復活一年目の約三倍の四五九万人と年を追うごとに盛んになっていった」（『カープ十年史『球』』）

戦後のプロ野球が盛り上がりを見せ始めた昭和二四年には、シーズンの半ばを過ぎて、昨年を上回る観客動員数を記録する。

観客が増えただけではない。石本らが、国民リーグという、プロ野球とは別のリーグに情熱を燃やしたのは、二年前のことである。当時、国民リーグはホーム球場がないため、ファンが定着せず、資金難にあえぎ、結局、つぶれていった。しかし、アメリカのような二リーグ制へと夢をつなぐ前哨戦になっていたのである。別のリーグが存在したことで、〝二つのリーグ〟というものを人々の心に認識させた。その役割は、じゅうぶん果たしていたのだ。

二リーグ制へ向けて、機は熟しつつあった。この年の九月には、プロ野球に参入をもくろむ企業から、申し込みが殺到する。

まずは、近鉄である。毎日新聞を出し抜くかのように、九月一四日、日本野球連盟に申し込みをする。負けじと、西日本新聞社が、九月一九日に申し込みをして続いた。先行した感のあった毎日新聞が、これらに追随する形で九月二〇日に申請をする。

九月二四日には、大洋漁業（当時、林兼）。

九月二八日、別府星野組※3。

九月二八日、広島野球クラブ（現、カープ）

など、まさに雨後のタケノコのごとくである。ちなみに、国鉄の正式な参入は、翌二五年の一月になるが、この間、プロ野球に参入すべきかどうかでゆれ動いた企業も決して少なくはなかった。

「ほかにも富士フイルム、大昭和製紙、日本生命などもプロ野球に強い関心を示したという」（『戦争と野球』）

これについて、日本野球連盟は検討に入る。まずは、九月二九日、最高顧問会議を開く。

ここでは、すでにある八チームに、新たに二チームのみを参入させて、まず一〇チームにしようという意見が出される。これはリーグ数を増やすというのではなく、とりあえず二チームを増やして、一〇チームによるリーグ戦を行い優勝を競い合うというもの――つまり〝一〇チーム案〟とされた。ただし、この会議は顧問会議であって、決定権がない。よって、翌日に行われる日本野球連盟の代表者会議に持ちこされる。

翌九月三〇日。東拓ビル内の「ツクバ」に、各球団の代表が集まり、代表者会議を持つ。しかし、ここでは、意見が二つに割れるのである。門戸を開放して、戦後のプロ野球人気に、さらに拍車をかけたいという意見もあれば、時期尚早であろうと、慎重論も根強い。

議論は、二日間に及ぶが、この間に大勢はみえてきた。

新規二球団の参入を認めるという〝一〇チーム案〟に賛成した球団は、五つある。内訳はというと、南海、阪急、大映、東急と阪神である。

これに対するのは、新規参入を認めないという反対派であるが、巨人をはじめ、中日と大陽の三球団である。

反対派となった巨人と中日には共通な思いがあった。ともに親会社が新聞社とあって、新聞戦争に勝ち残らなければならない身である。この時期、戦時中にしかれた新聞統制令から解放されたとあって、各社はいっせいに読者のうばい合いを始めていた。つまり、人気がうなぎのぼりのプロ野球の話題を、毎日新聞なんかが、横からさらっていくなんぞ、許してなるものか――そんな思いであったろう。

「読売、中日の二チームは新聞合戦の宿命的な関係から毎日加入に強い拒絶反応を見せ」た（『セ・パ分裂 プロ野球を変えた男たち』）。

注目してほしいのが、阪神の動きである。当初、阪神は、新規参入に賛成の立場をとっていたのだ。ところが、阪神はあくまでも〝様子を見ながら〟の賛成をしていたのである。これには、理由があった。阪神は、新規参入をもくろむ毎日新聞の動きをうかがっていたのである。大阪に勢力がある毎日新聞には、お世話になることも多いとあって、ひとまず、毎日にならえ、としたのである。

「阪神には毎日に対する遠慮があった。毎日の加盟に反対すれば、春の甲子園大会（毎日主催）を西宮に変えられる不安もあったし、電鉄という事故の起りやすい業務は新聞社に遠慮もあった」（『大阪タイガース球団史』）

この風見鶏《かざみどり》ともいうべき阪神の動向が、最終的にはセ・パ分裂の鍵を握ることになる。

「結局のところ、二チームをふやして十球団にする、ということだけをみれば、決定的な反論の根拠は薄いように思われた」（『セ・パ分裂　プロ野球を変えた男たち』）

結局、先の正力声明の中で、二リーグ制とともに提唱された、アメリカチームの来日が控えていたので、まずは、その試合を終えてから、じっくりと話し合いをもったらどうかとなり、いったん散会する。

来日したチームは、アメリカのコーストリーグに所属する「サンフランシスコ・シールズ」である。監督は、親日派として有名であったフランク・オドール監督だ。

このサンフランシスコ・シールズは、アメリカの大リーグからみれば、3A級ともいえるチームであり、日本のプロ野球からしてみれば、いわば格下相手といえた。対する日本軍チームは、プロ野球の中心的な選手で固めた全日本のオールスター・チームである。

打撃の神様、川上哲治《かわかみてつはる》（巨人）をはじめ、逆シングルの名手・白石敏男（後、勝巳・巨人）、名手、好打者の千葉茂（巨人）、物干し竿とよばれた長尺バットの使い手である、ミスタータイガースこと、藤村富美男（阪神）、初代沢村賞に輝いた別所毅彦《べっしょたけひこ》（巨人）、〝七色の魔球〟をあやつる若林忠志（阪神）、昭和一四年には、最多勝で四二勝という大記録を持つ、快速球のスタルヒン（巨人）、小柄な名捕手とよばれた土井垣武《どいがきたけし》（阪神）……彼らを主力とした超豪華メンバーで立ち向かう。

戦争には敗れたものの、格下の3A級を相手に負けるわけにはいかない。意気込んだ日本軍だが、その甲斐もなく、なんと七戦全敗（うち一試合は大学選抜）に終わる。[※4]

さらに、このシリーズで一番善戦したと称えられたのは、オールスターをそろえたプロ野球ではなく、大学選抜チームだった。法政大学のエースだった関根潤三《せきねじゅんぞう》が奮起したのだ。初回に2点を取られたものの、延長一二回までゼロに抑えるという、好投をみせた。ただし、一三回に力尽きて、残念ながら2対4と敗れるのである。

このシリーズの総評は、日本プロ野球にとっては厳しいものとなった。まだまだプロ意識が確立されていないとも揶揄された。その半面、シールズの選手は、内野ゴロを打っても懸命に一塁までかけぬけるという、ひたむきなプレーが賞賛された。

「日本のプロ野球を、本場アメリカ並みに強くするにはどうすればよいか――それにはアメリカに習って二リーグに分かれ、互いに覇権《はけん》を競い合わねば強くならないという答えの比重が強まったことは争われない事実である」（『広島カープ十年史』）

二リーグ制に向けた風向きは、変わってきた。順風になるのである。

こうした中、是が非でも新規参入をもくろむ、毎日新聞社社長・本田親男のとった作戦は、すさまじい。

現時点で賛成派である五つの球団に使いをやり、連判状《れんぱんじょう》に署名、捺印をとってまわるという作戦にでるのだ。南海、阪急、大映、東急、そして阪神の五球団の意志を動かざるものにするためである。まず、阪神以外の四つの球団からは、印をとりつけることに成功する。さらに、阪神オーナー、野《の》田《だ》誠三《せいぞう》の印までをとりつけるのである。ただ、阪神の代表である富樫興一《とがしこういち》がつかまらない。印がとりつけられないまま話がすすむ。

このぽっかりとあいた隙間に魔がさしたのであろうか、阪神は、一転して賛成派から反対派に寝がえるのである。理由は明らかであった。伝統の一戦である巨人阪神戦を残したいという思いで、新規参入に反対している巨人と手を結んだのだ。

一一月二六日の代表者会議では、賛成四、反対四と、まっ二つにわれる。この阪神の動きには、賛成派の四球団が怒りをあらわにして、ついには分裂してしまう。もはや、二チームの参加どうこうではない。日本野球連盟が解散するという事態に発展するのである。今まで話し合いを続けてきた奥底にくすぶる互いの思惑が、はち切れてしまい、子どものケンカ別れのごとく分裂してしまう。

「正力松太郎の最初の構想とはちがって、仲間割れみたいな形で分裂したので、日本の球界には混乱が生まれていた」（キャピー原田『太平洋のかけ橋』）

ケンカ別れの末、誕生した〝パシフィック〟と〝セントラル〟であるが、こうなると、競い合うように、それぞれが立ち上げにむかう。

当初から賛成していた南海、阪急、大映、東急の四球団を、毎日が牽引して、即日、毎日東京本社別館セント・ポールで、パシフィック・リーグの結成式を行う。これに、新規参入の申し込みがでていた近鉄と西鉄を加えて発足させる。

一方、この日、巨人は阪神や中日、大陽を集めて、読売別館で打合せを行い、方針を決定する。
「まず、大洋漁業、西日本を加えて、六球団にしたい。さらに、広島カープスと他二球団から申込みがあるので、厳選した後に、八球団でセントラルは進めたい」(『V1記念 広島東洋カープ球団史』)
と、セントラルは動き出す。

このようにセ・パ分裂に揺れ動く中で、広島カープに関して特筆すべきは、球団の創立準備委員長をつとめる谷川昇《たにかわのぼる》の最初の動きである。かねてから親交の深かった毎日新聞社の社長、本田親男に呼びかけているのである。つまり、パ・リーグの設立を牽引していく毎日に声をかけている。

もし仮に、セ・パ分裂の際に、本田親男から谷川昇にお声がかかったのならば、カープは間違いなく、毎日新聞に先導されるかたちでパ・リーグ入りをしていたと思われる。

「この線が順調に進んでいたら、広島カープはパ・リーグ入りしていたわけである」(『広島カープ十年史』)

ただし、本田親男は、自分のところのチームづくりに追われて、広島なんぞに、かまっていられなかったのである。

さらに、本田は当初から、プロ野球二リーグ制にむけた思いがとても強かった。本田は、そもそも二チームを加えて、まずは一〇チームの一リーグで、スタートしたかったようだ。さらに、その後、数年たって、もう二チームを増やし一二球団にした後、二リーグに分裂をするということを考えていた。

この分裂の際に〝毎日〟と〝読売〟が、それぞれ中心となった二リーグに分けたかったようである。結果、その目算はくずれてしまう。ただし、経過こそ違ってはいるものの、読売がいるセ・リーグと、毎日のいるパ・リーグに分かれることになるにはなった。

※1　正力松太郎は総裁に就任したものの、当時は公職追放の身であったため、GHQの民政局長のコートニー・ホイットニーから「なぜ、そのような人物が総裁なのか」と異論がでてしまう。よって、総裁就任後一ヵ月足らずの五月には辞任する。その後、新たに日本野球連盟の会長に就任する。なお、コミッショナーに就任した際も、GHQ側から異論が出たことにより、役職が総裁へと替わっている。

※2　アメリカ大リーグ屈指の剛球投手、ボブ・フェラーにあやかり、〝和製火の玉投手〟とよばれた快速球左腕。プロ野球がセ・パ分裂に揺れ動く昭和二四年の都市対抗野球で別府星野組が優勝したときのエースで、この時、最優秀選手に贈られる〝橋戸賞〟を受賞している。昭和二五年、毎日に入団して一年目で四八試合に登板し、二六勝八敗、防御率2・06で、パ・リーグの初の新人王に輝く。現役通算一三年間で、一七三勝一〇七敗、防御率2・23。昭和六〇年に野球殿堂入り。

※3　別府星野組も、プロ野球参入をもくろむが、別府の野球の歴史を書き記した書籍、工藤吉三『湯の街 別府の野球史』には、「大手企業の参入が優先され、残念ながら『星野組』の参入は認められず却下された」とある。

※4　一〇月一五日から、おおよそ二週間にわたり、各地を行脚するが、その日程は、一五日の巨人戦（後楽園）を皮切りに、一七日、全東軍（神宮）、二一日、全西軍（西宮）、二三日、全日本軍（甲子園）、二七日、全日本軍（中日）、二九日、全日本軍（神宮）、三〇日、六大学選抜（後楽園）、と日本各地を沸かせた。しかし、日本チームは全敗であった。ただし、サンフランシスコ・シールズは日本チームには全勝したものの、滞在中、進駐軍のアメリカ兵チーム「極東空軍」と対戦し、この試合は2対4で敗れている。

カープ誕生——初代監督に就任する

プロ野球二リーグ制に向けた動きには広島も敏感に反応する。

広島では、「カープ広島野球倶楽部」という名称をかかげて、球団設立にひた走るのである。

球団設立に向けて具体的に動き出した人物をあげると、三人の人物が浮かびあがる。

最初に動き出したのは、当時、多くの選手を引き連れて、球団を渡り歩くという、〝赤嶺《あかみね》旋風〟をまきおこした赤嶺昌志《まさし》だといわれている。

赤嶺は、まずは広島にプロ球団をと、親友である山口勲に話をもちかける。

この山口勲という人物は、戦前、名古屋金鯱軍の理事を務めていた経験があり、プロ野球の内情にもくわしく、広島出身だったこともあり、赤嶺はまずは山口にすすめたのだ。

「『二リーグ分立を機会に、野球王国でたくさんの名選手を出している広島にプロチームをつくってはどうか』とすすめた。これが、今日の広島カープ誕生の発端となったわけである。山口さんもたいへん乗り気になり、知人で広島の有力者である谷川昇氏にこの話をもち込んでみた」(「カープ十年史『球』」)

山口から話を持ちこまれた谷川昇も、ヒザをたたいて賛同したという。

「山口さん、たいへんよい話だと思います。原爆で打ちひしがれた広島市民も、スポーツで明るさを取り戻すことができましょう」(「カープ十年史『球』」)

こうして、山口と谷川は話し合いを重ねて、広島のプロ野球チームの青写真を語り合う。

その後、中国新聞社の東京支社に勤務する通信部長の河口豪《かわぐちとし》※1に声をかけて動き出したというのが、一連の流れである。

ただし、当時の谷川は、公職追放の身であったため、思うような活動ができないのも事実であった。

「第二次大戦中は翼賛会東京支部事務局長などを務めた。これがのち、公職追放の理由となる」(冨沢佐一『カープ30年』)

昭和二四年九月二八日の中国新聞には、広島野球倶楽部創立準備委員会のことが掲載され、チーム名は鯉《こい》と伝えられる。広島にプロ球団を――と、動き始めた人たちの決意であったろう、カープ誕生を告げる歴史的な報道となる。

また、最初の声明では、カープは、カープスという複数形で報道されていたが、これは、後に、学生や広島大学の教授などから、中国新聞社へ投稿があって指摘を受ける。

その内容はこうである――CARP（鯉）やSHEEP（羊）などは、単数も複数も同じで、複数にする（S）はつかないというのだ。よって、複数形になるはずのチーム名でも、カープスとはならず、カープとなるのである。このことに気付かされる前後の報道には、カープという記載があったかと思えば、一部ではカープスとあり、ごちゃまぜなのである。

また、このカープ誕生の報道がなされた九月二八日の午後のこと。

代議士の谷川昇をはじめ、中国新聞代表取締役、築藤鞆一、広島電鉄の専務である伊藤信之の三人の連名で日本野球連盟に届出を行い、これが受理される。昭和二四年一一月二八日、カープ球団は、正式にセントラル・リーグへの加盟が認められるのだ。

セントラル・リーグへ加盟の手続きを済ませた谷川昇や河口豪らは、はやる気持ちをおさえながらも、喜びいさんで広島行きの列車に乗り込む。

そして、一二月三日、一四時四三分、列車は広島駅に到着する。谷川はさっそく駅長室に通され、記者会見を行うことになる。

広島に誕生するカープ球団の構想をぶちあげるための舞台は整ったのである。ここで、初めて石本の名前が告げられる。

「広島カープスは、中四国を中心に郷土色豊な、自信あるチームにしたい。監督には、石本秀一氏が予定されているが、決定にいたっていない。選手は巨人・大陽のトレードを受け入れるほか、一般からも公募する。詳細は、近日発表し、新春早々新陣容で合宿練習に入るつもりだ。郷土にみなさんの有形無形のご後援によって、是非とも立派なチームをつくりたいと念願している」（「カープ十年史」）

この時点では、地元の了承をとることができておらず、石本の監督就任が決定したとはいえない。しかし、経歴と実績は申し分のない石本である。昭和一二年、一三年と、巨人軍と死闘ともいえる熱戦を繰り広げながら、タイガースを連続優勝させて、黄金時代を築きあげた男である。巨人阪神戦をプロ野球伝統の一戦に育てるのに一役かったとあって、球界にその名前をとどろかせていた。また、〝鬼の闘将〟ともいわれながら、独自のスパルタ教育により、地元、広島商業を四度の全国制覇に導いたことからも、まったく不足のない人事といえた。

その翌日には、監督が決定する。

広島市の段原の旅館「宮惣《みやそう》」※2で、谷川昇、伊藤信之、山本実一《やまもとじついち》（中国新聞社専務）らが、運命の会合をもつ――〝宮惣会談〟である。

ここで、石本がカープの監督になることが、正式に決まるのである。ただし、これまでにカープ監督の候補として、名前があがった人物がないわけではなかった。

石本以外に監督へと話題になった人物を拾いあげてみる。資料から探るが四名ほどある。

まずは、新田恭一《にったきょういち》である。慶応義塾大学で野球の経験をつみ、その後、アメリカに留学するが、そのときゴルフに出会ったことから、そのスイングの腰や下半身の使い方を、野球のバッティングにいかした人物である。この〝新田式〟ともよばれるアッパースイングをバッティングの信条として、選手を育てるのだ。昭和二五年、松竹ロビンスのコーチになるが、この〝新田式〟を身につけた代表格としては、小鶴誠《こづるまこと》があげられる。小鶴は、セ・パ分裂の最初のシーズンである昭和二五年、水爆打線とまでいわれた松竹ロビンスの四番でホームラン五一本を放ち、セントラル・リーグ初のホームラン王に輝くのである。この小鶴らによって、〝新田式〟の技術は確かなものとして、後々までプロ野球界に継承されていく。

二人目は、後に巨人や大洋のピッチングコーチを務める谷口五郎《たにぐちごろう》である。

早稲田大学在学中にはエースとして活躍し、大正一〇年と大正一一年の秋の大会を連続で、完全優勝に導いている。早稲田の黄金時代を築いたとされる人物である。昭和五四年には野球殿堂入りをしている。

三人目は、同じく早稲田のエースであり、昭和六年、春の早慶戦で三連続完投をかざり、剛腕といわれた伊達正男《だてまさお》である。その年にやってきたアメリカ大リーグの選抜チームから、日本一の投手と称された人物だ。彼も平成元年に野球殿堂入りをしている。

加えて、石本の教え子でもある、阪急の監督、浜崎真二《はまざきしんじ》も候補にあげられた。

しかし、運命の導きは、石本秀一を監督に就任させる。

まずは、事前に河口豪を通じて、石本自ら、谷川昇の自宅を訪れているのである。石本は二リーグ誕生にむけて、鋭い嗅覚でもって、動きだしていた。広島に球団ができると風聞から情報を得た石本は、広島野球倶楽部創立準備委員長になる谷川昇を訪ねたのだ。

谷川の自宅の応接間に通された石本は、胸の内を語った。

〈谷川さん、ぜひ、私の人生を郷土、広島のために役に立てたい〉

「私も歳をとりました。給料のことはいいたくない。ただ、私は、私の野球生活の最後の花を、郷土

で咲かせたいだけです」(「カープ十年史『球』」・一部略)

お金はいらない。郷土広島の復興のために役立ちたい——実にまっすぐで、石本の信念のこもった言葉である。これに、胸を打たれた谷川は、地元の了解をとることを約束する。

ただし、谷川をはじめ、準備委員の中の幹部と呼ばれる人たちにはプロ野球の経営に通じている人が全くといっていいほどいない。谷川もチームづくりに不安があったのであろう。すぐに石本に問い返すのである。

「選手獲得の見通しがありますか」

石本はすかさず答える。

「いまの大陽の一軍選手はあまり芳《かんば》しくありません。だが、二軍には小林《こばやし》(常夫《つねお》、前・後、恒夫《つねお》、その後、経旺《つねお》)、江田などの素質のよい選手が一二、三人いるのでこれを連れてきましょう」(「カープ十年史『球』」)

カープ創立準備委員長である谷川昇を、事前に訪ねるという石本の動きが、効を奏したことはまちがいない。これに加えて、プロ野球で培った人脈があり、選手の獲得ができることは大きな魅力となった。結果、監督就任の呼び水となるのである。

石本への第一声は、電報で知らされた。

「カントク、シュウニンタノム、ヒロシマヘキテクレ」(「カープ十年史『球』」)

これを聞いた石本の行動もすばやい。その翌一二月五日、石本は、すぐに広島入りをする。まさにやる気の現れであった。

ただし、石本は大陽ロビンスの監督としての契約期間が昭和二五年まであったとされる。しかしながら、当のロビンスへは松竹が資本参画に乗り出しており、松竹ロビンスになるため、新しい監督を迎える様相であった。

その人物とは、小西得郎《こにしとくろう》である。彼を監督に、という話が浮上していたのである。この小西は個性派で、後に〝小西節〟とまでよばれる独特なしゃべりで試合を演出する名解説者となる人物である。

また、当のロビンスとしても、石本の広島カープ監督就任に異をとなえることはなく、むしろ認めていたようだ。

「ロビンスの監督だった石本秀一は、地元の広島に球団ができたことから、そこで監督に就任することになっていた」(『球団消滅』)

というのだ。

ところで、なぜ石本は、ずぶの素人ばかりが球団幹部に顔をそろえるチームで、選手は誰一人決まっていないという、海のものとも山のものとも分からぬ広島に、苦労を覚悟のうえで入りたいといってきたのであろうか。

長男の剛也《たけなり》に聞いてみた。

「自分がカープの監督をやる以外にないという強い信念があったのでしょう」ということだ。

また、他の記録には——。

「郷土への愛着の深さが何より濃かった」(「広島カープ十年史」)

「〝執念の鬼〟と言われた、野球一筋の行動派で情熱家。しかし、いったんユニホームを脱げば、郷土愛にあふれた素顔を持つ。彼をおいて適任者はいなかった」(松永郁子『カープ 苦難を乗りこえた男たちの軌跡』)

などとある。

ただし、球団をとりまく環境はこの上なくきびしいものであり、この後、カープには、いくつもの存続の危機がおそいかかり、石本は苦難続きのいばらの道を歩まねばならない。

石本は、広島に到着して、すぐに球団の幹部らと話し合いを持つ。

一二月五日には、創立準備委員会の発会式がもたれ、さっそく石本は挨拶にたつのである。

「挙県一致の熱意によって広島カープが生まれたことは喜びにたえません。もちろん陣容にも経営面にも幾多の難関が横たわっていますが、責任を負った以上、私の野球生活最後の努力をつくして県民諸君のご期待に報いたいと思います。広島は、私が中央に乗り出した発祥の地であり、また骨を埋めるべき地でもありますから、確固たる覚悟をもって、この最後の舞台に精魂をつくし、左ウチワでながめていても勝てる大カープを県民諸君とともにつくりたいと思います」（「広島カープ十年史」）

石本は現実から目をそらすことはなかった。セントラル・リーグに加盟申請を出したものの、選手は誰一人として決まってはいないという現実を受け止めていた。選手集めをしなければ、チームはできない。石本は、以前、谷川に聞かれた際に答えた、選手集めの構想を再び語った。

「ロビンスの二軍、小林（恒）、江田など、十人ばかりは私が手塩にかけて育てた選手で、現在の一軍より、素質がいい。これを百二、三十万円で田村オーナーから譲り受ける」（「広島カープ十年史」）

これには、幹部連中もホッと胸をなでおろす。

ところが、現実はきびしいもので、大陽も当然ながら、将来の有望な選手をそうやすやすと手放せるわけもない。特に、石本が手塩にかけて育て上げ、カープに連れてくると語った小林恒夫は、この後、昭和二六年のシーズンには、一八勝一五敗とエース級に成長している。チームが前年の昭和二五年に優勝してから、四位に転落したにもかかわらずである。この小林恒夫を狙っていたことからも、やはり石本の選手を見る眼は確かなものといえた。

しかし、いかに石本の眼力をもってしたとしても、選手集めは難航するのである。その理由は、やはり金であった。

カープの設立資金は二五〇〇万円とされたが、そのうち選手の獲得資金は八〇〇万円があてられることになる。そして、自治体出資の郷土色豊かなチームをつくると高邁《こうまい》な理想をかかげたまではよかった。

しかし、各自治体からそうやすやすとお金がでるわけもない。当然ながら、議会もすぐには承認しない。戦後の復興ままならぬ時世とあって、野球なんぞに金が使えるか——などと反発さえあった。また、仮に議会で承認されたとしても、予算が執行されるのは、翌年度になるため、思うように現金が集まらない。出資者である広島県をはじめ、広島市、呉市、福山市、尾道市、三原市なども、互いに顔をみあわせながら、ひとすじ縄にはいかない。

こうなると頼りは、個人投資家から寄せられる寄付金をはじめ、芸備銀行（現、広島銀行）や広島相互銀行（現、もみじ銀行）からの借り入れに頼るしかない。そんなこんなで、結局、なんとか集まった現金は、三〇〇万円程度にすぎなかった。

「（選手獲得資金は）いっぺんに八〇〇万円あったのではないんです。最初は、現金で三〇〇か、四〇〇万円でした。六〇〇万円ぐらいまでは、素直にもらえたけれど、後は、一〇万、二〇万という継ぎ足しでしたから」とは、後の球団職員、渡部英之《わたなべひでゆき》（当時、森川）の証言である。

こうしたカープの内情とはうってかわり、この年、世間では、プロ野球選手が大富豪になっていく。急激な成金ともいえるのである。というのも、前年までは一リーグで八チームだったものが、二リーグになり、セ・パあわせて一五チームにふくらんだため、各球団とも選手集めに必死なのである。

「選手の数でいえば、前年までの登録人数が二三五名であったのが、五三一名に増えている」（堀治喜『全身野球魂』）

その数が倍以上にもふくれあがったため、

あっちからも「きてくれ」――。

こっちからも「きてくれ」――。

「じゃあ、契約金は？」ということになる。よって、契約金はうなぎのぼりで、選手の引き抜きも過熱する。ありとあらゆる手段を講じるため、きたないどころではなかった。

「怪文書や偽電話、盗聴などが行われ、まるでスパイ戦のような暗闘があちこちで繰り返された。もはや無政府状態だった」（『球団消滅』）

あまりにもひどい引き抜き合戦をみた連合国総司令部（ＧＨＱ）の経済科学局長マーカット少将が、昭和二五年一月二六日、両リーグに対して、「引き抜き行為を一掃するよう」声明書を発表したほどである。

「占領軍は野球のことにまで口を出すのかと、日本人は思うかも知れないが、誰かがいわねばならなかったのだ」（『太平洋のかけ橋』）

それほど、すさまじいものであった。

この引き抜きの被害を一番受けたのは阪神である。どうやらセ・パ分裂の際に、巨人側に寝返ったことに起因しているようで、毎日は、阪神を目の仇《かたき》にするのである。

「毎日が、リーグ分裂の際、巨人側に寝返った〝憎っくき〟阪神から、若林、別当《べっとう》（薫《かおる》）ら主力をごっそり引き抜けば、松竹が大映から小鶴、金山《かなやま》（次郎《じろう》）らをぶん取る。おかげで選手の契約金は〝大暴騰〟となった」（『カープ30年』）

この毎日が、阪神の若林忠志をひきぬくのに二〇〇〇万円、別当薫を引きぬくのに一八〇〇万円が使われる。合計で、三八〇〇万円もの大金が一瞬にして動くのである。

しかし、悲しいかなカープは、当初、現金は三〇〇万円程度しかなく、これで連盟に登録する選手五〇人を集めようというのだから、石本の努力は涙ぐましい。

一方、新しく誕生する大洋ホエールズの、選手獲得をはじめ球団設立のために準備された金額はというと、なんとカープの二〇倍の六〇〇〇万円である。この金額には、新聞記者らもびっくりぎょうてん。

後の話になるが、大洋の中部《なかべ》謙吉《けんきち》社長は「なあに、クジラを捕ればすむことだよ」――と、笑ってのけたというから、カープにしてみれば、うらやましい限り。

ないないづくしで誕生したカープに、唯一あるもの――それは石本の人脈であった。

戦前からの中等野球をはじめ、職業野球で培った人脈をたよりに、他球団へ協力を要請し、選手に声をかけるのである。このときのセ・パ分裂前のプロ野球八球団の監督の経歴を振り返ると、石本は、ほとんどの監督と接点があり、深い話ができる距離にあったと思われる。

カープ誕生前の昭和二四年のプロ野球八球団の中で、石本と関係の深い監督といえば、阪急の監督、浜崎真二と南海の監督、山本一人（旧姓・鶴岡、昭和二九年から再び鶴岡）である。いずれも広島商業時代の教え子だ。また、阪神監督の若林忠志は、石本が大阪タイガースの監督をした時の教え子である。

また、巨人監督の三原修は、三原が選手時代に、石本が率いた大阪タイガースと四年間にわたって優勝を争った仲である。昭和二六年から三原は西鉄ライオンズの監督になるが、昭和二九年には石本を西鉄のピッチングコーチに迎えている。

大映の藤本定義とは、三原の選手時代と同じであり、藤本が巨人の監督として伝統の巨人阪神戦をつくりあげた。さらに戦後、昭和二三年、石本が金星の二軍の監督をした際、藤本は一軍の監督であったため、〝同じ釜の飯〟を食った仲である。

直接的な関係がないのは、東急の監督である井野川利春《いのかわとしはる》と、中日の天知俊一《あまちしゆんいち》であるが、昭和二三年、井野川が阪急に在籍した際、石本の教え子、浜崎真二のもとで選手兼任の助監督を務めている。天知俊一については、昭和二七年にカープに入団した投手の榊原盛毅《さかきばらせいき》の証言がある。

「石本さんは、試合前、相手チームのベンチの中にまで入り込んでは、相手の監督や選手と談笑していた」というのである。

相手チームのベンチにまで入るのだから、恐れ入るが、昭和二七年九月二九日、カープの存続がかかった対名古屋軍戦に勝利した翌日、石本が名古屋軍のベンチに入りこんで、前日の試合について、名古屋軍の選手と談笑していたというエピソードがある。そのときの名古屋軍の監督が、天知俊一である。よほど懇意であったのだろう。

石本は、プロ野球のほとんどの監督と直接的なやりとりができる距離にあったと思われる。お金がないならないで、幅広い人脈を駆使して、選手集めのために全国を行脚する。

※1　初代球団代表は、河口豪とされる（『V1記念 広島東洋カープ球団史』）。ただし、カープ創設時には、野球の〝オニさん〟と呼ばれた広藤省三（広島中出身）や、元、毎日新聞の事業部長だった渡辺謙二（広島中出身）が、球団の運営にあたっている。

※2　現在でいう広島市南区段原二丁目一番のZAPP段原店付近にあった旅館。

結成披露式から入団テスト

カープが正式にセントラル・リーグに加盟を果たしたのは、昭和二四年一一月二八日のことである。この約三ヵ月後には開幕が控えているものの、カープに入団の決まった選手は、まだ誰一人としておらず、ここからが石本の真骨頂といえた。

まず、前年まで自分が監督をしていた大陽ロビンスから、後に、カープの主将となる辻井弘《つじいひろし》を譲り受ける。

さらに、教え子である阪急の浜崎監督からは、かつての奪三振王の内藤幸三をはじめ、変化球がウリの技巧派投手で〝阪神キラー〟と名高い武智修《たけちおさむ》、また、戦前、昭和一六年、一七年と二年つづけての二桁勝利をあげた笠松実《かさまつみのる》らを譲り受ける。ただし、この阪急からのメンバーは全体として歳がいっており、魅力のない顔ぶれであった。

浜崎とて敵将であることに変わりはなく、戦わねばならぬ身である。一線級の選手は放出できない。

もはや峠を越えた投手や、ノンプロでも取ってくれないような選手を拾い上げるしかなかったのでである。

「『球界の養老院』『二軍養成所』などと陰口も叩かれた」(『カープ 苦難を乗りこえた男たちの軌跡』)

しかし、石本は、さし迫っている本質的な問題から目をそらすことはなかった。選手を集めないことには、チーム編成はできないとあって、不退転の決意でのぞむのである。中には、こんな選手にまで、狙いをさだめる。

引退選手である――。

戦前、石本が名古屋金鯱軍の監督を務めた昭和一五年に一八勝(一四年は二五勝)をあげ、剛球投手といわれた中山正嘉《なかやまただよし》である。

ただ、中山は、肩を痛めたこともあり、すでに引退しており、故郷、四国に帰って喫茶店のマスターをしていた身である。ボールをサイフォンに持ち代えて出直していたにもかかわらず……。

〈あんたの剛速球は、今でも忘れられない〉

〈あんたの剛速球は、カープには必要なんじゃ〉

〈もう一度、ワシについてきてくれんか?〉

情念にかられた殺し文句を連発して、見事カープに入団させる。ただし、二勝しかできなかった。

中山は後にこう答えている。

「石本さんには金鯱時代の印象があったんかもしれんけど自信が全然なく入団する気はなかった。それを強引に口説かれて……」(『カープ30年』)

石本の強引さと情熱に負けたのであろう。

そんなこんなで、石本が選手をかき集めて、年の瀬も押し迫る一二月二九日、カープは一次入団選手の二三名を発表するまでになる。

後のことであるが、昭和二七年二月に球団職員として入社した渡部英之は、石本がいかに強引でムチャな選手集めをしたのか、石本から直接こんなエピソードを聞かされている。

久々に広島商業の教え子に電話をして、

〈おい、お前、カープに入れ〉

〈本当ですか？〉

〈ああ、本当だ。しかし、広島には、こんでもえーけーの〉

〈はい？　なぜでしょう？〉

〈えーか、新聞社がきたら、ハイ、「カープと交渉中ですが、入ります」と、いうちょきゃーえーけーの〉

〈はい、監督がおっしゃられることならば……〉

と、こういう具合で、「なんとか連盟に提出する五〇名の選手名簿をとりつくろったのでしょう」ということだ。

事実、読売新聞の「カープ十年史『球』」にはこうある。

――加盟申請書には、「カープ広島野球クラブ」と書かれてはいるものの、実際は、会社と呼ばれるようながっちりしたものはできていない。いわば書類はデッチあげで、加盟手続きもヤミ・ルートである。まず加盟したという既成事実をつくっておいてから、会社を組織しようというまことに放胆きわまりないやり方で、連盟の規約から見れば、強引を通り越して無謀に近いものだった――。

広島カープ 入団 一次発表

昭和24年12月29日

◆登録選手

守備	選手名	経歴
投手	内藤 幸三	東京市立商、東京リーガル倶楽部、金鯱、朝日、ゴールドスター・金星、阪急
	武智 修	松山商業、阪神、金星、阪急
	松川 博爾	扇町商、近畿日本・グレートリング・南海、福島日東紡
	中山 正嘉	松山商、金鯱、大洋
	竹村 元雄	花蓮港中
	岡村 孝雄	高知・城東中、南満州工専、土佐電鉄、阪急
	黒川 浩	松山経専
	橋本 甚松	明徳中
	高橋 保	長野高
	飯浜 孫美	松本商高
	薄木 元亮	宮崎鉄道
捕手	阪田 清春	滝川中、阪急、南海
内野手	田中 成豪	滝川中、関西大、阪急、急映、大陽
	白石 敏男(勝巳)	広陵、巨人、パシフィック、植良組、巨人
	保田 直次郎	広島商業
	磯田 憲一	広島商業、明治大、コロムビア
	谷村 豊秋	宮崎商高、宮崎鉄道
	山縣 将恭	広島商業、慶応大、植良組、大昭和製紙
外野手	岩本 章	高知商業、巨人、名古屋、産業、中部日本・中日、阪急
	黒木 宗行	宮崎商高、宮崎鉄道
	久保木 清	広島商業、慶応大、山崎産業、大昭和製紙
	角南 効永	関西中
	山崎 克巳	広島商業、明治大

広島カープ 入団 二次発表

昭和25年1月15日

守備	選手名	経歴
投手	林 次郎	丸亀商、四国鉄道局、大西製紙
	三島 正三	松江商高、大陽
内野手	辻井 弘	平安中、早稲田大、パシフィック、太陽・大陽
	坂井 豊司	岐阜商高、阪急、大塚産業、福島日東紡
外野手	荻本 伊三武	一宮中、結城、川島紡績
	三好 功一	野田青年学校
コーチ	灰山 元章	広島商業

事実、この時点では、選手をかき集めてはいるものの、かんじんの会社の設立にはいたってはいない。しかし、荒っぽさはあったものの、石本が靴底を減らして、全国を行脚し、声をかけ続けて、なんとか選手を集めるのである。

そして、ついに、カープ誕生の勇姿を、県民市民にお披露目する日がやってくる。

——昭和二五年一月一五日一四時三〇分——

冬晴れひろがる広島の空に、ファンがのぼり旗のごとく持ちよった十数匹のこいのぼりが、寒風はらみ、右へ左へと躍動する。

このこいのぼりに見守られながら、カープのチーム結成披露式の開催である。

「みなさん、ただいまカープは誕生しました。これから日本をしょってたつ青少年のよきお手本となり、ファンにも愛されるよう努力いたします」と谷川昇の挨拶が響き渡る。

ついに、カープの誕生である。焼け野原のガレキの町、広島にプロ野球の球団が誕生したのだ。つい四年と数ヵ月前のこと、人類史上初の原子爆弾が投下されたことにより焦土と化し、七〇年間、草木もはえぬといわれた広島にである。

石本監督もマイクをとる。

「広島に生まれた私は、広島に骨を埋めるつもりで帰ってきました。白石、辻井などの有力選手も参加してくれましたが、現在のメンバーでは、まだまだ苦戦を覚悟せねばならんでしょう。しかし、私はその生涯をささげた野球を、この新しく生まれたカープを育てあげることによって、集大成させてみたい」（『広島カープ十年史』）

挨拶が一段落すると、選手紹介に入った。マイクを握る石本の声には、いっそう力がこもる。

〈カープの初代主将は彼以外いません。巧打、強肩の辻井弘〉

〈器用なピッチングで、相手打者を翻弄《ほんろう》する頭脳派投手、武智修〉

〈かつてのホームラン王であります、岩本章《いわもとあきら》〉

〈プロ野球界初の奪三振王であります、内藤幸三〉

〈広商、明治、コロムビアと野球界のエリート、磯田憲一《いそだけんいち》〉

名前の知られた選手の紹介とあって、ファンからは拍手喝采である。

しかし、実績のある選手や、名前を聞いたことのある選手はここまでで、この後が続かない。シワガレ声ながら、名演説ぶりを発揮する石本の自信満々の口調が少しばかり遠慮勝ちになる。

〈エ〜、もう、二年、三年すると活躍するでしょう〉

〈まあ、みなさん、みていてください。彼は将来カープをしょって立つ……〉

〈彼は、努力を怠らない……〉

選手紹介をいろどる枕詞《まくらことば》がつきてきても、ファンにしてみれば、うれしいばかり。あの石本さんが、ああまでいうんだから、間違いない。きっとやれる選手になるだろうと期待がこめられ、惜しみない拍手がおくられる。

この日、巨人から移籍の白石敏男（後、勝巳）はいなかったが、あの〝逆シングルの名手〟白石が広島にやって来ることはファンにも知れ渡っており、会場は、その話で持ちきりである。事実、白石は、この後に広島入りし、中国新聞の山本実一専務はじめ、東京支社通信部長の河口豪らを訪ねて挨拶を交わし、練習に参加するのである。

結局、「白石助監督も二四日から練習に参加した」（「広島カープ十年史」）

翌一月一六日から早速キャンプが始まり、カープは始動する。ただ、このキャンプにあわせて入団テストも並行して行われる。地元の新生球団カープに集まったのはおおよそ一〇〇人である。地元の高校野球の監督などから推薦された選手もいて、地元では知られた顔も少なくない。

キャンプイン初日から入団テストというのも、戦力不足に悩むカープならではのことであろう。また、契約金が高騰したことに加えて、有名どころの選手はことごとくのがしたという事情もあるにはあった。

よって、石本は、高卒や社会人野球の選手に視線を注ぎこむのである。

一月一六日から数日間のテストであるが、強肩、強打で、いち早く目をつけられたのは、長谷部《はせべ》稔《みのる》（皆実《みなみ》高校、捕手）である。長谷部は後の取材でこう答えている。

「自慢の肩で思いっきり投げた」（「史上最大の集金作戦　広島カープ～市民とナインの熱い日々」『プロジェクトX』・NHK）

このテスト時点では、まだ高校生である。しかし、テストとはいうものの、なぜか、練習にも参加しているのである。

「すでに、入団している投手の球まで受けさされましたけーの」と、後に長谷部稔は語っている。入団テストであろうが、使えるものは、使えとばかり、石本は長谷部にすでに入団している投手の球を受けさせた。

テストは最終日を迎え、石本監督は、最後まで残った選手全員を集めた。

その中から、「お前とお前と、お前とお前、それと、お前」と五名を指差して、監督室に来るようにとのことであった。

長谷部稔もその中の一人に選ばれた。

さあ、いよいよカープ入団か——と夢見心地で、喜びをかみしめながら、監督のいる部屋に入る。顔を見上げるやいなや、眼の前には、あの名監督といわれた石本がいるではないか——。ただ、選手は緊張したまま、正座をする。

すると、いきなり、である。

「お前らのことは、カープはとるけーの」と石本監督。

しかし、次の言葉におどろいた。

「お前らー、ここにハンを押せ」

これには、五人ともが不穏の面持ちで顔を見合わせる。

「(まず、監督に報告して)」

「(いや、親にも相談して)」

となるのが普通だ。

これを察したのであろう、石本は、

「契約金もいるなら、やるが……、はよう、ハンを押せ」である。

契約金は「やる」とはいうものの、当然ながら金額の提示はされない。

石本にしてみれば、「ここでテストの合格だけを告げて帰してなるものか」であった。ましてや、監督や家族に相談されて、契約金をはじめ、あらゆる条件をつきつけられては、貧しいカープは、太刀打ちできない。カープに金がないのは、県民とてうすうす感じてはいるものの、そこを付け込まれたらどうしようもない。石本は、契約条件の高騰をさけようと、ひとまず入団の既成事実だけをつくる策にでる。

数時間のにらみ合いの末、というよりか、石本監督に一方的ににらまれた五人である。

冬の陽射しは短い。ついに日が傾きはじめた夕暮れ時のこと──。

石本監督の前で、三、四時間はたったであろう。結局は、五人はハンを持っていないとあって、しかたがないと顔を見合わせながら、代わりに拇印を押すことにする。

「よし、帰っていいぞ」

結果としては、石本は周囲からの入れ知恵をふせいで、契約させることに成功したのである。

長谷川良平を発掘する

入団テストを終えて、新人も加わり、これで陣容はそろったといいたいところだが、石本は、投手陣に少なからず、不安を感じていた。

阪急から移籍した内藤幸三は、前年までの一二年間で八〇勝をあげて、実績だけでいうなら十分である。特に、戦前の職業野球における初代（昭和一一年・秋）の奪三振王とあって、その名はとどろき、この時点では、カープのエースといわれていた。ただ、この年、三四歳を迎えるとあって、峠をこえた感があり、スタミナに不安がぬぐえなかった。

二番手は武智修投手である。なにせマウンド度胸が抜群であるばかりか、小柄ながら、シャープなバッティングもウリという万能選手である。仮に、投手のみに専念すれば、やってくれるであろうと、不思議と期待がわいてくる選手でもある。ただし、通算一五勝一〇敗という過去の記録からして、実績といえるほどのものはなかった。

これらに続く若手投手といえば、過去、近畿グレートリングに在籍していた松川博爾《まつかわひろじ》はブランクのある選手であり、他には、石川清逸《いしかわきよいつ》、黒川浩《くろかわひろし》、竹村元雄《たけむらもとお》などであるが、プロでの実績は全くなかった。若手の台頭がのぞめるかどうかは、当然ながら分からなかった。ただ、過去の実績はあるものの、喫茶店のマスターをしていた剛球投手の中山正嘉は、八年間のブランクがあったので、その実力のほどは、未知数である。

〝ロートル〟と新人のみでは、いかに石本といえども駒不足であったろう。この投手陣でプロとして一年間戦えるかどうか不安であった。

この頃の石本は、選手情報があれば、すぐに反応している。

以前、横沢七郎《よこざわしちろう》（後、パ・リーグ審判部長）と芝居小屋でばったり出会った際に聞いた話だが、長谷川という小柄だが、キレのするどいシュートを投げるピッチャーがいる――。

また、カープ草創期のエースになる内藤幸三からも、新田建設に長谷川良平《はせがわりようへい》といういいピッチャーがいる――と聞いた。

ただし、カープには金がないため、高い契約金で選手を獲得するのはむずかしい。ならば、情報戦で勝負すべしと、こうして寄せられる選手情報をたよりに、風聞にはしっかりと耳を傾ける。〝長谷川の情報〟を聞いた石本はいち早く、妹の婿である熊本秀夫を、長谷川良平のいる愛知県の半田《はんだ》市まで使いにやるのである。

当時、スカウト制度は、まだ確立されていない頃とあって、石本は、友人、知人のみならず、親戚であろうが、地域の支援者であろうが、目的を達するためには、おかまいなしである。

この後、熊本秀夫が、愛知県半田市で、雑貨屋を営む長谷川の実家を訪れた際、当の本人が、たまたま店番をしていたこともあって、すぐに出会うことができた。

しかし、長谷川をみてがっかり。とてもプロでやれるピッチャーとは思えない。細身のうえに、身長も一六七センチとあって愕然《がくぜん》とする。

だが、熊本秀夫も、石本からの任務とあって、ここまできてひくことはできない。

「とりあえず、来ていただけないだろうか」と、テストとも入団とも分からぬ、中途半端な言葉で、長谷川を広島まで呼ぶのである。

広島総合球場にやってきた長谷川であるが、やはり、周囲の目は冷ややかなものであった。キャッチャーの長谷部も「また誰か来ているな」という程度にしか感じていなかった。

青白い顔で華奢《きやしや》な長谷川良平であるが、石本は自分の目で確かめなければならん――とばかり、とりあえず投げさせてみようと、ピッチング練習をさせた。

独特なフォームだった。マウンドでひょいと飛びあがったかと思うと、その沈む反動を利用して、右腕をテイクバックさせ、おおよそ真横から投げ込むサイドスローである。ただ、小柄ながら、からだ全体をうまく使って投げるフォームで、振りかぶってからの動きがすばやく、体のキレのよさが伝わってくる。当然ながら、球のキレも鋭い。

石本は本番さながらにバッターを立たせて投げさせた。これには、長谷川も顔つきが変わる。

この直前のことであったろう。長谷川は、練習場で焚《た》き火にあたっていた選手を目にするのである。これが、シャクにさわった――。

「練習中に、たき火かよ――。ほおう、これがプロか。よ〜し、やってやろう」

「打てるものなら、打ってみろ」といわんばかりの、ふてぶてしさのあるフォーム。そこから繰り出されるインコースにくい込むキレのいいシュートは、周囲を驚かせる。

石本の目がクギ付けになる。

「ボールにスナップがようきいておる」

「こいつは、使える」

このときの長谷川のシュートがいかにすごかったか、逆シングルの名手といわれた白石敏男（後、勝巳）が自著に語っている。

「誰もバットに当たらない。当たっても詰まって、まともに飛ばない。ストレートは速いし、シュートは胸元へパーッとくる」（白石勝巳『背番8は逆シングル』）

白石はカープ初年度に、打率三割四厘、二〇本のホームランで、セ・パ分裂後の遊撃手部門で、初のベストナインに選ばれているほどの選手である。

また、このときのことを長谷川本人は、後にこう語っている。

「バットをへし折るぐらい投げなければ、自分に勝ち目はないと思ったからだ」（『カープ　苦難を乗りこえた男たちの軌跡』）

過去にプロに相手にされなかった長谷川の執念のボールともいえるシュートがプロ選手をなぎ倒したのだ。

「よし、やめ〜」

石本は、行動が早かった。

「契約金三〇万円、月給二万五〇〇〇円——」

当時のカープでは、最高額ともいえる条件を提示した。これには長谷川も驚いたが、この契約に同席した長谷川の叔父はびっくり。ちなみに、ノンプロ時代の給料が五〇〇〇円だったので、その五倍である。

結果、即断即決で入団を決めたのである。

長谷川良平には、名古屋ドラゴンズの入団テストを受けるには受けたが、その体格から、ほとんど相手にしてもらえなかったという説がある。

「テスト会場で長谷川は、担当のコーチか監督かに『お前は投げんでいい』と投球もさせてもらえなかった」（『全身野球魂』）

さらにある。

「長谷川は最初名古屋に入団する希望で試験に応じたが体格的に恵まれていなかったので、ハネられたということである」（吉田要「花形球人」）

マウンドに立つ投手には、実際の投球に入る前の戦いもあるのだ。相手バッターにたちはだかるような威圧感——つまり、長身が求められるのはいうまでもない。しかし、長谷川は、身長一六七センチで、頬がやせて青白い少年という印象から、ボールを投げることさえ許されず、その段階で失格の烙印《らくいん》が押されたのである。

ただ、石本の視線は違った。横沢七郎や内藤幸三など長年、野球に携わる者の話に、しっかりと耳を傾けて、感じることもあったのであろう。すぐさま使いを送るという行動をとる。これが後のカープ初代エースの発掘につながったというわけである。

長年、プロ野球をみてきた石本の視線は確かなものであった。長谷川に注目して、最初におどろいたのは、当然ながら、小さい体全身をフルに使った投球フォームと球のキレであろう。しかし、それだけではないのだ。入団して後のこと、長谷川の筋肉質な体つきをみて、プロでやっていけると感じたと、その理由を語っている文面がある。

「僕は、君のハダカ、それに肩と手首の強さをみてこれなら大丈夫だと思った」(『デイリースポーツ』昭和三二年六月一九日)

周囲の評価では〝投手としては背が低い〟だとか、〝スタミナがないだろう〟などと揶揄されもした。しかし、石本にしてみれば、それは、あくまでも周囲の評価にすぎないのだ。石本は、選手の秘めたる力を見ぬくために、必ずや自分の視線を注ぎ込み、確かめているのだ。これは、石本の野球哲学の一つといえよう。

長谷川がカープに入団した経緯は、おおよそ以上のことが定説となり語り継がれている。しかし、長谷川自身の言動というか、企てもあったようである。自らがプロを志願しており、周囲の関係者にも働きかけていたという事実が、当時の記事にみられるのである。

「愛知県に帰郷して豊橋第一繊維に勤めながら、新田(建設)時代の監督、横沢七郎氏(現在〈当時〉、パ・リーグ審判)に〝どこかプロ・チームへ〟と頼んでおいたのを選手難に悩む石本カープ監督がききこみ広島で試験した結果どこかに望みありとみて採用したのであった」(中沢不二雄『スポーツ時言』)

この記事から分かるように、事前に長谷川自身が、横沢七郎に頼んでおいたというのである。このことを長谷川の長男、純《じゅん》にたずねたのであるが、彼の知る限りとしては、こうである。

「プロへ行きたいと頼んでおいたということもあると思いますが、親父があこがれたのは、阪神の縦

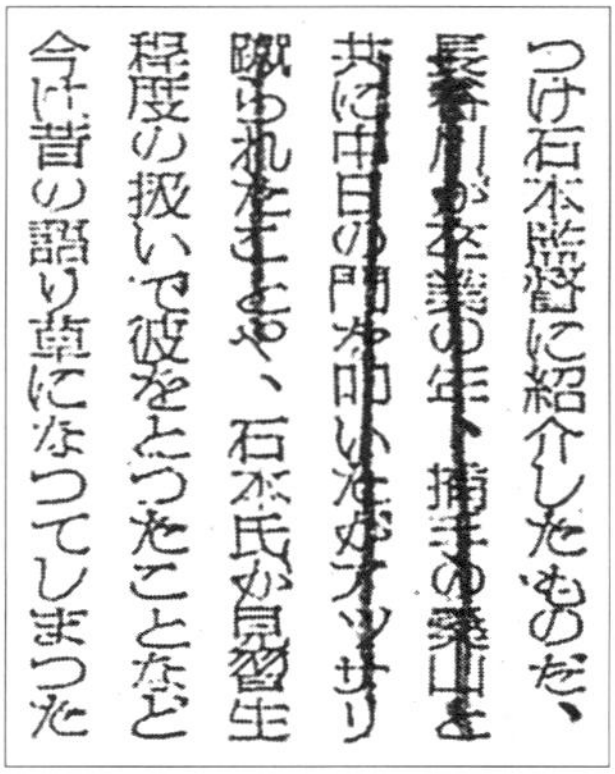
つけ石本監督に紹介したものだ、
~~長谷川が翌春の年、捕手の桑山と~~
~~共に中日の門を叩いたがアッサリ~~
~~蹴られたまゝや~~、石本氏が見習生
程度の扱いで彼をとつたことなど
今は昔の語り草になつてしまつた

スクラップブック『廣島カープ　長谷川良平ノ記録　昭和25～』（所蔵：長谷川純）の中には長谷川本人が記したとされる〝テスト説〟否定の跡が。

じまのユニホームでした。というのも、親父は、一番強いチームに行くのを望んでいたのではありません。むしろ、弱いチームを一番にする。そういうことを望んでいました。阪神のような二番手のチームで、巨人をたたくことを夢みていたと思います」

また、長谷川が広島カープに入団した後、長年、否定し続けてきたことの一つに、名古屋軍の入団テストを受けた、ということがあるが、その記述は当時の記事などにも少なくはないのである。

また、現在、長男の長谷川純が所有している『廣島カープ　長谷川良平ノ記録』には、さまざまな新聞、雑誌の切り抜きがあるが、おそらく長谷川良平、本人の直筆かと思われるものが残っている。ここでも名古屋軍の〝テスト説〟を否定している。長谷川自身が、記事の上から強く文字を消しているのだ。長谷川の「テストなんぞで、プロに行くもんか」という、負けん気の現れであろうか、魂の声であろうか――。

こうして過去を打ち消した長谷川は、プロでの実働一四年間で、一九七勝という金字塔をうちたてる。毎年、最下位争いをするカープにあって、この記録は二五〇勝にも、三〇〇勝にも匹敵するものであろう。

長谷川のすごさが、いきなり証明されたのは、倉敷でキャンプをはっている松竹ロビンスを広島総合球場に迎えて、オープン戦を行った二月二六日のことである。この日は、いわゆる親子ゲームで、一軍戦のみならず、二軍戦も組まれたが、カープにとっては記念すべき初の対外試合とあって、一万五〇〇〇人を超える観客がつめかけた。

この日、石本は、二軍戦の先発に長谷川を使うのである。

松竹の一軍は、小鶴、金山、三村勲《みむらいさお》などを擁し、水爆打線とまでいわれたメンバーだ。加えて、前年、大映スターズに入団して、三七歳ながら新人という大岡虎雄《おおおかとらお》が二六本のホームランと一一一打点という大記録でもって、この年、松竹に移籍してきており、話題のつきないチームであった。当然ながら二軍とてあなどれない。結果、すぐさま立ち上がりの悪い長谷川に襲いかかり、初回に2点を奪う。

ただ、二回から、長谷川は見違えるほどの投球をみせる。カープ打線は、二回裏に3点目を入れて、早々と逆転する。その後、長谷川は六回まで追加点を許さなかった。七回に両チームとも1点ずつ入れて、4対3と、1点リードで最終回を迎える。

当然ながら、長谷川の完投勝利に期待が高まり、記者たちもさわがしくなる。しかし、キャンプへの参加も少し遅かったため、スタミナ不足もあってか、最後の踏ん張りがきかず、フォアボールを二つ出して、さらにタイムリーを打たれて1点をゆるし、4対4の同点でゲームセット——。

翌日、地元の中国新聞には「インシュートを武器に長谷川投手は善投」と記事になり、「光ったカープ長谷川の好投」と見出しが躍った。試合中、新聞記者の間でも謎とささやかれた長谷川だが、投手陣に不安があるカープにあって、やはり話題を独占する。長谷川の活躍を予感させる一日となった。

余談だが、この試合の開催を決める契約は、石本監督と松竹ロビンスの取締役である中川政人の間で結ばれた。その場所は、なんと、広島市役所である。いかにも親会社をもたない、自治体出資の県民市民球団らしい一面である。

この後、長谷川は、昭和三〇年には三〇勝をあげ、リーグ最多勝に輝いて、弱小カープにあって、名実共に球界のエースと評価されるほどの大投手に育っていく。まさに〝小さな大投手〟であった。

この長谷川のピッチングスタイルや、投球フォームは、おおよそこのように言われる。

「体全身を使って、横から投げ込むフォーム」

「小さい体をユミのようにしならせるサイドスロー」

ただし、このフォームは一朝一夕にできあがったものでは、当然ながらない。長谷川が、長年、自分の体と向き合い、鍛錬を重ねた結果である。その中で、長谷川が新田建設に在籍した時から、交遊関係もあり、尊敬していた人物がいる。長谷川は彼から学び自分のプレースタイルにも大きな影響を受けたのである。

その人物とは、力道山《りきどうざん》である――。

長谷川良平の長男である純は、力道山について次のように語っている。

「父からは、力道山のことはよく聞かされました。力道山が自分よりはるかに体格のいい外国人レスラーに向かっていく姿や、戦争で敗れた相手国のレスラー相手に果敢に向かっていく姿に心動かされたと聞きました。体で対戦相手に劣るという意味では、親父も同じでしたが、相手の力をうまく利用するという点では、かなり参考にしていたと思います」

長谷川は力道山を参考にしたというのだ。

長男、純のいう〝相手の力を利用する〟という言葉に注目してみたい。

力道山は、敗戦で打ちひしがれた日本人の心の底に、再び勇気をふるいたたせ、希望を与えた。戦争で敗れた敵国の大柄なレスラーに立ち向かう姿に人々の心は奪われた。力道山は、戦後の一時期、日本国民のヒロイズムを独占し、ファンを魅了し続けた。このヒロイズムの象徴ともいえる必殺技が伝家の宝刀〝空手チョップ〟であった。この力道山の空手チョップは、日本の国技である相撲の張り手がヒントになって生み出されたものである。

「空手チョップは相撲の張り手をヒントに編み出した技。レスラーとしてデビュー間もない力道山が試合中に出した張り手がきっかけになり、当時のトレーナー沖識名《おきしきな》が必殺技として空手チョップを体得するようにアドバイス。力道山は砂浜で地面めがけてチョップを繰り出して練習に励んだ」（田中敬子『夫・力道山の慟哭』）

こうした鍛錬の末に、あみ出された空手チョップを繰り出すメカニズムはこうであろう。

力道山は、対戦する外国人レスラーのパワフルな技を、すばやい身のこなしでうまくかわしながら、そのパワーをうまく利用してサイドロープに投げ飛ばしている。その反動による跳ね返りの勢いを、さらに利用して、胸元に強烈なチョップをあびせていくのである。

この力道山の戦いのイメージが、長谷川良平のピッチングにも重なり合うと感じられるので記させていただく。ただし、以下の記述には、長男、純の証言に加えて、現実的に考えられる、著者の推察もあわせて記させていただくので、ご了承いただきたい。

身長一六七センチという長谷川は、プロのピッチャーの体格としては、力道山と同じく、かなり相手には劣っている。また、この長谷川の体つきは筋肉質ではあるものの、パワーがみなぎるピッチャーとはいいづらい。しかし、長谷川は、力道山と同じように、自分の体にかかる力をうまく使っていると感じられる。

ひょいと重力に逆らって飛び上がるかのように振りかぶったかと思えば、その飛び上がりから、沈み込む瞬間に反動をつけ、さきの重力と、反動を加えた力でもって、右腕をテイクバックする力に変える。さらに、この引いた腕を、サイドからリリースにもっていく際、この時、生まれる遠心力に、今までためた力を加えて投げ込んでいくのである。この一連の動きがすばやいだけでなく、キュ、キュとキレがいい。

この流れるような投球フォームにおいて、この間、体にかかる全ての力をうまく蓄えながら力に変えて、ワインドアップからテイクバック、さらにフォロースルーにつなげている。つまり、体にかかる力のすべてをうまく利用している。こうした力を利用するという点では、力道山の戦いぶりから学んだと感じられてならない。

当然ながら、この長谷川も力道山と同じく、鍛錬し続け、卓越した技術を身につけた〝プロの中のプロ〟といえる人物であった。

長谷川は、石本の自宅に通い続けた日々もあるのだ。あの〝石本道場〟の門下生の一人でもある。昭和二九年にカープに入団した河野《こうの》誠之《せいし》捕手の証言であるが、石本の家に通う選手が、ふえていた頃である。河野が昭和三〇年代の初頭に、肩をいためた宗近《むねちか》守平《しゅうへい》投手（昭和三〇年入団）を連れて石本の自宅をたずねている。このとき、河野が驚いたのは、石本の自宅の和室の畳である。

和室の隅のある一畳の畳表のある箇所が、縦にまっすぐすり切れており、畳敷きがあらわになっているではないか――。

河野はおどろいて、すぐさま石本に尋ねる。

「石本さん、畳が、えらい、あれ（破れて）していますね……」

「おう、これかっ、これはのう、長谷川が破りやがったんよ」

「えっ、長谷川さんが……」

「長谷川は、こまかろうが（小さいだろう）。ほいでのー（それで）、蹴りをやらせたんよ。来るたびにやらせたけーの」

このとき、河野は長谷川がある一時期、石本の自宅（いわゆる石本道場）に毎日のように通いつめたことを聞かされた。そこで分かったことは、石本は長谷川の一連の投球動作である、振りかぶってからテイクバックして、仕上げとなるフォロースルーの瞬間に、右足で蹴り上げることで、強いボールを生み出させたのだ。

右バッターの胸元をつくキレのある〝一尺シュート〟は、こうした石本の指導によって、粘りのある下半身でもって、磨き上げられ、完成されていくのだ。

石本と長谷川のエピソードはつきない。

プロ入りして間もなくのことである。長谷川は、いきなりプロとしての洗礼を受ける。それがマウンドの上であれば、誰しもプロの投手が一度は味わうものだろうが、しかし、ベンチ裏での石本とのやりとりから、プロというものを痛感させられるのだ。

カープ誕生後、最初のシーズン前のこと。昭和二五年三月五日、大阪で春の野球祭[※1]のトーナメント大会の一回戦、対阪神戦を控えたベンチ裏、ダッグアウトでのことである。

それまでのオープン戦での好投を受けて、長谷川が使えるとにらんだ石本監督は、当然ながら、一軍ベンチに入れる。ただ、このときにある知らせが、長谷川の心を揺らし、困惑させるのである。

「チチ　キトク　ハハ」

長谷川の父、為次郎が危篤状態とあって、長男である良平にすぐに帰省をするようにと電報が届くのである。

父、為次郎はもともと体が弱い上に、酒好きであった。さらに、飲んでは母をどなりちらすとあって、長谷川にとっての父は、悩みの種でもあった。しかし、この期におよんでは、そんなことはどうでもいい。父親との最期の別れになるかもしれぬ。ならばと、すぐにでも名古屋に飛んで帰りたかった。

長谷川は、怒られるのを覚悟で、石本に電報を見せた。

〈父が危篤なんです〉

〈ほうか、じゃあ、試合が終わったら、すぐに帰ればええ〉

〈試合が終わったら……〉

長谷川は、言葉がなかった。

父が危篤でも、帰れんのか——。

しかし、この日の先発マウンドには、石本は、阪神キラーとよばれた武智修を指名するのである。

武智は、持ち前ののらりくらりとかわす投球術で、阪神打線を翻弄して、五回までつかまることなく、5対0とカープがリードする。

しかし、六回裏に3点を返され、阪神は反撃に出る。さらに、八回、櫟信平《いちいしんぺい》※2、九回、後藤次男《ごとうつぐお》※3にホームランを浴びて同点にされる。結果、延長戦に入り、一〇回裏に櫟信平、西江一郎《にしえいちろう》※4の連続二塁打で、サヨナラ負けを喫するのだ。

この年の阪神は、セ・パ分裂の際、巨人側のセントラルに寝返ったことによる報復を受けており、主力選手の多くが、毎日に引き抜かれ、戦力の大幅ダウンが否めなかった。そんな阪神にもかかわらず、5点差を守りきれず逆転されたカープは、やはり戦力不足であった。

この日の石本監督の投手交代は、父の危篤状態にさえ会いにいくことを許されない長谷川にとって、あまりにも酷なものになる。というのも、石本監督のとった継投策はこうである。

ピッチャー交代、竹村元雄――。

長谷川ではなかった。

戦況を見守る長谷川の胸のうちは複雑であった。

〈マウンドに行けといわれても、とても投げられる精神状態ではない〉

〈しかし、投げろといわれれば、マウンドに行かねばならない〉

〈ただ、投げろといわないのなら、自分がなぜにベンチにいなくてはならないのか〉

〈いや、プロである以上は、ベンチからは離れることが許されるはずもない〉

思いが揺れ動く。そして、ついに、試合終了まで長谷川の出番はなかった。

この後、急いで飛び乗った列車で、危篤状態の父がいる名古屋を目指した。しかし、名古屋について、長谷川は愕然とする。

「たった、今、亡くなった」と告げられたのだ。

普通の人間なら、石本を憎んだかも知れぬ。しかし、長谷川はいかなる経験をもバネに学び続けた。長男である純は半世紀を越えて真実を語る。

「石本さんの判断を決して恨んではいないと思います。あのことがあったから、頑張れた。プロとはそうなんじゃ。親の死に目にも会えん。そんなもん。戦う者の本来の姿を受け止めたと聞きました」

プロ選手にとってのグラウンドとは、いかなるときも離れられず、肉親との別れの場面にでも背を向け、戦いの地に赴かねばならない。これは、日本がかつて経験した世界大戦に向かった軍国主義教育の遺産といえるものであったかもしれない。

「勝負とは戦いであり、戦争と何ら変わらないという時代だったと思います。ただ、辛い経験であっても、それをいい方向にむけていったと思います」と、純は言葉をつないだ。

長谷川が経験した父との悲しい別れであるが、八年後の昭和三三年に、雑誌の記事「わが熱球譜カープと共に八年間」（『ベースボール・マガジン』一九五八年四月）が長谷川の思いにふれている。

長谷川がプロとして鍛錬を積み、昭和三〇年には、三〇勝を達成するなど、身も心も充実した後のことである。

そのときの記事にはこうある。

——ダッグ・アウトにいる僕にもたらされた一通の電報、それには
〝チチ　キトク　ハハ〟とあった。

一瞬茫然として僕はその電報を石本監督にみせた。

〝帰るか〟と石本監督はいった。しかし、その表情は苦渋にみちている。僕は、その眼の色に、自分の今しめる立場、そして監督が僕に期待するものを読みとった。

〝帰りません〟と僕ははっきりといった。——

と記されている。この文面では、〝帰りません〟と言ったことは、あくまでも、自分の判断として

いるのである。

ただ、こうした経験から学んだ教訓ともいうべき人生訓を、良平の妻、淑子《よしこ》を通じて、長男の純にはことあるごとに語り伝えた。

「ええか、必ず、親は看取らんといけん」

「親が亡くなった後に、涙を流すようじゃいけん」

息子、純は、このことをしっかりと胸に刻み込んだという。

※1　昭和二五年のシーズン開幕前に、セ・パ分裂して、トーナメント方式の野球大会が開催された。当時の恒例行事であったが、広島カープにあっては、なんと昭和三〇年、三一年と連続で優勝している。

※2　昭和二四年から二六年まで、実働三年間。左投左打、一塁手。東急から昭和二五年、阪神に移籍。昭和二五年には、一〇九試合に出場し、七〇安打、一一本塁打で打率二割四分八厘。胸部疾患のため、三年の現役の後、引退。その後に、阪神の打撃コーチ、スカウトなど。

※3　昭和二三年から、三二年まで実働九年間。主に一塁手、二塁手、外野手。通算成績は、九四九試合に出場し、三二六〇打数、九二三安打、三五五打点、五一本塁打で、打率は二割八部三厘。あの藤村富美男が〝物干し竿〟とよばれた長尺バットを使ったが、それ以前は、後藤次男が一番長かったともいわれる。昭和四四年と、昭和五三年の二年間、阪神監督を務める。四四年はV9街道まっしぐらの巨人軍に六・五ゲーム差と離されたが二位。五三年は、阪神球団初の最下位。監督経験はこの二年間であったためか〝つなぎの後藤〟とよばれた。

※4　セ・パ分裂の年のタイガースのショートを守り、レギュラーに定着する。この昭和二五年、一三七試合に出場し、一二二安打で打率二割五分だったが、失策が七一と最多であった。

最初のシーズンにのぞむ

カープは、石本秀一監督の人脈をたよりに、また、入団テストなどで、どうにか選手を集めた。昭和二四年一二月二九日時点で、一次発表の入団選手二三名。翌昭和二五年一月一五日には、二次発表で追加の七選手を発表する。さらに二月二三日には、二四選手を追加で登録した。

最終的に登録されたのは三〇名であり、試合には三〇名の中から出場することとなり、それ以外は準登録とされた。二月二七日には、この登録と準登録の選手が正式に連盟に出されているが、これには長谷川良平や、打線の主軸となる樋笠一夫《ひがさかずお》らも加わっている。

しかし、石本監督に勧誘されたものの、年齢的に不安があったため、広島商業の黄金期を築いたアメリカ遠征のメンバーである保田直次郎をはじめ、他七、八名の辞退者が出た上、さらに、紅白戦のみに出場したものの、その後が分からない選手や、他球団と契約している選手もいる。こうしたことからも、石本の苦労をうかがい知ることができる。

そして、二月二七日の登録選手、準登録選手をあわせた三九名に、石本秀一監督をはじめ、広島商業ＯＢの灰山元章《もとあき》コーチ（二軍監督）が加わり、総勢四一名でカープは始動するのである。さらに、マネジャーとして、事務局長を務めるのは、これも広島商業ＯＢの久森忠男である。

振り返れば、セントラル・リーグへの加盟が認められた一一月二八日から、三ヵ月も経っておらず、何とか体裁だけは整えたといえる、まさに石本の人生のすべてを擲《なげう》つという、覚悟の結晶ともいえる総勢四一名であった。

「軍資金を持たない広島が、これだけの選手を短時日のうちに集められたのは、石本監督の顔と球界に浜崎監督（阪急）など広島出身者が多かったことが幸いしたものと思われる」（『広島カープ十年史』）

カープのチーム編成で一番大きかったのは、読売巨人軍から譲り受けた白石敏男（後、勝巳）の存在である。〝逆シングル〟の名手といわれた球界のスターを温情による出向扱いでカープに移籍させたというから、当時の巨人軍のふところの大きさを感じさせる。

広島カープ　登録選手

昭和25年２月22日

守備	登録名	経歴
投手	内藤 幸三	東京市立商、東京リーガル倶楽部、金鯱、朝日、ゴールドスター・金星、阪急
	武智 修	松山商業、阪神、金星、阪急
	竹村 元雄	花蓮港中
	黒川 浩	松山経専
	石川 清逸	名古屋工高
	中山 正嘉	松山商、金鯱、大洋
	林 次郎	丸亀商、四国鉄道局、大西製紙
	箱田 義勝	福山東高
	三島 正三	松江商高、大陽
	角本 義昭	盈進商高
	長谷川 良平	半田商工高、安田商店、安田繊維、新田建設、第一繊維
捕手	阪田 清春	滝川中、阪急、南海
	山崎 明男	松山中、明治大、大西製紙
内野手	辻井 弘	平安中、早稲田大、パシフィック、太陽・大陽
	磯田 憲一	広島商業、明治大、コロムビア
	田中 成豪	滝川中、関西大、阪急、急映、大陽
	田所 重歳	水戸工、多賀工専、今泉産業、山藤商店
	白石 敏男(勝巳)	広陵、巨人、パシフィック、植良組、巨人
	坂井 豊司	岐阜商高、阪急、大塚産業、福島日東紡
外野手	岩本 章	高知商業、巨人、名古屋、産業、中部日本・中日、阪急
	黒木 宗行	宮崎商高、宮崎鉄道局
	荻本 伊三武	一宮中、結城、川島紡績
	紺田 周三	松山東高
	角南 効永	関西中

〔セントラル・リーグ連盟：登録〕※経歴は参考資料

参考資料：『広島カープ十年史』(中国新聞)『カープの歩み1949-2011』(中国新聞)
『THE OFFICIAL BASEBALL ENCYCLOPEDIA '98』(社)日本野球機構)、他

白石がカープへ移籍するにいたった流れは、こうである。

昭和二四年一二月初旬のこと。まずは、読売新聞社でのことであるが、副社長、安田《やすだ》庄司《しょうじ》から呼び出された白石は、そこで、広島にできる新チームの話を聞かされて、出向扱いの移籍ということで広島入りを打診されている。

「新チームを読売も応援しなければならん、キミは広島の出身だから、郷土のチームを助ける意味で広島へ行ってもらいたい。巨人から出向という扱いにしておくから、帰りたい時は何時でも帰ってよろしい」(『背番8は逆シングル』)

これを受けて、白石は誠実に事を運ぶ。この白石のお家芸といえば、三遊間に飛んだゴロをさばくときの〝逆シングル〟であったろう。当時、基本を重視する日本の野球からは、異端視されたプレーであったが、艶《あで》やかさはあった。

この華のあるプレーとはうってかわって、白石は、実直な性格の持ち主であり、することなす

広島カープ　登録選手

昭和25年２月27日

◆登録選手

守備	背番号	登録名	経歴
投手	15	内藤 幸三	東京市立商、東京リーガル倶楽部、金鯱、朝日、ゴールドスター・金星、阪急
	16	武智 修	松山商業、阪神、金星、阪急
	17	黒川 浩	松山経専
	18	竹村 元雄	花蓮港中
	19	松川 博爾	扇町商、近畿日本・グレートリング・南海、福島日東紡
	20	中山 正嘉	松山商、金鯱、大洋
	21	林 次郎	丸亀商、四国鉄道局、大西製紙
	22	石川 清逸	名古屋工高
	24	箱田 義勝	福山東高
	26	三島 正三	松江商高、大陽
	27	岡村 孝雄	高知・城東中、南満州工専、土佐電鉄、阪急
	32	長谷川 良平	半田商工高、安田商店、安田繊維、新田建設、第一繊維
	38	角本 義昭	盈進商高
捕手	2	阪田 清春	滝川中、阪急、南海
	12	山崎 明男	松山中、明治大、大西製紙
	25	長谷部 稔	皆実高
内野手	1	白石 敏男(勝巳)	広陵、巨人、パシフィック、植良組、巨人
	3	辻井 弘	平安中、早稲田大、パシフィック、太陽・大陽
	5	田中 成豪	滝川中、関西大、阪急、急映、大陽
	6	磯田 憲一	広島商業、明治大、コロムビア
	10	樋笠 一夫	高松中、陸軍士官学校、広島鉄道局、三井鉱山美唄、大西製紙、尽誠学園教諭
	14	田所 重蔵	水戸工、多賀工専、今泉産業、山藤商店
	23	坂井 豊司	岐阜商高、阪急、大塚産業、福島日東紡
外野手	7	岩本 章	高知商業、巨人、名古屋、産業、中部日本・中日、阪急
	8	荻本 伊三武	一宮中、結城、川島紡績
	9	角南 効永	関西中
	11	黒木 宗行	宮崎商高、宮崎鉄道
	37	紺田 周三	松山東高

ことは全て原理原則に従うのである。この話を聞いた後、白石は、巨人の監督である三原修に、相談を持ちかけている。

この後の三原の応対も、広島のファンからすればうれしくもあり、すばらしいものであった。

「そうか、広島じゃ断わりきれんなあ」(『背番８は逆シングル』)と移籍を認めるのである。

このときの三原とのやりとりから感じたのであろうか、白石は、後の自らの著書に、三原監督が、うすうす知っていたかのような立ち振る舞いであったことを記している。

読売側の配慮もある流れの中、球界の大スターである白石の、カープ入団を決定づけた動きもあった——。

◆準登録選手

守備	背番号	登録名	球歴
投手	28	橋本 甚松	明徳中
	33	飯浜 孫美	松本商高
	44	松田 隆	皆実高
捕手	35	古神 利明	福山高
内野手	34	谷村 豊秋	宮崎商高、宮崎鉄道
	39	小原 修	宮原高
	41	太田 直生	竹原高
外野手	29	三好 功一	野田青年学校
	31	秋山 正信(室脇)	広陵中、明治大、金鯱、朝日、大陽
	36	丸岡 栄	松山商高
	43	松野 保	三原高

※シーズン中、選手の調子によって、登録から準登録、あるいは、準登録から登録が行われた

◆シーズン中の登録

守備	背番号	登録名	球歴
投手	27	森井 茂	宇治山田商高、大津晴嵐クラブ、名古屋、産業、中部日本、全宇治山田
	13	笠松 実	興国商、横浜専、阪急、唐崎
	12	市田 夏生	広島一中(現・国泰寺高)、関西学院高商、関学大、中山製鋼、日本通運
	24	梅田 正巳	盈進商、同志社大、芸備銀行(現・広島銀行)
内野手	11	高木 茂	熊本工、門司鉄道局、名古屋、熊本クラブ
外野手	4	山口 正信	日新商、阪神、土屋建設
	18	小前 博文	甲陽中、法政、ゴールドスター・金星、阪急

□入団発表のみ　もしくは　開幕前の紅白戦出場

守備	背番号	選手名	球歴
投手		高橋 保	長野高
投手		薄木 元亮	宮崎鉄道
内野手		保田 直次郎	広島商業
内野手		山縣 将恭	広島商業、慶応大、植良組、大昭和製紙
外野手		久保木 清	広島商業、慶応大、山崎産業、大昭和製紙、(巨人)
外野手		山崎 克巳	広島商業、明治大、(東急)
——		林 文造	大田中

※(　　)内は他プロ野球チームに入団〔昭和25年〕

参考資料：『広島カープ十年史』(中国新聞)『カープの歩み1949-2011』(中国新聞)
『THE OFFICIAL BASEBALL ENCYCLOPEDIA '98』(社)日本野球機構)、他

カープは選手獲得のために使える資金がとぼしく、金銭による選手獲得合戦には参戦できなかった。ならばと、地元出身選手で有名どころに声をかけるが、お金がない上、藤村富美男らが、いくら広島出身であっても、石本が、大阪タイガースの監督時代に手をかけた選手であるにしても、現在の契約に縛られ、移籍ができるわけがなかった。

こうした苦しい中にあっても、石本の選手集めは続いていく。創立準備委員会で、獲得候補となる選手は、すべてザラ紙の上に名前を書き出した。ここで、石本のとった行動が興味深い。

「多くの選手のうち『白石』と書かれたところだけ、〇印をつけた

のである」（「カープ十年史『球』」）

チームづくりの核になる人物が必要と考え、白石に白羽の矢をたてたのである。

石本と、谷川昇は、白石獲得※1にむけて動きだす。二人は、巨人軍の四方田義茂代表に面会するため、東京有楽町の読売新聞社を訪ねる。ただし、そうやすやすと巨人軍が白石を手放すはずはないというのが、大半の見方であった。

「巨人軍の身になって考えれば、考えるほど無理な交渉である」（「カープ十年史『球』」）

しかし、谷川と石本を迎える巨人軍の四方田代表は、二人には、お茶とケーキをとって、出迎えてくれたのである。

石本と谷川は切り出す。

「チームづくりでは、たいへんお世話になっています。実は、お訪ねしたのもそのことですが」

机から立ち、ゆっくりと歩きながら、四方田代表は、微笑みを浮かべて静かに答えた。

「白石のことでしょう」

そのものズバリで、四方田代表から話の糸口をつけてもらってホッとする二人は、カープ結成のいきさつを話し終えて、本題に入る――白石の移籍を切り出すのである。

「どうしても地元、広島の出身の白石選手をチームの中核の選手としていただきたいのです」

当然ながら、条件もなしに白石を譲り受けるほど虫のいい話ではいけないと、石本と谷川が、すかさず条件を示す。

「巨人軍が放してくれれば助監督に迎え、将来は石本監督の後継者にするという条件まで示したのである」（「カープ十年史『球』」）

じっと話を聞いていた四方田代表の次のひとことが、球界のスターの移籍を決めた。

「本人の将来のためになるなら私としては何ら異存はありません」（「カープ十年史『球』」）

白石という攻守にわたる要《かなめ》を得た石本は、補強の手を緩めることはなかった。

監督をあわせて、総計四一名で開幕にのぞむが、到底満たされていない戦力とあって、シーズン中にも、選手を入団させた。

投手陣では、森井茂《もりいしげる》（元名古屋）、笠松実（元阪急）、市田夏生《いちだなつお》（関学）、梅田正巳《うめだまさみ》（同志社大）らを、さらに外野手では、山口政信《やまぐちまさのぶ》（元阪神）、小前博文《こまえひろふみ》（元金星、阪急）、内野手では高木茂《たかぎしげる》（元名古屋）らを入団させている。これらは、シーズン中でも契約できたことからして、峠をすぎた選手や戦争で肩を痛めた投手がいるなど、とうていピカイチとはいえない。しかし、石本は常に戦力の向上を目指して、補強だけは怠らないのである。当然ながら、彼らの多くは、石本がかつて所属した球団で手にかけた選手や、大学の後輩らであり、お金にものをいわせるのではなく、いわゆる石本の〝ツテ〟の入団である。

こうして、シーズン中に補強した投手陣の成績はというと、過去実績のある、森井と笠松が二勝ずつあげたのみであった。やはり、年齢による衰えは否めなかった。これら四人の投手は、三年以内には全員引退している。いかに苦し紛れの補強であったかがわかる。

野手では、山口政信が大阪タイガース時代に、盗塁王などの実績はあるものの、この年、三四歳とあって、年齢による衰えは否めず、翌年には引退した。

シーズン中の石本による補強は実を結ばなかった。しかし、石本が戦力補強をし続けているのは、見逃せない。監督として、試合の采配のみならず、常にカープの戦力の向上を目指して動き続けていることが伝わる。現代のプロ野球でいうならば、ゼネラルマネージャーともいえる職務も兼ねているのだ。

昭和二五年、セ・パ分裂の最初の年であるが、セントラルの八球団は、下関市営球場と福岡の平和台球場に分かれて、開幕シリーズを開催した。

三月一〇日、広島カープは、西日本パイレーツとの対戦である。

石本監督は、シーズン当初、エースと期待された内藤幸三をたててのぞむ。三四歳の誕生日が間近というベテランであるが、滑り出し好調の内藤は、三回まで、西日本の打線を寄せつけない。

カープは二回に新人の樋笠、荻本伊三武《おぎもといさむ》が長打を重ねて先制すると、さらに、三回には、田《た》中成《なかなり》豪《たか》、辻井、岩本らベテラン組で2点を追加する。加えて、四回にも1点を入れて、開幕を飾る勢いである。

ところが、四回裏に二本の二塁打などで、3点を入れられ、1点差まで詰め寄られる。七回には両チーム1点ずつを追加する。カープとしては、このまま1点のリードを守りきろうと、武智のリリーフを仰いだ。

しかし、その武智が八回裏に2点を入れられ、逆転を許してしまい、結局、初戦は飾れなかった。

ただし、主将の辻井は、二本の二塁打を含む、3安打で2打点と大活躍し、その大役を果たした。初戦を落としたものの、何とかやれるのではと希望をつなぐゲームになったのである。

ただ、この開幕の負けが響いたのか、翌日の国鉄戦もあと一歩及ばなかった。2対3と開幕戦に続いて、1点差負けである。

三戦目の中日戦こそはのっていこうと、一回裏に田中成豪が、カープ球団創設第一号となるホームランをかっ飛ばし、いよいよ本領発揮かと思われた。

しかし、この日は大陸性の低気圧の影響から、寒さに震える日となる。砂塵が舞い上がり、試合は続行不可能となる――。

結果、三回に両監督の協議の上、ノーゲームになる。

ツキにも見放されたカープにあって、田中成豪のホームランは、カープ球団創設第一号となるはずであったが、幻となった。

さんざんの結果で終えた開幕シリーズであるが、カープは地元に帰って、広島総合球場で国鉄を迎え撃つ。

地元での試合を待ち望んだ熱狂的なファンたち。この日は、カープを一目みたい、いや、何とか勝たせたいと、大声援の渦に包み込む。

地元の大応援に押され、気をよくしたか、カープは打って、打って、打ちまくり二回まで9安打の猛攻で、6点を上げる。さらに、攻撃の手を緩めないカープは、六回にはツーアウトから、大量の9点を奪う。

「よう、わかったけー、強いのは……。もう勘弁してやれ」

応援団からもこんな声がでるほどだった。エースである内藤をひっこめ、新人の石川に代えるという余裕の継投をみせる。そして、ついに国鉄打線を1点に抑え、16対1で大勝する。カープ球団結成後の記念すべき初勝利である。

しかし、喜びもつかの間だった。寄せ集めの〝養老院チーム〟とも呼ばれた戦力で、そうそう勝てるはずもない。三月二三日、後楽園で阪神に3対2で勝ってからは九連敗と波にのれず、勝利から見放された。

こうした連敗が、初期のカープを苦しめていく。というのも、当時のプロ野球は、ギャランティー制度（昭和二六年まで）であった。現在のプロ野球は、フランチャイズ制（昭和二七年から）を導入しており、勝ち負けにかかわらず、ホーム球場での主催ゲームの興行収入から、対戦チームの旅費などの経費をのぞいた残りが、そのままホーム球団の収入となり、球団の懐を潤す。しかし、当時は、セントラル・リーグ連盟が主催してペナントを争っていたため、勝ったチームが七もしくは六のギャラをもらい、負けたチームが三もしくは四のギャラという、いわゆるギャランティー制度であった。

このギャランティー制度は、なかなか勝てないカープにとってはたいへん不利なシステムとしてのしかかる。負け続きのカープは、三割しかもらえない。つまり、地元広島の試合では大入りになるものの、勝てないカープは、入場料収入の七割を対戦チームにもっていかれるのである。一方では、自治体からの出資が遅れていることもあり、輪をかけて負の連鎖におちいっていく。

また、この頃の試合は、連盟の権限によるところが大きかったようだ。試合は、シーズンを通じて、審判や場内放送のうぐいす嬢までが連盟の主導で、遠征先まで帯同して回るというもので、選手の旅館代も連盟が負担した。一人あたり一三〇〇円が一チーム二五名まで支払われる。

石本監督は、この一三〇〇円の宿泊費に注目する。これを少しでも節約できぬものかと、石本監督自ら、大阪の定宿である甲翠荘《こうすい》に交渉して、一〇〇〇円で一泊二食つきにさせるのである。

それだけではない。選手も二五名のところを二三名しか連れて行かないのだ。こうすると二名分の旅費が浮くわけである。その浮いたお金でもって、バットやボールなどの用具代にあてていたというから、いかにカープの財政が乏しかったかである。こんなところまで工夫をしなければやっていけなかったのである。

また、広島から東京までの遠征となると、カープの選手は、他球団とは待遇が違った。呉線経由の急行「安芸《あき》」に乗ったが、初期の頃は、東京までの移動には二〇時間かかり、三等列車とあって、椅子や床にザコ寝状態——。

寒いときは新聞紙にくるまって、バットなどの用具と一緒にごろ寝する。さらに、網棚にまで横たわる始末である。床にザコ寝した際に、鼻をつくような独特の消毒の臭いにも耐えなければならず、なかなか眠りにつけなかった。

さらに、旅館に泊まるのはもったいないとばかり、連盟から支給される宿泊代をもっと浮かせるために、関西への遠征とあらば、鳴尾の石本監督の自宅と、辻井主将の家に分かれて宿泊させて節約する。入団一年目の長谷部稔は、石本監督の自宅では恐れ多くて寝るに寝付けない、辻井主将の自宅にとまってホッとしたという。

石本監督は、遠征となると、決まって、

「おい、だれか知ったとこはないか」と宿泊先を探させる。

よほど窮してきた頃には、石本監督は、強い口調で選手にあたる。

「お前、誰か知ったところはあるじゃろーが」といいだすから、特に若手は、宿泊先を探して、トボトボと歩いて回る——。

昭和二七年入団の榊原盛毅の記憶であるが、

「西野襄（後、球団代表）が、大阪で、風呂屋をやっていたので五〇〇円で泊めてもらった」

こうして、費用を何とか浮かし続けて、食いつなぐ日々だったのだ。カープのもっぱらの敵は、相手チームではなく、貧しさとの戦いであった。空腹と、寝床を探すという、試合にたどりつく前の戦いに、精も根も、尽き果ててしまう日々があった。

※1　石本と谷川は交渉の末に白石を獲得するが、カープ側にも、巨人側にも同時並行的な動きがあった。白石は、後の座談会（『プロ野球史再発掘⑦』）では、巨人軍代表の四方田義茂の話以前に、河口豪から移籍について聞いていたことを明かしている。また、その河口豪の著書『カープ風雪十一年』には、読売新聞運動部長の宇野庄治が、白石獲得の糸口になったとも記されている。ただし、白石の移籍を後押しする要因もあるにはあったようだ。当時、巨人軍は監督の去就に揺れていた。「監督の座を巡る水原茂と三原脩の対立において、白石が微妙な立場にいたことも巨人の内部事情としてあったからだ」（『カープ 苦難を乗りこえた男たちの軌跡』）とある。このことは、白石も自著『背番8は逆シングル』でふれている。「水原さんを監督に担ぎ出そうとする一派と、三原さん支持者とに選手が分かれて、ことごとに角《つの》突き合って、なにかといえば別行動をとり、不穏な空気になっている、ということがなんとなく感じられたものだった」。いずれにせよ、巨人側の内紛もあるにはあったようだ。

給料は遅配、欠配続き

お金がない上に、石本監督の人脈をつてに集めた、いわゆる〝よせ集め集団〟では勝てるはずもない。勝てないならば、ギャラの分配も三割しかもらえない。当然ながら、選手の給料の支払いが遅れはじめる。

選手の給料が払えない状態でありながら、なおかつ、宿を借りながら遠征しているカープの一軍選手たちであるが、こんな状態で、広島に残って練習を続けている二軍選手を養っていける状況ではない――。

事実、石本は、たびたび、かつての師弟関係でもある二軍監督の灰山元章から給料の支払いについて聞かれるのである。

これに、石本は、

「西条（現、東広島市）の後援者のところにいき、株を売って、支払ってくれ」

と言い残して、三月からの遠征にでかける。

球団のふところ具合は最悪になっていく。当初、予定された県や市などの地方自治体からの出資は、集まるはずの二五〇〇万円が、遅れに遅れた。結果、一軍選手の給料も五月からは、支払われない状態になる——。

このことを白石は、自著にこうもらしている。

「五月頃になると、もう給料の支給も、分割払い、あるいは遅配などがあるようになった。若手で少数の主力選手には、無理をしてもちゃんと支給するが、石本さんやぼくは後まわしになって、満足にはもらえないという状態であった」（『背番8は逆シングル』）

石本は、白石とともに、給料を我慢しなければならなかったのである。

こうした苦境におかれながら、選手たちは、最初の九連敗から立ち直ろうと頑張った。四月一一日の阪神戦と、一二日の巨人戦に勝って連勝したものの三度の四連敗があり、四月は下位に低迷する。ただ、五月からは、二連勝が四回と頑張った。さらに、六月には、初の四連勝をマークする。結果、七月一八日時点で、二八勝四二敗一分と、四割の勝率を残した。まさに大健闘である。

ただし、日々の生活は、戦えど、戦えど、わが暮らし楽にならずで、給料が遅れるのみならず、ついに欠配がではじめ、士気が上がるはずもなかった。真夏の八月にはスタミナが切れたか、二勝したのみで、他はすべて負けた。

この間、カープは、最初の存続の危機に脅かされる。セントラル・リーグ連盟の加盟金を払っていないとあって、ついに、連盟から通達を受けるのである。

この加盟金の金額には諸説あるが、カープはそのほとんどを納めていないのである。

「(セントラル・リーグ)八球団のうち、加入金(加盟金)の三百万円を納めていないのはカープだけだった」(「カープ十年史『球』」)

また、連盟への加盟金の額であるが、一〇〇〇万円という文献もあるので、あわせて記す。

「これまで新球団はいずれも百万円近く納入していたが(国鉄は結局五十万円だけ納入)田村(駒)氏の提唱で加盟金一球団一千万円と決定されたのだから、当時としてはどえらいことであった」(河口豪『カープ風雪十一年』)

いずれにせよ、この〝のれん代〟ともいえる加盟金のほとんどを、納めることができないのである。

ついには、連盟からは、「六月三〇日までに、加盟金および分担金を支払わないときは、セ・リーグ加盟権を取り消す」(「広島カープ十年史」)と通達を受ける。

カープの重役陣は、広島県出身の大蔵大臣、池田勇人《いけだはやと》にカープ後援会の会長ならびに顧問への就任を促すのである。これを池田大臣は、快諾。大臣が後援会長であるならば、連盟の方としては、「少しばかり待ってやろう」となり、小康を得るのである。

七月一二日、念願かない、池田大臣が会長に就任した。カープは前日一一日から後楽園球場に遠征しており、西日本戦を終えた後、巨人、国鉄、大洋との試合が予定されていた。

大臣にしてみれば、郷土広島に生まれたばかりのかわいいカープである。

「食えないならば、食べさせてやろう」

と、大臣官邸[※1]に選手を招いた。

大臣官邸内に設けられた、ながい板場には、握り寿司が次から次へとでてくるではないか。

「食べても、食べても、握り寿司が次々に出されて、たらふくいただいた」

一八歳の新人だった長谷部稔の記憶である。長谷部は、官邸の一室であったと記憶しているが、そこにつくられた板場にならぶ、職人さんの数と、そのスケールの大きさを今でも忘れることはない。

「大臣は、我々が食べるのをみて、ニコニコと喜ばれていた」というのだ。

しかし、七月もトータルで六勝一〇敗一分と負け越してしまい、カープは興行収入が伸び悩む。

また、二軍も空腹に耐えながら練習を続けていたが、ここでカープがとった作戦はというと、なんとも非情な手段だった。

七月三〇日の対松竹戦は、地元広島での開催とあって、一軍選手が、宿舎に帰ってきたときに、その異変に気付いたという。

二軍選手が一人として残っていない——。

一軍選手とて給料がもらえるかどうか分からない状態であり、ましてや二軍に払えるわけはないと、二軍選手には実家までの片道の電車賃を渡し、「県や市が出資して、会社が設立されれば、給料も払えるようになるから」といって、実家に帰らせたのである。

さらに、家に帰らされてから、カープから全く音沙汰がないため、八月下旬、選手同士が、手紙などで連絡をとりあって、広島に集まった。ここで、二軍監督の灰山元章が選手と球団の間に入って、話し合いをもったが、一向に経営状態が改善されないばかりか、「肝心の金がないのだからどうしようもない」（『カープ30年』）。

ついに二軍選手は、広島労働基準監督署に出向くのである。このことは広島労働基準監督署から労働省にも問い合わせたが、個々の雇用契約により、プレーする選手は、「労働者に該当しない」とのことで、却下されたのである。

一軍選手ですら食うに食えない状態とあって、どうすることもできず、ついに一〇月には、二軍は解散となった。

プロ野球の歴史の中で、おそらく初めてであろう。二軍選手のすべてがクビ。ただただ泣き寝入りするしかなかったのである。

広島商業時代からの師弟関係もくそもあったものではないと、石本は二軍監督の灰山元章から、生涯にわたり恨まれることになる。

「石本のヤツめ。顔もみたくない」

石本は、心を鬼にして、〝しっぽ切り〟を断行したのだ。不当な扱いにより解雇された選手には申し訳ないが、せめて、一軍だけでもカープを残さねば、の思いがあって球団を存続させる方法をとったのである。

※1　現在、各大臣の官邸なるものは、総理大臣官邸を除いて存在しない。しかし、昭和二五年当時、大蔵大臣の官邸は存在していた。「渋沢敬三氏（故人・元大蔵大臣）が財産税で物納したもの」と『ずいひつ 大蔵省の隠語』には記されているが、物納の時期としては昭和二二年に土地を納め、昭和二三年、建物を納めている。よって、昭和二五年当時、石本をはじめ、カープの選手は、この渋沢邸から衣替えした大臣官邸を訪ねている。その後、鳩山内閣（昭和三〇年頃）のときに、一律に大臣官邸が廃止され、第一公邸となったため、大蔵、法務、外務、文部、厚生、労働の各大臣の共用の公邸として使われた。昭和四八年には、三田共用会議所（港区三田二－一－八）に用途変更される。また、平成五年三月に建て替えられ、平

成二〇年には、財務大臣・中央銀行総裁会議（G7）の会場になった。

親会社を求めて奔走、ありがたい義援金

この頃からである。カープの窮状を聞きつけたファンから、カープを見捨ててはならないとの声が上がる。まず、東洋工業（現、マツダ株式会社）から、二〇〇〇〇円の寄付が、中国新聞社へ届けられた。さらに続けとばかりに、広島県の職員にも動きがでてくる。カープを救えと、お金を集め始める。

「広島県耕地出張所の加藤部長は、みずから職員にゲキを飛ばして、三五〇〇〇円が、カープ事務所に届けられるなどカープ救援美談はあいつぎ」（『広島カープ十年史』）

ただし、これらのお金も、カープを維持していくための月間約一〇〇万円（うち八一万円が選手給料）には到底及ばず、焼け石に水であった——。その結果、給与の遅配、欠配などで満足に食えない選手たちは、いくら戦っても、士気があがらず負けは続くという悪循環におちいる。

こうした中、起死回生の打開策をと、九月三日には、株式会社広島野球倶楽部を設立し、何とか体裁のみ整えるが、すでに公式戦が始まってから六ヵ月余り過ぎてのことである。

また、会社設立にはこぎつけたものの、社長の人事は、はっきりしなかった。そもそも特定の親会社を持たず、各自治体からの共同出資により動き出したカープである。そこで、広島県からの出資を期待してか、社長には、県議会副議長の檜山袖四郎《ひやまそでしろう》に、白羽の矢をたてる。しかし、政治上の派閥があったためか、県議会議長の小谷伝一《こだにでんいち》が難色を示すのである。

民間人からは、藤田組（現、株式会社フジタ）の藤田定市《ふじたさだいち》の名前も上がる。しかし、先にカープか

ら退いたはずの谷川昇が、陰の存在として影響力を残しており、この人事には、賛成をしなかった。

セントラル・リーグ連盟の最高顧問である鈴木龍二も、カープには困り果てていた。

「いったい誰が社長で、誰が、世話をするのかが、全く分からない」

ならばと、鈴木龍二は、石本と話し合いを持っている。

ここで、社長にとあがった名前は、永野《ながの》六兄弟[※1]の次男である永野重雄《しげお》である。ただし、永野重雄は会社経営に携わり、経済界には通じていたものの、プロ野球の球団経営には、全くといっていいほどのずぶの素人である。

ただし、そんなことはいっておれず、カープが軌道にのることを優先させようと、鈴木龍二が説得にあたった。鈴木は、石本からの依頼ということもあって、懸命に説得を試みるが、永野重雄は正直不安であった。

「私（永野重雄）は、東京におるのだが大丈夫だろうか」

「大丈夫です。プロ野球は、社長が、試合にまでついていきませんから」

「本当に球団経営などはやっていけるものだろうか」

「広島は多くの名選手を輩出しています。経営さえしっかりすれば、チームも強化できるはずです」

おおよそ、永野重雄は納得したのであろう。

「地元のためになるのなら、やってもよい」（「カープ十年史『球』」）

と引き受けるかのようであった。

この会社設立のための人事で揺れ動いていた頃のことである。石本は、カープの後援会長である池田大臣から「カープ選手を呼んで、励ましたい」との話をもらった。

この話にあわせて、石本は、新社長の人事の話もあるだろうとにらんで、連盟顧問の鈴木龍二も同席の上で大蔵大臣、池田勇人を待つのである。

しかし、待てども、待てども、池田大臣は現れない。その代わり、この日の世話係りとして、司会を仰せつかった檜山袖四郎県議会副議長がやってきた。

するとどうであろう。

「大臣は急用で遅くなりますが、僕が司会で始めさせてもらいます」といいだすではないか——。

さらに、その場でいきなり立ちあがった檜山は、何を言い出すかと思えば、なんと社長宣言[※2]をしたのである。

「僕が、広島カープの社長になります」（「カープ十年史『球』」）

このあと、池田勇人大臣が入ってきたが、池田大臣も、

「そういうことなので、みなさん。よろしく」

と、なにがなんだか分からない。石本も、鈴木龍二もあっけにとられる。

池田大臣は、地元広島では、いの一番の師弟関係にあたる檜山袖四郎を社長に推薦したのだ。これにより、石本や鈴木、永野は、煮え湯を飲まされたのである。

このことは、読売新聞の連載である「カープ十年史『球』」に記されているが、いずれにせよ、カープの初代社長には、檜山袖四郎が就任した。

こうして、株式会社カープ広島野球倶楽部という名前の下に、体制を整えたが、ただ、社長をすえて、会社という組織を整えたらお金が集まるかといえば、そうではない。日増しにカープの雲行きは、あやしくなるばかり。

昭和二五年、こうしたドタバタの中で、カープの最初のシーズンは暮れた。この年の成績は、一三八試合で四一勝九六敗一分、勝率がリーグで唯一の二割台で、二割九分九厘というなさけない結果に終わった。首位の松竹ロビンスとは、五九ゲームも離されてしまい、〝断トツ〟の最下位になった。

しかし、オレ達は一生懸命やった——。給料もろくろく払われない選手たちの間から、ついに、我々にも生活があると、怒りが爆発した。立ちあがったのは、主将である辻井弘をはじめ、内藤幸三や武智修らのベテランで、まずは、選手を宿舎の一室に集めて、気勢をあげたのである。

「我々は、郷土広島のために、カープの一員としてできることは全てやった。しかし、成績は、到底及ばなかったが、原爆の町、広島に勇気と希望をもたらすべく、懸命に頑張ったことは疑いのない事実である」

たばこ銭にもことかく毎日であるが、それは自分がこらえればいい。しかし、実家に家族を残している選手にしてみれば切実である。カープ最初のシーズンを終えて、実家の玄関で自分の帰りを待つ妻や子に、手土産の一つもさげて帰れないとは、情けない。正月も何もあったものではない。

選手たちの思いは強く、話し合いを持つべく行動にでる。この交渉の先頭をきったのは、カープで主軸を打つ樋笠一夫である。

この対応に追われたのは、県議会の小谷伝一議長である。カープの給料は、月間の総額はおおよそ一〇〇万円近くかかるとあって、あらゆるところに頭を下げて、かけずりまわって、このお金を捻出するのである。

このように、初年度のカープは、いったい誰が経営者で、誰が面倒をみているのかさえ、わからない状態だった。

「市民の球団といっても金を出す段になるとすんなりとはいかない。いつ、どこが中心で出してくれるのやらさっぱりわからない」(『背番8は逆シングル』)

そもそも、カープは、広島県をはじめ、広島市、福山市、尾道市、呉市、三原市などの自治体出資により、設立資金である二五〇〇万円が出資されるはずであったが、これが遅れたのは先にも述べた。

しかし、深刻な事態におちいったのは、この自治体の予算執行が遅れたことだけではない。各自治体が動いて、株式の公募がなされたが、この株式で集まるはずの資金が遅れにおくれたのだ。正確に追っていくが、まずは各自治体の予算の執行がなされた順番として、広島県が、昭和二五年の六月に、五〇〇万円を執行して先陣をきった。また、翌七月には、広島市が二〇〇万円を執行したことから、各市も順次、予算が執行される。しかし、その中でも、一番遅かったのは尾道市で、

「最後の尾道が六十万円を出し終えたのは一年後」(『カープ30年』)

というのであるが、設立資金が、二年目のシーズンにまで及ぶほど遅れたのである。

ただ、予算執行のことばかりではない。肝心な株式の公募がふるわなかった。

福山市を例にあげるならば、一七五万円が自治体の持分とされ、この内訳としては七〇万円が、議会の承認を得ることで、出資できる予算執行部分である。しかし、残りの一〇五万円は、株式の割当てであって、福山市が動いて集めなければならなかった。

この株式の出資割り当てとは、いったいどんなものであったのだろうか——。

「地方自治体には、地域ごとに民間から集める出資割当があった。まるで、戦時中の国債の押し付けがあったようなものである」(「カープ十年史『球』」)

株式会社　広島野球倶楽部　自治体出資金

自治体	出資金	予算	議決された日	費目	他の出資金
広島県	550万円	500万円（予算）	昭和25年2月25日	予算外義務負担	50万円（県議）
広島市	1,300万円	200万円（市費）	昭和25年5月26日	昭和25年度広島市歳入出予算追加	1,100万円（一般〔佐伯、安芸、安佐を含む〕・有力会社）
呉市	250万円	100万円（市費）	昭和25年8月29日	出資金（カープ出資金）※備考：10月までに実行	150万円（一般〔加茂を含む〕）
福山市	175万円	70万円（市費）	昭和25年10月24日	追加更生予算第五号（広島野球倶楽部出資金）	105万円（一般〔深安、沼隈を含む〕）
尾道市	125万円	60万円（市費）	昭和27年10月29日	カープ出資金	65万円（一般〔御調を含む〕）
三原市	100万円	50万円（市費）	昭和25年9月21日	カープ球団株払込金	50万円（一般〔豊田含む〕）
合計	2,500万円				

※各自治体とも「当初予算」にはなかったため、「補正予算」として議決したこともあり、5市全てが開幕には、間に合わなかった。

戦時中の国債のごとく各自治体に割り当てられた株式であるが、やっと戦火がおさまった日本にあって、これがなかなか思うように集まらないのである。

しかし、思うようにいかないからといって、黙って見ている石本ではない。

例えば、福山市の株式の割当部分の一〇五万円を急いで欲しいとばかり、初年度、石本は試合の合間をみては、福山市長である藤井《ふじい》正男《まさお》をたずねている。

この一〇五万円が集まっていないのならば、せめて三〇万円でもいいから、前借をお願いしたいと、やってきたのだ。

「そこでお願いですが、株式の公募の金額の一〇五万円のうち、三〇万円をお借りしたい」

これに藤井市長の返事は、

「でもね、株式といっても、まだ一般には知られていないので、寄付金を集めるようなものだから、オイソレと簡単にはいきません」（『カープ十年史『球』』）

藤井市長の意見には一理ある。試合が少ない福山に、出資してもらうのがむずかしい上、さらに、仮に出資しても領収書程度に渡される紙きれの株券とあって、有用性が乏しかった。明日の食べるものにも困った戦後間もない頃、一般の人々には魅力が薄かった。

しかし、なんとかせにゃーならん――。

イヤというほどお金には、苦労してきた石本だけに、少しでも光明がみえるならば、どこまでも食い下がっていく。ならばと、藤井市長は、なんとかポケットマネーで、三〇万円を用立てるのである。

このように石本が足しげく通って、なんとか前借した三〇万円は、なんと、球団事務所で持ち逃げされた。当然ながら、返ってくる見込みもなく、そのままお蔵入りになるのである。

ただ、懸命に石本を助けようとする藤井市長などはありがたかった。というのも、有力な出資者となるはずの発起人といえる面々は、二六名も名前を連ねたが、責任額を出したのは一二人。半数にも満たないのだ。

この窮状にいち早く気付いた中国新聞記者、運動部長の大佐古《おおさこ》一郎《いちろう》は、本紙の社説の中で不満をぶちまけた。このとき、大佐古記者は、背広の内ポケットに辞表をしのばせて、ペンを執ったというから、まさに人生をかけたカープ支援であり、魂のペンであった。

このままでは、カープはやっていけない――。大方の見方はこうであったろう。とにかく、出資してくれる親会社をみつけなければ、やっていけない。そんな思いで、監督である石本が、親会社を探してさまようことになる。この時点の累積赤字は、総額で六〇〇万円になっていた。もし、この金額を支払ってくれるところがあるのならばその会社でいいと、石本は奔走する。

まずは、壽屋《ことぶきや》（後、一九六三年よりサントリー）。次いで、アサヒビール。さらに専売公社……。

戦後の貧しい時期とあって、企業側もなかなか首を縦に振らない。たとえば、専売公社からの条件はこうだ。年間を通じた広告費などがあり、それには当然課税もされている。専売公社としては、カープを買収する際、六〇〇〇万円かかるが、その分の課税額をまけてくれるのならば、考えようというものだった。

これを池田大臣に許可を求めたが、そんな特例は認められない——とのこと。大臣たる公職につく身とあって、いくらカープのことといえども、税法上の特例とまではならなかったのである。

困り果てたカープ首脳陣ならびに石本監督は、セントラル・リーグ連盟の最高顧問である鈴木龍二に相談をもちかけている。

ここででたのが、大洋と合併をしてみてはどうか、という提案である。カープとしては、いまさら何を惜しむもない。この時ばかりは、ワラをもつかむ思いであったろう、石本もやむなしと考える。

しかし、石本には譲れぬ思いがあった。せっかく二軍を切り捨ててまで、どうにかこうにかやってきたカープである。一年を通じて苦楽を共にした仲間であるが、大洋と合併になった場合、引き取ってもらえる選手といえば、三、四名であろう。

ただし、カープが合併する代わりに、大洋から支払われる六〇〇〇万円を退職金にあててくれるのならば、選手にも言いわけがつくではないか——。

石本は、「退職金だけは、なんとかしてやらねば」とゆずれない願いを持ち続けていた。

しかし、いかにカープの落日が近づこうとも、石本は、一縷《いちる》の望みを捨ててはいなかった。最後まで何があるか分からん。野球の試合でいうならば、まさに、九回裏ツーアウトからの逆転劇を願ったのであろう。石本はさまざまな手を打ち続ける。

昭和二六年、シーズン前の二月の頃だ。

大洋との合併が暗に進められる中で、できるものならば、何とかカープとしてシーズンインしたい、と練習だけは続けていた。さらに、食えない日々が続くが、せめて選手たちに腹いっぱいの飯を食わしてやりたい。と、ある案が浮かんだ。

紅白戦である――。

二月から、呉市をはじめ、可部町《かべちょう》（現、安佐北区可部）や矢野町《やのちょう》（現、広島市安芸区矢野）などで、カープの支援者をたよりに、紅白戦を行うのである。広島市中心街から南東へ、約十数キロという矢野町では、地元の小、中学校のグラウンドに杭を打って縄を張るという、到底スタンドとはいえない手作りによるものだが、カープの選手らによる紅白戦を行ったのだ。その夜がうれしかった。地元の支援者が主催して、飲めや食えやの大宴会で、大歓待を受けるのである。

こうして食いつなぐ日々は、まさにドサ回り芸人のごとくであるが、地元の支援者も手弁当ながら、おらが町にカープがやってくるとあって、大喜びで、地元総出で迎えるのである。

これは、いうまでもなく、他球団のような、親会社による多大な運営資金や広告費の投入による球団経営とは一線を画するものであった。地域の人々が自分たちの精神的な誇りとしてカープのために手弁当で動いて、身銭をきるのである。こうしてカープが地域に根付いていく。

県民市民も、おらが町にできたカープとあって、その雄姿が一目見られるならば、多少の身銭は惜しまなかった。よって、「いついつにカープが紅白戦に来るじゃげな（来るそうだ）」と話が広まり、地域が一丸となるのである。

試合後には、カープの選手と杯《さかずき》を交わしながら、地元のファンは至福にひたった。この時点では、ただただ、広島の人々のカープへの期待を素肌に感じて受け止めながら、わずかに生き延びていったのである。

こうして、地域に支えられるカープだったが、さらに、職場にも支えられる。

有名な〝おまわりさん募金〟である。

昭和二六年二月二〇日のこと。カープの選手たちがキャンプで練習に励んでいると、広島総合球場に一台のパトカーが横付けした。原爆から立ち直ろうとする広島にあって、物騒な事件が頻発していた頃のことである。関係者に緊張が走る。

カープに不祥事があったか――。さては事件か、捕りものか、
警官は車を止めて、石本のいるベンチまで向かっていくではないか――。

さらに緊張が膨らむ。

さて、ここで取り出したるものは、何であろうか。一通の封筒である――。

なんと、現金入りの封筒であった。広島東署に勤務する〝おまわりさん〟たち四〇〇人が、声をかけあい集めた一万五六二〇円ものお金が寄せられた。

手渡された封筒を受け取る石本監督。

「ありがたや。ありがたや」

石本監督は、くりかえし、くりかえし、頭をさげた。

〝おまわりさん募金〟は、各方面に大々的に報道され、カープの窮状を県民は理解していく。こうした動きにファンは敏感に反応する。この頃から誰からともなく、広島総合球場のレフト側入り口に、酒樽《さかだる》が置かれたのだ。そして、一〇〇円、二〇〇円とファンから、気持ちが投げ入れられる。樽の前

で、ファン同士のやりとりがよく聞かれた。

誰かれとなく、大きい金額を出したら、それに負けじと、他の人も続くのである。

――「ひどう大きいのを出したのう」

「一文なしのカープじゃけえ、いくらあっても足らんけえのう」――(「広島カープ十年史『球』」)

たる募金[※3]は、カープを救えという市民の思いが集結して、始まったのである。

※1　昭和時代に日本の政界、経済界などで活躍した永野兄弟のこと。広島県呉市沖の下蒲刈島《しもかまがりじま》の浄土真宗本願寺派の名刹、弘《ぐ》願《がんじ》寺が実家。長兄、護《まもる》は、運輸大臣を務めるなど政界で活躍し、次男の重雄《しげお》は八幡製鉄と合併する前の富士製鉄の社長、合併後の新日本製鉄の会長を務めるなど、経済界で活躍し、日本商工会議所会頭も務めた。四男、俊雄《としお》は、前身である水野組時代から五洋建設を支えて、社長、会長を歴任し、五男の伍《ご》堂輝雄《どうてるお》は、海軍中将、商工大臣を務めた伍《ご》堂卓雄《どうたくお》の養子となり、日本航空の会長を務める。六男の鎮雄《しずお》は、弘願寺の住職として後を継ぎ、西本願寺の監正《かんせい》局長を務めた。僧籍は「ちんゆう」。参議院議員（一期）。七男の治《おさむ》は、石川島播磨重工の副社長を務めた。結局、次男の永野重雄は、東京県人会に所属(後、四代目会長)して、初期のカープを物心両面で支えた。ちなみに、三男の智周《ともちか》は、龍谷大学在学中、二二歳で病気により他界したため、本来七人兄弟になるはずだったが、六兄弟とよばれた。読売新聞連載の「カープ十年史『球』」には、護氏がカープ社長の打診を受けたと記載されているが、その肩書には、富士製鉄社長とあり、カープ球団も企業に出資を求めていることから、次男の重雄氏が打診をされたものと思われる。ただし、カープの社長には就任しなかったが、カープの会長に就任した。また、後の「小口のお金を集めたら」の発想は、『読売新聞』では護氏とされ、『中国新聞』では、重雄氏とされている。

※2　檜山袖四郎本人が社長宣言をしたこと以外の説もあるので、記す。檜山袖四郎自身は、後のインタビューで「広島にプロ野球球団をつくろうという話が本格化したのが昭和二十四年でしたが、あれは何月でしたか、伊藤信之さん、横山周一さん、山本正房さん、河口豪さんらに、初代社長としての労をとってくれないかと要請を受けまして、どこまでやれるかわからんけれども、力の及ぶ限りやってみましょうと引き受けたわけなんです」(『カープファン』昭和五三年一二月一日発行)と語っている。

※3　たる募金の募金用の樽を広島総合球場の入り口に設置した人物であるが、『カープ30年』には、中国新聞野球部の石川久人とある。

第六章　カープつぶしに屈することなく

カープ解散、大洋と合併か――

カープの窮状を知ったファンから、寄せられるお金は後を絶たない。これが美談として広く県民市民に報道されるものの、その浄財を合わせたとしても、何とか二〇万円、三〇万円になるという程度のものだった。これでは、カープの球団運営をまかなう一ヵ月分にさえもならない。

こうした経営難だけではなかった。追い打ちをかけるかのように、セントラル・リーグは、カープを抹殺しようと動き始めるのである。これには理由があった――セントラル・リーグ内のある球団が消滅し、チーム数が減るのである。

前年の昭和二五年（一九五〇）にさかのぼる。セントラルは当初八球団でスタートしたが、最初のシーズンを終えたところで、リーグ六位とふるわなかった西日本パイレーツが、プロ野球から手を引くことになり、事実上、球団は消滅する。選手たちは、同じ九州福岡に本拠地をおいていた、パ・リーグの西鉄クリッパースに吸収合併されてしまう。これにより、セントラルのチーム数が減り七球団になるのである。

この福岡の二球団は、ホームグラウンドの距離もかなり近かった。福岡の中心部にある平和台球場をホームグラウンドにした西日本パイレーツと、おおよそ南東方面に約一〇キロ離れた春日原《かすがばる》球場を本拠地にしたのが、西鉄クリッパースだった。

当時の福岡市は、人口約四〇万人の規模で、二つの球団にファンがそれぞれに根付くことは難しく、観客の動向と市場規模がかみ合わず苦労したのだ。

さらに、事態は最悪になる。西日本パイレーツの親会社である西日本新聞社では、プロ野球の興行のため多額の出費が本業を圧迫するのである――。

新聞社内では、記者の給料が遅れはじめ、挙句、労働争議まで起こっていた。球団を経営していく上での問題をかかえたのは、カープだけではなかった。

「カープの遅配、欠配は西日本についで顕著になっていった」(『カープ風雪十一年』)

昭和三一年に西日本新聞に入社した武冨一彦《たけとみかずひこ》記者は、球団を抱えていた頃のことを聞き伝えなどから、こうもらす。

「新聞社自体も、球団運営のためにお金がかかり、動かなくなったんですね。……これは、あんまり外にはでていない話ですが、給料の遅配欠配までおこって、プロ野球の経営もえらいことになって……それで、その後、労働争議がおこってですね。新聞社まで大変になって。ロックアウトまでやって……。プロ野球のお陰でえらいことになった」

プロ野球の経営は容易なものではなかった。親会社の経営状態をも逼迫《ひっぱく》させるほどだった。これにより、西日本パイレーツは、一シーズン五〇勝八三敗三分、勝率三割七分六厘の六位で、短いプロ野球の幕を閉じたのである。

結局、この二チームは、チーム名も新たに西鉄ライオンズとして生まれ変わるのだ。昭和二六年二月二八日のことである。こうした動きから、カープの存続が危ういものになる。

要は、セントラル・リーグの球団が七つになってしまったことにより、チーム数が奇数では、試合を編成する上での都合が悪い。いうまでもないが、七チームの場合、一日に三試合は組めるが、一チームが空いてしまい、年間一〇〇を超える試合を消化しなければならないプロ野球において効率が悪い。ならば、リーグ内のお荷物球団であり、地元広島以外では不人気で売り物にならないカープを排除し、六チームにすればいい。と、かねてから検討されてきた、カープ球団の大洋球団による吸収合併に向けた動きが加速する。

セントラル・リーグ顧問の鈴木龍二の肝いりで、この話は水面下で進められた。しかし、カープを受け入れる大洋側としては、手放しに喜べるものではなかった。

「話を持ち込まれた大洋は、いい顔をしなかった」(「広島カープ十年史」)

というのも、仮に、カープの買収にかかる費用として、カープが一年間にかかえた借金分である六〇〇万円が大洋から支払われたとする。しかし、使える選手は、白石、辻井、長谷川、武智ぐらい。せいぜい四、五名である。これで六〇〇万円では高いではないか――。大洋側にはこんな思いがあったのだ。

このことを石本は、じゅうぶん理解していた。しかし、石本が心配したのは、大洋球団のことではなかった。当然ながら、移籍が可能な選手たちのことでもない。もちろん、自分の身のふり方でもない。

石本が心配したこと――それは、クビになる選手のことである。

石本はある決心をしていたとされる。

野球人生の最後をかける場として、郷土広島カープに情熱をたぎらせ、あらゆるツテというツテを頼りに集めた選手たちである。彼らへの申し訳なさもあってか、石本は、カープの解散とともに、球界から身をひく覚悟であった。

これを察したセントラル・リーグ顧問の鈴木龍二は、

「カープ解散とともにプロ野球から足を洗う決心をしている石本監督の心境を見抜いた鈴木氏は、たえずいたわるように話しかけた」(『カープ十年史『球』』)

鈴木顧問は、石本を呼んで選手の説得を依頼した。ここで、石本が頑なにこだわった条件がある。路頭に迷う選手たちへの退職金である——。

「大洋に吸収合併されるとあれば、その買収で支払われる六〇〇万円は、選手の退職金にお願いしたい」

「選手は困らせない。大洋からもらう六〇〇万円は、選手の更生資金にあてる」(『広島カープ十年史』)と鈴木は、これを了承した。

「じゃあ、選手の説得に応じましょう」と、石本は、鈴木に念を押した。

ただし、鈴木龍二の立場は、あくまでも連盟を総轄するもので、一チームの選手の引退後を心配する立場ではなかった。この石本の〝親心〟にも似た思いを、鈴木自身はあまり深く受け止めておらず、まずは合併さえ決まれば、カープ球団に六〇〇万円が入る。その後、選手の退職金となろうが、会社が借金の返済に充てようが、その結末までは知ったことではなかった。もし、どうしてもというのなら、六〇〇万円を分ければいいではないか——という程度の認識であった。

「鈴木氏としては、(六〇〇万円を)折半して三〇〇万円ずつで折り合わせるつもりであったのだろうが、その話し合いは全然されていなかったのである」(『広島カープ十年史』)

選手の退職金をめぐって、鈴木と石本の間には、大きな乖離《かいり》があった。このことが後になって、大きな波紋をよぶのである。

昭和二六年三月一四日、この日は、カープにとって運命の一日となる。カープ役員会で、カープの存続を不可能とする判断がなされるのである。

　しかし、選手には知らされていない。一六日から甲子園球場ではじまる春の野球祭（セ・リーグ、トーナメント大会）に出場しなければならない。ところが、カープにはそのための交通費である汽車賃がなかった。これを何とか捻出してもらわなければならないと、白石助監督をはじめ、選手たち二十数名が、県庁を訪れて懇願するという行動にでる――。

〈われわれカープは、一六日からの大阪トーナメント大会に参加します。その必勝を祈願しまして、われわれの出資元であります広島県庁にごあいさつに参りました。つきましては、大阪に遠征するにあたり、その遠征費の拠出をお願いすべく、今日、ここに助監督であります私白石をはじめ、参加するメンバーでお願いにあがったわけでございます〉（西本恵『広島カープ昔話・裏話～じゃけえカープが好きなんよ～』）

　これに応じるのは、広島県議会の小谷伝一《こだにでんいち》議長であるが、う～ん、困った、という顔である。小谷議長は、最初のシーズンが終わった年末のこと、選手の給料を払うためにありとあらゆる組織を訪ねて、お金をかき集めようと、粉骨砕身で動きまわり、疲れ果ててもいた。

　汽車賃は、何とかならないものか――。

　この選手の思いとはうらはらに、球団幹部は中国新聞社で、〝カープ落日〟に向けて会議をひらいていた。切羽詰まったところで、ついに大洋との合併についての協議である。ただし、その場では結論にはいたらず、いったん会場を変えようと、場所を上幟町《かみのぼりちょう》の天城旅館に移すことにして散会する――。

　これには、中国新聞社、山本実一専務をはじめとしたカープの重役陣が首をそろえた。会議の席ではやむをえず、大洋との合併という結論が出された。

ところがどうであろう。驚いたことに、この合併構想は、水面下で動いていたにもかかわらず、どこからもれたのか、ついに公にさらされてしまう。極秘事項をつかんだＮＨＫが、夕方七時、ラジオで伝えた。

カープ解散。大洋と合併か――。

ちょうど、その頃のこと。合併を進めると合意した会議であるが、一応、石本たちの話も聞こうではないかということで、合宿所にいる石本に電話をかけた。

石本は、ついにこの日がきたかと天をあおいだ――。

このとき、ラジオ放送を聞いた選手らは、驚きのあまりか、宿舎である御幸《みゆき》荘※1の二階に次々と集まってきた。さらに、声がかけられ、ほとんどの選手が集められた。

石本は自らが発掘した選手たちの前に立った。ここで、選手たちに、電話がかかってきた旨を伝えた。

ついにカープの短い歴史に幕が下ろされたのである。

一年間、苦労を共にしてきた選手たちは、正座のまま石本と向かい合った。

石本は、まずは意見を聞いた。

「みんな聞いてくれ、ついにカープは、大洋との合併はさけては通れないことになった。これから会議にいくが、その前にみんなの気持ちを教えてくれるか」

「とにかく、合併だけはやめてくれ、これから死に物狂いで頑張るから」

「石本さんを信じてやってきたじゃないですか」

「なんでも、やるから。これからも、カープで、頑張る、……から」

涙にむせび、声がつまる。もう、言葉にならない。選手たちの悲壮感があふれる。

選手たちの心の言葉を、石本は全身で受け止めた。郷土広島にプロ野球チームを育てたい、とは、夢物語であったろうか——いや、そんなことはない。しかし、いま置かれた現実から目をそらすことはできない。

石本は役員会に行かねばならない——。後ろ髪を引かれる思いを振り切って、

「みんなの気持ちはよう分かった。とにかく、後は、わしに任してくれんか」

とだけ選手に言葉を残して、天城旅館に向かった。

その場を引き受けたのは白石助監督だった。

「みんな聞いてくれ、このまま合併になったら、この中で他の球団に移れるのは、二、三名しかおらん。しかし、石本さんが、ああまでいわれるんだから、後は信じて待とうではないか」

このとき、その話を聞いた入団二年目の長谷部稔の証言をたどる。

「白石さんが、二階に集められて、返事を待つのに、部屋に集まれいうて。ここん中で、もし大洋と合併したら、残れるのは、二、三名しか残れんいうて。あれを聞いたときは、みんなわが身じゃ思うて、みんなシューンとしてしもうて……。あとは、みんなクビになるいうて。空気が重とうなってね。まあ、私は、高校出たばかりじゃけーいいが、ただ、ほとんどの人が妻帯者ばかりでねえ、家があるけーたいへんで……」

吉田《よしだ》隆禎《たかよし》（故人・元カープ大野寮寮長）は、長谷川良平からこう伝え聞いている。

「僕が聞いたのは、よう残っても四人、いうて長谷川さんから聞かされました」

追いつめられた石本は、いったん合併が決定したにもかかわらず、打開策を模索し続ける。石本には、超人的ともいえるタフな精神力があった。

「三〇数人の選手の生活にかかわることだ。もう一度、打開策を講じて、ドタン場から逃れなければ……」(『カープ十年史『球』』)

石本を乗せたタクシーが天城旅館につくと、人だかりがあった。

あろうことか、そこにはラジオ放送を聞いたファンがかけつけており、役員会が行われている旅館を取り囲んでいるではないか。彼らは口々に気勢をあげた。

「カープをつぶしてはいかん」

「カープはワシらの生きがいじゃ、つぶすことはゆるさん」

「お金がないなら、なんとかするぞ」

広島の県民市民は、暴徒化寸前であった——。

「県庁に、市役所に、商工会議所に、あらゆる所にまるで津波のように集団となって押し寄せ、『我々が力になる』『カープを潰しちゃならん』『金なら出すぞ』と口々に叫んだ。中国新聞社になだれ込んだ一団は、泣きながら『我々の言うことをきかなければ、活字を引っ繰り返すぞ』と脅した」(『カープ　苦難を乗りこえた男たちの軌跡』)

ただし、会議では、すでに合併が決定していた。石本が到着したときには、檜山袖四郎社長は、すでに席を立って旅館を後にしていた。あとは球団幹部から、現場をとりまとめる監督、石本に告げるだけであった。

「石本君、こうしてカープは、大洋と合併することになったけれど、了解してくれるか」

「やむを得ないでしょう」

「では、選手たちにはどう伝えるのか、さらに今後は、どうするのかということになるのだが……」

石本には、選手たちの涙ながらにうったえる顔が脳裏にやきついていた。よし、せめて、手土産を——と、ここで切り出した。

「選手たちの慰労金の件ですが……」

「慰労金？　大洋からの六〇〇万円に関しては、これまでの借金にあてるが、それがどうかしたのかね」

石本にとっては、一番恐れていたことがおこった。かねてから、大洋との合併を仲介してきた鈴木顧問を通じて要望してきたことが、当の球団幹部には伝わっていなかったのだ。

〈ああ、なんということか、選手たちになんと詫《わ》びればいいのか〉

「せめて選手たちには、退職金を出してやらねば、これからの人生が大変になるではありませんか」

石本は食い下がったが、役員からの反応がない。

この瞬間である——ふと、頭に思い浮かんだことがある。かつて、永野氏からいわれたひとことだった。

大きなお金をあてにするんじゃなく、小さなお金を広く集めてみてはどうじゃろ——。

そうだ。広島商業時代に部の倉庫をつくるのにお金を集めてまわった経験があるではないか。さらに、地域に出かければファンにこの上なく喜ばれ、歓待をうける。この窮地におちいった今となってもカープのために寄せられる義援金が後を絶たない。

こうした思いが、ぐるぐると頭の中からわいてくる。そのとき、石本のもとに、天からふっと、降りてきたひとこと――。

「ワシに任せてもらえまいか」

「何かいい案があるのかね」

「後援会をつくるんです」

この言葉が、球団存続に向けた世紀の逆転劇を生むのである。後にカープが六〇年を超えて生きのびることになったひと言である。張りつめていた重たい空気が、すーっとひいていき、みるみるうちに生気をおびていく――。

「そうです。大きく出資してもらうことを考えるのではなく、カープの窮状をうったえ、広く県民市民から募金を集めるんです」

「うまくいくだろうか」

「やらずに、できないということはないでしょう」

石本の顔は、一瞬にして紅潮していく。こうなれば、誰も横やりを入れる者はいない。会議の席が、石本の独壇場と化した。

「まずは、山本専務にお願いです。私が、カープの窮状を原稿にしますから、それを、無料で中国新聞に掲載してください。カープの現状を正直に、広く県民市民にうったえます。そして後援会の結成しか、カープに生き残る道はないことを伝えるつもりです。さらに、商売には信用が第一ですから、お金を出してくださった方へは領収書がわりに、新聞に名前を掲載してください」

熱にうかされたかのように、石本の話は続く。

「私は、後援会結成のために、地域や会社、町内会などに出向いて、一軒ずつ頼んで、お願いをしてみます。そうすることで、カープの窮状を理解していただきながら、カープを育てて行こうではありませんか」

石本の訴えは続いた。寝食にも困りながら、さまざまな苦労を、体を張って受け止めてきた石本の言葉には魂がこもった。

「役員にしても全員カープをつぶしたくない気持ちはやまやまだ」(『V1記念 広島東洋カープ球団史』)

役員が口を開いた。

「そこまでいうのなら……」

この意見に異存はなかった。ただし、球団幹部全てが、積極的な賛同をしたわけではない。ただ、監督である石本が、そこまでいうのなら仕方あるまい、ということである。

これにより、カープの歴史は変わった。石本の〝後援会構想〟が、世紀の決断となり、存続に向けて動き出したのだ。

――「もう一度やってみよう。そしてわれわれも再建のために石本君にまけぬ努力をしてみようではないか……」

解散は一転して存続と決定した――(「広島カープ十年史」)

こうなれば、大洋との合併中止のお願いを伝えなければならない。これには石本がいち早く大阪に出向いた。開幕前のトーナメント大会の開催のため、甲子園にいるセントラル・リーグ顧問、鈴木龍二に会うために急いで向かった――。

広島での一部始終を聞いた鈴木顧問の結論としては、連盟として、合併を強制するものではない

――とのことで、カープの存続は確実になった。騒動の翌日の一五日のことであった。

こうして、晴れて翌一六日から始まる大阪トーナメント大会に参加することになった。

カープの一回戦は、巨人軍との対戦である。カープの先発は、おおよそ長谷川かと思われたが、二、三番手ともいえる石川清逸を送った。

これに対する巨人打線は、石川を打ちこみ、二回までに5点を奪った。ここで、カープは、急遽、長谷川をリリーフに送るが、この長谷川がなんとかふんばり、巨人打線を1点に抑える力投をみせる。しかし、時すでに遅く、勝負あったりで6対2と敗れた。カープ打線は、あの別所毅彦を相手に、2安打するのが精一杯で、なんとか2点を返しただけ。

悔しい敗戦であったが、カープの選手にしてみれば、勝敗など二の次ともいえた。まだ野球がやれる。カープでやれる。この思いを、身をもって実感した日となった。喜びは他にもあった。石本の古巣でもある阪神が、この後の名古屋大会で優勝したのだ。

石本が、かつて鍛え上げた選手たちの栄冠でもある。カープ存続の危機という石本の窮状を聞いた阪神は、ミスタータイガース藤村富美男らが中心になって声をかけあった。

優勝賞金である二万円が、カープに手渡されたのだ。

「名古屋大会で優勝した阪神はその賞金二万円をカープ・ナインに贈るという美談も生まれた」(「広島カープ十年史」)

こうした行為は、阪神だけに終わらなかった。球界のほとんどのチームに石本の教え子がおり、美談はパ・リーグにも飛び火していく。パ・リーグが、広島での試合を申し出たのだ。

「パ・リーグは、カープ救援のため所属チームの対決を広島で開催、入場料金を提供すという申し出さえあった」（「広島カープ十年史」）

ギャランティー制などのこともあってか、実現にいたらなかったが、石本にしてみれば、心を潤すできごとになった。

※1　カープ解散、大洋との合併の知らせを受けて、選手が集まった場所は御幸荘といわれているが、他説もあるので記す。「広島市袋町の『頼山陽記念館』に全員が集まった」（「カープ十年史『球』」）。「そのころ石本監督は、全選手とともに頼山陽記念館に集合していた」（「広島カープ十年史」）とあり、頼山陽記念館に集まったという記述も少なくはない。しかし、入団二年目の長谷部稔の記憶では、「石本さんは、（会議に）行かれる。白石さんが、選手を大広間に集められる」。「その返事を待つのに部屋に集まれいうて」「その頃の宿舎は、（三菱造船所の寮から）御幸荘になっちょって、その御幸荘の二階がね、ちーと（少し）広いわけでね。二階の広間がね。そこに、ベテランがいました」。「ワシらー一階の個室じゃった」。「下の部屋の方が、えー部屋じゃなかった。その二階に集められた」との証言があり、御幸荘の二階が有力であろう。

後援会の結成――県庁前で雄叫び

大阪トーナメント大会から帰ってきた翌日の三月二〇日、さっそく石本は動き出した――後援会づくりである。まずは、広島県庁[※1]でその第一声をあげた。

「みなさん。カープは、郷土、広島を愛する人々の手で誕生しました。しかし、カープはお金がないために、選手の強化はおろか、日々、食うにも食えない状況で、やってまいりました。このままではカープは、つぶれてしまいかねません。これは、スポーツ王国広島をつくりあげてきた我々にとって、恥であるばかりか、被爆の町広島に、二度とこのような郷土に根ざしたチームが誕生することはできないでしょう。みなさん一人ひとりのお力で、どうかカープを救ってやっていただけないでしょうか」

独特のしわがれ声による演説は、朴訥《ぼくとつ》であって名演説とは言えないが、気持ちだけは、じゅうぶん伝わった。集まった県庁職員からは、惜しみない拍手がおくられ、賛同する人々の輪につつまれた。

その証拠ともいうべきか、すぐに県庁秘書課の職員は動きまわり、四三〇〇円ものお金が集められたのだ。

これを皮切りに、石本の後援会づくりははじまった。約束どおり、一軒ずつ、職場や町内会に出向いてお願いするという、まさに草の根をほぐすほどの根気のいる作業であった。石本のいう、後援会づくりの構想は、具体的にはこうである。

①募金の金額の大小は問わない。
②会費は年間二〇〇円で、分納も認める。
③会員および一〇〇円以上の援助者には優遇措置をとる。
④受け付け先は広島商工会議所内のカープ事務所、および中国新聞社とその支局。
⑤支援金額は中国新聞に掲載する。

球団経営を立て直して、チームを強化するためには、会員は三万人程度まで必要になるとされたが、まずは、半分の一万五〇〇〇人を集める――。そのためには、急いで五〇〇〇人を集めよう。そうすることで、必ずいい連鎖反応が生まれるはずだと、石本は、当初の目標を五〇〇〇人においた。

「はじめ私は三万人の後援会費を集めようと思った。二〇〇円の会費で年間六〇〇万円あれば、あとは試合収入でやっていける。六〇〇万円といえば、年間経費の半分になるからね。〝三万人はムリだ〟という人もあったが、二〇〇円以上出してくれる人もあるから、たとえ会員は一万五〇〇〇人でも、平均四〇〇円なら同じことになるわけだ」（『広島カープ十年史』）

この年間二〇〇円の後援会費の徴収方法について、元球団職員の渡部英之の証言はこうである。

「二〇〇円の後援会費を、年間一〇回程度に分けて、毎月二〇円を、給与から天引きで集めて下さるんです。その中には、賞与の月に限って、一〇〇円ずつ二回分下さるところもあったので、年間一人あたり四〇〇円集まる職場もありました」

石本は、町内会をはじめ、会社や工場などの職場を一軒ずつ精力的に説いてまわった。特に野球が大好きだという、地域の世話をしているような人に狙いを定めた。野球好きに頼めば、おらが町のプロ野球チーム、おらが町のカープとあって、やはり動きはよかった。石本は、一万人以上の人に会ったと述べているが、断られた人は、記憶の中ではたった一人だという。

カープを救え、石本を助けろ、と、その波は渦をまいて大きくなり、うねりとなる。

広島県内をくまなく飛び回り、お金集めは続いた。宿舎「御幸荘」の寮母である砂田《すなだ》時枝《ときえ》がつくった弁当をひっさげて出かけていく。その弁当一つとっても、節約をしながらである。

「朝から晩まで、後援会作りに飛び回っておられました。私が作った弁当を持って出かけられることが多かったですが、中身はいつも握り飯と漬物。それだけでいいと言われて。自分が節約すればそれだけカープが助かる。集めた金には絶対手をつけてはならん、と毎日そんな思いだったんでしょうね」(『カープ 苦難を乗りこえた男たちの軌跡』)

また、白石助監督も、石本の弁当のことを自著にこう記している。

「まだ食料も十分ではない頃のことで、梅干一つ入れた日の丸弁当を持って出かけて行く」(『背番8は逆シングル』)

※1　場所は、県庁本館前で、現在は、広島大学医学部。広島市南区霞一丁目。昭和二六年三月二〇日のこと。

カープをつぶせ！――三割規定

石本秀一の動きが、すべて順調であったわけではない。西日本パイレーツが消滅した今シーズンから、セントラルの試合編成が七チームの奇数とあって、たちまち最初の九日間は、カープだけが、試合からはずされたのだ。他の六球団は、三月二九〜三〇日に開幕しているが、カープだけは開幕できない。くわえて、連盟からいわれることもひどいものだった。

プロ野球は、お金がないものがやるものじゃ、おまへん――。

選手の給料は、遅配欠配続きじゃないか――。

シーズン途中でやめられたら、困るから、すぐに六〇〇〇万円を積み立てろ――。

このままの陣容であれば、売り物にならない。四月まで休んで戦力を補強してから、五月から復帰してはどうか――。

など、さんざんだった。

しかし、カープ側にも言い分があった。選手に対しては、金銭上の迷惑をかけたかもしれない。しかし、これはあくまでも内輪の問題である。他から干渉される問題ではないはずだ。

カープは、重役会を開いて協議をした。

「広島としては、あくまで既定方針どおりにやっていく。檜山社長が、上京し、連盟首脳と話し合う」（「広島カープ十年史」）

カープの社長、檜山袖四郎が、セントラル・リーグ会長、松嶋鹿夫《まつしましかお》と話し合いをもった結果、カープは、財政的な見通しとチームの強化において見込みがたったということで、第二節の四月七日からの阪神三連戦から、予定通りスケジュールを進行することになった。

ただし、つい先日まで解散するか、合併するかで揺れていたカープである。連盟としても、リーグ六球団制に向けた思いを捨てきれず、西日本パイレーツが消滅した今シーズンは、試合日程の編成上、どうしても奇数チームだと都合が悪い。そこで、連盟からお達しが出るのである。いわゆる〝カープつぶし〟ともいえるもので、勝率三割をきった球団の保有権は、連盟が持つというのだ。この〝三割規定〟[※1]というものは、言葉こそ違うものの暗にカープを解散させるための規定といえた。

というのも、前年に三割をきったチームは、カープだけである。明らかにカープを抹殺するための規定であることは疑いのないものであった。

※1　「あるチームの年度連盟選手権の勝率が三〇％に達しないときは当該クラブにたいする爾後《じご》の処理を連盟会長の提案により理事会がこれを決定する」（「広島カープ十年史」）

後援会結成に向けて

石本は、監督という立場にありながらも、監督の業務を超えてさまざまな仕事をこなし、地元で試合のないときは、お金を用立てる経営者として、後援会の結成を呼び掛けてまわった。では、監督としてグラウンドでの指揮はどうしたのか、といえば、石本に代わって引き受けたのが、白石助監督である。

シーズン当初のこと、石本は御幸荘で、助監督の白石と主将である辻井を呼んだ。

「二人にお願いがあるのだが……。見ての通り、カープは後援会を立ち上げて、何とか軌道にのりつつあるが、この状態が、いつまで続くか分からない。そこで、お願いがあるんじゃが、地元での試合はさておき、遠征先での指揮は、白石くんと辻井くんに任せたいと思うが、どうだろう。ワシはその間、今まで以上、工場や職場、町内会など一軒ずつ、後援会結成のお願いにあたってみようと思うがいかがじゃろー」

「一軒ずつとは、大変ですね。しかし、そういうことなら、しっかりとやりますよ」

白石と辻井は、石本の話を快諾した。石本は、白石のカープ入団の際の条件でもある、監督の座を譲ることをも視野におきながら、カープの将来を見据えた采配をふるう。また、一軒ずつ、工場や職場をまわったことの裏付けともいえる証言もある。元球団職員の渡部英之の記憶をたどる。

「広島の鉄道管理局の事務所を訪ねたときのことです」

ここは、当然ながら、国鉄スワローズ（現、東京ヤクルト）のお膝元ともいえる場所である。敵チームの親会社の職場とあって、普通の人なら、ここはやめておこうというのが賢明であろう。しかし、石本は違った。

「みなさん。確かに、国鉄の応援もあるでしょう。しかし、その前に、わが郷土広島のカープのことを思い出してください。みなさんは、国鉄の職員であると同時に、広島県民じゃないですか？　地元広島県で生まれたカープが存続の危機に瀕しています。ぜひ助けてやってください。お願いします」

普通の人間ならば、商売敵の事務所とあって「ここは行くまい」となるところだろう。しかし、カープを何とかせにゃーいかんと、石本の信念が及ばない場所はなかった。

傍らでは、カープの窮状を正確に書き記して、中国新聞の紙面に掲載する。そこで、県民市民の手助けの必要性を説いていった。この記事が県民市民の目にとまる。すると、石本が、「後援会をつくってほしいんですが……」と地域の人にお願いをすれば、「待ってました」といわんばかりに、回覧板が回され、その地域の後援会の結成式の日程が組まれるという具合である。いい循環が生まれてきていた。やはり石本は記者あがりである。報道による、世論形成のリズムを知っていたのであろう。うまく世論を呼びよせる。

そして、地域や職場の世話係の人から連絡が入り、後援会の支部の結成式の日が決まり、選手を駆り出すのである。この頃、広島総合球場はナイター設備がないので、昼間の試合ばかりである。試合が終わると、選手たちの割り当てがはじまる。そして、地域の集会所や公民館にでかけていく。

会場に着くとどうであろう。食事やお酒などで宴会の準備がされているばかりか、後援会費が集められている。さらに、会場の入り口には酒樽がおかれることもしばしばで、そこにもお金が投げ入れられているではないか――。

そこで、石本監督はマイクを握り、集まった人々へサービスをせねばと、絶妙なタイミングで選手を紹介し舞台にあげる。うまく観客の拍手を誘うのである。

白石や辻井などベテラン選手に水をむけたら、試合中の勝負の決するシーンなどの名場面を解説したり、自身のエピソードを語ったりして、みんなが聞き入ることができる。ただ、若手は上手にしゃべれないとみた石本は、歌でも唄えとマイクを持たせる。これが歌謡ショーとなるのである。

エースの長谷川良平は、決まって「湯島の白梅」を歌った。技巧派の武智は、「上海帰りのリル」。さらに、入団二年目の長谷部稔は「炭坑節」である。

最初は恥ずかしかったが、思い切って歌いだしてみると、お客さんも手拍子、合いの手で応援してくれる――そんな具合で、若い選手の歌を聞きながら大宴会となり、会場に集まったファンは「いいぞ、いいぞ」と、はちきれんばかりの声援を送る。

昭和二七年に入団したピッチャー、松山昇《まつやまのぼる》の記憶をふり返る。

「(シーズン前に)昼に紅白戦をして、晩に公民館で歌謡ショーみたいなのをやるんです。広島県内をずっとまわりました。ずいぶんいきましたよ」

さらに、このときの石本の指示が傑作なのである。ユニホームが破れていた松山に、そのままの破れた姿で行けとまでいうのである。

「昔でいう芝居のドサ回りみたいですわ。(各地を)まわりましてね。紅白戦が有料でね、お金を集めるんですわ。そういう中で、特に忘れんのは、紅白戦の試合に着るユニホームがね、破れているんですわ。ほいで、こんなやぶれたユニホーム替えてほしい、って石本さんに、いうていったら、破れているのをみせないかんのやいうて。お客さんに。いかに、ユニホームをつくる金がないのかを訴えて、金を集めんといけんから——とこうですわ」

後援会の結成式も多いときには一日三件あることはざら。こうなると、選手を事前に三組に振り分けて、会場に行かせる。

石本監督は、すべての会場をまわり、後援会費をいただいて帰る身とあって、一〇〇円バタンコ(当時のタクシー)に、職員一人を乗せて、三つの会場をハシゴする。

すべての会場をまわるためには、最初の会場をいかに早く切り上げるかが問われるが、その切り上げの判断はというと、後援会費をもらったか、どうかである。

石本は、マイクを握りながら、観客が盛り上がり始めると、職員の顔をちらちらと窺《うかが》いはじめる。

こうなると、職員も後援会費の集計の手を早めて、領収書代わりの株券を渡すのである。

「名前はそちらで書いてください」とさっ、さっと職員が束ねてすばやく渡す。ここで、舞台のそでから、タイミングよく、石本監督宛《あ》てにブロックサインが出される。

「カ・イ・ヒ・モ・ラ・イ・マ・シ・タ」

後援会費をもらったとあらば、次の瞬間、石本監督は、マイクを白石助監督や、ベテランの辻井らに渡して、その場をサーっとうまく収めて、次の会場に向かう。

監督宛てにブロックサインを出していたという職員の渡部英之は、そのときの石本を、こう振り返る。

「目的を達成すると次の行動が早い人です。すぐ、二番目の会場へと向かいました。ここでの舞台も同じで、会費をもらうと、ブロックサインを出して、さっと移動です。石本さんと私は、三番目の会場で、やっと食事にありつけるという流れでしたが、これが本当にうれしかったですね」

この後援会づくりであるが、この宴席の会場に行く交通費までも、石本は徹底して節約している。

昭和二八年に、いわゆる〝一〇〇〇万円募金〟でカープに入団する、盗塁王（昭和二五、二七、二八年）の金山次郎は、石本監督の節約ぶりを後の座談会でこう語っている。

「われわれ若い連中は若い連中で、グループに分かれていくのにタクシーでいきましょうといったら、石本さんが『帰りはタクシーに乗せてくれるから、いくのは電車でいこう』というのだから（笑）。むだづかいせんでいいというのだ。帰りは後援会で車出してくれて乗って帰る」（『プロ野球史再発掘⑦』）

こうして地域に後援会の結成を呼びかける日々の石本であるが、後援会で毎月集められた会費や、職場で給与天引きにより集められた会費を、回収してまわっていたのが、昭和二七年入社の球団職員渡部英之であった。彼の苦労もひとかたならぬものがあった。

カープの事務所[※1]には机が二台置かれてあり、そこにただ一台の電話があるだけというもので、資産とよべるものはおおよそ見当たらず、中古の自転車が一台あるだけ。しかもパンクしており、直せないままだったが、渡部はこれにまたがり、ガラガラとガレキをよけながら、後援会費を集めてまわった。

また、事務所にある封筒や便箋《びんせん》のほとんどは、会社の名前などが入ったものばかりがおかれていたが、これは、購入のための費用がないため、後援会の方から寄せられたもので、会社の名前のところに斜線を引いては使っていたのだ。

ある日のこと、事務所の糊《のり》がなくなったのに気がついた渡部は、購入したいと石本に願い出た。

「監督、事務所の糊がなくなったので、買《こ》うてもいいでしょうか?」

「ばかたれ。郵便局に行って、カープですが、糊がなくなったのですが、っていうてみい」

そう石本に言われて、渡部は郵便局に出向いた。そして、おそるおそる声をかけてみたところ。

「ああ、そうですか……。じゃあ、カープさん、これを持っていってください」と、新品の糊を一つのみならず、二つも三つもくれたという。

そんなこんながありながらも、連日、後援会づくりにかけずりまわる。

グラウンドの外が忙しい石本も、遠征はさておき、地元、広島総合球場での試合には必ずグラウンドに現れて、当然のようにノックバットを握り、試合前の練習にあたる。するとどうだろう、ノックをすませると決まって、外野の入り口や、外野のフェンス付近をうろうろし始める。

今でいうならば、外野フェンスの周辺に監督がやって来るのだから、ファンは喜ぶだろう。ファンサービスかと言うと、実はそうではない。

金網の破れ目などから入ろうとする〝タダ見〟客の見張りにいくのである。戦争から立ち直ろうとする貧しい広島である。入場料一五〇円（ダブルヘッダーは二五〇円）が払えない。いや、中には払いたくない、いわゆる〝ヤミ〟で入ろうとする者も決して少なくはなかった。しかし、カープとて、生きるか死ぬかの瀬戸際に立たされているため、一人の入場料も無駄にできるはずがない。カープ運営資金にしなければならない。見逃してなるものかと、広島総合球場のレフト側にある、入場門をきびしく見回った。

一人分の入場料とて無駄にできないと、石本は入場口に立つこともしばしばだった。

また、家族パスの使用にも厳しくあたった。選手の家族らには、試合ごと所定の人数で、観客席に出入りができる権限が与えられている。しかし、それさえもやかましくいうほど、石本は入場料収入には厳しかった。また、地方球場にでた場合であっても、監視に手抜かりがないようにしている。このことを、昭和二八年入団の金山次郎は後の座談会でこう語っている。

「地方にいくと、顔パスで無料で入る者があると、いかんというので、（石本監督が）入り口に立っていたですよ。われわれの家族パスも使わせないのですよ。家族パス使うと、『あんまり勝手に使うな』（笑）。ほんとうに真剣だったですよ」（『プロ野球史再発掘⑦』）

孤軍奮闘であらゆることに走りまわる石本の背中をみてか、昭和二六年、選手たちはよく耐えて頑張った。連敗に関しては、七連敗と八連敗が一度ずつあるにはあったが、前年のようにたび重なる連敗ではなかった。

特に地元広島総合球場では、眼を見張る試合も少なくなかった。この年の地元ゲーム一四試合で、六勝七敗一引き分けとほぼ五分に近い成績を収めているが、特に六月一七日の松竹戦ダブルヘッダーは凄かった。

松竹は一、二回で、6点を先取した。さらに、先発には、前年、三九勝をあげて、松竹優勝の立役者となったエースの真田《さなだ》重男《しげお》（元は重蔵《じゅうぞう》）をたてており、この時点で勝負あったかに思われた。しかし、真田がぴりっとしない。

カープは四回、長持栄吉《ながもちえいきち》のホームランをきっかけに反撃の口火をきった。五回には、白石を皮切りに、5安打の猛攻をあびせ4点をあげて、1点差につめよる。しかし、松竹も引き離しにかかる。カープは先発の杉浦竜太郎《すぎうらりゅうたろう》をあきらめ、二番手の笠松に継投したが、六回に5点を入れられ、5対11となり、またもや勝負あったかにみえた。ここで、松竹は先発で調子が上がらない真田から、小林恒夫に代えたが、カープはこの小林を打ち込み、七回に4点をあげて2点差へとつめよる。

九回の攻撃に入り、カープは一歩及ばないと思われたが、粘りに粘る。一死一、三塁から、代打の山口がセンター前に快心の一撃を放ち、まず1点。一塁ランナーの走塁もうまく、三塁をおとしいれた。ここでカープは願ってもない好打者白石とあって、三万人のスタンドもわいた。しかし、ここで松竹は白石を敬遠して、満塁策に出る。

この満塁の場面で、石本監督は、二番の磯田憲一にスクイズを敢行させた。というのも、ピッチャーの小林恒夫は、石本が大陽ロビンスの監督時代に育てた投手である。この年一八勝（一五敗）をあげるが、守備が、少しばかり苦手なことを知っていた石本監督の策により、スクイズを成功させて同点とした。

さあ、こうなると、押せ押せムードである。武智が俺に任せておけといわんばかりに大飛球をレフトにあげて、タッチアップで、ホームイン——。

見事な逆転勝ちである。快心の打球を放った武智は、この時、打率ランキング二位にランクされ、まさに絶好調であった。

さらにダブルヘッダー二戦目は勝ち運が傾いたか、カープは温存のエース長谷川を先発させた。初戦で松竹は、真田重男、小林恒夫とエース級を使いこんだため、二線級の岩本信一《いわもとのぶかず》を先発させたが、これをカープ打線が打ち崩して、4対1と快勝した。カープ球団初となる、ダブルヘッダーの連勝とあって、地元ファンの大声援はやまなかった。

さらに、九月一九日の巨人戦も圧巻だった。巨人戦は、広島総合球場では、前年に一度開催されたのみで、二度目であったが、この日まで一一連勝と首位街道を驀進《ばくしん》していた巨人軍に、一矢報いたのである。巨人軍の先発は、スライダーを巧みにあやつる藤本英雄《ふじもとひでお》であるが、気合で勝るカープ打線が打ち込み、6対3で勝利した。

この日の巨人戦は、この年、最初の広島でのゲームとあって、他ならぬ思いで臨んでいた。球場にはカープファンの怨念ともいうべき恨みがはびこってさえいたのだ。

というのも、カープ二年目は戦力ダウンが否めなかった。シーズン前には、食うに食えない状況におかれ、カープ存続か否かでゆれ動きながら、何とか開幕できたシーズンである。当然ながら、補強にまで手が回らなかったのであろう。新入団選手は八名いたものの、カープ創設から昭和三四年までの一〇年間で、最低の人数であった。

これに輪をかけるかのように、この年、一番の戦力ダウンがあった。前年、チームのホームラン王となった主軸の樋笠一夫が、巨人軍に引き抜かれたのだ——。

カープ創設から、打線の中心となった樋笠一夫が、二年目のシーズン途中で、巨人軍入りを決めたのである。樋笠は初年度、打率こそ二割一分九厘と低かったが、ホームラン二一本をかっ飛ばし、打点七二で、チーム二冠王に輝いた。勝率が三割に満たないカープにあって、堂々の成績である。

この樋笠は、後のことであるが、プロ野球史上初となる、代打逆転サヨナラ満塁ホームランという、これ以上ない枕詞のつくホームランを放って、プロ野球の歴史に名前を刻んだ人物である。

カープ入団前には、香川県の尽誠学園で学校の教師をしていた樋笠であるが、石本が人づてに聞いた情報をたよりに、その実力を確かめて掘り当てた。

「四国に一塁手でよう打つ、とっとき（とっておき）の選手がいる。いまにアっといわせてみせる……」（『広島カープ十年史』）

石本は、そう豪語しながら、なかなか新聞記者にも名前を明らかにしなかった。ただ、石本の野球眼はずばぬけていた。学校教師をいきなりプロ選手に、それもカープの中心選手にまで育て上げたのだ。選手の素材の力を見抜く眼があったのである。

樋笠が、カープ初年度で放ったホームランは二一本である。戦後、再開後の一リーグ制でのプロ野球のホームラン王が、あの青バットの大下弘《おおしたひろし》の二〇本（昭和二一年）だったことからすると、これはすごいことである。

しかし、執念の男、石本といえども、樋笠に関しては、引き止めることができなかったようだ。後に、石本は「無理もあるまい、カープ創設そうそう、いまだに契約金なども未払いの部分も多かったからのう」と球団職員に漏らしている。石本は、樋笠には金銭的な支払いができていないこともあって、巨人に行けば、そのようなことはなかろうということで百歩譲ったのである。カープの球団創設後、はじめてお金の前に屈した移籍であった。

ただ、この〝樋笠事件〟[※2]は、少しばかりややこしい。

樋笠はカープ最初のシーズンを終えて、二年目のシーズン前には、香川の実家に帰っている。これは、友人と事業を起こすという約束をしていたためであり、地元に帰り、醤油の製造販売を手がけている。

ところが、である。四国に帰ったところで、同県人でもある巨人軍の監督、水原茂から声がかかり、昭和二六年六月、シーズン半ばで巨人に入団したのだ。あまりにも唐突な話であるが故に、引き抜きに違いないと、声を荒らげる広島ファン。そこで、巨人軍からは、戦前、石本が金鯱軍や大洋軍で監督をした時代に、チームをともにした山川武範《やまかわたけのり》内野手をカープに譲り受けて、この事件を落ち着かせたのだ。

巨人軍に中心打者をとられるという屈辱を味わったカープだが、選手のことばかりではない。カープは、ひどくあしらわれることもあった。

当時、国鉄スワローズは、広島への遠征は、特別二等車で移動していた。しかし、昭和二六年第八節の五月一三日から予定されていた三連戦は、その〝特二〟の乗車券が手配できないから広島へはいけないと連絡が入り、なんと試合は中止になったのだ。

これには、カープ側も怒り心頭であった。というのも、この頃のカープの選手たちは、三等列車の床に新聞紙を敷いて、荷物の上におおいかぶさるようにしながら、ザコ寝やゴロ寝の末に、移動していたからだ。特に、広島から東京まで遠征するとなると約二〇時間かけての移動になるが、揺れるわ、煙がたちこめるわで、その中でのザコ寝はこたえたろう。時折、列車の座席の下には、消毒液

ＤＤＴがまかれているとあって、その独特の臭いがたまらなくつらかった。この劣悪な移動条件からしてみれば、特二での移動ができる国鉄チームには、羨ましさや、ねたみまでも加わり、怒りが爆発する。

ただし、この〝特二事件〟には、国鉄側にも言い分があった。主催者側から中止のお願いがあったため、当初予定されていた試合を中止したからだというのだ。しかし、急遽、二日前に広島で試合をやろうということに変わった。これには、国鉄側としては、いったん中止を受けて、家々に散った選手らに連絡がつきづらいという判断をしたのである。加えて、一度キャンセルした〝特二〟の乗車券も、もはや手配できなかった——というのが実情のようだ。

乗車券が手配できないという言葉が一人歩きして広がり、カープファンの被害妄想として伝わり、国鉄許すまじとして、デマが飛び交った。

「こんど広島に来たら帰れんようにやりゃあげたるけえ」（「カープ十年史『球』」）

この広島側の態度には、国鉄側も黙っておれず、真相をぶちまけるべく抗議文を出そうとした。しかし、国鉄チームをつくった加賀山之雄《かがやまゆきお》総裁がなだめ役になって、これを鎮めた。よって、大きな騒ぎにはならなかったようだ。

さらに、国鉄側からお詫びの印として、

「『敵地に塩を贈る』故事にならって、七月二四日、大阪球場での試合前、カープへのおわびのしるしを含めて支援金として金三万円を贈ったのである」（「カープ十年史『球』」）

このような数々のドタバタ劇に見舞われたのも草創期のカープの特徴であるが、そのドタバタ劇の中でも、他球団から様々な支援を受けて、郷土チーム、カープはなんとか育っていくのだ。

ただし、やはり何といっても、この年、石本の後援会を結成するというアイデアが成果を生んだのである。何とか後援会員も集まり、少しずつ形をなしていく。また、後援会の会長も、石本が広島商業時代にお世話になった先輩（主将）である佐伯寅一の力添えもあり、鈴木化学工業の小川《おがわ》真澄《ますみ》専務に内定した。この小川真澄は、前年、カープに三〇万円を寄付するなど、石本を物心両面から支えた人物である。

こうして迎えた昭和二六年七月二九日、広島総合球場での対国鉄スワローズ戦において、試合前に広島カープ後援会の結成式が行われた。

試合前のノックバットを握る石本監督の目頭には、熱いものが込み上げてくる。

石本もマイクを握った。

――「我々は幾多の困難に遭遇したが、いまや後援会のみなさんのおかげで、ようやく前途に光明をみいだすことができました。感謝にたえません。みなさんのご期待にそうよう、今後いっそう努力いたします。このうえも変わらぬご声援を切望いたします」

シャガレた声だが、一語一語ゆっくりと力強く述べる言葉が、スピーカーから静まり返った県営球場のすみずみまで響いていった。――（「カープ十年史『球』」）

この日、広島県下一六三の後援会支部が結成されたことが報告された。会員数は、一万三一四一名に上り、集まったお金は、二七一万五七八四円八五銭と伝えられた。

思えば三月二〇日、石本が県庁前で、後援会の結成を呼び掛け、この日まで四ヵ月余りであり、この間一三一日で、一六三支部の後援会を結成したのである。これは単純に一日あたり一支部以上の割合で設立し、四日間かけて五支部を立ち上げたという計算になるが、このほとんどに石本が靴底をすり減らして走り回っている。

というのも、この間、白石助監督をはじめ、選手は最高四一日間という長期遠征をはじめ、四回のロードにでかけている。これにより、選手が広島に滞在可能なのは、おおよそ三〇日余りであり、その日以外は、広島には石本しかいない。よって、選手の募金行脚や、歌謡ショーには頼れない。石本自らが駆けずりまわり、後援会をつくって回ったのである。

この年、カープ抹殺のための規定ともいわれた〝三割規定〟も、なにするものぞ――との思いで健闘した。九九試合を戦って、三二勝六四敗三分で、勝率は堂々の三割三分三厘と、みごと勝率三割をクリアし、耐えてみせた。カープ球団が存続できる〝輝かしい最下位〟だった。

中でもエース長谷川良平は、前半戦、中耳炎で出遅れてしまったが、その後はシーズン終了まで活躍する。四一試合に登板して、一七勝一四敗で勝ち越し、さらに、オールスター戦への出場を果たしたのだ。名実ともにカープのエースという称号を手にする。

結局、この年、一二月末現在で、四四〇万二九三〇円五五銭ものお金が、郷土愛の結晶ともいえるファンから寄せられた。その後、後援会は最盛期には三万六〇〇〇人という大所帯となり、ファンの一人ひとりが、一株主としてカープを支えていく。しかし、単なる後援会費というお金の結びつきだけでなかった。身も心も、石本という強いリーダーシップに牽引されながら、郷土愛の延長線上にカープは育っていくのである。

※1　現在でいう広島県銀行協会（広島市中区大手町二丁目一―一五）の建物付近である。当時は、日本生命広島支社の木造二階建てで、二階の講堂部分を衝立《ついたて》で仕切って、「広島カープ後援会事務所」とした。また、カープ結成当初の事務所はという、昭和二四年一二月九日に、広島商工会議所（現在地と同じ。昭和四〇年に建替え）に「カープ廣島野球倶楽部」と看板

が掲げられた。当時の写真には、三菱選手寮の玄関にも「カープ事務所は階上」と掲げられたものがあることから、初期の事務所は、商工会議所内で、その後、観音の三菱の選手寮の階上を経て、三代目が日本生命の木造建物の二階である。

※2　この真相は巨人による引き抜きではないという説もあるので記す。『カープ50年』には、白石とのホームランの勝負に勝ったため、あっさりとユニホームを脱ぎ、四国に帰っていたところを、巨人に会社を挙げて誘われた、とある。「これだけは広島のファンに分かってほしかった」とは本人のコメント。ちなみに、樋笠のカープ入団のきっかけは、喫茶店のマスターをしていた元剛球投手、中山正嘉から石本が聞いたことによる。

後援会の妙案――ルーツは向原酒造か？

では、なぜ、石本はカープの危機を救うための妙案となった後援会を結成するというアイデアを思いつくことができたのであろうか――。

まず、定説となっているのは、広商の監督時代に、校舎の引越し[※1]があったことがあげられる。広島商業は、俗に〝油揚げ〟とよばれた変形したグラウンドの竹屋校舎を、昭和九年一一月一九日まで使った後、現在の江波《えば》校舎に引っ越している。これにともない、部の倉庫をつくるために、石本自らが、お金を集めてまわった経験があるという。

「昭和九年。広島商業が現在の江波校舎（広島市舟入南《ふないりみなみ》）に引っ越す際、石本は『一人で歩き回って寄付金を集めた。それがカープで、非常に参考になった』」（『カープ30年』）

と石本自身が語っている。自らの靴底をへらして、お金を集めてまわったという経験が活かされたのであろう。

また石本は、様々な風聞から学び続けていることから、他に思いあたることとして、東京で広島カープの後援会を組織していた永野護《まもる》と永野重雄の二人からの言葉があるようだ。

まずは、永野護の説から記す。

「まとまった金を集めようとするからむずかしいのだ。小口の金を多く集めてやれば再建もできるだろう」（『カープ十年史『球』』）

石本がカープ解散、大洋との合併が決まった会議の席上で、ふと思い出した言葉がこれであったとされている。以前に永野護から聞かされていた言葉である。

「この時、ふと永野氏のいった『小口の金を集めろ』という言葉が頭をかすめたのである」（『カープ十年史『球』』）と読売新聞にはある。

これと同じような記述が、中国新聞に連載された「広島カープ十年史」にもある。

永野重雄説だ。

「そのとき永野重雄氏（記載当時、昭和三五年、富士製鉄社長）が『せっかくつくったものをここでやめるのは残念だ。なんとか、方法はないものか。お互い別に職を持っているから、株式の募集にも積極的に当たれないで、大口ばかりをアテにしてきた。それも思うように集まらなかったから、きょうの悲劇を招くことになったものと思うが、もっと大衆から小口の金を集めたらどうであろう』と語ったのを鈴木（龍二）氏から聞かされていたのである。その言葉が思いだされたのである。『そうだ！後援会を結成しよう！』石本監督は次から次へと浮かぶ後援会結成の方法を熱にうかされたように説明しはじめた」

この二つの記述の大きな違いは、言葉の主が永野護か、永野重雄か[※2]である。カープの初期には、互いにカープを助けるために動いているので、いずれにしても永野兄弟の言葉に影響されていると思われる。

また、戦後まもなくの娯楽の少ない頃に、地域に出向きながら、歌謡ショーを交えた後援会結成式を行っていることも見逃せない。当時のプロ野球にはファンサービスという概念そのものが定着していなかった時代であるが、なぜ、ファンや地域の人とのふれあいにより、浄財を集めることができたのであろうか――。

実は、この後援会構想の起点になったと思われる出来事が、先にも書いた、地域への出前紅白戦である。

いったん、カープの存続を不可能と決めたのは、昭和二六年三月一四日であるが、その約二週間前の二月二六日のこと。矢野町（現、広島市安芸区矢野）にでかけて、カープが紅白戦を行っている。

このときの紅白戦は、矢野地区の野球チームや地域の世話役の人が総出で、学校のグラウンドに杭をうってロープを張るという、いわゆる手作りのグラウンドで行われた試合だった。ファウルの打球の行方などお構いなしで、手製のスタンドに遠慮なく飛び込むという状態であったが、危険なグラウンドであったにもかかわらず、「けが人が一人としてでなかった。みんなそれぐらい集中して観ていた」と――。これは、地元矢野地区出身で、当時、カープ入団二年目であった長谷部稔の証言である。

さらに、試合終了後、選手達は、長谷部稔の親戚の家の広間に集められ、すき焼きが出され、たくさんの肉がふるまわれて、飲めや食えやで大歓迎を受けている。

「試合会場では、花輪が飾られただけでなく、寄付金や食料品など数え切れないほどのお土産をいただき、カープにとっては最高の一日となった」（『広島カープ昔話・裏話～じゃけえカープが好きなんよ

〜』）

石本にしてみれば、地域にでかけることで、ファンのみなさんには喜んでいただける。ファンとのふれあいを素肌で感じることができる上、お金までいただき、歓待を受けているのだ。こうした経験からもアイデアを得ていると思われる。余談であるが、石本だけは、この日、そのまま矢野地区に宿泊している。

また、他の説もあると感じられるので記す。

石本の妻である露香の実家がある向原町（現、安芸高田市）にも、カープ後援会に似たルーツのようなものが感じられる。広島市内から、北東約三〇キロに位置する山村で水のきれいな有留地区の山すそに、露香の実家はあった。その久藤家が、造り酒屋をやっていたことは先にも述べたが、この造り酒屋は、地域の人々がお金を出し合って切り盛りをするという、地域住民がいわゆる株主となって、運営されていたのだ。

ここで、久藤家の家系をたどる。露香は長女だったが、石本の家に嫁いだので、弟である長男の秋《あき》夫《お》が、家を継いでいる。

この秋夫から、一家の主《あるじ》を遡ると、秋夫の父が、一《はじめ》であり、さらに、量之助《りょうのすけ》、新吉《しんきち》と続くのである。

向原町の家々にあっては、昭和初期頃まで屋号が使われることもしばしばで、久藤家は、「米屋《こめや》」と呼ばれていた。つまり、米屋《こめや》新吉《しんきち》といった具合である。これは、米を作りながら、酒を作っていたことに由来しているという。

露香の弟、秋夫の子であり、露香の甥にあたる久藤宣機《のぶき》は、明治時代の頃まで、酒屋をしていたと伝え聞いている。

久藤宣機の証言はこうだ。

「新吉から量之助、一《はじめ》（露香の父）くらいまで、ここ（久藤家）で酒をつくっていたんです。家の裏に穴があって、いい水が流れてくる。井戸もあるけれど、ここの水はものすごくおいしい。そこでお酒をつくっていた。銘柄はね、二つつくっていたんです。〝向井桜《むかいざくら》〟というのと、もう一つは〝タカノツル〟といったかな……。でね、向井桜っていうのは今も向原にあって、同じ銘柄で、ブランドとして残っています。あれは、もとはここでつくっていたんですよ。でね。これは、僕が聞いた話ですが、広島県で、昔、麴菌《こうじきん》がダメになる病原菌が流行ったんです。この辺も酒どころで、いっぱい（酒蔵が）あったんですけど、その麴菌を腐らす病原菌ちゅうか、バクテリアが流行って、全部ダメになっちゃったんです。それで廃業したんです。で、その中で、タカノツルはつぶしてしまい、向井桜だけを奥田さんのところが引き継いでくださった」

この証言から、麴菌を腐らせる病原菌のことを、広島県食品工業技術センターでは、こう捉えている。

「酵母菌が、アルコールを作る際、乳酸菌が増えてしまう腐造《ふぞう》ではないでしょうか」

資料からみると、確かに〝冷え込み腐造〟に襲われるとの記録が残っており、広島の酒どころといわれる西条（現在、東広島市）の近郊の町や村には、酒造りの危機は確かにあった。

腐造のことを広島県食品工業技術センターに尋ねると、「このような腐造は、明治から大正、さらに、昭和初期頃まで、たびたびありました」という。冷え込み腐造により、久藤家の酒づくりの歴史は閉じたのであろう。

久藤宣機は、「結局、その病気の後、廃業に追い込まれ、向原の名士である奥田家に買い取ってもらった」というのだ。

この奥田家とは、明治の頃から代々政治家の家系であり、造り酒屋をやっていた。現在の向原酒造の元祖ともいわれているが、奥田家の酒づくりのルーツを奥田恒幸はこう証言する。

「明治の時代に、向原にある照山《しょうさん》という山のふもとに蔵をおいていました。しかし、場所的にも、山職人が仕事帰りに立ち寄っては、飲んでいくという、いわゆる、一杯飲み屋のごとく、たまり場になってしまい、これではやっていけぬとあって、蔵を移したと聞いています。久藤さんは、杜氏《とうじ》をされていたと聞いたことがあります」

この証言からは、石本の妻である久藤露香の先祖が、奥田家が所有した時代の向原酒造の杜氏をしていたということであり、向原酒造を担った人物であることは間違いなさそうだ。

この向原酒造の歴史も不思議なことに、広島カープと同じように、資金難による存続の危機を経験しているのだ。経営難によりあわや廃業寸前にまで追い込まれた時期がある。しかし、その危機を救ったのも、郷土愛ともいうべき、地域の人々の情熱なのである。

向原酒造は、「わが村にも造り酒屋を」と、明治四二年に創業した。地域の人々が、少しずつお金を出し合いながら、株券を持ち合うという方式で誕生させた蔵元である。当時、小さな片田舎の向原町からして、株主の数はなんと一五四人いたというから、まさに、おらが町の造り酒屋であった。

この向原酒造については、石本の妻、露香のルーツをたどる中で出くわした話であるが、向原酒造が創業してから、多くの方が株主となって出資したことは先に述べた。ただ、その時代に発行された株券が、現在の会社にも残されており、偶然目にすることができた。

当時のカープが発行した株券（上）と向原酒造の株券（下）。

驚きである――。

この株券は、石本がカープ解散の危機を乗り切るための妙案となった後援会構想の中で、領収書がわりに発行された株券とよく似ている。

このことを、取材期間中、石本の足跡をたどりながら、向原町の住人に聞いてみたが、カープ後援会の株券と、向原酒造の株券のつながりを成り立たせる確たるものはみつからなかった。

この株券の偶然の一致ともいえる話を石本の長男である剛也《たけなり》に聞いてみた。向原酒造の地域株のアイデアが、カープの後援会構想に影響しているかどうかについてであるが、

「まあ、仮にですよ。親父のことですから、カープを助けてくださいといって、いろんなところに顔を出していたことは否定できないですよね。その中で、親父自身は、その、ここ（向原酒造）とはつながりはないんだけれども、やはり、昔から家内の里で、向こうも、石本さんいうたら、久藤家の嫁ぎ先なので、接点は絶対ないという保証はない。むしろ、あると思う。だから、何らかの形で、これ

（向原酒造の株券）は面白いじゃないか、利用できへんか、という発想を親父が持ったとしても、否定できない。他人の話には敏感な人なので。僕は、そうじゃないかと思う。ヒントを持ったとしても否定はできないですね」とのことだ。

※1　明治三二年七月二一日、全国二四番目に創立された商業学校の広島商業が、開学した際、誓願寺校舎（現在の平和公園の一部）を使うが、その後、明治三五年四月一日から、あの有名な三角の〝油揚げグラウンド〟のある竹屋校舎（現、広島市中区南竹屋町）に移る。昭和九年一一月二〇日から江波校舎（現在も）に移る際、石本は、部の倉庫をつくるのに奔走した。その後、第二次世界大戦を経て、昭和二四年五月一日から、学制改革により、観音高校、基町高校校舎へ分散した後、昭和二九年九月一日から仁保校舎に統合される。そして、昭和三五年二月一五日から、念願であった現在の江波校舎に復帰する。

※2　前章二四五ページ参照。

オフに〝鉛筆販売〟――忍び寄る長谷川問題

カープは二年目のシーズンを乗り切り、オフに入った。後援会も軌道に乗ってきたところで、石本は、気持ちを引き締めるのである。

選手たちは、年末年始を郷里で迎えるために、妻帯者のほとんどは帰省させたが、長谷部稔（捕手）ほか、若手の投手陣には、それを許さなかった。

「お前達、年末年始は、強化練習だ」といわんばかりに、石本は、その年に入団した斎藤宗美、萩本《はぎもと》保《たもつ》、渡辺信義《わたなべのぶよし》、石黒忠《いしぐろただし》らの若手には、ピッチング練習を言い渡した。合宿所の御幸荘から近い千田廟《せんだびょう》公園や、長谷部の母校の皆実高校のグラウンドまで出向き、ひたすらボールを投げさせた。

真冬の日差しは短い――。

夕方になって練習が終わると、

「お前ら、これを売ってこい」

と石本監督から手渡されたものは、何と鉛筆である――。よく見てみると、「カ」「ー」「プ」のロゴ入り鉛筆である。

プロ野球球団はオフに入れば興行収入がほとんどない。ならばと、石本は知恵を絞った。わずかながらでも収益を上げる策にうって出る。

年の瀬が押し迫る夕暮れ時、広島市中心部の本通商店街に露店を構えて、選手自らが、鉛筆販売を始めた。連日、街頭の露店に立って、鉛筆の販売をしたのは長谷部稔だった。

「『一箱ください』、『こっちは二箱ね』とお客さんの声につられるように、『ありがとうございます』の声も一段と大きくなった。ファンの方に、間近で応援してもらっている感じが、心地よく爽快だった」（『広島カープ昔話・裏話～じゃけえカープが好きなんよ～』）

経営難から脱したカープは、順調に育っていく――そんな期待が持てる穏やかな年末であった。この年、ＮＨＫの紅白歌合戦も始まり、翌昭和二七年にはプロレスラーの力道山が華々しくデビューした。また、民放のラジオ放送も相次いでスタート。復興に向かう日本に娯楽という花が咲き始めた。

カープにとってはひとときの幸せであったろう。しかし、この幸せも長くは続かなかった。傍らでは、カープのエースを狙う魔の手が忍び寄っていた。

長谷川良平引き抜き事件である――。

ことの起こりは、長谷川がオフシーズンを利用して、実家のある愛知県名古屋市に帰省していた年の瀬のことである。長谷川がマージャンをしたいと、地元の仲間に声をかけたことから、ことが始まる。以下は引用する。

——長谷川の従弟と、当時、中日ウィークリーの運動記者だった小野稔《おのみのる》（実名＝実）＝現毎日オリオンズのスカウトで、小説『あなた買います』の著者は知り合いであった。従弟より電話があって、『長谷川が帰っているらしいが、マージャンせんか？　といってきているが行かんか』と言ってきた。『行こう』無聊《ぶりょう》をかこっている時だったので二つ返事をして、小野の実家に行ったところ、中日の選手たちがもうすでにきて、玄関には足の踏み場もないほどの下駄、靴の類であった。

『ようきた。まあすわれや』

みんな顔み知りの選手ばかりではあったし、長谷川も直《す》ぐに打ちとけて、その場の空気に融けこんだ。何チャンやつただろうか——みんな疲れると自然、話は本業の野球のことになり
『どう長谷川君。もう契約は済んだかい。もうウチは済んだんだろう？』

と名古屋の選手を見廻すと
『済んだけど、今度は下がった』

とか上がつたとかで、又しきり。

『僕はまだなんですヨ』

長谷川はポツンと言った。

『まだ、そりゃおかしいじゃないか。キミ契約は十二月十五日までだろう。そりゃおかしい』——

（『郷土の雑誌　ベースボールカープ』）

長谷川には、来季の選手契約を結ぶはずの統一契約書が、カープ側から届いていなかったのだ——。

長谷川がもらした話に、みんなはおどろいた。そして、この言葉は糸の切れた凧《たこ》のごとく、どこまでも飛んでいくのだ。カープの勝ち頭でエースとよばれた長谷川が、カープ球団との契約を済ましていないとあって、名古屋軍が放っておくはずがなかった——。

久々に帰った地元、名古屋は当然ながら、名古屋軍ファンのお膝元である。その昔の仲間たちも、長谷川のカープでの活躍を喜び歓迎した。

ただし、地元の人々の、長谷川に対する見方には温情や地元志向もあった。なぜ、貧乏で苦労続きの広島カープなどにいるのか——と共通の念を抱いていた。さらに、長谷川は、名古屋に帰りたいと、石本監督に漏らしたこともあるにはあった。これは、母の面倒をみるために、結婚せずに家に残った姉もいたため、心優しい長谷川にあっては、離れて暮らす家族のことを憂えていたのだ。

〈ええか、長谷川、いつか帰らしてやるから、まだ広島で頑張ってくれ〉

時折、石本はこういって、長谷川をなだめることもあったといわれている。

名古屋に帰りたいカープのエース長谷川と、名古屋に迎え入れたい地元ファン——いうなれば、いつなんどき、名古屋軍から誘いの声がかかっていてもおかしくはなかった。

一方、広島にしてみれば、この年、一七勝をあげたエースである長谷川を手放すはずはない。事務手続き上のミスがあったか、統一契約書の印刷が遅れたのか、発送上でミスがあったのか、長谷川のもとには期限である一二月一五日を過ぎても、球団との契約を確たるものにするはずの統一契約書が届いていなかったのだ——。

では、そもそも、この発送ミスはなぜ起こったのであろうか？

近年まで、この統一契約書の遅れの理由が定かではなかったが、長谷川良平の長男である長谷川純《じゅん》氏から見せていただいたスクラップにはこうある。
「広島では、この年から方式の替わったその統一契約書の研究と金田と同じ給料にするというつもりの為、その額（八万円）の調査に時日を費やし、契約書を発送したのが、一日遅れてしまった」（『週刊カープ』）

要は、長谷川の給料を、国鉄のエースである金田級の評価にするための調査に手間取ったというのだ。昭和二五年のシーズン途中に、鮮烈なデビューを果たした国鉄の金田正一《かねだまさいち》は、二年目のこの年、二二勝をあげて、球界を代表する投手になっていた。しかし、長谷川とて、この年一七勝でカープのエースの称号を得ていた。互いに軟弱な打線をかかえ、下位に低迷しながらも孤軍奮闘するエース同士とあって、二人の評価は、プロ野球界全体の中でも光るものがあった。また、プライベートでも自然とその距離を縮めており、付き合いも深くなっていた。

こうした中、カープとしても、エースにふさわしい金額を支払おうと動いた末、統一契約書の遅れとなったのである。

いずれにせよ、長谷川はカープと契約をしていない――。

小野は、長谷川が契約を済ませていないとあって、早急にかくまった。そして、ついには、「暮れも押し迫った十二月二十五日の各新聞紙上に長谷川の『自由選手になったので、意中の球団（名古屋のこと）へ行く』との爆弾声明が載ったのである」（『カープ30年』）。

これには、石本監督も怒りをあらわにした。長谷川を後ろであやつる黒幕は、中村三五郎代表だ、と名指しで批判をあびせ、新聞紙上でやりあった。石本は、長谷川を引き抜こうとする名古屋ドラゴンズに対して、プロ野球史上に汚点を残すものだと、批判の口を強めた。

事を重く見たセントラル・リーグ会長の鈴木龍二は、「カープ球団の承諾なくして、名古屋への移籍は許さない」と声明を出した。しかし、これに、当の長谷川は納得できないと、コミッショナーに提訴するまで事態はふくれあがった。

この後、コミッショナーの裁定は、説得力のあるものであった。「そもそも統一契約書は、選手間の引き抜き合戦をふせぐのが目的であるが、その一条項を盾にとって、提訴するのは、統一契約書制定の趣旨に反する」と、極めて理にかなった裁定がおりるのである――。

というのも、コミッショナーへの提訴状は、二〇歳前後の長谷川が書けるものではないのは一目瞭然、名古屋軍の裏方による筆跡であることは明らかであった。

「これが、二〇歳前後の若者の書いたものであるかないかはだれにでもわかる。とくに難解な統一契約書の裏をくぐり、完備しない条文のアナを巧みについている」(「広島カープ十年史」)

しかし、名古屋軍は、長谷川は渡せないとかくまい、ついには、温泉場を泊まり歩かせ、広島の追っ手から目をくらませた。名古屋から伊東、伊東から東京へと、その行く先は知れず、さすがの石本監督もついに、音《ね》を上げざるを得なかった。

「はあ、ついに、お手上げじゃ」と宿舎の食堂で天をあおぐ。

たまたま、隣に座っていたのは長谷部だった。日頃から長谷川とも付き合い、おおよそ私生活をつかんでいた長谷部である。ただ、長谷川個人の話を、他の人に話すのは性分にあわないとあって黙っていた。しかし、いかにいっても最悪の事態となっていることから、天を拝《おが》んで、ついに口を開いた。

「森田のおばさんなら分かると思いますが……」

「森田のおばさん？」

「カザリンのママです」

「長谷川さんはお母さんが二人いるから、お父さんがいなくてもさびしくないというほどに森田さんを信頼しています。森田さんに行ってもらったら……」（『広島カープ十年史』）

「よし、じゃあ、まずは、森田さんのところに、すぐに行ってみよう」

とばかり、石本は急いだ。森田よし子は、広島の歓楽街・流川《ながれかわ》でカザリンという飲食店を営んでおり、普段からカープとの結びつきは深く、さらに、石本ともかかわりが大きかった。というのも、森田の旦那は、鯉城園《りじょうえん》という遊戯関係の会社を営み、鯉城園倶楽部という野球チームをもっていた。この鯉城園倶楽部こそが、石本が国民リーグに所属した昭和二二年、監督として率いたグリーンバーグの前身ともいえるチームであった。

森田との話は早かった。石本から話を聞いた森田はすぐに事態を理解し、長谷川に電報をうった。

「アイタイ。ヘンジクレ」（会いたい。返事をくれ）

返事が来るまでソファーに腰をかけてじっと待った。石本をはじめ、同行の久森マネジャーもである。
五、六時間後のこと。
「デンハウレシイ。ツクジカンシラセ」（電報はうれしい。着く時間知らせて）
森田はすぐに名古屋へ向かうことになった。こうして、森田は身ひとつで名古屋に乗り込んだのだ。駅のホームで落ち合った森田と長谷川だったが、名古屋軍にしても、森田に会わせたくはなかった。しかし、長谷川は強気にでた。

「森田さんに会えないのならオレは死ぬる」（「広島カープ十年史」）

この二人には、いかなる人をも寄せ付けない強い絆があった。

「いいかい、あんたのことは、この私にまかせなさい」と、森田は全てを引き受けた。

長谷川は日頃から、私生活をはじめ、ありとあらゆることでお世話になっている森田の言葉とあって、「あとのことは、森田のおばさんにまかせよう」、そんな気持ちになった。

さあ、いよいよ、名古屋軍の黒幕と一戦を交えねばならない。すぐに、名古屋駅前の料亭へと場所を移した。すると、どうであろう。

あろうことか——名古屋軍は、なんと黒幕たる人物を一人ずつ紹介するではないか——。

「長谷川が、森田さんと二人で名古屋駅前の料理屋に行ったときのことであった。名古屋軍側には、中村代表をはじめ八人の人がいたが、中村代表が、『ここにいる八人が、長谷川問題の黒幕です』と次々に紹介したという」（「広島カープ十年史」）

「なんで、給料も安くて、酷使される広島に連れて帰るのか」と名古屋軍がつめよれば、

「名古屋なら、杉下、近藤の次でしょう。広島なら、エースです」と森田がやりかえす。

まさに一歩も譲らない。石本監督へ仁義を貫いたこともあり、森田は強かった。結局、名古屋軍側が折れる形で、話し合いは解決に向かった。ついに、〝温情監督〟といわれた天知俊一が、不安な面持ちで、ためらう長谷川に声をかけた。

「あんたが悪いんじゃないんだよ。みんな球団が悪いんじゃ。こうと決まったからには、私が広島へ行ってみなさんに謝る」（『カープ　苦難を乗りこえた男たちの軌跡』）

というほどだった。この一言は、長谷川の陰鬱な気持ちを軽くさせ、広島に帰る気持ちにさせたの

である。

三月二〇日、午後二時二七分、長谷川を乗せた急行「筑紫《つくし》」は、広島駅についた――。

「よう帰ってきたぞ」「待っとったぞ」

出迎えるファンでもみくちゃにされた長谷川は、駅前のヤグラに立った。そして、

「みなさん、長らくご迷惑をおかけしました」と素直に詫びてみせた。カープ三年目のシーズンの開幕前日のことであった。長谷川は少しばかり、意気込んでみせた。

「ランニングだけはしていたので、一〇日あまり練習すれば、投げられると思います」(『中国新聞』昭和二七年三月二一日)

この長谷川問題の真相に迫る――。

近年まで明らかにされていなかったが、様々な伏線があり、それにまつわる証言もいただいたので記させていただく。ただ、何よりも母親思いで、家族思いの長谷川自身が、名古屋へ帰りたいと望郷の念にかられ、そこに付け込むように持ち込まれた移籍話であることは間違いない。

大事《だいじ》の前に、小瑞《しょうずい》なし――。

これは、石本が晩年まで口癖にしていた言葉であり、「大事には小瑞なし」ともいうが、簡単にいうと大事件が起こる前には、それなりの出来事や前触れがあるということである。この問題の前ぶれともいうべき前哨戦は確かにあった。

長谷川事件が起こる前の昭和二六年一二月九日のことである。長谷川は石本監督と向かい合い、名古屋軍への移籍の交渉をしていたのだ。このことは、昭和二七年一月一五日の中国新聞に記されてい

るが、当時、後援会結成の報告記事を書いていた石本による直筆の記事と推察される。

「私（石本）の決心は絶対に名古屋のトレードに応じないハラを固めていた。後援会の方も私の決心に賛成していただけるものと確信していた、私は、一二月九日、長谷川と会見した時、他のチームに走るためにカープに対し提訴という手段をとって成功しようと思うのは、人道にずれているのはもちろん、選手としてとるべき手段ではない、相手を傷つけて自分だけよい子になろうとすることは成功する道ではない、なぜ正式に名古屋の代表者から事情を話して了解を求めないのか、これが取るべき道である」

新聞記事にあるように、石本は、長谷川に対して、名古屋軍の代表者から移籍の了解を求めてくるように説得しているのだ。実に、長谷川問題が報道される一六日前のことである。

この頃は、石本は後援会の報告記事を、中国新聞に書いていたこともあり、言葉の使い方などから、石本本人が書いた記事と感じられるが、文脈から、長谷川は名古屋軍との事前の接触があったと推測するのが自然である。

「名古屋軍が、早くから長谷川に働きかけて組織的、計画的に引き抜きをねらっていたフシがあるのだ」（『カープ30年』）

こうした報道よりも前に、名古屋軍からの長谷川への移籍の申し出なるものは確かにあったようだ。近年になって、このことを裏付ける証言に出合った。

カープ設立の頃のことであるが、「カープ洋服店」の名前で店を創業し、長谷川良平とも交友が深かった岡本善行の証言はこうだ。

「はあ、話はついとったんですよ。本人は（名古屋に）帰りたかったんですよ」

「一二月うんぬんもありましたが、七月には、話はついとったんです」

「お付き合いの中での直感ですが、（契約の話も）あったと思います」

しかし、石本は、この長谷川問題が解決に向かって進む中、その落とし所として、相手を糾弾することは一切しなかった。怒りの感情を押し殺して、長谷川を抱いて迎え入れるといっているのだ。

「ファンの中にはフンマン（憤懣）の余り彼を断念せよとの声もあったが彼を失うことはカープにとって大きな損失であるとともに有望な選手を無惨に殺すことになるから、感情を押し殺して彼を迎える気持ちになってもらわねばならぬ、私とても腹が立たぬわけではないが、大きな心持になって抱いてやろうと思っている」（『中国新聞』昭和二七年一月一五日）

また、石本は、当の長谷川のみならず、怒りの矛先とすべき名古屋軍に対しても、責任追及やペナルティーを科するのは本意としていない。むしろ、名古屋軍、中村代表に対しても、詫びている。

「私の声明書は中村氏を非難したがこうなってみれば申し訳ないと思う。しかしこれもカープを思い、球界のためを思ってやったことで決して悪意からではない。長谷川が帰ればこのうえ中村氏の責任を追及するようなことはしない」（『中国新聞』昭和二七年一月一五日）

高卒選手の育成

長谷川が広島に帰ってきた三月二〇日には、セ・リーグが開幕した。一日遅れの三月二一日、カープは三年目のシーズン最初の試合となった。ただし、長谷川は精神的な疲労がたたり、顔も青白く痩せこけていた。さらに、ボールすら握っていないとあっては、開幕戦に登板できるはずはなかった。

石本は、この年、新戦力の補強は怠っていなかった。高卒の投手の獲得にいち早く動いていたのだ。その高卒ルーキーたちが、不思議なことに、ことあるごとに活躍をし、カープ存続の危機を救っていくのである。まだ前年からのカープつぶしともいえる〝三割規定〟が継続していたこともあり、三割を割り込むかどうかという、ここぞという場面で活躍する。この年は、高卒ルーキーの存在なしでは語れない。

まずは、大田垣喜夫《おおたがきよしお》（現、備前《びぜん》）投手だ。エース長谷川が投げられないとあって、開幕のマウンドを託された。先発を告げられたのは、前日の練習中の広島総合球場だったと大田垣は記憶している。このときのことを本人に聞いた。

「非常事態じゃけー、どうしようもないけー、お前行け、ぐらいだったと思いますよ」

呉市二河《にこう》野球場でおこなわれた開幕カードは松竹戦だったが、先発は、あどけなさが残る大田垣である。つい数日前に、尾道西高（現、尾道商業）を卒業し、カープに入団したばかりとあって、緊張の面持ちは隠せなかった。

尾道西高時代には、エースで四番を任され、夏の甲子園大会予選となる西中国大会（当時は広島・山口両県で代表決定戦）の決勝戦で、山口の下関西高に0対1で敗れ、甲子園を目の前にして涙をのんだ。この西中国大会での失点は、三試合を通じて、決勝戦の1点のみであった。これが決勝点となって敗れたという、なんとも不運なエースだった。

周囲の不安をよそに、大田垣は、石本監督の期待にこたえて好投する。あれよあれよというううち、なんと九回を、7安打1失点におさえて完投したのだ。さらに、三回裏には、先制のタイムリーを自らのバットでレフト前に運んで口火をきった。

高卒ルーキーで開幕投手をつとめ、完投勝利をおさめたのは、八〇年を超える日本プロ野球の歴史で唯一無二の記録となっている。

「まあ、（勝ったのは）運もよかったですね」と、今でも備前の言葉は控えめである。

大田垣は、決め球としてシンカーを武器に、現役通算一一五勝をあげる。長谷川と並ぶエース格にまでのしあがっていくのだ。

第二戦目は、舞台を福山に移しての松竹戦となった。ここでも石本は、高卒ルーキーを先発させた。大阪の興国《こうこく》商業（現、興国高校）出身の松山昇である。

なんと松山昇も、初回、三者連続三振という離れ業をやってのけるのだ——。

松山は、エース格の活躍をする年がある。昭和二九年、一八勝をあげている。その裏には石本監督の直接指導があった。

昭和二七年のキャンプでのことだ。

「もちぃーと（もう少し）、前でボールを離してみろ。一センチ手前で離してみー」

「もう、二度ほど、腕を上げて投げてみろ」

二度とは角度のことだ。「数字は細かいけれど、感覚的に受け取るようにしました」と松山は石本の指導を振り返った。つまり、ボールを長く持ち、少しでもリリースの位置をホームベース側に近づける、そして肘の位置を少しだけ上げて腕を振れということだ。

こうした熱心な指導からか、転機が訪れた。昭和二九年のシーズン、ある変化球を完全にマスターして、花開くのである。

それはシンカーであった——。

松山は、たいへん研究熱心でもあった。初代エースである長谷川良平にまで、ボールの握り方を聞きに行ったというエピソードもあるほどだが、このシンカーは、さまざまな試行錯誤を繰り返した末、自分のものにしたのだ。

シンカーには様々な投げ方があるが、おおよその一般論でいうなら、中指と薬指とでボールをはさむようにして、リリースの瞬間、ボールの縫い目をうまく使いシュート回転をかけながら、抜くようにして投げるのが一般的であろう。

しかし、松山のシンカーは、全くといっていいほど違うものである。

ボールの縫い目を一切握らずに投げるというのだ。

まず、硬式のボールの表面は、二枚の革が縫い合わされているのはいうまでもなかろう。右投げの松山であるが、彼のシンカーは、このうちの一枚の革のみを、人差し指と中指、さらに、親指の三つで触れるもので、縫い目には一切触れないように握る。

人差し指と中指はくっつけずに、わずかにあける。その反対側に親指を持ってきて、三本の指でボールをはさむようにする。くどいようだが、縫い目には、この三本の指は触れないようにして、やや軽めにはさむ感じで、あとの薬指と小指はそのままストレートを投げるときのように添えるだけ。以下、松山の言葉を並べてみる。

「縫い目にかけないので、ふつう滑りますわ。（しかし）それで放りますと、やっぱり、シンカーするんですわ。まん中に放りますと、ちょっと加減するだけで、こういったり（右に落ちる）、こういったり（左に落ちる）する。シュートしながら落ちたり、スライドしたり、ほいで、うまく行けば、まっすぐ落ちるし。三通り放れるんですわ。（人差し指に力を入れると）シュートしながら、中指に力を入れると、スライダーで。いうても、横に曲がるのではなく、落ちながら曲がる。また、均等に力をかけると、まっすぐ落ちるんです。それができるようになったんです。ところが、問題はコントロールなんです。すっぽ抜けることが多いんです。縫い目にかかっていないから。それに、コントロールをつけるのに苦労したわけです。それで、投げて。投げて。それぱっかり投げて、コントロールがついたんです。それで、行けるようになりました」

「長谷川さんのシンカーを横で見とって、シンカーはええなー、あれは、効果的やなー思うたから、放りたいなー、ほんで、聞きにいったんです。ただ、『投げ方が違うから、オレの握り方ではだめ。自分で考えなさい』っていわれ、それで、自分がいろいろと試しました」

「他の投手に投げられるとは思わない。しかし、僕の投げ方で、そういうボールが投げれた。練習して、コントロールがついたら、面白いようにゴロが打たせられる」

「後ろからみている新聞記者や評論家の方は、シュートやとか、シンカーとか、スライダーとか、投げ分けているように見える。打っている人も（そう）感じる。ところが、投げている僕は、同じ握りで投げているんです。たまに直球を釣り球に放る程度でね。ホントこれ一本で完投したこと何べんもあるんです。だから、あんまり頭を使わず、それぱっかり投げとったらええ、というようなもんです。この球のコントロールがついてから、一人ぐらいヒット打たれたって、すぐに、ゴロを打たせて、ゲッツーがとれるんです」

「野球は、今の人（選手）も一緒で、自分で自分にあったものをみつけないといけない。ただ、コーチの言うとおりではだめです。また、このボールは解説者泣かせと聞きました。軽く人差し指に力を入れたら、シュートのような軌道を生み、軽く中指に力を入れたら、カーブのような軌道をえがきました」

まさに〝七色のシンカー〟であり、異彩を放ったのだ。このボール一つで、昭和二九年の一八勝、三〇年の一〇勝へと繋がっていくのだ。

この松山が入団する際にも、石本が深くかかわっているが、ウソのようなホントの話、キャッチボールを見ただけで入団をさせているのだ。

高校時代は、大阪の興国商業でエースだった松山が、同校の野球部OBでもあり、カープでピッチャーをしていた笠松実を介して、広島を訪れた。

昭和二六年の暮れのこと。

「石本さんにみてもらうぞ」といわれ、宿舎、御幸荘の近くの公園に出かけた。

「キャッチボールをしてみぃ」と石本。

促されて、キャッチボールを始めた松山。そのフォームを黙ってじーっと見つめる石本。

わずか数球を投げただけである。

「よし、ええ、入団じゃ」

まさに鶴の一声のごとく、カープに入団が決まった。

「何が〝よし〟なのか、今でも分からない。ただ、じーっと、腕を組んで、キャッチボールを見ておられた。投げている格好を見ていただけ」と松山は言う。

松山と同じ昭和二七年に入団した大田垣は、ほとんど同じようなシンカーを、石本から直接指導を受けて自分のものにしている。

大田垣のシンカーも、ボールの縫い目をはずして、人差し指、中指、親指でボールの一枚の革のみに触れるように握るのである。

この人差し指と中指の力加減で、左でも右にでも落ちながら曲がり、さらに均等にかけた場合は真っすぐに沈むという軌道をとった。

「この縫い目にかけないボールは、石本さんから、最初に入団した年のキャンプで教わりました。高校時代からいかに縫い目を使うかを考えていたのですが、これは衝撃でした。(縫い目を使わないのですから)奥が深いな〜と感じました」

石本監督は、弱冠一八歳の大田垣にも、自分自身で考えて身につけることの必要性を含めて指導したという。

「問題は、『球を離す瞬間、手首や指先をどうするか。また、指(人差し指と中指)をつけて投げるんと、開いてなげるのは、その人その人の、コントロールのつき方は違うので、どっちでもよろしい』。ただ、指をつけて投げると、コントロールしにくいんです。(中略)変化もするし。『コントロールもつきやすいような握りいうのは、個人個人で、お互いが、やっぱり、自分で投げやすいようなのを勉強せー。自分で考え出せ』といわれ、石本さんから教わりました」

こうして、大田垣は、変化球に対する哲学を築きあげたのだ。

「結局は、人それぞれ指の形が違うため、(ボールが)離れる瞬間のポイントや、投げるときの状態に、いかに球の回転に変化を与えるかなんです」

さらに、石本の指導から、大田垣はリリースの瞬間、スナップを利かせるのではなく、抜くようにして投げると効果的なことに気がついたのだ。

「浅く持つとか、深く持つとか、いろいろあります。『そういうようなのを、自分で研究せーにゃーいけん』といわれました」

石本から、自分で考えるようにいわれた大田垣は、そのシンカーの微妙なボールのキレを、握りの深さで、さらに進化させている。

〝深握り〟〝浅握り〟と〝普通握り〟と、ボールの握り加減を変えることで、球威や軌道に変化を与えている。こうした石本の指導を受けた翌年から五年連続で二桁勝利をあげるほどの大活躍で、カープ投手陣の大黒柱に成長する。一一年間のプロ生活での生涯成績は、一一五勝一四九敗で、防御率2・96と、エース長谷川とともに、草創期のカープを支えた。

こうした二人の高卒ルーキーの頑張りがあったものの、昭和二七年のカープは低迷した。やはり、前半戦、エース長谷川は、事件の影響から練習ができておらず、投げられない。さらに登板してもノックアウトをくらう日々だった。

球団創設から、昭和二五年、一五勝、昭和二六年、一七勝と、カープの勝ち星の実に四割以上を長谷川の右腕にたよっていたため、カープ投手の台所事情は厳しかった。

長谷川で勝てないカープにとって、唯一の光明といえば、投手、渡辺信義だった。

前年の夏、広島県庁の軟式野球部から硬式野球に転身して入団したが、この年、六勝をあげたのだ。

この渡辺は、入団当初、オーバースローであったが、軟式の出身者の弱点は、ボールの軌道に如実に表れていた。というのも、「球に押さえがきかず、高めにぬけていくようなボールが多かった」とは、実際にボールを受けた長谷部稔の記憶である。

とてもプロでは、通用しない――。

大方の見方は、冷ややかだった。しかし、石本監督の眼は違った。球威がない、ボールに押さえがきかない――ならばと、渡辺をアンダースローにさせたのだ。球威がないなら、ないなりのピッチング、押さえがきかないのなら、それを生かしたフォームへと変えさせたのだ。

不思議な変化をするという十字火球[※1]を武器に、渡辺は八月中旬から一ヵ月と少しの間で、六勝をマークするのである。二七年のシーズン後半の一時期、長谷川に代わって、エースとまでよばれるほどの勝ち頭になるのである。

ただし、この年は、やはり長谷川問題が尾を引いていた。長谷川が出遅れただけではなく、チーム自体も当の名古屋軍との相性が特に悪かった。九月二九日のダブルヘッダー、第一試合が終わった時点でいうならば、一七試合やって、一勝一五敗一分と、とてつもなく負け越していた。カープ抹殺規定である、勝率三割を死守することに暗雲がたちこめていた。

「三割を割れば解散勧告されるということが決まっていたからカープにとってはまさに重大事だった」(「広島カープ十年史『球』」)

最下位争いの帰趨はいかなるものか――。

そこへきて、カープの試合日程は凄かった。シーズン終盤である九月はというと、一二回のダブルヘッダーを含んで、一ヵ月間二九試合という強行軍だった。これは、傍目《はため》にもカープつぶしであることは疑いのないスケジュールといえた。

いよいよカープ解散か、六球団制か――。

「六球団制をもくろむ連盟が、広島が勝率三割をわれば、得たりとばかり広島を抹殺の挙に出ることは火を見るより明らかであった」(「広島カープ十年史」)

大の苦手の名古屋軍との試合は、九月二八日からの三日間で行われたが、シングル、ダブルヘッダー、ダブルヘッダーと五連戦であり、ここが天王山であった。

この前日までカープの勝率は、二割八分八厘とあって、存続がかかった最大の局面となっていた。この初戦を、今や時の人ともいえる、勝ち頭である渡辺信義で落とした。

その日の夜、石本監督は名古屋での常宿である五月《さつき》旅館の大広間に、選手全員を集めた。声涙《せいるい》ともにくだる一世一代の大演説をぶったのだ。

「いいか、みんなよく聞け。このまま、名古屋軍に負け続けることがあっては、勝率も三割を切ることになりかねない」

「せっかく今日まで存続してきたカープも連盟の規定に従って、解散するか、合併されるほかなくなる」（「広島カープ十年史」）

「ならば、カープを後援会までつくってささえてくださるファンの方に、何と申し訳がたとうか」

「いいか、よく、聞け。バッターは打てなければ、あたれ。ピッチャーは肩が抜けても投げろ。そうせずして、どうして、ファンに報いることができようぞ」

「ワシと同様、カープを死に場所にしている人もあるはずだ。頑張ってくれ。ただ、それだけだ」

（「カープ十年史『球』」）

石本監督の情熱のこもった涙まじりの演説であった。これは、選手たちの胸に響いた。

「武智が、『よし、やるぞ』を叫んで、立った」（「カープ十年史『球』」）

武智はすぐにバットを持って通りにでてスイングをはじめた。選手は次々に立ち上がり、旅館の外に出て素振りをするのだった。

あけて二九日のダブルヘッダー第一戦の舞台は、この年新装なった中日球場。カープはエース長谷川をたてて臨んだが、なんと0対5と一方的にやられてしまった。カープはこの時点で、三〇勝七六敗三分で、勝率二割八分三厘となり、ついに最下位に転落した。いよいよカープの消滅は時間の問題となった。

ここで石本監督は、存続の運命のかかった第二戦の先発に、またもや高卒ルーキーを送った——榊《さかき》原盛毅《ばらせいき》である。

「よし、もう後がない。次はサカキ（榊原）だ」

事前の準備をしていなかった榊原は一瞬驚いた。しかし、逆にそれがよかった。

「前日に、先発を伝えられたのなら、緊張もしたかもしれないが、すぐに行けといわれて、何も考えずにマウンドに上がれた」（『広島カープ昔話・裏話〜じゃけえカープが好きなんよ〜』）

ただ、この榊原は、前年まで尾道西高でファーストを守っており、野手であった。高校時代は、チームメイトであるエースの大田垣のリリーフで投げたことはあったが、投手としての実績は未知数だった。しかし、キャンプでは、石本監督から直接指導を受けており、手取り足取りの指導から、速球に磨きがかかり、変化球にも自信をつけつつあった。

「カーブは、キュっとしたらカーブになるで。スライダーはチャっと離すんど」

キュとか、チャとか、音をまぜながら、付きっ切りの熱心な指導は、石本ならではだった。ボールをリリースする瞬間の右手の指先の感覚を球種ごとに教えていた。

石本の榊原への指導として一番大きかったのは、フォームを固めていく中で、ボールをリリースする瞬間の軸足の蹴り方や、投げるときの右手の動きのみならず、グラブを持った左手の振り方にもポイントを置いて指導したことだ。さらに、その角度までを懸命に教えている。榊原の身長をいかすために、上体の使い方にポイントを置いたのだ。

というのも、身長は一八二センチで、背丈だけでいうなら国鉄の〝金田級〟とまでいわれた榊原である。その体格を存分にいかし、ボールに体重をのせることに重点をおいた。

榊原は、この日、第一戦で登板した長谷川のサイドスローとは違ったタイプで、真上から投げ下ろす本格派。

石本の奇襲は見事に的中した。榊原の高めのストレートは、長谷川の低めコーナーを丁寧につくピッチングとは対照的だった。キャッチャーの門前真佐人も、真っすぐがいい感じできていたので、ストレート主体で投げさせた。

3対1と、2点リードで迎えた八回には、自らタイムリーヒットを放ち、4点目をあげてダメを押した。この日、榊原は、4打数3安打2打点と大暴れ。

この時、一塁ベース上で、コーチスボックスに立っていた長谷川が榊原に言った。

「サカキー、よう打つのー」

その著しい成長をみて、長谷川が一番のライバルになると恐れていたのが、榊原だった。榊原の恵まれた体軀から繰り出される速球の威力をエース長谷川は認めていたのだ。

八回、榊原は最初のバッターにフォアボールを出した時点で、長谷川にリリーフを仰いだ。しかし、九回、その長谷川が打たれて、1点差まで詰め寄られたが、なんとか踏ん張って、4対3で逃げきった。

ついに、名古屋軍からの二勝目をもぎとったのだ――。すでにシーズン終盤、九月末のことであった。ただ、この一勝はカープにとって大きかった。翌日、地元の中国新聞には、「カープ四度目の六位奪還！」という見出しが載った。小さな記事にもかかわらず、躍動しているようであった。
高卒ルーキー榊原の踏ん張りは、好影響をもたらした。翌三〇日は、刈谷《かりや》市に場所を移してのダブルヘッダーが行われたが、第一試合、カープは粘りにねばった。5対5で迎えた延長一三回、満塁と攻め立てる。名古屋軍の投手は、エース杉下茂であった。名前負けすることなく、カープは山川武範が、走者一掃の二塁打を放った。これで、勝負はあった。

さらに二試合目では、名古屋軍が繰り出す五人の投手を、大沢伸夫《おおさわのぶお》（元、清《きよし》）や門前らが打ち崩して、6対4でものにした。
大の苦手だった名古屋軍にみごと三連勝を決めて、勝率も三割台に乗せる。
勢いづいたカープは、一〇月二日からの松竹との六位を争う直接対決の三連戦を二勝一敗で乗り切ったかと思えば、さらに、一〇月五日の地元での大洋とのダブルヘッダーの初戦に勝利した。この時点で、以降の四試合を全て負けたとしても、勝率三割を守ることになった。

カープは、存続が決定したのだ。

昭和二七年のシーズン、カープは三七勝八〇敗三分で、勝率三割一分六厘。見事六位に輝いたのだ。

結局、カープに代わって、最下位に甘んじたのは、〝水爆打線〟の異名をとり、前々年の昭和二五年には、セントラル・リーグを制覇した松竹であった。三四勝八四敗二分で、勝率二割八分八厘。カープ抹殺のためにつくられた〝三割規定〟のルールは、なんと松竹に適用されたのだ。

※1　当時の文献や言葉の意味から探るが、現在でいう〝クロスファイア〟のことと思われる。さらに渡辺の場合は、下手から投げるボールが、角度がついて、浮き上がるかのようにも感じられたのだと推察される。文献には「球が上下左右に微妙に変化する」（『カープ50年』）また、「浮き上がる十字火球をあやつって」（「広島カープ十年史」）とある。

松竹三人組を獲得

解散の憂きめにさらされた松竹を、石本は、いっさい遠慮することなく、戦力補強の的にした。狙ったのは、小鶴誠をはじめ、金山次郎や三村勲らであり、彼らは前々年、松竹が優勝した時の水爆打線の中枢をになった球界を代表する選手たちばかりである。

この時期の石本の人望は厚かった。後援会を立ち上げて、カープを存続の危機から救い、さらに、連盟が決めた三割規定にも屈することなく、耐え忍んでカープを存続させたのだ。この実績は高く評価され、広く県民市民に認められていた。

まずは、球界のヒーローともいえる小鶴誠である。松竹の四番バッターで、昭和二五年にリーグ優勝を果たした年、五一本ものホームランをたたき出した、セントラル・リーグの初代ホームラン王である。

石本の行動は早かった。東京、本郷のうなぎ屋の二階で、小鶴に会うやいなや、

「あんたらが来てくれんとカープはつぶれる」（『カープ30年』）

「もう、すでに、広島では募金をはじめている」

など口説き文句を連発した。

さらに、金山次郎の家にまで押しかけるのだ。

「あんたが来てくれんと、わしゃ帰れん。このまま泊めてもらう」（『カープ30年』）

「奥さん、心配せんでえーですけーの。米と魚は準備してきとりますけーの」

といきなり家に上がりこんで、泊まり込む作戦にでた。これには、金山夫人も啞然。

このときのことを、金山次郎は、後の座談会でこう話している。

「石本さんがぼくをとりにきて、夕方になると家へくるのですよ。昼間は歩けんいうて、夕方になるとスッと入ってくるのですよ（笑）。昼歩くと新聞記者がうるさいからというので、暗くなるまで宿屋に閉じこもっていて（笑）、夜になるとくるのですね」（『プロ野球史再発掘⑦』）

石本は思い立ったら早かった。広島女学院中学の講堂で開かれた役員会支部長会で、石本は口火をきる。

「松竹の小鶴、金山、三村の三人をカープに連れてきたいと思いますが、みなさんいかがでしょう」

後援会の幹部は震えた。

「あの、ホームラン王の小鶴がカープにやってくるのか……」

「あの、盗塁王の金山次郎がカープに来るのか……」

「本当ですか。石本さん」

ここで、石本は来年度のスターティングメンバーを発表してみせた。一番セカンド、金山。二番ショート、白石。三番ファースト、大沢。四番センター、小鶴。五番キャッチャー門前と続けた。カープのスタメンのごとく声高らかに読み上げて、対戦チームの予想オーダーと比較してみせた。そして、「必ず、カープは四位になる」――と説いた。

この布陣ならば、四位どころか、上位進出も決して夢ではない。

「そのためには、みなさん一〇〇〇〇万円が必要です。一〇〇〇〇万円集めていただけたら、必ずや小鶴、金山、三村をカープに連れてきましょう」

しかし、周囲は冷静でもあった。

「一〇〇〇〇万円などという大金が、そうやすやすと、集まるはずがない。せいぜい五〇〇〇万円が精一杯じゃろーてー」

ただ、石本は理論的に説いていく。

〈後援会員である約二万人のみなさんに、一人五〇〇〇円ずつでも出してもらえば、一〇〇〇〇万円になります〉

確かに、そうである。一人五〇〇〇円なら、何とかなるかもしれない。この年、広島県庁の職員の初任給は、六三五〇円[※1]であり、その約七・八七%とあって、月給の一割に満たない額であるから、なんとか頑張れないことはない。この頑張りこそが、カープの飛躍になるのならば、誰もが惜しむ理由はなかった。役員は必死に動き始めた。

度重なる存続の危機にも、後援会を結成することで、県民市民から浄財が寄せられ、幾多の試練に耐えてきたカープである。プロ野球界の有名選手である小鶴や金山が加わることは、上位進出が約束されたようなものだった。

盛り上がりをみせた後援会で、お金が目標の額に近づいた。すると、石本は、

「もちーぃと（もう少し）、足りませんけーの」

「もちーぃと、足りませんけーの」を繰り言のように連発した。

捕手の藤原《ふじわら》鉄之《てつの》助《すけ》（後、鉄之輔）は、この石本のしゃべりのイントネーションがとてもおもしろい

らしく、なにかにつけ、「もちーぃと、足りませんけーの」と石本のしゃべり口調を真似て、周囲を笑わせた。県民市民も動いた。後にデイリースポーツ記者になる岡本昌義は、当時、肺炎を患って病床にいながらも、筆をとり、小鶴、金山には、毎週のごとくハガキを出した。必ず読んでもらえるようにと、ハガキには、大きく目立つように〝広島カープ〟と記した。

幾たびもの情熱をこめた手紙により、選手の気持ちが動いたのであろうか、ついに、移籍へと向かう。

その返事はなんと年賀状だった――金山次郎からである。

　度々のお便り、お便り、有難く、貴殿のご期待にそふべく、努力いたします。

岡本は、さっそくこのハガキを石本監督に見せた。これにより、一層の期待が膨らんだ。さらに、岡本は、

「石本さん、赤嶺さんにもハガキを投函したいと思いますがいかがでしょう……」

しかし、石本は冷静であった。

「（赤嶺には）やめてくれー」

石本は、この岡本の動きを、止めさせるのである。

そのためか、六〇年を越えた今でも、岡本の実家には、赤嶺昌志にしたためたもので、投函されていない

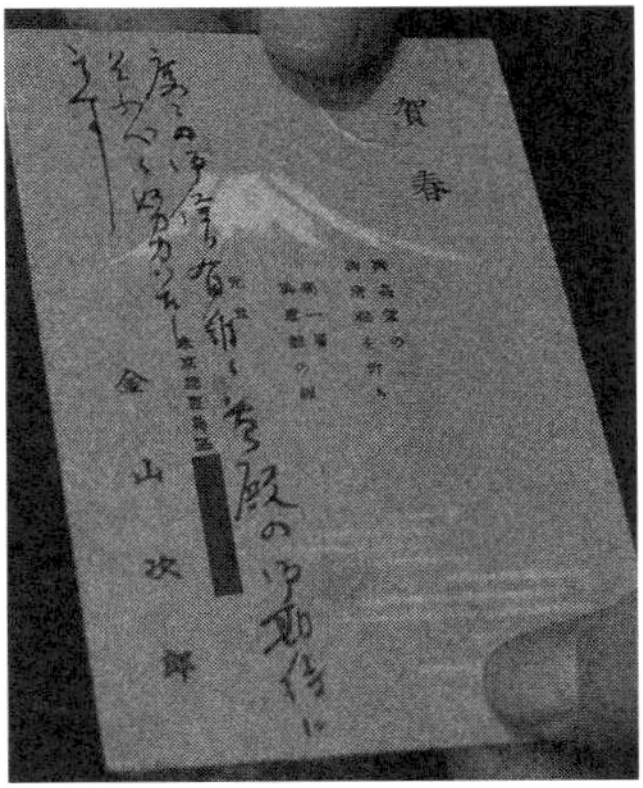

金山次郎から岡本昌義に届いた年賀状（岡本氏提供）

ハガキが残っている。〝広島カープ〟を太い文字で記すなど、気持ちがこもったものである。

この赤嶺を押さえることの重要性は、岡本をはじめ、当然ながら、石本もよく理解していた。三人組の交渉の成否の鍵を握ることになるからだ。

というのも、松竹の看板選手である小鶴、金山、三村の三人組は、昭和二一年のシーズンは、中部日本（後、中日〜名古屋軍〜中日）に在籍していた。しかし、当時、球団の代表でもあった赤嶺が解任された際、後を追うかのように、十数名の選手が退団し移籍したのだ。三人組は、その中の主要メンバーだった。

このことから、赤嶺は、選手をごっそり動かす――と、球界にその名をとどろかせ〝赤嶺旋風〟とまでいわれ、恐れられていたのだ。

戦前の職業野球の時代から、プロ野球を知る石本である。選手の移籍や、契約に関しては、さまざまな思惑がからみ、裏での駆け引きが重要である。ましてや、プロ野球選手の移籍について百戦錬磨の赤嶺昌志とあって、慎重にことをすすめる。

よって、交渉には、東京にいる中国新聞社通信局長の河口豪《とし》があたった。

石本は上京して、河口豪に直接伝えたのだ。

「この三人は赤嶺グループ、そこは極秘に手を打って下さい」（『カープ風雪十一年』）

石本のあの手この手を駆使し、県民市民に募金を呼びかけるという、総ぐるみ運動はうねりとなった。そして、ついに集まったお金は、一〇〇〇万円を超えたのだ。

「募金も四月末で一千十五万円に達した。チリが積もって山になった」（『カープ30年』）

こうした県民市民を牽引した石本の情熱にほだされるかのように、小鶴、金山、三村が晴れてカープに入団することとなった。

これに味を占めた石本の勢いは、増すばかり。ここぞとばかり、手を緩めず、次々と戦力の補強に乗り出していくのだ。

「四〇〇万円、集めてくれれば、必ずや、外国人選手を連れてきましょう」

超有名選手である松竹三人組を募金により入団させたのは、つい先日のことである。この実績から、石本の言うことを聞いていれば、なんとかなるだろうというのが、県民市民の大方の思いであった。その石本が力を込めていうものだから、勢いを増した。まさに飛ぶ鳥を落とす勢いとなって、目標である四〇〇万円は、三ヵ月もしないうちに集まり、シーズン中の六月二一日には、日系二世選手三人を迎えた。

広島駅に降り立った銭村健三《ぜにむらけんぞう》、健四《たてし》、ベン光吉《みつよし》（光吉勉《つとむ》）がオープンカーに乗り込み、パレードとなった。これをファンが総出で取り囲んで迎えた。広島は沸き立った。

「天皇行幸をしのぐ一〇万人の人出で賑わい、歓迎の花吹雪が舞った」（『カープ　苦難を乗りこえた男たちの軌跡』）

このとき入団した銭村兄弟であるが、なぜ日系二世選手を、獲得することができたのだろうか――。

石本は、広島商業時代、三連覇を達成した昭和六年のこと、毎日新聞社の褒賞によりアメリカ遠征をしている。その際、フレズノの現地で日系人チーム〝フレズノ軍〟と対戦している。結果は4対3で、広島商業が勝利をおさめた。

このときのフレズノ軍の先頭打者が、銭村健三、健四の父である銭村健一郎《けんいちろう》である。広島市の段原

（現、広島市南区段原）の出身で、一九〇七年にハワイに渡り、さらに一九二〇年、アメリカ本土に上陸し、大陸西部の開拓者として、いわゆる〝アメリカンドリーム〟を志した人物である。

石本は、国内のみならず、アメリカ遠征時に海外とのつながりを残していたのであろう。過去の野球人生における経験全てでもって、日系外国人選手をカープに入団させている。

「この頃の石本は、広島カープ教の教祖とも言うべき存在で、実に後援会を動かすのが上手かった」

（『カープ　苦難を乗りこえた男たちの軌跡』）

しかし、裏では石本を揶揄する声もわずかだが、あるにはあった。例えば、後援会費が集められて、一時的ではあるが、球団の懐が潤ったときのことである。

「石本さん、せっかく集まったお金ですが、銀行に預けんのですか？」などと、後援会の幹部から指摘されることも少なくなかった。石本の一本気なやり方に、不満を持つ声がではじめた。

「絶対に、預けた方がいいですよ」

しかし、石本は預けない。

「石本さんは、あたかもオーナーであり、社長であり、監督であるかのように、全てを引き受けていた。ただ、石本さんはあくまでも野球人だった。一切不正はなかった。経営という（ところにまで）気持ちが回らなかった。（お金を）預けるというところまで、気持ちが回らなかった」とは、昭和二八年入団の高橋千年美《たかはしちとみ》投手の証言である。

金をそばに置いておけば、すぐに選手の獲得もできるし、その場で契約もできるという、プロ野球の現実を知りつくしている石本の行動が周囲には理解されなかった。プロ野球は、金、カネ、かねである。現金を即支払いできる状態にしながら、現場主義に徹する石本にあって、世間の一般的な会社を営む後援会の役員からしてみれば、経営観念がなく、非常識な人物と映ったのだ。

「この頃のカープの給料袋には、シワのよったお札が多かった」とは、投手、榊原盛毅の記憶である。それらは、すべて当日の試合収入をはじめ、球場におかれたたる募金などの浄財から、また、各地の後援会の発会式などの宴席に呼ばれ、会場で集められたお金から支払われるという自転車操業であった。とうてい理想的な球団経営とはいえなかった。

この現ナマ主義的な経営をみかねた後援会の役員には、石本に対して経営者たる行動ではないとわだかまりが鬱積《うっせき》していくのだ。後援会の不満は、『カープ30年』にはこうある。

――「会社の運営をまかすことは、多大の支障と不安が生じている」

「試合収入で銀行からの借金を返そうとしたら、石本さんは反対した」――

傍らでは、お金にまつわることには厳しかった。アルバイトを雇うのにも、石本のハンコを必要とした。さらに、事務処理にまでも細かく口出しするなど、経営者としての管理ぶりは徹底していた。

しかし、後援会のいうことを聞かない石本というレッテルが張られた上に、独断専行型の経営者ぶりに対し、待ったがかかる事件がおこる。前年の長谷川問題の残像ともいえるものである。

石本は名古屋軍から、五〇万円を受け取った、というのである――。

※1　昭和二七年の、大卒七六五〇円、短大卒六〇〇〇円、高卒五四〇〇円を平均したもの。

第七章　カープを追いやられる

石本を狙う魔の手

要はこうである。昭和二六年（一九五一）のシーズンが終わり、長谷川良平が名古屋軍への移籍問題でゆれたときのこと。名古屋軍による長谷川のかくまい作戦に音を上げて、石本はお手上げ状態になった。

長谷川の移籍はやむなしと、放出を覚悟した石本であるが、その際、ある条件をつきつけたのだ――石本が大陽ロビンスの監督時代（昭和二四年）に育てた投手、小林恒夫（後、経旺）を名古屋軍が獲得して、そのまま広島に移籍させることができるのなら、長谷川を出してもいい――と。

しかし、石本は、長谷川をやすやすと手放す気はもちろんなかった。古くからプロ野球選手の契約ごとには長けている石本のことだ。どうしてもというのならと、条件をふっかけ、カープに有利になるように仕向けた。

移籍金として五〇万円を広島カープに支払えば、認めよう――というのである。

しかし、結果的にこの契約は成立しない。長谷川をかわいがっていた森田よし子のスクランブル出動により、長谷川を広島に連れて帰ることに成功し、一応の解決をみたのである。

ところで、この五〇万円であるが、移籍の話でゆれ動いた時期に、名古屋軍からお金だけは出された。しかし、移籍ができないとなったにもかかわらず、そのお金が広島にいったまま返されていない――誰かが受け取ったのではないかと、噂になったのだ。

ではなぜ、このような噂が、石本の周囲に広がったのか。長谷川のカープ残留が決定的になったときのこと。その後始末のために、カープの後援会の幹部が名古屋に出向いて詫びを入れた。この時、聞いて帰った話が広がった。

お金が広島にいったまま返されていない——誰かが受け取ったのか——じゃあ、誰になるかといえば——長谷川問題の渦中で対応していた石本ではないか——となってしまった。

この長谷川問題を、別の角度からみると、真実味が全くないわけではなかった。石本が、小林を欲しがっていたのは事実であった。小林は、石本が大陽ロビンス監督時代に育てあげたピッチャーで、長谷川問題が起こる前年の昭和二六年のシーズンは、一八勝（一五敗）をあげる大活躍であった。荒削りながらも、ダイナミックな投球で、主力投手になっていた。このとき二五歳、脂の乗り切った小林は魅力的だったからだ。

「小林の方が将来性があるけえ…」（『カープ30年』）

と石本は素質を高く評価していた。

しかし、石本にしてみれば、五〇万円の受け取りなんぞは、根も葉もないことであった。

この噂がきっかけとなって、石本には不穏なデマがついてまわるようになり、絶大な求心力を失っていくのである。「築城三年、落城三日」とはよくいったものだが、みるみるうちに石本の築き上げた鯉の城はくずれていく。

当時のカープは、後援会からの募金の体制が固まり、経営は安定しつつあったが、さまざまな問題も浮かびあがってきていた。

また、補強によりプロらしい球団になりつつあったものの、さまざまな思惑がからみ、勢力争いのようなものが生れていた。この頃を深く知る元カープ球団の職員で、広島商業出身の岡本昌義（大正七年生れ・故人）は生前、このような推察をたてている。

松田恒次《まつだつねじ》が、石本を追いだしたというのだ。

いわずと知れた東洋工業（現、マツダ）の社長である。この件は順を追って話を進める。まず、推察を立てた岡本は、第六章でふれた通り小鶴、金山、三村という松竹三人組の入団にあたり、石本の陰になり、手紙で彼らにメッセージを送り続けた熱心なカープファンであった。昭和二七年当時の岡本は造船会社で経理の仕事をしていた。

その後、昭和二八年から、デイリースポーツの記者としてカープを追っかけることになるが、広島商業時代から大の野球好きであったため、カープの全試合の結果をスクラップしていた。この豊富なデータは、マスコミの現場に活かせると期待されてデイリースポーツに入社したのだ。

「本通りの清水洋服店の店主は広商出身ですが、そこに出入りするお客さんから、（デイリーに）誘われ、やってくれーとなりました。当時、小鶴、金山が来たというので、（カープも注目されるようになり）デイリースポーツも（広島に）支局が必要となったんです」と岡本。

さらに、岡本の能力は評価される。整理した資料をもとに、データ分析にも長けていると評判になり、スコアラーとしてカープに入団することになる。まずは、嘱託職員であったが、昭和三二年四月から、カープのスコアラー（初代）になった。

本人談によると、スコアラーになるにあたり、広島商業出身で、南海の監督を務める鶴岡一人（当時、山本）の肝いりによって実現したというのだ。

「パ・リーグの南海が、スコアラーをはじめて（プロ野球で）採用した。（それが）あの〝尾張《おわり》メモ〟[※1]で、有名な尾張さんで。南海が一番にスコアラーをはじめたんで。カープもプロ野球としてやっていくんだったら、スコアラーを入れないといかん、といわれて、そこで、大学でもお世話になった鶴岡さんが、僕をスコアラーにしてくれいうて、（カープの）久森さんにいうた」

この時、スコアラーの草分けといわれる尾張久次《ひさつぐ》から、南海で使っていた用紙などの提供を受けている。

「カープの嘱託になるということになり、僕の所に、鶴岡さんが尾張さんを連れてきて、南海の用紙をくれて、カープもこれをやれいうていわれました」

その後、岡本の力は認められ、カープは正社員として迎え入れる。

「カープの嘱託ということでやっていましたが、七月（昭和三二年）に、市民球場ができるまでにということで（入社を勧められ）、デイリー（スポーツ）と縁を切り、カープに入りました」

これ以来、岡本は昭和五四年に取締役総務部長の役職を最後に退職するまで、まさにカープ一筋ともいえる生涯を送る。

この頃のカープには、さまざまな問題があったとされるが、その一つに、カープ首脳陣の中で、学閥争いのようなものがあったというのだ。

広島商業出身の石本が、カープで大きな権限をもった中、石本に対する恨み節のようなものがあり、ここぞとばかりに「五〇万円受け取り」の噂は広がっていった。

岡本の証言から、石本のことをさらに追っていく――。

石本は、何ごとも自分で決めて行動するという独断専行型の手法をとったため、後援会づくりにおいても、ワンマンぶりが目立った。石本のいう通りに動いて組織が成長しているうちはいいものの、軌道にのって満足いく体制になったところで、少なからず石本のやり方にいや気がさし、不満をためている者、石本の存在に嫉妬する人が出始めたのだ。

というのも、発足当初のカープは、石本をはじめ久森事務局長、さらに二軍にあっても石本が育てた灰山を監督にするなど、広島商業出身者を中心として始動している。この頃、首脳陣だけでいうならば「広島商業カープ」ともいえるチームであった。

広島商業で、四度の全国制覇を達成し、広商野球の象徴ともいえる石本が、選手が一人も決まっていない球団創設から選手集めに奔走したことからしてみると、いたしかたないことでもあった。

しかし、黙ってみている広陵関係者ではなかった。広陵出身者や広陵ファンにしてみれば、広島商業の出身者を中心としたカープの首脳陣の面々に、気分がよいはずはなかった。

ところが、石本の考えは違っており、バランスのいいものであった。いずれは監督の座を助監督である白石勝巳（広陵出身）に譲る気持ちでいた。石本にしてみれば、あくまでもカープを中心に考えており、広島商業がどうの、広陵高校がどうの、ではなく、巨人から譲り受けるときの約束通り、白石を監督に――の気持ちであった。

「石本さんは、白石さんに譲る気だった。しかし、それ（石本さん）を早ようクビにせんといかんいうて、後援会の役員である菊地ガラスが、石本さんに罪を着せた。首謀者はこれ（菊地さん）です」

と岡本は語る。

菊地義男は、菊地硝子本店[※2]を営んでおり、カープ後援会の幹部だった人物である。カープ草創期の後援会では欠くことのできない人物であった。石本がつくりあげた後援会の会費を集めるのに一軒ずつ家々を走りまわった、汗かき役でもあった。

御子息である菊地埈司《たかし》は、取材当時、旧広島市民球場跡地から約一キロ北に離れた西白島《にしはくしま》地区で、元気に暮しておられ、半世紀を超えた当時を語ってもらった。

その他の後援会の役員は、病院の大内五良院長（三代目カープ後援会長）をはじめ、六〇歳代以上が多くを占めていたという。

「その中にあって、唯一、父は若かったと思います。お金集めに奔走していました。先輩連中に交じってよくやっていました」

菊地硝子店を営む傍らで、店先には必ずカープのポスターを掲げ、仕事上の取引先においても、カープの後援会費のお願いに回っていた。

「カープの後援会費をお願いしたいんじゃが……」

これには、殆どが応援してくれた。しかし、返事が思わしくないと、

「ほいじゃあ、お前のところと取引せんわ」

私生活でもこうだ。夕飯の買い物に近所の肉屋に行くときにも、カープの後援会のお願いを忘れなかった。

「カープの後援会に協力してほしいんですが」

返事が思わしくない。

すると、家に帰ったとたん、

「おい、みんな聞け。あの肉屋では一切買うな」

一家の主である菊地義男がいうのだから、家族は大変である。すぐ近所にある肉屋を素通りして、歩いて往復二〇分もかかる「肉のますゐ」（現、広島市中区八丁堀）まで出かけて行かなければならなかった。当然ながら、「肉のますゐ」はカープの後援会に協力的であったからだ。

夕食のための買い物一つとっても、「カープのために」とひと筋だったのが、若き役員、菊地義男

であった。

長男、菊地埈司は、

「当時は、盆正月しか、晩御飯を一緒に食べた覚えがなかったですね」というほど、カープと仕事に走りまわっていたのだ。

菊地埈司の弟、菊地正裕《まさひろ》は、この後援会費を実際に集めて回ったという。当時、小学生であったにもかかわらずだ。

「おい、正裕っ。ワシが電話しちょったから、お前、金を集めて回れ」

子どもながら自転車にまたがり、必死にペダルを踏んで、お金を集めた。

正裕の妻、菊地恵美子は、菊地義男の話として、

「ガラス組合などもあって、仕事上、お付き合いをしていく中で、協力してくださるところに、自転車で出かけていました。天満町《てんまちょう》の施向《せこう》ガラスさん、京橋町のカジウメガラスさん、紙屋町の㈱橋本硝子店（現、安佐南区八木）さん、銀山町《かなやまちょう》の吉岡ガラスさん、古島陳列（当時、幟町《のぼりまち》）さんなどと聞いています」

これらの店舗は、広島の町のいたるところに点在しており、小学生の正裕は、自転車をひたすら漕いでまわった。

「遊びたい盛りで、いわれたときは、面倒くさいのーと思ったことはあります。だから、ふてくされて行ったこともあります。でも、親父がカープのためにと動きまわるのを見ていると、ぶつぶついわずに、行かんといけんって思いました。まあ、親に口ごたえをするような時代でもなかったですからね」

戦後間もなくの頃、父親の背中は大きかった。その存在に魅せられた正裕は、ペダルを踏む足にも自然と力がこもった。

後援会費を集めることに家族を動員してまで、石本の築いた後援会により深い理解を示していたのが菊地であり、自ら〝石本おろし〟に動いたという岡本説は、にわかには信じがたい。

何者かが菊地をたきつけたことにより、正義感の強い菊地が、「石本が金を受け取った」と、吹いてまわることになったというのが真相である。

このたきつけについてであるが、

『カープ30年』では、石本は「西野（裏＝後の球団代表）がワシを追い出そうとして、後援会をたきつけた」と語っている。西野に関しては、後に記す。

菊地義男について、もう一つ証言がある。菊地埈司の証言である。当時、広島の高校野球の人気を、広島商業、広陵高校で二分していた中で、父、義男は広陵ファンでもあったというのだ。

「父は、広陵ファンで、広陵のためのお金集めもして回っていました。でも、広陵の関係者は、お金持ちが多くて、あまり無理せんでも集まるんですわ。しかし、カープの金集めには、苦労していましたね」

さて、岡本の証言に戻る。石本退陣にあたり、広陵側の力が動いたというのだ。

「広陵の勢力からの反発があったと思います。球団関係者の中から、反石本派が火をつけて、広陵の勢力が、石本退陣を後押ししました」

しかし、石本退陣劇については、こればかりではない。

他の証言もある。菊地埈司は、

「いや、（選手の）誰を呼んでくるかで、後援会ともめたんじゃなかったのか……」と、学閥による主導権争いではないという見方をしている。また、他説もある。オールスターの入場切符は、各球団に割り当てがあり、カープ分としては、このとき二〇〇枚あったという。ところが、石本は南海の鶴岡一人監督（当時、山本）や、阪神の藤村富美男監督らに、勝手にゆずっていた。甲子園球場にカープの後援会が観戦に行っても、入場切符が足らないで、入れない人が何人かいたのである。

この切符を、石本が勝手に渡したのだということになり、「石本は独裁的だ」（『カープ十年史『球』』）となったというのである。

しかし、オールスターチケットが余ったとあらば、石本が「ほいじゃあ、鶴岡やら、藤村に分けちゃろう」というのは、合理的な石本の考え方によるものであったろう。ただ最終的に肝心のカープ後援会の一行が入場できなかったということで、怒りの矛先は石本に向った。

いずれにせよ、石本の独断専行型な行動に関し、少なからず不満が出始めていたことは否めず、この頃から石本には、不穏な噂がついて回るようになる。

昭和二八年、松竹三人組の移籍が決定的になり、カープもプロ野球の球団らしくなってきた。また、カープの球団内に出入りする人間も変わってきていた。

「この年から、本格的に松田恒次さんが応援に乗り出されました」とは岡本の談だ。東洋工業の社長松田恒次が、カープの選手を誘っては、週がわりで食事に連れて行くようになったのもこの頃である。

「よし、今日は内野手だ」「今日は投手陣だ」と、松田恒次は身銭を切りながら、伸び盛りの選手を応援し始めた。この年から、カープを取り巻く環境が大幅に変わりつつあった。

この時期、カープ球団に出入りすることになった西野襄の存在も見逃せない。もともと西野は、鳴尾で風呂屋を営んでおり、遠征費が払えないカープは、お世話になることもしばしばあった。この西野の血縁（姉妹）が、ある阪神の選手と結婚したことから、プロ野球に急接近する。西野は松田恒次にも、自分なりの野球への思いを語るようになり、松田恒次の心をカープ支援に向けていく。

このとき、松田恒次がカープ支援に乗り出すにあたり、ある条件が出されたとされる――。

岡本はこの時のことをこう語る。「小鶴、金山が来てから、東洋工業の松田恒次さんが、はじめてカープを応援する気になったんだが、条件をつけて、そのためには、石本を辞めさせーといった。そういうこと（話）がいっぱいある」

この時期、松田恒次が社長を務める東洋工業は、オート三輪などの生産にも弾みがついて受注も右肩上がりで、上昇気流にのっていた。松田恒次は、戦後、焼け野原となった広島をさまよいながら、閑散とした町工場や電器店のシャッターを一軒ずつたたいては、元気をださなくてはいかん、広島をなんとかせねばならんと説いて回った人物でもある。

このことがオート三輪の飛躍的な生産にもつながり、復興期の人々の重要な足となり、産業の回復を後押しした。

広島を元気にしたい――郷土を思う気持ちは人一倍強い。その思いを胸に、プロ野球に向っていたのであろう。

松田恒次の父、松田重次郎《じゅうじろう》は、大阪に行き職工として見習いから独立した。昼夜わかたずの機械いじりに没頭し、後に創業、広島の町に人々の働ける場所を提供したいという思いから、故郷に錦を飾った人物である。

こうしたことから、松田恒次は、西野襄の話にのりながら、カープを応援するようになっていく。そこで、後援会から信望の厚い石本の存在が少なからず邪魔になってきていた。そこで、石本の存在を快く思わない西野襄が、松田恒次をうまく巻き込んで支援に担ぎ出し、さらに、石本の退陣を呼び起こすかのごとく、悪い風評をまき散らして回ったというのだ。

しかし、この説に対しては、より冷静な意見もあった。元球団職員の渡部英之である。彼は昭和二七年に後援会の決起集会での名司会ぶりが認められて、カープに入社し、初代ウグイス嬢ならぬ、カラスボーイとして球場アナウンスを担当した人物である。昭和五七年に総務部次長の立場で退職するまで、カープ一筋の人生であった。この渡部の証言はいたって冷静である。

「そうですね。ただ、岡本さんがそれをいわれたのは、どうしてですかね。石本さんが、松田さんに、そこまで嫌われる理由はなんですかね。松田さんほどの方でしたら、少々のこと（仮に何か問題が起こっても）は、まあ、いいじゃあないですか。すんだことじゃけーというような人ですから。（岡本さんは）そのことに固執される。どうしてそこまでいわれたんですかね。影響がないように思うたりするんですよ」

松田恒次は、広陵出身の白石勝巳が監督に就任した後、白石がカープを運営する上で、給料の支払いや、選手獲得の契約金などのお金に困ったときには、手厚い支援をしていく。白石は自著でも語っている。

「いよいよ困って、東洋工業の松田恒次社長のところへ行って助けてもらった」（『背番8は逆シングル』）

結論を言えば、半世紀をとうに超えた現在、松田恒次がカープ支援に乗り出すにあたり、石本退陣の条件をつけたかどうか、その真偽については、何ら確証は得られなかった。よって本書では岡本個人の推察とする。わからないとしか言いようがない。

ただし、長谷川事件の疑惑の残像から石本の悪評が広まっていったのは事実だ。石本は風評なんぞに負けてなるものかと、デマをまき散らした役員の退陣を求めたが、カープ球団側がこれをあっさりと拒否した。

これに腹を立てた石本は開幕直前に鳴尾の自宅に帰ってしまった。

すると、すぐさま選手会が団結したのである。我が恩師であり、絶対的な存在である石本を守らねばと、カープ球団に対して、抗議の決議文を発表することになった。

以下、決議文の要約。

「カープ育成の親ともいうべき石本監督の構想（監督続投のこと）を選手一同支持するものであります」

「しかるに会社は、石本構想に対し一顧だに与えず（振り返りもせず）そのため公式戦開幕するも石本監督は球団統率の指揮をとることができない現状であります」

「カープの基礎確立並びに発展のためには石本構想実現が絶対条件なりと信ずるわれわれは会社の反省を促すとともに、これが容《うけい》れられない時はカープの基礎確立のため試合放棄も辞さないことを決議致しました」（『広島カープ十年史』）

選手らの団結は固かった。球団に対して、反省を求めた。もし、石本監督が指揮をとれない状況ならば、カープ選手会が、球団史上初となるボイコットも辞さないという勢いのあるものであった。

この選手達の働きかけに球団は応じる形で、鳴尾の自宅に帰っていた石本を、呼び戻すことになった。これで落ち着くかに見えたが、なぜだか今度は、監督の交代の噂まで出始めた。

石本監督の後釜として、おおよそ白石が引き継ぐのが道筋とされていたが、ここでも広陵ＯＢである岩本義行《いわもとよしゆき》（当時、大洋松竹）を監督にすべきだという案が浮上して、選手内でも意見が割れた。

しかし、石本は、将来的に白石を監督にする、という読売側との約束を果たさなければと、その気持ちだけは持ち続けていた。石本は、地元広島での試合だけは監督として采配をふるうものの、遠征の際には地元広島に残って金集めに奔走し、遠征先での指揮は、白石に託していたのである。

こうした中、選手には、精神的な動揺が伝わったのか、松竹三人組がカープに加わって戦力の向上がみられたものの、なかなか勝てなかった。

開幕の対戦カードとなる大洋松竹ロビンス戦では、それが如実にあらわれていた。

広島、尾道、呉での三連戦に三連敗して最悪のスタートとなった。次節の国鉄戦では、二勝一敗であったものの、再び迎えた洋松ロビンス戦でも、三タテをくらわされてしまった。

ファンにしてみれば、たまったものではない。上位進出を夢見て、生活費をはたいてまで募金して補強につくしたシーズンである。にもかかわらず、いきなりこけては、ストレスがたまるばかり。

激怒するカープファン。大洋松竹戦で三タテをくらわされた上に、四月一二日のダブルヘッダー第二戦で、洋松の荒川昇治《あらかわしょうじ》が打った球が、レフトポールにあたって、ホームランと判定されたことが、騒ぎの発端となった。

当時、ルールを熟知していないファンも多かったこともあり、ホームランの判定の原因となったレフトポールを引き抜くという、暴挙にでる。さらに、判定に納得がいかないと、審判団を控室に押し込め、約二時間にわたって物いいをつけるのである。

この日を境に、カープファンは怖いという風評が全国的に駆け巡るようになる。

ここで石本がとった手段は、自らが監督のポストを辞し白石を推薦したことである。

「石本監督は幹部会にはかって、新監督に白石を推薦し、満場一致で可決された」(「広島カープ十年史」)

ついに五月五日からは、監督を白石に据え替えて、チームを一新した。石本はユニホームを脱ぎ、現場から退いた。総監督兼常務取締役の名前の下で、チームの刷新を図ることになった。

これでうまくまとまったかにみえたが、実は、そうではなかった。シーズンも真っただ中の八月のこと。菊地義男がカープの事務所を訪れた際、石本が五〇万円を受け取ったと、またも噂を聞いたかのごとくしゃべったのである。

「本年八月一日午前一〇時ごろ菊地氏は広島市大手町広島野球クラブ事務所で、事務員五人に対し『カープ後援会副会長が名古屋を訪れて調査した結果、長谷川の移籍に二〇万円を与えたことは、事実で、その他某氏に五〇万円出したと名古屋軍が明言しており、某氏というのは石本に違いない』と放言したほか数回にわたってこれら事実無根のウワサを流布した」(「広島カープ十年史」・一部略)

これには、石本も堪忍袋の緒がついに切れた。もともと五〇万円の受け取りなど根も葉もないことである。

八月八日、後援会の幹部である菊地義男を名誉棄損で広島地検に告訴したのだ。

「これはカープ育成に尽くした私の名誉を棄損したものである」(「広島カープ十年史」・一部略)

しかし、菊地も弁明する。石本問題で揺れる中にあって、事務員にはそのことを気にせず業務にあたってほしいと、配慮した上で言葉にしたのだというのだ。

結末は、コミッショナーにゆだねられることになる。コミッショナーが名古屋に出かけて調査した結果、名古屋軍からそのようなお金がでた形跡がないことが判明する。

これにより、石本の潔白が証明された。しかし、この一連のゴタゴタの結末として、カープ球団が出した結論としては、石本に球団の経営を総監督兼常務取締役として任せるには、多大なる支障と不安があるということになり、結果として、勇退を勧告することになるのである。

この結論は、セントラル・リーグ連盟の会長、鈴木龍二に提出されたため、石本の意向いかんにかかわらず、カープから追いやられてしまうことが決定的になる。

しかし、鈴木は戦前から石本のことをよく知る身である。また、カープ後援会には、石本に寄せる厚い思いから、支援者も多いことに留意し、広島までやってくる。そこで、話し合いを持ちかけ、円満な解決を促すのであった。

「二〇日来広した。そして、小川真澄専務（後援会長）、石本氏、鈴木会長、松田東洋工業社長が話し合った結果」（「広島カープ十年史」）

以下のことが、決定された（一部略）。

①石本、菊地両氏の問題は、告訴が取り下げられる時機を待とう。
②石本は、会社の勧告に従い、辞表を出す。
③石本が引退するまでの会社の立場は闡明《せんめい》にする。
④石本と選手の間での契約は、これを明確にして、会社に引き継ぐ。
⑤石本は一〇年選手（監督含む）であるから、会社は退職金を支払う。

と、これらが決められ、石本の退団は決定的となった。

こうした中、石本は自身にふりかかった疑惑に関しては釈明しておかねばと、「再建の苦節も恵まれず、訣別した私の立場」[※3]と題して、ビラにしたため配布した。このビラの内容に少しばかり波乱を呼ぶ記載があったから、おさまりがつかなくなった。

「その（ビラの）中に球団内部のことにふれ、平地に波乱を起こすようにみられる面もあった」（「広島カープ十年史」）

ビラが配布されたことにより、選手が過敏に反応してしまうことになる。選手会は、石本から批判をあびたと受けとめてしまったのだ。九月三日の対阪神戦ダブルヘッダーの行われる三《み》次《よし》十日《とおか》市《いち》遠征中に選手会を開いたが、「この一件で、我々のチームワークは乱れるものではない」と、反石本を掲げて団結してしまう始末であった。

かつて幾多の困難を乗り越えてきた師匠と弟子の関係にも、深い亀裂が生まれてしまった。

悲しい決別であったが、コミッショナーの調査によると、石本の疑惑は晴らされて、白であると証明された。よって、石本は告訴を取り下げることになる。しかし、取り下げたものの、石本の退団はもはや避けられぬ事態となった。

昭和二八年のシーズンをもって、カープ創設の親である石本は、さびしく去っていったのである。

※1　日本のスコアラーの草分けともいわれる尾張久次が、南海時代にノートにつづった試合の記録。球種やプレーの流れまでを記し、日本プロ野球界のデータ分析の進化につながったとされる。晩年、尾張は、西武ライオンズ（現、埼玉西武）に在籍し、昭和五八年の日本シリーズの対巨人戦で西武日本一の原動力になったことは有名。

※2　現在の「セレニティ橋本町」ビル（広島市中区橋本町六番一四号）にあった。

※3　石本が立場を守るために配布したビラの見出しのこと。石本の直筆とされてきたが、当時の雑誌には他の説もあるので引用する。「はたして石本氏自身によって書かれたものかどうかさえ疑えるような内容である。あの声明書には、石本氏が

『私』『私』と書いているかと思うと、当然『私』というべきところに『石本氏が』と記されている箇所があちこちに見られる。これは一体どうしたことか。恐らく第三者が書いたものと解釈するのがほんとうだろう」（『ベースボールニュース』第七二一号）。石本を守る〝擁護派〟によって書かれた可能性が高い。

再婚、さらに自宅を購入

明治、大正、昭和と激動する日本を生きぬいた石本は、家庭をかえりみることもなく、ひたすら野球一筋に生きた。そのため、戦前からカープに在籍した間の住まいや、家庭環境は激変している。

戦時中の無理がたたり、妻、露香を疎開先の向原町で亡くしたことは、すでに述べた。その後、昭和二四年、石本は大陽ロビンスの監督に就任しているが、この頃、兵庫県西宮市の鳴尾に自宅を構え、モトメと再婚している。

露香との子の剛也《たけなり》の記憶はこうだ。

「確か、順天堂病院の看護婦長と聞きました」

また、石本を師と仰いだ濃人渉氏の妻、光子夫人は、

「後に来た人は、順天堂病院で、婦長さんをしていたと聞きました。結婚して来られた頃は、少しばかり齢を召されている感じがしました」

このモトメを妻として、石本は再び人生のスタートを切っている。その後、大陽ロビンスの監督を退いた昭和二四年のオフからは、カープ創設に携わる中で、最初の三年間、石本はもっぱらカープの宿舎に入り、選手らと寝食を共にしている。

その宿舎はというと、カープ初年度の昭和二五年は、広島市の観音にある三菱造船所の寮を借りた

ものであった。ところが、負けがこんだカープは、興行収入が上がらず、宿舎の家賃が払えないとあって、そのシーズン終了とともに、御幸荘（南区皆実町）へ逃げ込むように移らざるをえなかった。その際、石本が、家主の砂田時枝を拝み倒して入居させてもらった。

宿舎での生活が続く中、カープを退くことになる昭和二八年のシーズン前に、石本は広島市内に新居を構えている。この時期は後援会からの資金で何とか経営を立て直し、選手らの給料に関しても、遅配や欠配がほとんど解消されていた頃である。

新居の場所は、広島市の中心街まで一・五キロ程度離れ、カープの本拠地、広島市観音地区の広島総合球場まで約二キロ程度という好立地ともいえる吉島本町《よしじまほんまち》（現、広島市中区吉島西二丁目の一角）であるが、中古の一軒家を手にした。

この家の持ち主は、写真館を営む大武鶴喜《おおたけつるき》という人物で、戦時中、大本営がおかれた広島にあって、陸軍のおかかえカメラマンとして、軍の兵隊さんのスナップ写真のみならず、陸軍の機密事項などの撮影に携わっていた。

この大武鶴喜の自宅はたいそうりっぱなものであった。門をくぐると、石畳が敷かれ、玄関を入ると三畳間があって、その奥に八畳の続き間があった。その続き間の横には、南側に面して広縁がある。板の間の部屋が二つ、三つあり、広い台所の板の間には、桜の木が使ってあるなど、よりすぐりのものであった。特に大黒柱はツガの木でおおよそ太さ八寸程度はあった。

二階に上がる階段は二ヵ所あり、二階には八畳の続き間があるだけでなく、他にも二、三部屋あった。外観は、屋根の中腹がなだらかにカーブしており洋風建ての雰囲気からはとうてい昭和初期のものとは思えなかった。

建物のみならず、南側の広縁からのぞむ庭の景色もよかった。築山が盛られた日本庭園には、石灯《いしどう》籠《ろう》がほどよく配され、池の向うには離れが見える。

離れには三畳、六畳間と続いており、炊事場まであるという、戦後間もなくの時代では、十分すぎる住まいである。戦時中、すぐそばの広島刑務所の高い塀によって、原爆の被害からは逃れることができた。

ただ、この住まいは、売主となった大武鶴喜が建てたものではなかった。長女、住吉節子が、伝え聞いている話はこうだ。

「父、大武鶴喜も、前の持ち主から購入したものですが、かなりのお金持ちの方だったと聞きました」

石本が、この住まいを譲り受けるにあたり、大武鶴喜は苦渋の決断を迫られた。

石本側からのいい分としては、

〈すまんが、カープのためじゃけー、協力してもらえんじゃろーか〉

といわれ金額が示された。

〈う～ん、この金額では……〉

〈そこを何とか、カープのために、お願いします〉

〈カープのためならば、仕方ないですのう〉としぶしぶ契約。

驚くほどの安値でお願いされた大武鶴喜は、カープのためといわれ、ただ、ただ、黙って受け入れるしかなかったという。この交渉にあたったのは、石本側には仲介人がいたといわれているが、その詳細は不明である。

また、大武写真館は、住まいを追われたが、時期を同じくして、当時の繁華街である鷹野橋《たかのばし》商店街に写真館を構えることができた。

こうして、石本は洋館建総二階、庭つきで、離れのある住まいを格安で手にした。この住まいこそが、後に石本道場といわれ、野球関係者が集まるようになるのである。

この住まいは、石本にとっては好都合であった。二階の二間続きの和室には、他球団からも預かった選手を泊まらせて、寝食を共にしながら技術指導ができた。

昭和三〇年代に入ってからは、バッティング用のネットを張り、まさに野球道場と化していくのだ。

「バッティングのケージがあって、トスバッティングをすると、カゴに入るようにされていた」とは、当時、近所に住んでいた箱上恵吾《はこじょうけいご》（元広島県議会議員）の証言である。

ここを拠点に古葉竹識、上田利治《うえだとしはる》、濃人渉、鶴岡一人など、プロ野球界のそうそうたる面々が、石本の指導を仰ぎにやってくるのである。

また、カープを追われた石本は、昭和二九年から西鉄ライオンズで、知将とよばれる三原脩監督の下、ピッチングコーチを引き受ける。三原は、投手指導には一日の長がある石本に、若手投手を次々に送りこみ、石本道場の門下生として指導を仰ぐのである。

石本はカープを去った。しかし、プロ野球界から見捨てられた訳ではなかった。中等野球時代に、広島商業の監督として、四度の全国制覇をはじめ、職業野球では大阪タイガースで球団初の連覇を達成して、伝統の一戦とよばれる〝巨人阪神戦〟の創設の一役を担った。その名を幾度となく全国にとどろかせ、プロ（職業）野球の初期における三大監督ともいわれ、名を成した石本が、一息つけようはずもなかった。

昭和二八年のシーズンが終わろうとする頃のこと。九州、福岡県から、ある一人の男が、使命をおびて広島駅に降り立った。

その男の名前は、中島国彦《なかじまくにひこ》といった。三〇代を目前にして、脂がのりきった仕事人ともいえるフィクサー的存在——。

福岡県の平和台を本拠地にする西鉄ライオンズの辣腕《らつわん》スカウトであり、後、西鉄ライオンズの黄金期の陰の立役者ともいわれた人物である。

第八章　三原脩からの招聘——球界初のピッチングコーチ

西鉄ライオンズからの要請

昭和二八年晩夏。一人の男が広島駅に降り立った。西鉄ライオンズのスカウトであり、球団創設時に走り回った気鋭の男。球団幹部候補として、裏方に徹して走り回った人物、中島国彦である——。

車が拾いたい——とキョロキョロした。なかなか拾えなかった。

「まあいい」

タクシーの少ない時代のこと。広島の〝チンチン電車〟江波《えば》線に乗り込み、江波口電停（現、舟入南町）に降りた。

目指すは吉島本町《よしじまほんまち》（現、広島市中区吉島西）にある石本の自宅である。真夏の日射しはとうに過ぎたものの、残暑が厳しい日であった。江波口の電停から、とぼとぼと歩き始め、広島刑務所の塀づたいに進むと、やがて石本の家についた。

「石本さん。西鉄ライオンズの中島国彦です」

用件を話し始めた。

「西鉄ライオンズのピッチャーを育ててもらえませんか」

ピッチングコーチとして、西鉄ライオンズで若い投手陣を育ててほしいというのだ。

石本は、返事をためらった。

「少し考えさせてもらえまいか」

なぜ、パ・リーグである西鉄ライオンズから、石本に白羽の矢がたったのか——。

当然ながら疑問がでてこよう。その前に、当時の西鉄ライオンズの戦力について考えてみる。

後に名将、知将といわれる三原脩監督が指揮をしていた西鉄は、三原自身もそうであるが、チームもまだ成長過程にあった。もともと西日本パイレーツと西鉄クリッパースの寄せ集めでできたチームであり、選手の多くはベテランを過ぎたいわゆるロートルが多かった。また、若い選手も、きっかけがつかめず、伸びあぐねていた。芽が出そうで出ない若手と、枯れきらない年配選手がごった返しており、新旧交代が急がれていた。

昭和二八年のシーズン、西鉄はパ・リーグで四位とふるわなかった。

しかし、打線だけでいうなら期待が持てるチームになりつつあった。青バットの大下弘が打線の核として四番に座り、チームを牽引していた。

野球とは不思議なものである。球界を代表するスター、大下一人の加入（昭和二七年）により、打者がそろい始めたのだ。大下と時期を同じくして、昭和二七年に、怪童と異名をとった中西太《なかにしふとし》が入団した。続いて、翌二八年、〝水戸の暴れん坊〟といわれた豊田《とよだ》泰光《やすみつ》が入団した。三年目を迎えた三原体制の下、打てるチームに変貌しつつあった。後に伝説となった西鉄ライオンズ三連覇を達成する野武士軍団への骨格が形成されつつあった。

しかし、投手陣は、転換期にあった。当時、エースといわれた川崎徳次《かわさきとくじ》は、昭和二八年は二四勝一五敗とリーグ最多勝を獲得し、チームの大黒柱であった。しかし、投手生命が短かった当時、三二歳という年齢から、わずかに衰えがみえはじめていた。事実、翌二九年には、五月中旬から八月下旬まで胸膜炎（検査後は、一過性浸潤）で入院することになる。

また、野口正明《のぐちまさあき》は、前年の昭和二七年には四五試合に登板して二三勝をあげ、西鉄球団初の最多勝投手となった。まだ二九歳と若いが、二八年シーズンは、二勝三敗とふるわなかった。

アンダースローの武末悉昌《たけすえしつしょう》※1は、昭和二四年、二六歳で南海に入団して、二一勝一七敗と大車輪の活躍をする。翌昭和二五年には、西鉄（クリッパース）に移籍し、一二勝六敗の成績であった。さらに、昭和二六年の西鉄ライオンズ誕生の年には、一一勝七敗で防御率2・96と二点台で踏ん張った。しかし、この輝きは年齢とともに姿を消してしまい、昭和二八年には、一勝もできず二敗して終わった。

ベテラン投手陣の衰えははげしかった。

一方の若手投手であるが、昭和二八年入団の高卒ルーキーの西村貞朗《にしむらさだあき》や、河村久文《かわむらひさふみ》（後、英文《ひでふみ》）への期待は膨らんでいた。しかし、ともに一年目とあって、なかなか思うような働きができなかった。

昭和二七年入団の島原幸雄《しまばらゆきお》も伸び悩んでいた。入団した年は、一五試合に登板し、二七回を投げたものの勝敗つかずで、防御率は5・79。翌二八年は、二七試合に登板して、四勝六敗といまひとつ伸びなかった。

また、二二歳の大津守《おおつまもる》は、昭和二七年には一八勝（八敗）をあげたものの、翌二八年は六勝にとどまり、一一敗であった。

このような安定しない若手投手陣を使いながら、育てていかなければならない。しかし、監督の三原は、巨人軍ですごした選手時代は内野手であって、若手投手陣を育てあぐねていた。

昭和三〇年代初頭のプロ野球を語るならば、三原の時代といえた。昭和三一年から三五年の五年間、二チームにおいて、四度の日本一に輝き、誰からも名将とたたえられる。三原の選手起用は、遠心力野球ともいわれ、選手との独自のやりとりから、自主性とやる気を最大限引き出す。一見、放任主義とも受け取られかねないが、それらは全て知将・三原脩が、選手の性格や気性を把握した上でのことであった。

ただ、昭和二八年はまだその時期にはなかった。三原自身がピッチャーの経験がないため、投手育成に関しては、暗中模索の日々であった。

しかし、三原にも考えがあった。いいピッチングコーチを入れて、成長半ばの若手投手を育てて優勝したい――これは、西鉄本社会長、野中春三《のなかしゅんぞう》の思いと一致していた。その結果、白羽の矢がたったのが、石本秀一である。

だが、昭和二八年までの日本プロ野球界において、専属のコーチ制度をとっている球団[※2]はまだなかった。プロ野球界における初の専属のピッチングコーチという肩書で石本は西鉄ライオンズから依頼を受けるのである。

ではなぜ、石本であったのか――。

これには、諸説ある。現在聞ける証言で、有力なものから記す。

石本は長年、野球界に身をおいていたこともあって、さまざまな人脈があった。その中でも、西鉄ライオンズ発足当時、鬼軍曹とよばれたコーチ（二軍監督）の重松通雄《しげまつみちお》とのつながりは太かった。しかし、重松自らが石本の招聘《しょうへい》に乗り出したのではない。陰の参謀である中島国彦の存在が大きかった。ある日のこと。中島が重松と会話していた際、何気ない野球の話の中で、石本が話題になった。

中島の証言である。

「確か、重松から聞いたと思う。（重松は）アンダースローのピッチャーですが……」

「（彼が）同じ球団におった石本さんがいい。縫い目から、球の握り方から教えるからなぁと――。石本さんが、うまいちゅうことを聞いた」

要は、石本はボールの縫い目の使い方が分かる——というのだ。

戦後間もなくのプロ野球は、まっすぐとカーブに頼るピッチャーが多く、その二つを主体にピッチングを組み立てるのが、王道とされた時代である。中島は縫い目にまでこだわる野球の指導者がいたのかと驚いたのである。

このボールの縫い目であるが、外周約二三〇ミリの硬式ボールは二枚の革で縫い合わされており、この二枚の革をつなぐための縫いあわせの箇所が一〇八あるのは、野球経験者なら知っていよう。

当然ながら、現代の野球においては、ピッチャーは投げる球種によって球の握り方を変えているだけでなく、縫い目にかける指の位置なども微妙に変えている。この一〇八の縫い目をいかにうまく使いこなすかによって、ボールがリリースされる瞬間のボールの回転のかかり方をはじめ、回転数のみならず、回転軸の角度まで変わるので、ボールの軌道に変化が生まれるのである。

戦後間もなくのことで、野球の技術論などとはほど遠い時期である。当時としては斬新で驚くような石本の発想は、長年の研究と鍛錬から生み出された野球技術に裏打ちされたものに他ならなかった。

ボールの縫い目の使い方が分かる——ということから、若手の投手を育てたいと願う西鉄ライオンズの球団幹部は、石本招聘にいたったのである。

では、重松はいつ頃、石本からボールの縫い目の使い方を教わったのか。球歴の接点から推察すると、二人は戦前に同じユニホームを着て、同じ釜の飯を食っている。

太平洋戦争の戦火が吹きあれる昭和一七年のシーズンのこと。石本は、監督として大洋軍を率いていた。この時、同じチームにいた重松は一九試合に登板し、三勝四敗で、防御率１・９９の成績を残している。

この大洋軍は、もともと東京セネターズというチーム名で職業野球に参入、後に翼軍と名前を変えた。さらに名古屋金鯱軍と合併したため、大洋軍となったが、戦後の大洋とは無関係である。そして昭和一八年、「資本系統が西日本鉄道に移行。球団名を西鉄と改称」（綱島理友『プロ野球ユニフォーム物語』）した。

親会社が替わり、西鉄が誕生したのだ。

初期の西鉄軍の監督はそのまま石本が引き受けたが、その時、エース級の活躍をしたのが重松であった。重松は三八試合に登板し、一八敗したものの九勝をあげた。負け数の多さは否めないが、防御率は、2・76と2点台を守り、戦争で選手が不足する中にあって、好成績を残している。当時、プロ野球は三シーズン制をとっており、石本は、この年の秋のシーズンを優勝させた。

「石本さんは、すごい人だ。ボールの縫い目の使い方が分かる――」

中島国彦は、この重松の鮮烈な言葉を心に刻み、忘れることはなかった。

ある日のこと、投手起用に悩んでいる三原脩に対して、中島国彦は、この一言を口にしたのだ。

「三原さんは野手とか、ショートとか（教えるのは）すごいけど。ボールの縫い目のどこに指かけてね。投げたらいいとか、縫い目の、中指にかけるのとか、人差し指のどこにかけるのか、いちいちの指導はできんでしょう？」

「それは、僕にはできん」

「石本さんならね。そこまで意識をして、言う（教える）じゃろうな……」

投手陣の育成に悩む三原が、石本招聘を決定づけたやりとりである。この縫い目の使い方は、近代野球において、豊富な球種を使いこなす上では当然のことになっている。スライダーやカットボール、チェンジアップなどが全盛時代であり、ワンシームまで使いこなすピッチャーがいる現代にあって、縫い目のどこに指をかけるか、意識して投げているピッチャーがほとんどである。

しかし、戦後、間もなくの日本野球は、そこまでピッチング技術が進歩していない。石本の投球技術論は卓越していたのである。

中島は続ける。

「稲尾も、西村も、河村も、そういう教わり方をしている。あれは、島原だったかな。石本さん、縫い目のどこにかける、中指のこっちにかけろとか、こっちにかけろとか（教わった）。僕らには分からんけどね」

後の西鉄三連覇を達成した投手陣のほとんどが、石本に習ったというのである。

石本の指導の眼目は、この縫い目にあった。

カープ時代のピッチャーでいうならば、長谷川良平がその最たる人物である。一九七勝した長谷川の武器はシュートだったが、長谷川がシュートを投げる際のボールの握りも縫い目を強く意識したものであった。右手の中指を縫い目にかけることで、リリースの瞬間ボールへの力が加わり、より強い回転がかかることで、右バッターの胸元をえぐるシュートになった。

「球の握り方は、ふつうのシュートと変わりありませんが、僕の場合、異なるのは、中指が球の縫い目にかかるのです」（「長谷川良平ノ記録」『ベース・ボール・カープ七月号』昭和三二年）

また、同じくカープの草創期を長谷川と共に支えた備前のシンカーの場合、逆も真なりともいうべきであろうか。これは、違った意味で球の縫い目を意識したものである。備前は、一切縫い目にかけないで投げるシンカーを石本から伝授されている。

戦前、鉄腕投手とよばれた野口二郎の魔球ともいえるフォークボールも、アメリカ大リーグのピッチングコーチが自分が最初に投げたと言っているが、その時期よりも、石本に教わった野口の方が早かった。いずれもすでにふれた通りである。

ただし、石本招聘については他の説もある。石本が西鉄のコーチとなった翌三〇年から西日本新聞の記者として、西鉄ライオンズを追いかけていた今西良光《いまにしよしてる》は、「石本の〝じいちゃん〟がなんで、西鉄に来たのか（正確には）分からないが、僕が聞いた話とは違う」という。

「（昭和二二年の）国民リーグの大もとが、宇高勲さんで。宇高さんの線だと思っていたんです。（石本さんは）結城ブレーブスの監督でしたから」

宇高は、西鉄ライオンズでは東京駐在のスカウトであった。あの豊田泰光を西鉄に入団させた人物である。その宇高が、石本と親しい関係であったため、石本に白羽の矢をたてたという。宇高と石本は、プロ野球が二リーグ制となる以前の戦後間もない時期、国民リーグを創設し、難行苦行を共にしている間柄である。

今西の見解であるが、三原は当初、他の投手コーチの存在も視野に入れていたというのである。三原が選手時代（昭和一一年～一三年）と監督時代（昭和二二年～二四年）を過ごした巨人軍で、同じ釜の飯をくった谷口五郎を迎えたかったが、当時の読売の安田庄司社長に頼んだもののかなわなかったというのだ。

この今西は、監督の三原脩が、昭和三二年にある本の執筆を思い立った際に、直接に相談をもちかけた人物である。余談であるが、今西がいうには、三原は、あの沢村栄治と同期であった前川八郎《まえかわはちろう》らにも声をかけていたという。古巣の巨人から招きたいというのが、三原の最初の思いであったようだ。しかし、当初のぞんだ谷口五郎は時期を同じくして、巨人のピッチングコーチとなっている。最終的には、ボールの縫い目の使い方が分かる石本をピッチングコーチに迎えた。

だが、三原と石本の年齢差は、一四歳——。

年下の三原にしてみれば正直、ためらいもあった。

〈監督の権限が侵されはしないだろうか〉

当然といえば、当然であろう。監督を中心として、組織のまとまりをつくるのが野球チームである。一四歳の年齢差のみならず、戦前、初のタイガース二連覇をやってのけた石本の存在は、三原にとって重圧以外のなにものでもなかった。

これを察したのは中島国彦であった。

「三原さん。そこは心配しないで下さい。(監督の権限は)私が、決死で守ります」

こうした心配からか、石本が背負うはずの背番号は、当初予定されていた31番ではなく、55番になった。発言力が大きくなるのを恐れたことの表れであろうか。

また、石本をコーチに招聘した事情について他の説としては、西鉄の本社の内部にもその思いがあったとされる。ピッチングに関しては、内野手出身の三原ではライオンズの飛躍はないと考え、その中で、石本に絞られたという。

戦前、西鉄が昭和一八年の一年間だけ、プロ野球チームを持った。この時、石本は西鉄軍の監督をし、秋の大会で優勝させたことは先に述べた。

こうした石本の存在が残像となって頭をよぎり、西鉄の社長の村上巧児《むらかみこうじ》が、「石本さんは、どうしているのか」と中島国彦に話したことから――という説もある。

しかし、三原脩の著書である『風雲の軌跡』では、「私は広島へとぶ」とあることから、三原が直接かけあったと考えられなくはない。

石本の華やかな球歴の中で、ひときわ輝くのが、大阪タイガースの二代目の監督時代であったろう。昭和一二年の初優勝、さらに一三年には連続優勝を果たし、タイガース初の黄金時代をつくった。余談であるが、大阪を本拠地とするタイガースの長い歴史で連覇を達成したのは、このときのみである。

このときの対戦相手が巨人軍であり、二塁を守ったのが三原脩だった。

後のことであるが、西日本新聞の主催で、三原と石本が対談をした際に、当時の試合を振り返っている。

「第一回目の日本選手権[※3]（昭和一一年）は、石本さん（阪神）とやって、大接戦の末、僕らが勝って、第二回目（昭和一二年）は、石本さんに仇をうたれました」（三原）

「昭和一一年と一二年でしょうか。あの時は本当にいい試合をした」（石本）

三原は、石本率いるタイガースにやられたことを認めており、また、石本にあっては互いに好敵手であったという思いを三原に語った。もっとも石本は監督で、三原は選手であった。

怪童とよばれた中西太は、その石本をコーチによんだ三原脩のことを評価している。

「実際に（三原が）すごいと思ったのは、監督経験のある石本さんをコーチに迎えたということです」（中西）

中西太は、西鉄ライオンズでのプレーイング・マネージャー時代をはじめ、後の日本ハム（昭和四九・五〇年）や、阪神（昭和五五年途中・五六年）などで監督を務めている。並はずれた精神力が要求される監督という立場にあって、指揮官の思いが分かるコーチがどれだけありがたいものか、長い野球人生の中で感じていたようだ。

ただし、現在の生き証人から聞ける話の中で、実際に広島まで出向いたのは、先に書いた中島国彦である。その証言をたどる。

石本さん、ぜひ、西鉄ライオンズのピッチングコーチをお願いできませんか――。

この契約に臨む中島国彦は、世間話から入る。

「石本さん、なぜ、広島の夏は暑いんでしょうか？」

「広島は、夕方は風が止まるんじゃ」

「なして、広島だけ、止まるんでしょうか？」

「そりゃー、夕凪《ゆうなぎ》いうて、止まるんじゃーけーのぉ」

残暑厳しい季節であった。

そうこうして、西鉄の若手投手を育ててほしいともちかける中島であるが、石本はなかなか首を縦にふらない。中島は回顧する。

「どうやら、石本さんは、広島から出る気はないようでした。なかなかうんといわれない」

中島は、根気強く粘り、通いつめた。

「あの時代は、（福岡から急行で）六時間かかって広島に通った。お昼につくちょうどいいのがなくて困った」

さらに、このとき中島を困らせていたのは、列車のことだけではなかった。なんとか交渉に入ることができたとしても、石本本人が金銭的な話（条件）に全くのってこなかったのである。

「（石本さんは）金銭にはきれいやったよ。まだ、三原さんとかの方が、ねちっこい。何もいわれないから、よけいにやりにくかったね」

「一時金として、いずれにしても、三〇〇万円でお話をしたけれど、石本さんは、お金の話は、特別どうということではない様子でした。しかし、交渉が決まり始めると、三度目で（契約条件を）持ってくるからといって（伝えました）。交渉は、前日から泊り込みでいき、広島の割烹《かつぽう》旅館を指定して、食事をしながら、契約をしたと思います」

広島カープの誕生から、球団を存続させることに人生をかけ、郷土広島への愛情を注ぎ込んできた石本である。広島に骨を埋める覚悟と人生最後のご奉公としてカープの監督になった。これ以上何も望むことはない。広島から離れることもあるまい。この思いに変わりはなかった。

しかし、石本の心は次第に揺れ動きはじめる。

中島は、回数を重ねるごとに手ごたえをつかみはじめる。中島国彦はこのとき、三〇歳そこそこであるが、交渉ごとにかけては、独自の嗅覚や、卓越した洞察力を持っていた人物である。西鉄の社長である村上巧兒は、中島に石本との交渉における全権を与えたという。なぜ若輩の中島に――と感じるが、村上が明治生まれということもあって、独特の気質を持ち、ものごとの筋道を重んじながら、義を貫くべし――という魂をもっていたというのだ。

「明治生まれの人の偉さというのは、そこだろうね。あの人物ならやれると思えば、全て任せる。で、任せると決めたのなら、一切、小言をいわない。権限も任せる。こうした口出ししない姿勢に、（石本との）交渉を堂々と進めることができた」と中島は言う。

中島は、情報戦を交えながらの交渉ごとには一日の長があった。このことの裏付けとして、戦争の経験がいきているると感じられる。生命の危機にさらされながら特殊部隊として戦った経験が、交渉ごとにいかされているのではないかと思う。

中島は戦時中、陸軍の航空兵科の空挺隊として、落下傘（パラシュート）で敵地におりて、敵方の弾薬庫を始め、軍事施設を爆破してまわった人物である。

第二次世界大戦で、ボルネオ島やスマトラ島での戦いにも加わった。中島は、アメリカやオランダの弾薬庫や兵舎、糧秣庫《りょうまつ》（食糧庫のこと）を始め、飛行場を爆破するという特別な任務をおっていた。島におりれば、敵の軍事拠点に爆薬を放りこむ。これが成功すれば、すぐに潜水艦へと連絡をつける。ここで経度と緯度などで居場所を連絡する。すると、待機していた潜水艦が迎えにきて、何もなかったように乗りこみ、無事帰還するという特殊な任務だった。

知力や体力だけがあればいいというものではない。母艦である潜水艦を動かしながら、独特の嗅覚を働かせ、敵をあざむいて、軍事拠点を爆破し続ける特殊な部隊であった。

終戦は仙台の松島で迎えた。

生か、死かの瀬戸際を生きた中島にしてみれば、野球ができる幸せな環境下での交渉ごとなど、訳ないことであったろう。

当然ながら、交渉相手として不足はない。野球の鬼とよばれ、魂の野球を追い求めた石本秀一である。

こうして、石本との交渉は、数をかさねるごとに手ごたえをつかみはじめる。郷土広島からでるつもりはないという石本であったが、中島はついに口説き落とした。石本は西鉄ライオンズ入りを決めたのである。

当時の西鉄ライオンズと広島カープの環境は少なからず似ていた。西の果てのオンボロ球団とよばれた広島カープと、九州の田舎者チームとよばれた西鉄ライオンズである。

広島カープは、広島市の南部、観音地区にある広島総合球場（現、コカ・コーラウエスト野球場）を使っていたが、当時ナイター設備がなかった。また、平和台球場を本拠地とする西鉄ライオンズも、石本がヘッドコーチに就任するシーズン途中までは、ナイター設備[※4]がなかった。

西鉄ライオンズで、野武士軍団といわれた〝三連覇戦士〟の主将を務めた河野《こうの》昭修《あきのぶ》はいう。「西鉄ライオンズは、西鉄クリッパースと西日本パイレーツが、合併してできたチームであり、寄せ集め的なメンバーだった」と。

一方のカープもそうで、発足当初は自治体が出資したチームであり、特定の親会社もないため、お金がなかった。よって、選手集めには、他の球団をおわれた選手や、ひと癖ありそうな、ひねた選手、ノンプロくずれの選手――要は、野球経験がある選手ならば、多くをのぞまず、石本が全国行脚をして、よせ集めでチームをつくったのである。

「広島には、なぜか、親しみがあった」「よく似た球団だった」とは、西鉄の選手であった河野昭修、坂上《さかがみ》惇《あつし》、久保山《くぼやま》誠《まこと》らの談だ。九州の田舎球団が西鉄であり、西のオンボロ球団が広島だったのだ。

こうした〝田舎者〟で〝寄せ集め〟という意識の共通点があってのことではなかろうが、後にカープのオーナーになる東洋工業社長・松田恒次と、西鉄球団幹部との付き合いがぐっと深まっていく。

昭和三〇年代に入ると、カープと西鉄ライオンズで、選手のトレードが次々とおこなわれていく。

※1　昭和二四〜三〇年の七年間で、南海、西鉄、高橋（後、トンボ）に在籍。四九勝四六敗、防御率3・38。プロ野球界におけるアンダースローの先がけといえる存在。戦中、軍隊で肩を痛めたことで下手投げにしたという説もある。引退後、プロ野球解説者を経て、古巣西鉄に復帰し、コーチなど経験。西鉄スカウト時代には、あの真弓明信を担当した。

※2　昭和二九年、石本は日本プロ野球界初の専属のピッチングコーチになる。時を同じくして、昭和二九年のシーズンから巨人軍が専属のコーチ制度をとった。谷口五郎、新田恭一、三宅大輔の三人である。監督は水原茂であるが、『わが野球人生』（水原茂著）で「日本のプロ野球にはこれまでアメリカ式のコーチ・システムというものはなかった。監督が一人で何もかもやる。（中略）選手の古手に助監督とかコーチという名前をつけて、監督をアシストするといったことをやるくらいが関の山であった」と記している。石本は、巨人軍の谷口五郎と並んで、日本球界初の専属のピッチングコーチになった。

※3　昭和一一年は、春・夏・秋の三シーズン制で、秋に巨人とタイガースの勝点が同数（当時ルール）でならび、年度優勝決定戦が行われ、巨人が二勝一敗で初優勝を果たした。

※4　平和台球場は、石本がコーチに就任した後、昭和二九年六月二日の対南海戦からナイター設備を整えた。初のナイトゲームは1対0で西鉄が勝利した。

「三原、水原因縁対決」を背景に〝石本道場〟が！

石本は、西鉄のコーチ就任の要請を引き受けた。

年明けの昭和二九年二月五日に博多駅に着いた石本を、三原脩監督自らが、エースの川崎徳次を引き連れて、出迎えた。

三原、川崎らと笑顔で挨拶を交わし、当時、宿舎にした大濠《おおほり》町岩井ホテルに向かった。

石本が入団した当時の西鉄ライオンズ球団は転換期にあった。昭和二五年にセ・リーグとパ・リーグに分かれた当初、西鉄はアメリカの航空機クリッパーからとった西鉄クリッパースと、西日本新聞が親会社の西日本パイレーツの二つのチームであった。これが合併してできたのが西鉄ライオンズである。

西鉄ライオンズは、村上巧兒本社社長の高邁《こうまい》な理想が掲げられ、さらに、明確な目標である優勝を掲げて、動き出していた。西鉄が球団を持つことの意味――それは、お礼と感謝の気持ちといわれている。

村上巧兒は、球団経営をもうけ仕事でやろう、西鉄の宣伝でやろうというのではなかった。一人ひとりのお客様に、本物の野球を見てもらうことで、会社としての感謝の意を表そう。強いチームを作ることで、西鉄への誇り高き思いが、感謝することにつながるというのだ。

中島は語る。

「(村上巧兒さんが)プロ野球をつくれというのです。意味は、車掌、運転手でサービスをね、一人ひとりのお客さんに『ありがとうございました』というて頭を下げてもね、なかなか、その思いが(完全には)伝わらない。それで、そのお礼になるものをと、プロ野球をつくって。つくるなら、一番強い球団をつくらんと意味がないという。金がなんぼうかかってもいいから、必ず作れと、いうことで村上巧兒さんから、命令されました」

優勝までに与えられた期間は五年といわれている。

このチームづくりのための選手集めを任されたのは、戦前から名投手といわれた川崎徳次であった。川崎は、巨人軍に在籍していたが、昭和二五年のシーズン、西鉄クリッパース球団創設の際に、巨人から西鉄に移籍して活躍していた。戦前からの選手とあって、多くの人脈があるとみた球団は、川崎の人脈を頼った。とりわけ、川崎本人の結婚の媒酌を務めたのは、他ならぬ三原であり、親交が深いことに目をつけ、三原を監督にと願ったのである。

三原は、選手時代から巨人の中心選手としてセカンドを守っていたが、戦後、再開されたプロ野球では、昭和二二年のシーズン中に、巨人軍の監督に就任した。みごと三年目には優勝を果たし、巨人軍の黄金時代を築くかにみえた。しかしながら、その矢先のことである。三原の人生を変える事態が起こる。

シベリア抑留兵の帰還である——。以下は日本プロ野球史に残る有名な事件である。概略を記す。

昭和二〇年八月一五日、戦争は終結した。大日本帝国軍は、連合国軍に敗れた。戦時中、アジア大陸での覇権を握っていた日本兵たちの多くは、大陸に残され、そのままシベリアまで運ばれてしまう。

不運にも、その兵士の中には、プロ野球経験者が二人[※1]いたのであるが、その一人が巨人軍の水原茂であった。

水原は終戦からおおよそ四年の捕虜生活を経て、ようやく昭和二四年に日本行きの船に乗ることができたのだ。いよいよ夢にまで見た本土復帰である。水原茂は、昭和二四年七月二〇日、京都府の舞鶴港におりたった。

水原にとって激動の時代は終わった。平和で野球がやれる環境に戻ることができた。

ただ、三原としては、巨人の監督という立場で、水原を選手として使うことへの遠慮があった。年齢は三つ上ということに加え、長い抑留生活で、体の衰えも否めなかったからである。

「選手それぞれの、三原さんと水原さんへの思いも複雑で微妙なものがあった。長いシベリアでの抑留生活から帰国した水原さんは、厳しかった抑留生活の影響だろう、体も痩《や》せ細っていて、年齢もすでに四十歳になっていた。いくら、〝待望の復帰〟とはいえ、三原監督にしてみれば現役選手として使うにしのびないところはあっただろう」（『戦争と野球』）

水原が選手を続けることがむずかしいのは、大方の見方であった。

こうしたこともあってか、選手の間から「水原を監督に」という声がわきおこるのである。

この流れから、三原は監督の座を奪われた。ただし、その引き際は、男らしいものであった。

――「ぼくが、監督の座から去れば、きみたちは残ってくれるんだね」

と（選手に）確認をとったあと、断言した。

「ならば身を引こう」

当時、読売新聞の安田庄司副社長は「せっかく戦後初優勝してくれたきみが自らの犠牲のうえで選手を引きとめてくれた。このことは、忘れない」と感激を面上に浮かべていったものだ――（『風雲の軌跡』）

三原は巨人軍「総監督」というポストにおかれたが、水原の巨人軍監督就任二年目にあたり、その地位も追われ、戦後の復興を炭鉱にかける九州、福岡の地へ向かうことになるのだ。

当初は、西鉄クリッパースから監督の打診を受けていたが、ここに西日本パイレーツがのりこむ形で話は右往左往する。しかし、その両球団が合併に向けて動き出し、最終的には西日本パイレーツと、西鉄クリッパースが合併して生まれる西鉄ライオンズの監督（総監督）になることで落ちつく。

これは、元巨人の投手で、いちはやく西鉄で投げていた川崎徳次の肝煎《きもい》りにより、移籍が実現したのである。

ついに、都落ちである――。

三原は関門海峡を渡った。

こんなことが許しておけるものか。打倒、水原巨人軍――。

この三原の決意は固かった。

三原は、巨人軍を追いやられ、都落ちしたからこそ、その屈辱があったからこそ、怒りの矛先《ほこさき》である巨人軍、水原への復讐に燃え、結果、プロ野球の名勝負名場面を生みだし、多くのヒーローを誕生させたのである。


さて、石本の入団が決まった昭和二八年の年末のことである。

西鉄〝野武士軍団〟の主将を務めることになる河野昭修が記憶をたどる。

「確か、シーズンオフやった。キャンプに入る前に、習いに行ったはず。広島に行った。河村、島原、西村で。石本さんの家に行っているはず」

これを記憶していたのは西村貞朗である。

「来年から（石本さんが）入るというときにね。二八年の終り、暮れに（広島行きが）決まったんよ。広島まで、五、六時間かかったかな。特急かもめで行った」

石本の投手を育てる評判は、球界ではひそやかな噂になっていた。カープ時代の選手のみならず、必要とあらば、県外チームの投手にも目をかけていたのだ。

「『石本道場』とも『石本教室』ともいわれる若手投手の育成教室を作り、要望があれば、広島以外の他球団の投手でも自由にコーチしていた」（立石泰則『魔術師〈上〉』）

さすが知将とよばれた三原のすることだ。年齢的にも、三原より一四歳上という石本に配慮し、これからプロとして活躍するために若手投手を挨拶がてらに向かわせたのである。

こうして、西鉄若手投手陣が、石本道場の門をくぐった。

この時点では、四投手（河村、西村、大津、島原）の全てが、二〇勝を超える一線級になるとは誰が予測したであろうか――。当時の西鉄の戦績からは、誰も想像できなかったろう。

石本道場は、翌年も続いた。石本二年目を迎える昭和二九年オフの一一月末のことである。昭和三〇年入団の新人投手、橋本政雄《はしもとまさお》、鵜狩道夫《うがりみちお》、有吉洋雅《ありよしひろまさ》、若生忠男《わこうただお》らが広島へ向かった。これら投手陣のボールを受けるのは、後の鉄腕稲尾とバッテリーを組んだ捕手の和田博美《わだひろみ》である。この五名が、広島の地に赴いたのである。

このとき、石本の指導を受けた鵜狩道夫は、右上から投げおろすオーバースローで、落ちるカーブ、いわゆるドロップを得意としたが、投球フォームで、体が開く感があった。こうした場合は、体の力のすべてがボールにのらないため、力のあるボールが投げられない。

石本は「投球動作が、開き気味になるため、腰をホームベース側に持っていけ」と独自の指導をおこなっている。鵜狩は、その後、石本の秘蔵っ子である河村久文（のち英文）からもシュートを伝授され、カーブとシュートを織り交ぜるピッチングを習得した。

鵜狩は、昭和三三年に広島に移籍し、その翌三四年には、一一勝一〇敗、防御率2・53と、エース長谷川良平や備前喜夫につぐ、主軸として活躍するようになる。

選手として晩年は衰えはあったものの、昭和四二年五月一〇日のウエスタン・リーグ近鉄戦では、なんと完全試合を達成する。ウエスタンで初の完全試合であり、いまだ鵜狩道夫ただひとりの快挙である。

「石本のじいちゃんは、懐かしいね。厳しかったが、ピッチングの基本というものを習いました」と鵜狩は言う。

※1　戦場に駆り出されたプロ野球選手の中で、シベリアを経験した不遇者のもう一人は、吉田《よしだ》和生《かずお》であった。外野手。右投げ右打ち。昭和一四年から名古屋軍（昭和一九年は改称して産業軍）。応召の後、シベリア抑留を経て、日本へ復帰。昭和二五年から松竹でプレー、二七年に引退。昭和一四年から一九年は、吉田猪佐喜《いさき》と名乗った。水原茂が帰還して書いた手記が『月刊読売』に掲載され、シベリアでの苦難を書いたことで、ＧＨＱの検閲まで受けて、帰還兵が、足止めをくらったことがある。こうしたことから、吉田は「あのために、ナホトカで足止めをくらった人が沢山出たのです。私はとにかく日本共産党員だから、しばらくプロ野球には帰りません。シベリアの仲間に迷惑はかけられません」（『セ・パ分裂　プロ野球を変えた男たち』）などと答えている。

若手の育成に力をこめる

昭和二九年のシーズンをむかえるにあたり、西鉄は、キャンプ地を前年までの広島県呉市から、長崎県島原市に変えた。選手にとっては、宿舎が一流旅館といわれた国光屋《くにみつや》旅館になることがうれしかった。館主は、後に〝ひげの市長〟で有名になった鐘ヶ《かねが》江《え》管一《かんいち》である。

石本がチームに合流する前に、監督以下選手たちは、一足さきに島原に移動した。福岡駅（現、西鉄福岡〈天神〉駅）から大牟《おおむ》田《た》まで西鉄の特急、その後、大牟田から島原までは、船での移動となったが、その一時間四〇分程度の船旅では、石本コーチの話でもちきりだった。河村英文の著書『伝説の野武士球団　西鉄ライオンズ』から引用する。

船の中では話がはずんだ。話題の中心は、今年ライオンズに入団した石本さん（昭和五十七年亡くなられた）。

「阪神の監督時代、巨人に勝つためスパルタ訓練で選手をしごきあげたらしい」

「一人の投手を育てるのに、逆に何人ものピッチャーをつぶしたそうだ」

「気性の激しい人で、自分のいうことを聞かないと、試合に使わなかったというじゃないか」

と、ピッチャー連中は、石本さんの昔を知る先輩諸氏から聞いた評判を話し合った。

投手陣のだれもが心配だった。私（河村）も石本さんの阪神、広島時代のことは話に聞いていた。とにかくすごいファイトの持ち主で、思い込んだら信念を貫く人という。しかし、西鉄にきて、平和台球場の一週間を見た限りでは、とてもそんな人には思えなかった。ほかのピッチャーたちも、聞くと見るとでは大違いを感じたので、不安になったのかもしれない。

小柄で短い足をせかせかと動かす。この歩き方から、以前プロ野球の監督をつとめた人とだれが想像できようか。また、身につけているものといえば、どこかの古着屋で買ってきたみたいな服である。（略）

投手力強化に力を入れる三原監督が、白羽の矢を立てて連れてきたのがこの人だった。一時間四十分の船旅。この間、ずっと石本さんの話題でもちきりだった。（以上引用）

「誰からも愛される。まさに好々爺《こうこうや》さんのようでした」とは、西鉄ライオンズをうぐいす嬢として支えた今泉京子の思い出である。

しかし、野球の指導に入ると違った。キャンプ初日から、熱心な指導が続いた。最初に、息がピッタリあったのは、河村英文だった。河村は後に入団する稲尾和久と同じ別府緑丘高校（現、芸術緑丘高校）出身で、入団二年目であった。石本秀一、この年五七歳といえども、野球指導への情熱は増すばかりである。河村へは次々と注文をつけるが、その指導はしゃべればしゃべるほど、口のツバがあふれ、河村まで飛び散った。

河村は、タオルでぬぐいながら指導を仰いだ。また、石本の話で分からないことがあれば、すぐに聞きに行くなど石本とは良好な関係になるのである。

指導の中で必ずでてくるのが、「ファーへ決めろ」とか「ニヤを攻めろ」だった。このファーやニヤは、全くといっていいほど分からなかった。

再び『伝説の野武士球団 西鉄ライオンズ』から引用する。


隣で投げている大津選手にそっと聞いてみた。

——大津さん、ファーとかニヤとかの意味分かる？

「いや、知らん。お前、知っとるか？」

バカ！ おれが知っていたら、あんたに聞くもんか、と口に出かかった。だが、相手が先輩投手なのでやめにした。そのかわり話を持ちかけた。

——二人であの言葉の意味を聞きに行かん？

「うん、おれもそう思っとった。一緒に行こうや」

大津さんと私は石本さんにしかられるのを覚悟で聞きに行った。

——石本さん、練習中すいません。ちょっと聞いていいですか？

島原にかかりきりだった石本のじいちゃん、私たちのほうを振り向いていった。

「なんかの？ なにを聞きにきたんか？」

——いや、ほかでもないんですが、ファーとニヤはどういう意味ですか？

郵便はがき

112-8731

料金受取人払郵便

小石川局承認

1796

差出有効期間
平成31年7月
9日まで
(切手不要)

東京都文京区音羽二丁目
十二番二十一号

講談社
学芸部 学術図書編集 行

ご購読ありがとうございました。今後の出版企画の参考にさせていただきますので、
ご意見、ご感想をお聞かせください。

■ご購入いただいた本
シリーズ(いずれかに丸をつけてください) 学術文庫 選書メチエ 単行本
書名

■お住まいの地域 〒□□□-□□□□
都 道 府 県

■性別 1 男性 2 女性 ■年齢 歳
■ご職業 会社員 公務員 教職員 研究職 自由業 サービス業 主婦
大学生 短大生 各種専門学校生 高校生 中学生 経営者
無職 その他( )

TY 000045-1704

1．本書についてのご意見、ご感想をお聞かせください。

2．今後、出版を希望されるテーマ、著者、ジャンルなどがありましたらお教えください。

3．最近お読みになった本で、面白かったものをお教えください。

小社発行の以下のものをご希望の方は、お名前・ご住所をご記入ください。

・月刊ＰＲ誌「本」の定期購読（年間購読料 1000 円）　希望する・しない

・学術文庫出版目録　希望する・しない

・選書メチエ出版目録　希望する・しない

〈ご住所〉

〈お名前〉

ご記入いただいた個人情報は上記目的以外には使用せず、適切に取り扱いいたします。

「なに、あんたたちも知らんのか。西鉄の連中は困ったもんじゃのう。ファーはアウトコーナー、ニヤはインコーナーという意味じゃ、知らん人が多いようじゃけん、あんたたちからみんなに教えてやりんさい」

こうして河村や大津は、順調なすべり出しで、石本と仲を深めていくのだ。

また、河村は、ピッチングフォームを石本に指摘されると、すぐに対応してみせた。

河村への指導は、ボールのリリースの位置だった。ほんのわずかでも前でボールをはなすよう指導した。球持ちが長くなった分、〝抜け球〟がなくなり、グッと力がこもり、バッターの手もとでグリップする（ボールの縫い目が、その軌道上の空気抵抗をしっかりととらえている状態）ようになる。

この石本の理想とするフォームを体に記憶しておき、石本がくれば、すぐに対応してみせる。河村はそんな芸当もできたのだ。

河村は、石本と懇意な関係になった。

投手の坂上惇は「河村は、石本のじいちゃんの心つかむのが上手かった」と話している。

こうして、河村や大津らは、石本との親交も深まるのだが、石本からの指導をよくよく受けたのは西村貞朗である。

西村は昭和二八年に、香川県琴平高校から入団したが、新人の年は二勝九敗と、成績はふるわなかった。しかし、真上から投げ下ろすダイナミックなフォームは魅力的で、ストレートはめっぽう速かった。さらに最大の武器である〝懸河のドロップ〟[※1]といわれたカーブのキレはするどく、あたかも真下に落ちるほどであった。

また、西村は昭和二八年の秋には、毎日新聞の主催により来日した大リーグチームの団長兼エースのエド・ロパット（ヤンキース）に認められ、親善試合ではあるものの、全米オールスターチームに誘われ、来日期間の途中ではあるが大リーガーチームに帯同することが決定し、〝大リーガー〟として全日本チームと対戦したことがあるほどの逸材である。

西村の最大の武器であり〝懸河のドロップ〟とまでいわれたカーブであるが、当時の一般的なカーブといえば、右投手の場合は、ストレートを投げる握り方から、その中指、人差し指を少しばかり、右側にずらしてボールを握る。そして、ボールをはなす瞬間に右側にグッとひねることで、ボールに回転を与えた。しかし、西村のカーブは違った。

身長一七八センチと当時ではめぐまれた体でもって、真上から真下に向かって、手首から腕全体をふった。ボールが指から離れる瞬間まで、人差し指、中指ともに前方のバッター側にむかって回転をかける。さらにリリースする際の親指は、ボールが離れる寸前まで、ボールを前方に押し出して投げた。加えて、西村のダイナミックなフォームから放たれたボールの回転は、微妙な変化を生み出すことさえあった。

西村は振り返る。

「一般的にカーブは、右ピッチャーの場合は、投げた後、右から、左に向かって曲がりながら落ちるが、私の場合は、真上から投げ下ろし、ボールを切っていたので、真下に向かって落ちるか、もしくは、時おり違う変化になっていた」というのだ。

この時おり違う変化になっていた——に注目する。

ボールが変化する上での大きな要因の一つとして、ボールの回転軸があげられよう。一般的に右投手のカーブは、右手の人差し指から、小指側に回すようにひねって投げるが、このときの回転する軸は、左上から右下に向かって、斜め四五度程度に傾くのが一般的であろう。ただ、西村の懸河のドロップは、ボールの回転でいうならば、その軸が、おおよそ真横といえるもので、水平に近い状態になり、ボールの回転は、直下にむかってかかり、流れ落ちる懸河のごとく沈むのであった。

実際に西村のボールを受けたことのある久保山の証言はこうだ。

「その落差のために、幾度か捕球できず、（ボールを）足のスパイクにあてたことがあった」

ミットにボールがおさまる直前まで、グ、グッと沈み、ストライクゾーンからボールゾーンへと流れるため、打者のバットが空をきる。

これは、西村のダイナミックなフォームに起因している。ボールの回転軸が真横になるのは先にも述べた。くわえて西村のピッチングは、大胆そのもので、ボールの握りも一定ではなく、カーブの握り一つとってみても、取材中のわずか数分で十数通りともいえるほどの多くの握り方があった。つまり、西村は細やかな握りにこだわっておらず、剛腕でひねられたボールは、その回転軸が微妙にずれを生むこともしばしばあったのだ。水平をたもった回転軸が、わずかに右上を向くことさえあった。

ここまでくると、ボールの軌道が変わる。軸が右上に少し傾いた分だけ、わずかなシュート回転がかかることになる。

「（指に）かかりすぎたカーブが、真下に落ちながらも、微妙に右にきれていくこともあった」と西村は記憶している。

これを仮にカーブの〝裏返り〟と表現させていただくが、カーブが裏返って、いわゆるシンカー気味にシュートするというのである。しかし、このボールは現代の野球界では考えにくい。なぜなら、リリースの瞬間、グッと〝ひねり〟を加えるカーブは、肘にかかる負担が大きいとされ、投手寿命を縮めるなどを理由に、現在の野球界ではあまり積極的に投げられてはいないからである。また、近年のプロ野球界では、カーブの投げ方は変わってきている。いわゆる〝ひねり〟を加えて回転をかける投げ方から、ボールを指から〝抜く〟ことで回転をかけて、カーブと同じ軌道をとるような投げ方になっているのである。

しかし、西村のカーブは違った——〝抜く〟のではない、〝ひねる〟のだ。

このカーブを、野球先進国アメリカからやってきた、世界最強メンバーとまでいわれたオールアメリカンのスター軍団の前で披露するときがやってくるのである。石本が西鉄ライオンズのピッチングコーチに就任する前のシーズンオフのこと。

毎日新聞社のよびかけにより、アメリカから、エド・ロパット団長率いるスター軍団が来日し、日本各地を移動しながら一二試合（日本の一勝一一敗）を行った。オールアメリカンチームにしてみれば、戦敗国日本チームなんぞ、観光ついでのお遊び程度であったかもしれぬ。しかし、西村のカーブだけはちがった。

「大リーガーとして通用する」——こう見抜いたのは、やはり団長のエド・ロパットである。

彼はアメリカでは、小柄ながらも一二年間のメジャー生活で一六六勝（一一二敗）をあげた大投手で、特にカーブには独自の技と理論をもっていたのだ。

「ニューヨークヤンキースで名投手とよばれたエド・ロパット（左投げ）は、身長は、五尺八寸で、アメリカの投手では、小柄の部に属するが、カーブを多投して成功した」（三宅大輔「名選手評論 長谷川良平論」『廣島カープ 長谷川良平ノ記録』内）

ただし、日本側の首脳陣としては、西村のルーキーイヤーであり、この昭和二八年の成績が二勝九敗であったのが頭にあったのであろう。あくまでも経験を積ませるという大義名分のもと、全日本チームに入れさせ、世界レベルを感じさせることにしたのではなかろうか。しかし、エド・ロパットには、西村の一年目の成績うんぬんなど、どうでもよかった。

全日本チームでは、金田正一、荒巻淳ら一部の投手を除いては、総合的な評価があまり芳しくなかったが、西村にむけられた視線だけは特別なものになった。西村の凄さを証明した一球が投じられる。

昭和二八年一〇月二八日の全米オールスター対全パシフィック戦、来日第五戦目のことである。これまでの戦績は、全米チーム側に長旅の疲れが残る初戦のみ、日本チーム(毎日)が勝ったが、それ以降は日本の全敗であった。

3対0と全米にリードされ、迎えた四回表に西村の出番がやってくる。

西鉄エースの川崎が先発し、初回にサウワーに先制弾を許し、三回から榎原好《えばらよしみ》に交代。榎原もタイムリーを許した。四回表に投手交代で登場したのが、西村である。四回表を快調に飛ばし、三者凡退に抑えた。しかし、五回表はそうはいかなかった。先頭のマーティンにフォアボールを与え、続くバッター、レモンのときにすかさず、二盗をされた。

ランナーが出ると、なかなか落ち着かない西村は、さらに連続でフォアボールを与えて、満塁になる。

ここで、キーンのライトフライにより、タッチアップを許して得点を与え、さらに、ランナーもそれぞれ進塁し二、三塁となった。

次のスローターはレフト前ヒットで続き、三塁からマーティンがホームイン。ランナー三塁となり、西村は崩れつつあった。

しかし、日本の野球史に刻まれるべき瞬間はやってきた。

カウント3－2から西村の投げた懸命のボールはカーブであった。左打席に入ったホームラン王であるマシューズのバットが空をきった。西村の真骨頂、落ちるカーブ、いわゆる懸河のドロップが決まった。

「やったー、と思ったら、ロパットが見ていたんだろうね」と西村。

全米チームを驚かせるほどの、懸河のドロップが決まった。世界トップレベルを震撼《しんかん》させた。

「ホームラン王マシューズを2－3から三振させたドロップ。これが、全米オールスターズの団長ロパットの惚れこんだ全ての要素であった」（『ベースボール・マガジン』昭和二八年一二月）

このときの西村の投球を、全パ・チームのベンチでみていたのは、西鉄ライオンズのエース川崎徳次である。この日先発した川崎からみても、西村のドロップは、当時の全米オールスターでも打てないほどのキレと落差があった。あの裏返ったボールは、シュート回転しながらシンカーのごとく沈みこんだ。

「アメリカの打者たちは、西村のドロップを見て、『これは打てん』と判断し、わざと自分たちの中に入れてしまったのではないかと思う。このときの西村の球はそれほどすごかった」（『戦争と野球』）

アメリカの打者に打てないといわしめたカーブは凄かった。西村の証言のみならず、川崎らの著書の記述からも、そのカーブの落差のみならず、ややもすれば、裏返りの現象が起こったことさえも、十分すぎるほど確証がもてる。

エド・ロパットは、さっそく交渉にでる。

〈ニシムラトウシュノカーブハ、ワンダフル〉

ぜひとも、大リーグチームで投げさせたいというものだった。

「今まで日本に現れたどの投手よりも優秀な投手となるだろう。私はヤンキースの幹部連中に話してもよいと思っている」(『野球界』昭和二八年一二月)

とロパットは、雑誌のインタビューで語ったほどだ。

西村はヤンキース入りか——。

戦敗国日本にしてみれば、ＧＨＱによる占領政策が終ってからわずか二年とちょっとの時期である。日本人のピッチャーが、大リーガーの一員として、マウンドをふむなど考えられなかった。しかし、これが一足飛びに実現するはずはなかった。日本のプロ野球とて、コミッショナー制度ができて、統一契約書の規定を整えたばかりとあって、選手の保有権は西鉄にあったからである。そこで、ロパットは全日本監督と、西鉄三原監督の許しを得る行動にでる。

「西村を滞在中預かり、指導もしてみたい」(『月刊ウィル』二〇一〇年一一月)

これに応じる日本側であった。この第五戦を終わった時点から、西村は、大リーガーチームの一員となった。そして、なんと全日本チームを相手に投げることになるのだ。

以降の西村は、見違えるような好投をみせる。第九戦では、七回から登板し、ランナーを二人置いて、ワンアウトから南海、堀井《ほりい》数男《かずお》の一塁強襲ヒットで、1点はとられたものの、八回からは一本のヒットも許さず、全パ・リーグチームを抑えた。第一一戦でも七回から登板して、全パ軍を一安打に抑え、シャットアウトしている。この全パ・チームの主力選手は、南海の蔭山和夫《かげやまかずお》、岡本伊三美《おかもといさみ》、西鉄の大下、中西、東急の深見《ふかみ》安博《やすひろ》ら、強打者揃いのメンバーにもかかわらずだ。

ただ、なぜ、西村をわざわざ、アメリカチームに引き入れる必要があるのかと考えるが、その理由があるにはあった。アメリカから来日した選手の中には、母親が病気という知らせを受けて緊急帰国となった選手がいたのだ。ローテーションを重視するアメリカにあって、投手が一人ほど必要になったという事情からである。

「親善試合とはいえ、本場のローテーションは確立している大リーグのことだ。日本国内を転戦する間、西村に助っ人になってほしいという願いであった」(『月刊ウィル』二〇一〇年一一月)

当初は、助っ人という願い出に応じる形ではあったが、日本人選手の中で、大リーガーの選手をバックにし、マウンドを踏んだ男といえば、西村がまぎれもなく初めてであった。日本野球史に残る出来事ともいえよう。

さらに、驚くべきは、西村は単なる助っ人として扱われたのではなかった。全米オールスター選手の中には、西村を育てたいとまで言い始める者さえいた――。

「ガーシャもシモンズも是非彼を大リーグ級の投手に育てたいといい出した」(『野球界』一九五三年一二月号)

ロパット団長は雑誌の取材などで、西村を高く評価した。ちなみにこのロパットは、この年、アメリカン・リーグにおいて、防御率2・42で最優秀防御率投手になっているほどの大投手。また、マイク・ガーシャは、インディアンスの投手で、この年、一八勝をあげている。こうしたアメリカのトップレベルが西村の育成をかって出たのだ。

全米チームの団長エド・ロパットは語った。

「ヘイ、ニシ、カナラズ、アメリカニヨブカラナ」

西村はただただ頷《うなず》き、アメリカからのオファーを待つ日々となった。この間、しっかり英語だけはやっておこうと思い、勉強に励んだのだ。

昭和28年来日、世界最強メンバーといわれたオールアメリカンチームと、帯同する西村。前列左から、ボブ・レモン、カート・シモンズ、エディ・ロビンソン、フォックス、ナイホース、シモンズ、スローター。後列左から、ビリー・マーチン、西村、ハンク・サウアー、エド・ロパット、キーン、ロバーツ、ヨギ・ベラ、エディ・マシューズ、枠内ガーシャ。写真の上に選手のサインが書かれている（所蔵：西村貞朗）

西鉄ライオンズで同期入団である豊田泰光は、西村の英語の勉強のしようには感心している。

「（アメリカに）行かせたいな〜と思うたよ。こっちも、同期やから。ある時、言ったよ。英語勉強しておけって」と豊田は証言してくれた。

戦後、まもなくのプロ野球にあって、いかに西村の素質が認められていたかである。

こうしたことから、西村の、大リーグ入りを夢見る日々が始まった。エド・ロパットの言葉を決して忘れることはなかった。したがって、保有権をもっている西鉄ライオンズとの契約には、なかなか応じようとはしなかった。

この頃の日本プロ野球界の実情はこうだ。セ・リーグとパ・リーグに分裂した昭和二四年のオフに、熾烈《しれつ》な引き抜き合戦が行われ、契約金の大暴騰、また、二重契約などによるトラブルが多発したことから、統一契約書の規定をととのえたばかり。よって選手の在籍している球団には、一〇年間の保有権があった。つまり、西村の保有権は西鉄が持っており、西鉄の許可なくしては、移籍ができなかった。

西村は無念の思いを引きずった。無理もなかった。日本のプロ野球の一年目になかなか勝てずに、悩み続け、もんもんとしていた一八歳の青年に、アメリカンドリームが手を差し伸べるかのようにやってきたのであるから、またとないチャンスに、心がふるえ胸がおどった。

当然ながら、西鉄との契約には素直に応じられるはずもなかった。その西村をなだめ、うまく仲介したのは、投手陣の中でベテランであり、エースの川崎徳次であった。

「ニシ、何とか契約せんと」

「せめて、手紙だけでも来ていることを確認したいんですが……」

若き青年の思いはさめなかった。手紙をよこすと約束したエド・ロパットから、実際に手紙がきていたことだけは確認したかったのである。

西村は半世紀を超えて語る。

「毎日新聞本社に、エド・ロパットからの手紙は確かにあったと聞きました。そのことだけ、川崎さんを通じて毎日（新聞）に確認をしてもらいましたが、やはり契約までこぎつけることはできないと。一〇年間は、西鉄球団に選手の保有権があるため、諦めました」

この全米オールスターズが来日した昭和二八年のオフが終り、翌二九年から西村を直接指導することになった石本であるが、石本も、この西村に感じるものがあった。

石本は、広島商業在学中は、二年生からエースとなったが、一日四〇〇球の投げ込みにより、剛速球投手としてならし、加えて得意なボールは、縦に割れて落ちるカーブであった。ただし、四〇〇球の投げ込みや、縦に落ちるカーブの投げすぎにより、五年生の夏の大会を前に肘を痛めたため、変化球で勝負する技巧派に転身している。

「剛球投手も肩を痛め、横手や下手投げの技巧派へ転身」（「情熱と信念の野球人」）した。

石本は自身の反省を秘めながらも、西村に目をつけた。

こいつは育つ――。

笑えばエクボができるほどあどけない青年で、高卒入団から二年目に入った西村である。身長一七八センチと当時の投手では長身であり、かっぷくのいい体格でもって真上から投げおろす本格派。しかし、若さにまかせてダイナミックに投げ込む西村のカーブに一抹の不安をおぼえた。

肘を痛めないだろうか――。

これだけのずばぬけた素質と素養あふれる投手を、短命で終わらせてはいけない。

石本は日頃から、西村の一挙手一投足に注目した。主に指導したのは二つある。

一つ目はボールが手から離れる、リリースポイントについて。

石本の持論でもあるが、ピッチャーが、ボールをリリースする瞬間の位置についてである。少しでも前でボールを離すようにすることで、ボールが上ずった、いわゆる〝抜け〟球にならず、体の力がボールに伝わるというもの。また、前で離そうと意識するから、体も開かないようになり、全身の力がボールにのっていくのである。

このリリースポイントの指導を、西村は受け入れた。さらに、とても心強かったのであろう、当時の新聞にはこうある。

「ことしは石本さんが熱心にコーチして下さるので心強いです。自分では昨年とあまりフォームがかわったとは思いませんが、ボールを手放すときのポイントなどやかましくいわれるので一所懸命努力しています」（『西日本新聞』昭和二九年四月一七日）

西村のいうとおり、石本の指導は〝口やかましい〟ものだった。

カーブと剛速球を武器に成長し続ける西村には、ウォーミングアップに独自の思いがあった。当然ながら、試合前の練習のキャッチボールをするときから、ボールのキレを確かめていた。一〇球から二〇球程度のキャッチボールをすませ、おおよそ肩も温《ぬく》もってきたかな――と思うと、思わず自分の武器を試したくなるのが、ピッチャーの心理であり、西村はカーブの握りでキャッチボールを試みるのである。

〝懸河のドロップ〟といわれたカーブの握りで投げるキャッチボールの感覚を大事にしていた。

するとどうであろう。

「いけんよ、いけん」

石本は、西村に注意をした。

なぜ、石本が注意をしたか。ここでも石本の持論があった。キャッチボールをしっかりして、肩がしっかり温まりきるまでは、変化球を投げてはいけないというのだ。全てストレートを投げろ――である。

これには一理ある。温まりきる前に、手首をひねる変化球を投げることで、ヒジへの負担がかかるのである。石本自身も広商でエース時代に肩を痛め、軟投派への転身を余儀なくされたことからの老婆心であった。

しかし、西村自身のこだわりは強かった——キャッチボールでも、最初はまっすぐの握りで、十数球は投げるものの、その後、少しずつ距離を広げ、ちょうど塁間ぐらい遠くなった時に、カーブの握りを試し始めた。

すると、いつの間にか石本が、西村の真後ろにいるではないか。

「あんた。いけんよ。いけん」

西村は、納得はしていないながらも、しかたなく従った。

これは西村のカーブの回転のかかりから、キレの鋭さが並はずれていたこともあって、西村の実力をこの上なく認めていた証でもあった。中途半端な仕上がり具合で投げるボールではない。ならばと、完全に温まりきるまで、カーブを投げることを許さなかった。

ある日のことだ。

西村が同じようにカーブの握りでキャッチボールを始めると、石本は、いつの間にか西村の後ろにきていた。

「あんた、いけんよ」「いけん」

西村は納得できなかった。

石本はいう。

「肩というのは、温《ぬく》もるまで、まっすぐを投げなさい。完全に温もってから、カーブを、投げなさい」

　しかし、西村もやりかえした。

「いや、そうするよりか、ちょっとカーブ気味で、こうして曲げたり、こうして、シュートを投げたり、カーブを投げたりする方が、温もりが早いから」

　これに、石本は怒った。

「たてつくな」

「完全に温もるまでダメだ」

　翌日の練習でもそうだ。西村が外野でのランニングを終えて、キャッチボールを始めた。すると、いつの間にか、石本がいるではないか——。

「いけんよ。いけん。いけん」

　西村と石本は、そんなこんなをくり返しながら、毎日を過した。

　ある日のこと。なかなか従おうとしない西村のことを重く見た石本は、西鉄の本社に呼び出した。西鉄本社のソファーに通され、本社の桑原さんが、西村を叱った。

　また、事業部の鬼塚さんもやってくる。

「どうしたの?」「どうした?」

「石本さんに、こうこうこうで……」と説明する西村。

「そりゃー、お前、いうことを聞かないといけまーが」

　石本は、本社の職員の数人を巻きこみながら、西村の説得にあたった。

　西村は振り返る。

「じいちゃんは、横手投げだったのもあるかもしれないが、横手投げの打診までもがあった」というのだ。

石本は、西村の未来はつぶしたくはない。横手投げにすれば、幾分か肘の負担はやわらぐはずだ。真上から投げおろす、懸河のドロップは、最大の武器であるとともに危険性を感じており、手をうった。

ややもすれば、〝カーブの裏返り〟までおこしかねないカーブである。常に西村とはキャッチボールのことで、やりあったのだ。

「肘を痛めたらいけまーが」と石本。

「いまのところ私は、大丈夫です」と西村。

やはり、西村の将来を考えた上での忠告だった。しかし、西村自身は素直に従えなかった。それもそのはずである。野球先進国であり、当時、アメリカのオールスターから認められたとあって、西村の心の中もなかなか一筋縄にはいかなかった。

石本は、西村と相反しながらも、指導の手を緩めることはなかった。

この石本の思いを見抜いたかのように、当時、西鉄のエースであった川崎徳次も自著『戦争と野球』で、ピッチングの奥深さを知るがゆえに、西村の生まれもった素質についてふれている。

川崎は、西村の投げるボールについて、努力の上になりたっているということではないという、厳しい見かたをしている。

「西村のその球は、自分で苦心して、苦心して編み出したものではなかったからだろうと思う。ピッチングとは複雑微妙なものなのだ」(『戦争と野球』)

西村の決め球である、アメリカに認められた〝懸河のドロップ〟は、西村自身の苦心の作ではない——投手として、もともと生まれ持った素質の高さから投げているものという見解であったろう。

この年、西鉄ライオンズは、シーズン序盤から快進撃をみせる。石本の指導が大きかったろう、西村と河村という若手投手がいちじるしい成長をみせるのだ。ただし、優勝戦線がすすむにつれ、西村には痛みがでてきて、監督である三原も気が気ではなかったようだ。

「唯一心配な事といえば、川崎の分まで使われた西村が酷使から右ひじを痛め、無理がきかなくなっていた事だった」(『魔術師〈上〉』)

優勝戦線が熱気を帯びてきた夏場のこと。やはり、カーブの多投による痛みはあった。石本の予想は的中した。その視線の先に見たものに狂いはなかった。石本の指導の特徴であるが、選手の未来に何が起こるのかを予測しながら、選手個々へ接している。

しかし、これら一連のことがあっても、西村には今でもプロ魂が生きていると感じられる。当時の日本の野球とアメリカとでは、〝米高日低〟とでもいえるレベルの差は感じていたろう。ただし、ベースボールの先進国、アメリカから認められ、さらに指導まで受け、オファーをもらったからこそ、日本人初の夢舞台実現への思いはふくらんだ。アメリカから認められたので練習方法を変えなくてもいいという思いが、強い信念となって芽生えていた。

「私はアメリカに行きたいから、このままで変えなくていいって、誰でも思うでしょう」と西村は言いきった。

当然ながら、「石本じいちゃんの言うとおりにすればよかった」とは決していわない。それは、西村という、当時、速球とカーブで一世を風靡《ふうび》した投手のプライドという単純なものではない。この意識こそが、プロの投手であり、プロとはこういうものなのである。

石本は、投手の島原幸雄の指導にも心血をそそいだ。昭和二七年の球団創設二年目にテストを受けて入団した島原だったが、入団二年目に四勝をあげたものの、その後は、三勝、二勝と尻すぼみで、伸び悩んでいた。

西村や河村などの後輩にドンドンと抜かれていった。昭和二九年、西鉄ライオンズ初優勝の年は、河村久文、二五勝（一二敗）、西村貞朗、二二勝（五敗）と、二人は大活躍であったが、島原はおいてけぼりをくっていたのだ。石本の厳しい言葉が飛ぶ。

「お前は、頭が悪い。これもできんのんか」

投手陣の中で、いつも決まって石本に怒られるのは、島原だった。しかし、この島原こそが、石本が育てた秘蔵っ子ともいうべき、後の西鉄三連覇の立役者である。坂上惇投手の証言である。

「島原が、一番、石本さんの指導法で（成功した）。（もともと）オーバースローでほうりよった。それを、横に変えて（成功した）」

「ちょっと事件があって。三原さんはクビだっていいよったが、石本さんが、下からほうらせた訳よ。それからメキメキ稼ぐようになってねえ」

この「ちょっと事件があって」という証言に注目する。

島原自身の伸び悩みは確かにあった。そのことが、素行にまで如実に現れたのだ。精神状態が不安定になった島原は、行方をくらませたのである。坂上投手の証言である。

「大阪の遠征で、難波球場には来ない。後楽園、東京行っても来ないしね。それで、福岡に帰ってきたら、島原が行方不明[※2]になったと。それで、情報がファンから入ってきて、どこそこの映画館にいるとか。僕ら中洲に行って、映画館の前で、あるいは、パチンコ屋の前で、シマさんを探して回ったんですよ。とうとうみつからん。結局はファンの人が見つけてくれて、それで、島原が戻って、三原さんに詫びを入れたんだけど、ダメだった」

三原は許さなかった。

「もう球団を辞めろ――」

三原の目標は、パ・リーグ制覇だけではなかった。日本シリーズで巨人を倒すことを目標にやってきた。よって、三原の決断は厳しいものであった。しかし、ここで動いたのは石本であった。

「ちょっと待ってくれまいか」

「私があと一年だけ見るから」

数々のプロ選手を見てきた石本である。島原の将来をつぶしてはならない――の思いであったろう。石本から直接頭を下げられたとあって、知将、三原といえども振り上げたこぶしをおろさざるをえなかった。

石本は、島原を育てることに責任を持った。以前にも増して、厳しい指導になったのはいうまでもない。

昭和三〇年のシーズンを終える頃のことであった。

『伝説の野武士球団　西鉄ライオンズ』から引用する。

「おい島原、あんたは頭が悪いけん、投手はだめじゃ。わしが二年間教えてきたが、あんたはなんも覚えとらん。もう、あんた野球やめて田舎へ帰って百姓でもせんかのう。そのほうがいいで」

お人よしのシマちゃん（島原）もさすがに頭にきたらしい。投球練習をしながら、すごい目つきで石本さんをにらんだ。が、そんなことはぜんぜん意に介さない石本さん。

「あんたはなんぼ投げても一緒。キャッチャーがかわいそうなだけよ。もうやめんさいや」

今度はシマちゃんが本気で怒った。口にこそ出さなかったが、態度で百％表現した。

「うーんッ、くそッ」

小声でこういったかと思うと、シマちゃんは最後の球をキャッチャーめがけてたたきつけた。いつもならオーバースローなのに、このときはやけくそでアンダースローの投球だった。

これが外角低めに伸びて見事に決まった。そりゃあすばらしいボールだった。すると、石本さんがすっとんきょうな声を上げた。

「あんた、あの球じゃ。あんないいボールが出るんなら、いまからアンダースローで投げんさい。げんに（本当に）いいボールよのう」

これをきっかけに島原は、下手の方から投げるのがいいとなり、サイドスローに転身したのだ。

この年のオフに四国に帰り、田舎でバスケットボールチームの指導をしている兄らと走りこみをした島原は、強靱《きょうじん》な足腰をつくりあげた。

石本から指導を受けた投球フォームを自分のものにしたのだ。

「島原は、本当に真横に変えた。あれは、本当に石本流でしょう」と太鼓判を押したのが西村貞朗だった。

真横といえるほど、腕を下げて投げるようにした島原であるが、石本の指導の中で、ピッチャーの投球フォームにおける共通のことといえば、この真横やスリークォーター気味にさせた投手が実に多いのも特徴である。

これは、石本の指導の真髄であろう。まずは、投手陣を必ず背後からみて、その一挙手一投足に注目するが、筋肉のつき方をみていたとされる。

投手の背中のある二つの箇所に注目して、目視でその二ヵ所を結ぶのである。その延長線上に腕を振らせるのだ。こうして、その投手に一番ふさわしいとされる腕の出る角度を決めている。

当時、日本人の体つきは、アメリカ人などとは比べものにならない頃である。しかし、正しいフォームで投げられれば、キレのあるボールは投げられる――が石本の持論である。その二ヵ所を目でみてつないではいるが、決してそこは語らない。

「もちーと下げてみー」

など抽象的な言葉で表現し、奥義を明かさない。教えられる側も、二〇歳そこそことあって、言葉で語りつくして全てが理解できる訳でもなかろう。ならば、たまたま投げやりで放ったフォームをきっかけにして、石本は、島原をたたみかけるように説得したのである。このように、石本は、多くの投手のフォームを変えさせたのである。

島原はかなりシュートのキレがするどくなると、さらにも増して、変化をつけるために、ひねりを加え、結果、シュートが落ちるようになった。「いわゆるシンカーのようなキレが生まれ、島原の決め球となった」とは西村貞朗の談だ。

投手の坂上惇は、「石本さんと出会って一番、いい思いをしたのは、おそらく島さん（島原）だろう。一番の稼ぎ頭になった」との言葉を残している。

昭和三一年のシーズンを待たず、石本は西鉄を去るのだが、石本の魂は、島原が大活躍することで輝いたのだ。

というのも、石本がコーチになる前は、シーズン最多で四勝（昭和二八年）しかあげられなかった島原であるが、三一年に二五勝してエースとなった。新人でありながら、二一勝した稲尾和久をも上回り、存在感を示した。三二年から三年連続で二桁勝利（一三勝、一一勝、一二勝）をおさめ、当然ながら西鉄ライオンズの三連覇の立役者となったのだ。

また島原の投げるシュートやシンカーを好んでいたのも石本である。

「シュートが好きで、インコース低目でつまらせて、ゲッツーをとると、本当に手をたたいて喜んだ」とは、坂上惇の談である。

また、サイドスローに転身した島原をはじめ、石本の手厚い指導を受けたのは、同じく腕を下げた河村久文である。河村の武器はシュートだった。特に河村のシュートは〝カミソリシュート〟と呼ばれ、切れ味がするどいため、右バッターの懐《ふところ》に食いこみ決め球の一つであった。

このことを同期入団で、河村の一番のライバルでもあった西村はいう。

「手を下げたもんやから、シュートがきだした。じいちゃんの教えが一番効いたのが、久ちゃん（河村）で、カミソリシュートっていわれて、名前を売った」

「じいちゃんの指導で、（河村が）一番得したかもしれん」と西村はいう。

河村はもともと研究熱心で、エース川崎が投げれば、当然ながら、何か盗めるものはないかと、じっと目をやる。加えて、石本の指導である、真上から投げ下ろすフォームではなく、スリークォーター気味に腕をおろさせたのである。これにより、ボールにシュート回転がかかりやすくなり、キレをするどいものにした。

後の後輩投手で昭和三二年入団の村山泰延《むらやまやすのぶ》（昭和一三年生まれ）も河村を分析していた一人である。「河村さんは猿腕（肘が外を向きやすい）でもあり、シュートが変化しやすい腕だった」と分析している。石本は、こうした個々の体の特徴をみながら、河村や島原といった後の西鉄ライオンズ三連覇戦士となる投手陣のフォームを矯正し、育てていったのだ。

こうした投手陣にあって、石本が一番目をかけて、行動を共にしたのは、やはり西村貞朗であった。試合がない日とあらば、映画館にまで連れそう。唐人町《とうじんまち》にある大圓寺《だいえんじ》の寮（現、グランド・サンリヤン唐人町。前、西鉄共済会館）を出て南下して、明治通りに向かうが、最初の交差点で右折し、五〇メートルもいけば、新星東映（現、八橋《やつはし》神社隣駐車場）という映画館があった。寮から歩いて五分程度であった。

まだまだテレビの時代ではない。石本はとかく映画を好んだ。昭和二六年から、ラジオ放送によるＮＨＫ紅白がはじまり、昭和二八年には、テレビ中継がスタートした。しかし、石本がコーチに就任した昭和二九年の普及率は〇・三％程度で、まだまだ大衆文化とはいえず、人々は街頭テレビに群がった。

いっぽうでは、次々に建てられる映画館により、映画は隆盛期を迎えていた。小さな町でも、映画館が建てられた頃である。上映も三本立てならぬ、四本立てがあり、フィルムを流せば人は呼べた。娯楽を求めて、人々は動き出していた。

加えて、昭和二九年のシーズン当初には、平和台にはナイター設備がなく、夕方からは暇になることが多かった。また、石本は、女優の若山セツ子のファンであり、その映画の多くを見ていたという。石本は、映画館では決まってタバコに火をつける。長時間の上映になれば、コクリ、コクリとしはじめる。タバコを吸うでもなく、灰が、今にも落ちそうに折れ曲がり、コクリ、コクリ。

その灰が落ちそうだと、西村は、声をかけた。

「じいちゃん。灰が……」

「うっ、ん、う〜ん。この映画、今日で、三回目」と寝ぼけたことをいいながら、またコクリ、コクリとやりだした。

石本は西村らに野球理論を語り尽した。左は「ばんぢろ」マスター、中央は西村、右が石本（所蔵：増田功）

夕方から三本の映画を見ると、おおよそ一一時を回った。

さあ、急いで帰らねばと、寮までの道のりは五分程度だが、急いだ。

玄関先につくと、なんと三原監督が一階の食堂で待っているではないか——。

しかし、石本は、いたって平気で、

「いや〜、今日の映画は三回目じゃったの〜」

「そうですか。そりゃ、お疲れ様でした」

三原は特に叱るでもなく、石本の後をついて帰ってきた西村や有吉、長坂衛《ながさかまもる》らにも声をかけた。

「お前らも早く寝ろよ」とだけそえた。

石本について行ったとあらば、三原とてとやかく言うわけにはいかず、西村ら投手陣をきつくとがめることはなかった。

西村は、野球の指導では石本と相反することもあったが、球場外では石本と行動をともにすることが多かった。また、石本はコーヒーが好きだったこともあり、たびたび西村を連れ出した。必ずコーヒーには砂糖をたっぷり入れて飲んだ。

水鏡《すいきょう》天満宮の路地には、喫茶店「ばんぢろ」があって、西村とよくでかけた。タバコをふかしながら、マスターと野球談議に花をさかせた。どこへ行くにも野球であり、タバコを片手にである。

西村は、ピッチングに対する意識の高さもあってか、グラウンド内では、たびたび石本と衝突した。しかし、私生活では、石本は西村をよく連れ添った。こうした若手投手陣が育つ当時の様子を、エースの川崎はこう記した。

「すっかり若返った投手陣を新任の石本秀一投手コーチがうまく束ねた」（『戦争と野球』）

※1　変化球で、縦に割れる（落ちる）カーブのこと。懸河の意味は「勢いよく流れる早瀬の川」であるが、西村のドロップの軌道が、直下に向かって落ちることから、急流の川に例えられた。
※2　諸説あるので記す。入団二年目（昭和二七年の夏）、「二軍監督重松通雄に連れ戻された」。他、連れ戻されたのは、「三〇年一一月、高校のバスケット部監督をしていた兄である」（共に『ああ西鉄ライオンズ』）。

奔放さに秘めた石本イズムが浸透

選手は、試合が終われば、夜はしばしマージャンに興じることも多い。寮では、試合後、風呂に入り、食事をすませ、体の手入れをした後は、おおよそ自由時間となる。

これに対し、コーチの石本は、あまり風呂を好んでもいなかったため、試合が終われば、いち早く選手の集まる部屋へと急ぎ、みんなが集まるのを待った。ユニホームを着たままということもしばしばだった。

当時は、石本はマージャンをするのでなく、いわゆるチャチャを入れるのが好きだったのだ。

「なぜか必ずといっていいほど、仰木彬《おおぎあきら》の後ろに陣取っていました」とは河野昭修の談だ。また、他のメンバーの場合、河野や中西や大津、関口清治《せきぐちせいじ》らがテーブルを囲むと、それはそれはうれしそうに覗き込んだ。おおよそヤクがそろってくると、さらにニタニタ。角度を変えては人の手を覗き込む。

「それで、ええかの〜?」

さらに、角度を変えて、他の選手のパイを覗きこむ。すると、

「そりゃー、どうかの〜」と言いだす始末。

やっている選手はたまったものではない。選手は、パイをきるのをやめたり、変えたりする。こうした迷いが、勝負のゆくえを分からなくさせる。

すると、いつの間にか、

「ロン――」

「ワッ、ハッ、ハッ」

勝負を雑《ま》ぜくりながら、勝敗の行方を楽しんだ。

マージャンを見るときは、いつもタバコに火をつける。しかし、灰が長くなってきても、一向に気にしない。ときおり、プカプカやる程度で、タバコの先に長い灰がたれさがり、そのままポトリと落ちることも。

石本のタバコにおける逸話はつきない。マージャンの時だけならまだよかった。しかし、グラウンドでも吸うことがあったのだ。

西村は語る。

「グラウンドの中でタバコは吸っちゃいかんわけですよ。今のようにピッチング場（ブルペン）っていうのはね、中（室内）じゃなくて、グラウンドの中（ファウルゾーン）にあったんです。グラウンドの中にあったもんだから、じいちゃんは、いつもね。ピッチャーの後ろから、（または）キャッチャーの後ろからも見るんです。特にピッチャーの後ろにおった時は、本当にヘビースモーカーやからね。タバコを吸いたくなったときに、ちょろちょろとね外野の方に行ったかと思えば、（一服すませて）ダーと帰ってきてね」

さらに、ある。

ファウルゾーンにあるブルペンそばのスタンドに入って、何をするかといえば、スタンドでプカプカやっているというのだ。

西村は続ける。

「ブルペンで、ピッチャーがピッチングやっている、そのすぐそばのスタンドに座る。ほいで、じいちゃんが、おらん。じいちゃんがおらん。いうて探すと。スタンドでタバコを吸いよる。試合中にもかかわらず、そんなもん。かまっちゃーない。石本さんがね。ベンチに帰ってね。座るのは、あんまりみたことがない。ほとんどブルペンでね。あの椅子《いす》から、いつも自分が持ってきよったからね。小さい椅子をね」

これには、三原監督もあっけにとられたというか、笑うしかなかったようだ。

「三原さんも怒るどころか笑ってましたよ。じいちゃんがおらんいうて。そしたら、知らん顔をしてスタンドで、お客さんと平気で話をしている。かざらん人いうか」

西村の証言である。

決して飾らない、気取らない石本の奔放さと、広島弁まる出しの言葉は、九州なまりの人々にも受け入れられた。打倒、水原、打倒、巨人に燃える厳しい三原体制の中で、石本から繰り出される「ほう、じゃろーが（その通りだろう）」「はー、もー、いけん（とってもダメだ）」「いけん、いけん」など、広島弁の会話は、若手投手陣の心を和ましていったのだ。

「いけんよ。いけん」と繰り言のようにいえば、選手らの、「よか、よか」「よかけん」「よかタイ」「よかっさ」など、なごやかな博多弁とかみあった。石本は九州人の持つ独特でおおらかな、飾らない気質を好んでおり、よくよくとけ込んでいった。

カープ時代には、考えられないほど和やかな一幕である。毎晩、毎晩、後援会結成を呼びかけては、地域をまわって、カネ集めに奔走し、監督でありながらも経営者として奮闘し、寝る間を惜しんではペンを執り、中国新聞に後援会の報告をしていた石本である。野球だけに打ち込める西鉄ライオンズの環境は、天国のようであったろう。

ブルペンのそばで、椅子に座って投手をみつめる石本（所蔵：増田功）

坂上惇は、投手の間で、ある一時期、石本の話し方やその言葉をまねて、広島弁が流行ったと記憶している。

石本が、スパイクの音をカチャカチャいわせながら、歩いてくる。坂上はすぐに分かった。

〈あっ、じいちゃんだ〉

〈また、スパイクのケンがとれそうだ〉

石本はスパイクのケンを留める金具が、いつもとれそうになり、カチャカチャいわせながら、歩いてくる。

「石本さん、おはようございます」

「おっしゅ」

この「おっしゅ」を坂上も真似て、朝の挨拶は「おっしゅ」を多用したという。面と向かってはじいちゃんとはよべないものの、愛らしいじいちゃんの発する言葉をまね、親しみがこめられた。

当時、平和台球場でうぐいす嬢をつとめていた今泉京子は、選手らと石本との距離感を振り返る。

「石本のじいちゃん、じいちゃんって、いって選手が親しみを込めて呼んでいたのがとても印象的」

「石本さんのお陰で、チームの雰囲気が、がらりと変わった」と後の三連覇戦士でもあり、主将の河野昭修は振り返った。

石本の持つ独特の飾らない性格は、表にこそ出ないが、野武士軍団へと成長していくチームを、あたたかくも和やかなものにしていった。

開幕前の各社論評の中で、優勝は南海か西鉄かといわれるほど、評判も上々であった。南海は、〝百万ドルの内野陣〟ともよばれる飯田、蔭山、岡本伊三美、木塚忠助《きづかちゅうすけ》らを中心とした完成されたチーム。前年までリーグ三連覇を達成し、この年も優勝候補の筆頭であった。小さなチャンスを生かし、そつのない攻撃から、たたみかける試合巧者であった。ここ一番でやられることも多かったため、苦手意識はすくなからずあった。

しかし、この頃の西鉄の打線は、おおよそ役者も出そろい、完成されつつあった。打順も二番に豊田をすえて、中西、大下とつながる流線型打線が形成された。

これに投手陣は飛躍的な成長をとげた西村、河村、大津らが戦力となった。ベテランの川崎はいうまでもなく、坂上が続いて伸びてきていた。ピッチャー陣がガラッと若返り、その彼らをうまく束ねている石本の存在は大きかった。

三原脩もかなりの手ごたえを感じており、石本を高く評価した。開幕の日の西日本新聞のスポーツ面の冒頭を飾っている。

「今年は石本氏を招いてバッテリーコーチに専念してもらうことになった。おかげで若手投手はグンとよくなった。西村、河村、島原、太田《おおた》（正男《まさお》）はすでに一線級だし、坂上、大塚《おおつか》（安則《やすのり》）の新鋭もいる。大津の復調も大黒柱川崎の健在とともに優勝へ直結している」（『西日本新聞』昭和二九年三月二七日）

石本のプロ野球人生にしてみれば、初めてのコーチ業であったが、このうえなく順風であった。

石本コーチを迎えた西鉄ライオンズの最初のシーズンの開幕である。西鉄は開幕から勝ち続け、猛然と飛びだした。

三月二七日に東映を迎えて開幕した西鉄は、四月一〇日の近鉄戦まで開幕一一連勝を飾る。

この時点では、前年の昭和二八年のシーズン末に五連勝したことから、公式記録ではないものの、あわせると一六連勝となり、過去、巨人や毎日がつくった一五連勝の記録までも打ち破った。西鉄ライオンズの強さが、本物であることを球界にとどろかせたのである。後の野武士軍団とよばれる西鉄ライオンズの原形ができつつあった。

ちなみに、開幕からの一一連勝[※1]は、現在のプロ野球でも破られていない記録である。

さあ、一二連勝か——と勢いに乗る西鉄打線であるが、この快進撃に待ったをかけられたのは、翌一一日の近鉄とのダブルヘッダー初戦のことであった。近鉄の投手は、関根潤三である。

「投げてはインコース低目をつく直球とアウトシュートを使いわけ、よく西鉄の打線を沈黙せしめ四回に3点本塁打を放つなど全く一人舞台の観があった」(『西日本新聞』昭和二九年四月一二日)

この時点で、パ・リーグの優勝候補の筆頭に西鉄をあげたのは、プロ野球評論家の大和球士《やまときゅうし》である。

もともと大和球士は昭和三〇年頃に西鉄の時代がくると予想していたが、この快進撃に、前倒しする予感を感じた。よって昭和二九年の西鉄の優勝はゆるがないものとして紙面で語った。

豊田、中西、大下と続く切れ目のない打線は球界始まって以来と絶賛した。

「打力はプロ球界はじまっていらい最大の豪華打線を誇っている」(『西日本新聞』昭和二九年四月一四日)

さらに、戦前の職業野球時代から見てきた大和は、西鉄打線に匹敵するものが唯一あるとするならば、昭和一二年の大阪タイガースの打線であると論じている。

「もし過去のチームにこれに似たものを捜《さが》すとすれば昭和十二年ごろのタイガースの猛打線だろう。

一番に松木（現〔※当時〕、阪神監督）がいて、トップからホーマーを飛ばし、二番が藤村、三番山口、四番景浦、五番、伊賀上とホームラン打者ばかりがつづいていた」（『西日本新聞』昭和二九年四月一四日）

くしくも、当時のタイガースのダイナマイト打線をつくりあげた監督は、石本秀一であった。

しかし、初優勝をめざして戦うチームのもろさもあった。一一連勝の後は、二度の三連敗を喫し、五月六日、毎日との首位攻防戦に5対7で敗れ、二位に転落した。

さらに、エースの川崎徳次が、五月二〇日の登板を終えて、胸膜炎で一時戦線をはなれることになった。結果、一過性浸潤と診断され、九大病院に入院する。

さらにある。五月五日、毎日戦で、西本のバントがアウトの判定になったが、投手の河村が走塁妨害をとられてしまう。当初のアウトの判定が、セーフとくつがえったことで三原監督は猛然と抗議する。この抗議があるまじき態度であったと指摘されて、リーグ裁定にまで持ち越される。結果、五月二五日から一週間は、三原監督が出場できないということとなり、急遽《きゅうきょ》、石本が監督の代行として指揮をとる※2ことになった。

五月二七日の近鉄戦では、先発の島原が打たれ、続く坂上も打たれた。そこで、リリーフに大津をたてたが、大津は、粘りながらも失点してしまい、4対5と1点差を追いかける展開となった。

七回裏の西鉄の攻撃は、豊田、日比野武《ひびのたけし》が連続ヒットで攻勢をかけたが、永利勇吉《ながとしゆうきち》、仰木がたおれ、ツーアウトとなった。

ここで、バッターは投手の大津とあって、当然ながら、代打のはずであろう。

しかし、石本監督代行は、なんと、そのまま大津をバッターボックスに送ったのだ。

なぜに——周囲からの異様な雰囲気はあったであろう。しかし、石本はこの大津に感じるものがあったか——。打席でねばりにねばって、大津の打球は、右中間を抜けた。その間、ランナーの二人が帰って、見事に逆転した。

そのまま逃げ切った西鉄は、一位の毎日にぴたりとつけ、〇・五ゲーム差につめよった。

この試合にのぞむ石本監督代行からあふれ出る雰囲気はよかった。

「ベンチもまた危機に面すると、石本コーチ、宮崎主将が互に歩み寄って策を練るといった和気あいあいたるふん囲気をかもしだし、いつもにないネバリ強いところを見せていた」（『西日本新聞』昭和二九年五月二八日）

総評としては、

「前半、近鉄が地道に得点をかせいで、西鉄に差をつけておくと、じりじりつめよって、西鉄はガツンと一発かまし、また、近鉄がコツコツ叩いて逆転すると走者をためておいて得意の長打を放ち、たちまち失点を取り返すという、まことに興味ある経緯をたどった」（『西日本新聞』昭和二九年五月二八日）とある。

この時期、石本は、少しばかりおどろくべき行動をとっている。

現在のプロ野球でいうならば、先乗りスコアラーともいうべきもので、事前に対戦する近鉄や毎日といったチームの様子をバックネット裏から細かくチェックしているのだ。

「（四月）一三日、四日、五日、中日球場での近鉄‐毎日三回戦には西鉄の石本コーチがバックネットから毎日の調子を打診する（※試合から相手の情報を得る）という慎重さでもあった」（『西日本新聞』昭和二九年四月一九日）

スコアラーという存在が、日本プロ野球に確立されるのは、おおよそ昭和三〇年代に入ってからであったろう。

「当時（昭和二九年）スコアラーという呼称もなかった」（尾張久次『「尾張メモ」の全貌』）

対戦前の情報が少なかった時代のプロ野球において、石本は常に事前情報を大切にし、そのことを試合に生かしたのだ。

この五月は、一位の毎日を追いかける立場であったが、エースの川崎が離脱したことに加え、三原監督の一週間の謹慎、さらに中西の離脱もあり、前半戦では一番苦しい時期であったろう。

この年のオールスター戦には、大下、中西、関口ら、西鉄のクリーンアップトリオが全員出場し、加えて、若手で伸びざかりの投手、河村と西村に加えて、捕手の日比野も出場するのである。七月三日の初戦は、西宮球場で行われ、全パは5対2と快勝した。うち三打点を中西、大下でたたきだして、勢いづけた。さらに、この日の勝利投手は、中盤からリリーフして好投した西村である。また、中西は最高殊勲選手にえらばれ、西村は優秀投手賞にかがやき、西鉄の選手の活躍が目立った。

この勢いからか、オールスターあけの初戦となった七月六日の近鉄戦を、地元平和台で4対3とせり勝って、両リーグ通じて四〇勝到達は一番のりだった。

ただし、田舎チームとよばれてもいた西鉄は、地元平和台では強いが、〝旅に弱い〟といわれてもいた。遠征を苦手としていた。七月一七日から大阪球場で、五位と浮上できずにいる近鉄との三連戦を一勝二敗と落としたのだ。これにより首位を毎日に明け渡した。

ただし、三原が意識したのは毎日ではなく、やはり南海との争いを予感していたのだ。

「南海より毎日の方がやりやすい。毎日との優勝争いなら必ず勝てる自信がある」（『西日本新聞』昭和二九年七月二〇日）と豪語していた。

三原は、ここ三年間、連続優勝している南海に、ことごとく苦しめられたとあって、毎日との首位争いに明け暮れながらも、南海を恐れていたのだ。

この思いは、真実となる。

南海は強かった。負けなかった。

八月二二日の東映戦から、一〇月五日までの二七試合で、二六勝一敗という強さで、そこにいたるまで宅和《たくわ》本司《もとじ》投手も一一連勝という凄さだった。この年、高卒ルーキーながら先発の主軸を担い二六勝九敗、防御率1・58で新人王。南海の追走劇を加速させた人物である。

しかし、南海の強さも永遠ではなかった。一〇月七日、近鉄が、南海、宅和をたたいて、九月二九日から守った首位を、〇・五ゲーム差で西鉄にゆずることになる。勝率では、たった四毛差であった。

この日を境に、南海は四連敗してしまい脱落する。結果的に、これが西鉄にとって吉とでた。西鉄は九月二七日のダブルヘッダー二試合目から一〇月一三日まで、引き分け一をはさんで一〇連勝して、優勝を確実なものにした。西鉄ライオンズが優勝を決めたのは、一〇月一九日の阪急戦で、西村がシャットアウトを演じれば、大下二二号、豊田一八号などと華々しく打ち上げ、3対0とした。

この日、南海は試合がなかった。最終的には南海を四ゲーム引き離しての堂々の優勝であった。

この年、中西は、幾度か不調はあったもののホームラン三一本と独走状態でホームラン王を獲得。さらに、復帰した川崎も一〇〇奪三振などの記録で華をそえた。また、なんといっても、前半戦打撃一〇傑にも入った塚本悦郎《つかもとえつろう》が結核で倒れた後、出番が回ってきた高倉照幸《たかくらてるゆき》の存在も大きかった。

ただ、優勝を決めた時点の西鉄には残り試合が一ゲームであり、南海は六ゲームもあった。西鉄は最終戦の近鉄戦を落としてしまう。しかし、南海は、残りの六試合全て勝って終えたことからして、最終的に〇・五ゲーム差での優勝であり、一つも落とせない優勝であったことは間違いなかった。

この頃の投手采配は、その多くを石本が行っていたとされる。石本は、自分の理想とするピッチングに近い河村と、なんだかんだといいながら、西村をうまく使ったのだ。

三原監督も、石本が打つ手打つ手がうまくいくから、何も言えない。さらに、河村にいたっては、投手交代の予感がすると、次は自分がいくぞとばかりグローブをはめて、待っていた。これには、石本の心証もよかった。「お前は、いいぞ」と、ブルペンに促した。

三原監督（右）と石本（所蔵：増田功）

石本の思いが、若い投手陣によくよく伝わり、機能していた。ここぞという、投手交代が勝負のキメどころとなる場面での、本当にうまくいった。

一〇月五日を例に挙げる。前日まで南海に〇・五ゲーム離され、これ以上ははなされてなるものかという思いであったろう。対阪急戦の負けられない試合で、西村は連続六つの三振というパ・リーグ新記録を達成した。ところが、八回裏の二死満塁の場面で、エース西村から急遽《きゅうきょ》、河村へスイッチさせて、逃げ切りを図った。ややもすれば、ウォームアップ不足気味の状態にありながら、である。

「ここで西鉄は河村を送ったがウォームアップ不足でアワヤと思われたものの結果的にこの切り替えが図に当たり戸倉はショートゴロにかわされ阪急は果敢な追撃も万事休した」(『西日本新聞』昭和二九年一〇月六日)

河村は、このシーズンの投手継投を自著にこう記している。

「投手部門のすべてを任せられていた石本さんは、自分の思いどおりにピッチャーを使った。かりにこのやり方で失敗が多ければ、三原監督も黙っていなかっただろう。しかし、石本さんの打つ手(投手起用)がことごとく成功するため、監督もいちゃもんのつけようがなかった」(『伝説の野武士球団西鉄ライオンズ』)。

プロ野球における采配の難しさは投手交代にあるといわれるが、大躍進をとげる西鉄ライオンズの中で、石本の采配はひときわ輝いた。西鉄ライオンズは初の日本一に向けてまっしぐらであった。

この年の日本シリーズの対戦相手は、初めてセ・リーグ制覇を果たした中日であり、エース杉下の前に、西鉄打線は翻弄された。第七戦までもつれ込んだものの、結果、杉下のフォークにことごとくやられることになる。

この年のシーズンは、後に西鉄ライオンズ三連覇の立役者となった稲尾は当然ながらいない。しかし、この年、二二勝五敗という大車輪の活躍をした西村は、あの三連覇だけが西鉄ではないと振り返るのである。

昭和三一年からの三連覇があまりにも全国的に注目され、三原、水原の巌流島決戦や、稲尾の四連投、四連勝ばかりが世の中で騒がれたが、それ以前に、まえぶれの年といえるものは確かにあった。「稲尾の時代とは違う。三一年からの三連覇があって、稲尾がきて、西鉄ライオンズの三連覇がはじまったように思われているが、実はそうではない。その前兆ともいえる年があった」と西村はいう。

野球とは、不思議なものである、チームとしてまとまり始め、成長している時期は、なかなかみえにくいものであるが、西村のいう三連覇の前兆の年とは、前年四位とふるわなかった西鉄ライオンズがリーグ初優勝を果たした昭和二九年であろう。もともと攻撃陣がそろっていたチームだけに、石本がピッチングコーチに就任し、独自の理論で、西村、河村を始め、大津など、若手投手陣を育てたことが大きな成長をもたらした。

しかしながら、西鉄ライオンズの選手らは、まだまだ、三連覇戦士ほど他球団からおそれられたメンバーではなかった。まだ人間的にも若かった。

血気さかんで若さあふれる選手集団である西鉄ベンチに、とある異変が起こった。平和台球場の一塁ベンチの後ろの壁には、空気ぬきのための換気口があった。

その換気口を覆うように斜めに羽状の小板がかかっていた。何を思ったか、投手である坂上惇が、空きビンの口をはさんで、それをテコにして、羽の角度を変えてみた。するとどうであろう。そのすき間からベンチ裏のスタンドの最前列に座った女性の姿が見えるではないか——。

無防備にも股の付近が丸見えである。

『伝説の野武士球団　西鉄ライオンズ』から引用する。

見えた！　見えた！　と、ベンチの中は大はしゃぎ。もちろん私（河村）も一番にすっ飛んで行って見た。このへんを細かく描写してみよう。

よろい戸（換気口のこと）のすき間から上を見ると、そこには女性の下半身があった。すき間の広さの関係で、胸のへんから上部は見えなかった。が、着用しているスカートの色と柄、そして靴などから判断すると若そうに見える。その女性が、こともあろうに自分の前の板の席に両足を上げ、ヒザをおっ広げているではないか。

人間、ヒザを開けばどうなるか？　当然、男が高い関心を持つ部分まで見えることになる。しかし、残念ながらその女性はちゃんと身に着けるものを着けていた。それは白だった。


さらに引用する。

いずれにせよ〝マタ開き女性〟が多かったのは確かだった。特に土曜、日曜ともなると、若い女性客も少なくなく、スタンドはスカートが満開の花を咲かせた。喜ぶのは選手。そして「スカートのぞき」はだんだんエスカレートしていった。


こうして女性のことに浮かれる西鉄ナインに、とやかくいわず腕組みをして眺めていたのも三原監督の器の大きさであったろう。しかし、かたわらでは、そうとう悩んでいたのも事実らしい。

三原は、時折、石本にもらしていたというのだ。

「石本さん、うちの若い選手には困ったものです。試合中に女のスカートをのぞくし、近ごろでは練習もろくすっぽやらず、スタンドの女ばかりに見とれている。よくもああこれだけ、〝助平〟が集まったものだと感心しています。なんとかなりませんか？　石本さん」（『伝説の野武士球団　西鉄ライオンズ』）

と石本に悩みを打ち明けると、

「三原さん、あんたも若いときには覚えがあるでしょう。これ以上ひどくなるようじゃ考えんといけんが、いまくらいだったら大目に見てあげんさい。そのかわり野球でしぼり上げることじゃな」（『伝説の野武士球団　西鉄ライオンズ』）

といって諭したという。

石本から三原監督への忠告は確かにあった。

野武士軍団の切り込み隊長とよばれた、高倉の記憶を振り返る。

「その当時、三原さんに、ものがいえるのは石本さんしかおらんかったですね。三原、三原って呼び捨てにできるのも石本さんでしたから」

三原本人も、指導者として成長期であったろう。〝女遊びはいわない、ただし練習で絞り上げる〟——。石本との何気ないやりとりから、学んだことを受け入れていくのである。

この三原と石本のやりとりは、『伝説の野武士球団　西鉄ライオンズ』に記されているが、西鉄の選手に、女遊びや酒はつきものだった。

後に野武士軍団といわれ、昭和三一年から三年連続日本一となり、まさに西鉄黄金期を築きあげるが、その中心選手である大下をはじめその若手選手などは、試合の前日に、思いっきり飲み明かしても、試合本番になると必ずといっていいほど、打つ、投げるは、人一倍がんばった。酒を抜くために、朝から全力疾走をして、汗をかいて、試合に備えた。よく遊んだ後は、体調を整えて、よく仕事をするのが、野武士軍団の鉄則になったのだ。

オープン戦での対戦であったろう、このことをじっとみていたのは、カープOBの河野誠之である。

「大下さんは、本当、試合前になると汗びっしょりになるまで、走って、酒を抜きよった」

※1　昭和二九年の西鉄ライオンズの後、セ・リーグでは一九九九年、中日ドラゴンズが達成している。

※2　三原監督の出場停止期間の石本監督代行の成績は三勝一敗で勝率七割五分であった。

稲尾和久との出会い

昭和二九年のシーズン中盤から西鉄ライオンズは、南海とのデッドヒートを演じて、優勝を決めた。しかし、翌昭和三〇年の南海には返り討ちにあう。南海は打線と投手力がかみあい、チーム力の高さに磨きがかかった。また、山本（鶴岡）監督は一度西鉄にやられたとあって、西鉄への対抗意識を絶やさずにいた。南海は、翌三〇年はここ一番に強く首位を奪い返すのである。

これにより、二位に甘んじた西鉄ではあるが、昭和三〇年は、石本の指導力が見事に発揮された年でもある。急成長した西村、河村をはじめ、オフにはピッチングフォームを変えて、飛躍を図る島原、さらにこの年、二一勝（一〇敗）をあげた大津など、いわゆる四本柱を育てたのである。球界初ともいえる〝名ピッチングコーチ〟であったろう。

しかしながら、石本は、昭和三〇年のシーズンで西鉄のユニホームを脱ぐことになる。理由は後に記すが、新しい時代を迎える下地を整えて、西鉄を離れるのである。

この頃の西鉄のチームを、うぐいす嬢であった今泉京子は、振り返る。

「一度、優勝して、選手を大きく感じるようになった」

加えて、西鉄ライオンズには、最強の投手が加わる。〝神様〟〝仏様〟とよばれた稲尾和久の入団である。

稲尾が入団した最初のシーズンとなる昭和三一年は、西鉄は九六勝五一敗七分で、二位の南海とのデッドヒートの末、〇・五ゲーム差をつけて、返り咲いて優勝する。さらに、日本選手権では、水原監督（当時、登録名は円裕《のぶしげ》）率いる巨人を四勝二敗でやぶって、日本一にも輝いた。

この昭和三一年であるが、石本が手塩にかけて育てた西村は二一勝（七敗）、河村一八勝（一二敗）、島原が前年の二勝（二敗）から、大躍進の二五勝（一一敗）であった。この年は、島原が勝ち頭となり、エースともよばれるようになる。

ただ、何といっても、この年は、西鉄ライオンズ大躍進の原動力ともいえる稲尾和久が、彗星のごとくデビューしたことであろう。二一勝六敗で、防御率は驚異的な１・０６という数字をマークし、最優秀防御率のタイトルを獲得する。優勝のみならず、日本一にも大いに貢献するのである。

稲尾の鮮烈な登場であったが、石本退団の翌年に入団したとあって、一年だけでも稲尾とブルペンを共にしたことがなかったのは、残念である。

では、石本と稲尾は、一度も出会ったことがなかったのだろうか――。

現在でも、野球界には、さまざまな〝いわれ〟が残っているだけでなく、書籍やインタビュー録音にもわずかではあるが、記録が残っている。運命の出会いは、やはりあった。

晩年、石本がすごした東広島市松子山《まつこやま》の自宅（現、増田家）から発見されたテープ『野球一筋』（一九六一年一二月二三日　ソニーS5－90）では、稲尾の西鉄入団までの一連のエピソードが赤裸々に語られている。

話の内容はこうである。

稲尾を高校二年生の時に、西鉄ライオンズによんだ——というのだ。

誤解があってはいけないので、読みづらさはあろうが、録音のままを記す。

対談の相手は、石本より一学年上である、広島中（現、広島国泰寺高校）の木本進氏で、中等学校野球が始まった頃からの大の野球ファンである。対談の内容はというと「第一回全国中等学校優勝野球大会の山陽大会、アカシアの木の伝説」をはじめ、「昭和三六年当時、仮に権藤博《ごんどうひろし》と、稲尾和久のトレードが実現したら」、「中日、森徹《もりとおる》、シーズン序盤の打率三割。なぜにトレードが！」など当時のプロ野球界を知る人には、話題が満載ともいうべき貴重な録音である。

この録音を要約すると——石本は、別府の有力者を通じて、高校時代の稲尾青年を西鉄ライオンズにおよび、周囲の目にふれないように練習をさせた。そして、高校三年になる前のこと。二年生が終わった時点で、高校を中退させ、西鉄で投げさせようとした——いわゆる〝中退構想〟を企てたのである。

現在のプロ野球界でもあまり知られていない、稲尾本人の著書でも多くを語られていない〝稲尾の中退構想〟である。

～『野球一筋』の録音開始から五四分七秒以降～

木本　稲尾は小さい時から（練習を）やられたんですか？　入団当時から？

石本　あれは高等学校のね、二年生の時ですよ。

木本　それはどういうわけでやられたんですか？

石本　あれは家庭が悪い（貧しいの意）でしょう。それで、家庭が悪いからお母さん一人（父：久作・昭和三三年没）なんで生活が困る、というところからですね。まあ、別府の有力者を通したんです。何とかしてこっち（西鉄）で使わんといけん、という話があった。それで、まあ、みてくれいうんで。まあ、カープの河村（元西鉄）を見に行かしたんです。これが別府ですからね。河村は。それから、まあ自分のところ（河村は稲尾と同じ高校卒）をいかせたら分からんから。それで、河村を見にいかせた。これは、よくなりまっせいう報告ですから。

木本　行かせたわけですね。

石本　これはよくなりまっせ、いう報告ですから、行ったわけですよ。行って、家庭が悪いならね、すぐプロで使い、すぐとりましょう、ってやったんです。それで一年ほど早いわけですから。三年をやらんのですから。

木本　中退ですか？

石本　中退でとろうとしたわけです。ほいで、まあ、体も大きいしね。こりゃー、一年早よう出ても大丈夫いうんで、親とシャッと契約したわけです。そこで、契約して。それがちょうど、なんですね。八月か、九月頃じゃったですね。二年生の夏の大会がすんでですね。やったんですから。そして、日曜ごとに西鉄に来らしたわけです。

木本　そうですか。

石本　西鉄へですね。来年の三月までに鍛え上げて、西鉄ですぐ使おういうこっちの作戦です。土曜から日曜にかけて、西鉄へこらしてですね。グラウンドでやったら違反になりますから。学校で在校生ですから。合宿所に、そのピッチングの設備をしたんですよ。ばれんように。それで設備して、稲尾を日曜ごとに、なんですよ。一年か、あと三月までずーとやって、もう、大丈夫――というとこがバレた。そのところで、学校がまあ、慌てたわけですよ。稲尾を今とられたら、夏のこの来年の大会に勝てんいうわけですよ。

木本　なるほど。

石本　ところが、それを父兄がいる、後援会が知って、また、今のように大騒動になったわけですよ。今とられたら、学校が困ると。だから、西鉄で、はあ契約しとるんだから、卒業したらやりますから、もう一年おらしてくれと、こうなった。こっちはあ、せっかく、とっておるんでしょう。なんといっても、もう、ハンついて、金をやっとるんですから。

木本　やっぱ契約金を出されました?

石本　そうですね。契約金は三〇万円[※1]じゃったですから。タダみたいなもんです。

木本　当時は、タダではなかったでしょう。当時の三〇万円は?　今の金になおすと一〇〇万円はでます?

石本　一〇〇万円はでますね。ところが、結局は責められて、責められてきたわけですよ。それでまあ、僕が結局は、まだ、それをとらんでもええかいうて、まあ、採決してくれーいうもんですから、で、ワシも責められてねえ。まあ、僕だけが反対したら、ワシが悪者になるから。みんながそういうんなら返そう、いうんで返した。返して三年で、ですね。今の畑《はた》（隆幸《たかゆき》投手）とですね、小倉（高校）の畑と一対一でやった。その時に、もう、畑より以上に出ておった。それで、その年に、畑より良くなっとるもんですから、もう、こっちは、しめたと。もう一年。まあ、遊ばせてみたつもりで。やったわけです。ところが畑もえかったですからね。ところが南海がやっぱり、これまでなら、畑は前からええいうことは分かっていた。しかし、この稲尾は誰も知らなんだ、ですよ。

木本　そりゃー、弱い学校じゃったから。

石本　弱い学校じゃったから。ところが、夏の大会みてびっくりしたわけです。

木本　ピッチャー一人が活躍して。

石本　そうなんですよ。それで、（南海が）だーっと見にいったんです。そう。ところが、なんぼう行っても（南海は）糠《ぬか》に釘ですからね。はあ、（西鉄と）契約すんでおるから。

木本　それじゃ、なんですね。私ははじめて知りましたが。あなたは、そのライオンズにとっては、大恩人ですな。

石本　大恩人なんて、そりゃーない。

木本　彼の働きからみてですね、当然そうなりますね。あなたがスカウトされたんでしょう。

石本　そうです。

木本　とられたんでしょう。掘り出されたんでしょう。

石本　それはまあ、幸いにして、体が良かったのと。若いのにフォームをきしゃっと早ようした。

木本　それは、あなたが、コーチされたいうことの手柄ですよ。けれども、掘り出されたということがですね。とられたということが、たいした手柄ですよ。

石本　そりゃー、まあ、別府の関係がよかったから。

［以上］

つまり、石本は、別府緑丘高校の二年生投手である稲尾和久のことを、別府の有力者から話を聞いて知った。有力者がいうには、稲尾の家庭は経済的に貧しく、なんとか西鉄ライオンズで使ってほしい——ということである。

ここからが、石本らしい策略である。昭和二九年、西鉄のエースに成長した河村は、稲尾と同じ高校の出身ということから、周囲からも不審がられることもなかろうと高校に行かせ、稲尾のピッチングを見させた。その河村から「今後よくなりますよ」という報告を受けたので、西鉄球団によんで練習をさせた。その後のことにはなるが、契約に至ったというのだ。よって、三年生になるのを待たずして、稲尾を中退させ、西鉄で使おうとした。

ところが、三年生になる前、稲尾を西鉄に入団させる動きが、別府緑丘高校の後援会にバレてしまった。そこで、後援会から猛反発をくらう。「いま稲尾をとられたら、学校が困る」と、石本が責められた。これにより、中退構想は頓挫するのである。稲尾は、無事三年生を迎えることができたのである。

取材では、この裏付けになる証言や記録も少なくなかった。河村とともに昭和二九年にはエース級となった西村貞朗からの証言もあった。事実、石本のいうように、西鉄ライオンズのグラウンドでは違反になるというので、ひそかに大圓寺の寮にあるピッチング練習場に来させ、外部の者を遮断して、ピッチングの様子を見ている。このとき、高校二年の稲尾と一緒に来たのが、一学年上にあたる大分県、臼杵《うすき》高校三年の和田博美（後、博実）捕手であり、後に稲尾が〝神様、仏様、稲尾様〟とよばれた西鉄黄金時代にバッテリーを組む人物である。しかし、ここでの稲尾のピッチングに対する評価は芳しくなかった。注目されたのは、キャッチャーの和田の方であった。

西村は、稲尾と和田がやってきたときのことをこう振り返る。

「二年生の夏だったんだろうね。夏、暑かったのは憶えている。それで、あのときは、大圓寺の寮に我々、三原さん、日比野さんとか、みんな大圓寺の寮で寝泊まりしてて、川崎さんとか、河野さんとか、関口さんとか、博多で家を持った人でも、いっかい大圓寺にきてユニホームに着替えて、バスに乗って行きよったから、全部あそこに集合しよった。集合して、もう、そろそろ出発三〇分位前やからいうことで、みんな着替えよった。着替えたときに、『実は、こうしてピッチャー来とるけん。ちょっと着替えてみてくれんか』って、たぶん藤本さん（当時、マネージャー）がポロッとピッチャーにいうて回ったと思う」

西村は続ける。しかし、このときの稲尾の評価はとりたてて語られるほどでもなかった。三原をはじめ、西鉄の主力選手の視線は、和田のキャッチングにそそがれたようである。

「ピッチング場に来て、見た時に、そのピッチャー（稲尾）は、バッティングピッチャーならいけるけど。キャッチャーの和田の方がエエやないかという話になった。和田と二人で来たんだよ。和田のキャッチングの方がいいから。これは、もうすぐでも、そのプロのピッチャーを受けることができるからいいよ。ピッチャーは、稲尾の方は、もう、バッティングピッチャーぐらいだろう、この程度やったら、という形で帰した」

しかし、西村の目は、稲尾のコントロールに感じるものがあった。

「確か、一〇球のうち、八球ぐらいは、狙ったところに投げていた。それぐらいコントロールはよかった」

三原監督を始め、おおよその評価が「バッティングピッチャー程度」であった。

この稲尾青年を二年生の夏の大会が終わった後、西鉄の寮によんだというのは、文献にも証言があった。しかし、周囲の評価とは一線を画し、稲尾の投球をみつめた人物がいたのだ。

石本である――。

石本は大投手誕生を予見していたかのような見解を示している。当時のプロ野球評論家である大和球士の傑作ともいえる『真説 日本野球史 昭和篇その八』から引用する。

「西鉄の三原は、二十九年秋、スカウト竹井（清《きよし》）の稲尾への熱心の強さにひかされて、福岡へ呼んで実地に投げさせてみた。元広島監督で新ピッチングコーチの石本秀一と二人で見た。石本の見解〝フォームはギコチないが、足、腰の強さは前代未聞、ことによると大投手になれるかも…〟」

石本は、稲尾青年の足と腰の強さに魅せられた。

「石本は関学の投手、広島商業の監督、阪神、金鯱、広島の監督をつとめた大ベテラン、その石本が〝前代未聞〟の証明書を稲尾の〝足と腰〟に貼ったわけだ」（『真説 日本野球史 昭和篇その八』）

大和球士によると、石本が前代未聞の大投手になるという証言をしたとあるが、この時点の稲尾は、まだ〝神様〟でも〝仏様〟でもなかった。ただ一人の野球青年であり、高校二年生であった。しかし、一青年の将来を予見したかのごとく稲尾が投じるボールに注目した石本の評価は、三原や他の主力投手らの「バッティングピッチャーならいけるかも」の評価とは一線を画するものであった。この時点で、石本は、稲尾の足腰の強靱さで、グッと粘る投球とコントロールに一筋の光を見たのであろう――。

このことは、後の西鉄三連覇時代のファーストを守り、主将をつとめた河野昭修が証言する。

「結局ね。石本さんのね。あの人の好みのピッチャーやったんですよ。稲尾は。球が速くなくても、ぐっとくる。コントロールがいいとか。それを石本さんが目を付けた訳ね。それで結局、専門的にみるのは石本さん。我々の見る目と、石本さんの見る目は、ちがっとったわけよ。ほいで、石本さんが、二年生で来たときに、これはモノになると思ったわけ」

稲尾青年は、二年生で西鉄に入団する話が進んだ。別府の有力者からの話を石本は受け入れて、契約に至ったという。『野球一筋』での証言では、先の通りである。

「親とシャッと契約したわけです。そこで、契約して。それがちょうど、なんですね。八月か、九月頃じゃったですね。二年生の夏の大会がすんでですね」

八月か九月頃に契約した——というのだ。ならば、契約金の存在は本当にあったのだろうか。また、結局、西鉄に入団させるのではなく、いったん高校側に返したとあるが、これは本当であろうか。

西村の証言では、バッティングピッチャー程度の力しかないので、当日は帰し、結局、高校側にも返したのではないかという見解である。

「そのときに、石本さんは（録音で）こういいよったけれども、もうみんなの話になって、一応返したって話がでたやない。そのときは、三原さんから、川崎さん、守（大津）さん、我々から、もうみんな、『いや、このピッチャーやったら、この程度やったら、速さならいっぱいおるから、いいんじゃないですか』っていう話になって、稲尾を返した」

西村はさらに続ける。

「結局、その返す返さんの問題じゃなくて。『二〇万やった方がエエぞ』っていうのは、『良くなるから、やった方がエエぞ』と――それは、石本さんの目は間違いないと。河野さんいうように、間違いないと思うけどね。この（録音の）話の内容と、ちょっと我々の記憶が五〇年位も前の話やけーね。よくはわからんけど。ちょっと話が違うところはね、みんなで（バッティングピッチャーなら使えると）意見がまとまったのは憶えとるけど」

周囲の評価は、バッティングピッチャー程度というものであった。しかし、石本の目は稲尾の足腰のねばりと、コントロールの良さに向いている。そして、「三〇万円やった方がエエぞ」となり、現金を渡して、契約をしたのが大筋である。以下は、この三〇万円をはじめ、稲尾青年と西鉄の接触について、ＯＢによる座談会をもち、取材をすすめた。

契約金の三〇万円について聞いた。

河野　三〇万円は三〇万円と思うよ。稲尾が自分の本に書いとる。おれが三〇万円で、田辺《たなべ》（義三《よしぞう》）がいくらとか、いうて書いとるタイ。

西村　三〇万円は間違いない。

著者　二年生に？　もうすでに契約していた？　三〇万円渡していた？

西村　契約やなくて。

高倉　まあ、一時金よ。

久保山　仮契約しとったんやろうね。

西村　契約書類にサインするのが契約やから。契約はできないんですよ。高校生は違反になって、三年生の夏が出られないんだから。だから契約ではなくて、結局、貧乏やったから、ま、生活費にということで。

河野　もう一年行け、という意味でね。学費のつもりで出させたと思う。　［実証言］

学費のつもりという河野と、一時金という高倉と、生活費という西村である。これら証言のくい違いはあるものの、いずれにせよ三〇万円で、話を進めたのは間違いなさそうである。

では、そのまま育てたいという石本と、卒業してから来なさいという三原はじめ周囲の考えが分かれた中で、石本は三〇万円で契約に踏み切ったのであろうか――。

このことが分かる人はいないのであろうか――。

高倉　それは我々は、知らん。

西村　それは分からんぞ。我々はな。う～ん、それはね、分かるのは誰かな？　中島さんか？

高倉　中島さんやったら、知っとるやろうね。　［実証言］

スカウトとして稲尾の入団にかかわったとされる竹井は亡くなっていることから、当時、営業課長として稲尾入団に携わった中島国彦を訪ねた。三〇万円の契約[※1]について聞いた。

中島の証言である。

「私が石本さんのところに稲尾を連れていった。そして、見てくれっ、ちゅうて」

稲尾青年は、石本の所に連れて行かれ、このとき同行していたのは、それぞれの証言を重ねてみると、選手獲得に奔走する竹井と、中島だったようだ。

また、三〇万円という金額の出どころであるが、当然ながら球団から出される。このことを中島に聞いた。

中島　その話は、石本さんに金を渡したのは、こっちから渡しているから。

著者　中島さんが？

中島　うん。だから、いくらの金額を渡したかなんかちゅうのが、分からない。石本さんに額をいずれにしても、面倒をみよるんじゃから。石本さんが、ね。こっち（球団職員）や、選手がやったりなんかすると抵触するじゃない。スカウトは。しかし、石本さんは何も関係ないんやから。

著者　逆に、石本さんは、コーチだから。スカウトがやると問題になるけれど？

中島　石本さんはね。そのとき、西鉄で、一年目やったかね。

［実証言］

スカウトが動けば目立ってしまい問題にもなりかねない。ならばと、ピッチングコーチである石本が直接獲得に動いたというのが中島の証言である。当時、営業課長として、球団のお金を握っている中島のコメントとあって、どうやら、石本が稲尾の交渉に乗り出したのは間違いなさそうである。

しかし、取材では、稲尾の中退構想に対する、否定的な意見もあるにはあった。

西鉄三連覇戦士の中核を担った生前の豊田泰光の証言である。

「いや〜、面白い話かもしれんが、それはないね」

「稲尾との出会いは、確か大圓寺の寮に来て、俺が迎えてやったのが最初」

豊田は、高校三年の卒業の時期に、春のキャンプを前に、西鉄の寮にきた稲尾青年に、布団を貸して、ラジオを買い与えてやったという。

「シーズンが終わる頃に合宿で留守番していたんです。そのときにぼやっとしたのが入ってきたんです。車掌かなんかになるんで来たのかな。お前の来るところじゃない。(ここは)野球チームの合宿だ。(といったら)僕、ここに入るんです。で入ってきた。部屋に連れていって、布団を買ったばっかりだから、古い布団をやって、僕のとこにおいていたんです」

稲尾は晩年まで豊田に恩義を感じていたという。

大分県別府市の稲尾の故郷では、どうであろうか。本当に、稲尾青年は高校三年になるのを待たずして、プロの世界に入ろうとしたのであろうか。そのことに確証は得られるのであろうかと、別府に飛んだ。

すると、さらなる驚きの発見があった。稲尾が一年生のときのことである。南海からの手が伸びていた。

別府緑丘高校の野球部OBで、稲尾の一年後輩であり、投手だった小滝台治を訪ねた。彼も、高校時代にはいち早く、南海から目をつけられていた人物である。稲尾和久記念館設立の立役者であり、取材当時は、別府緑丘高校野球部OB会長を務めていた。

すると返事は、こうである。

「稲尾さんを中退させて、西鉄に入団させるなどとは、聞いたことがないです。いくら何でもチームメイトの我々が、知らないわけはないでしょう」

稲尾中退構想は、ありえないとのこと。

さらに、別府緑丘高校で、バッテリーを組んでいた長野《ながの》清一《せいいち》を訪ねた。

「いやー、キャッチャーであるワシが知らんことはないはずじゃと……。もし、西鉄に行くんだったら、ワシぐらいにはいうと思うが……」

「ただ、早いうちから西鉄のスカウトの動きはありましたが、実際に、一番の最初になるのは、南海だったと思います」

一番は、南海であった――。

ここから、長野の証言を追う。

当時、別府緑丘高校の野球部の監督は、社会科の教諭だった首藤成男《しゅどうしげお》だった。選手時代は軟式の経験者らしく、熱心な指導者であった。しかし、野球に精通している人物とはいえなかった。その上、チャンスがきても、ピンチになっても、なかなか思うようなサインが出せない。

「時折、そばにいて、震えているのが、こっちまで伝わってきました」と長野はいう。

このことは、晩年、稲尾も講演などで語っている。例えば、稲尾青年が、カーブの投げ方を監督に教わりに行っても思うような答えは返ってこなかった。

「フォームを監督に習おうとすると『バカタレ、人をまねろ』。カーブの投げ方を聞くとボールを手に『この球を曲げればな、それをカーブというんじゃ』。何も教えてくれない」(『毎日新聞・大分版』平成一九年五月二四日)

といった具合である。

しかしながら、首藤はさすが社会科の教諭といえた。分からなければ人に聞こうと、母校である法政大学の同級生で交友のあった江藤正《えとうただし》(本名・晴康《はるやす》)にコーチを頼んだのだ。

この江藤正は、南海のエースともいえる存在であり、南海に入団(昭和二五年)してから、三年間で四九勝していた投手である。登板過多がたたってか、肩を壊して、その療養を兼ねて、たまたま昭和二八年のシーズンの終り頃に別府を訪れていた。

当時、プロ野球選手にとって、〝帯刀詣《たてわきもうで》〟とよばれたほど、有名な「帯刀電気治療所」で治療に専念していたのだ。

首藤はお願いする。

〈なあ、江藤君、うちのバッテリーをみてもらえないだろうか――〉

〈ああ、いいでしょう。みるだけなら〉

といって、別府緑丘高校を訪ねた。

昭和二八年の秋のことである。まだ、当時、稲尾青年は一年生で、キャッチャーをしていた。そのときピッチャーだったのが長野である。

長野の記憶をたどる。当時の別府緑丘の校舎には中庭があった。そこでピッチング練習をしていたところ、江藤が、「おい、君がピッチャーをしてみないか」と稲尾捕手をピッチャーに指名した。これにより、「私がキャッチャーをすることになりました」と長野。

こうして、キャッチャーだった稲尾青年は、ピッチャーになるのである。※2

ただし、江藤が指導したのは、わずか数日程度で、おおよそ腕組みをしてみていた程度である。というのも、江藤はこの年、長期的に戦線を離れていた。しかし、巨人との日本シリーズがあるとあって、大阪に戻らなければならなかった。

江藤は、素地素材がととのった稲尾のことが気になった。チームメイトで、同じく帯刀電気治療所にきていた後輩投手、服部武夫《はっとりたけお》に頼んで、大阪に帰った。

「別府に稲尾っちゅうピッチャーがいるからみてやってくれ」

「はい、先輩がおっしゃられることであれば」

こうして、服部武夫からの指導が始まった。八〇歳代となった服部武夫に、当時を振り返ってもらった。当時の稲尾青年の印象はこうだ。

「稲尾君は、本当に体もよく、しっかりとした体格から、投げる球は、威力がありました。しかし、キャッチャーがセカンドに投げるような投げ方でボールを放っていました」

それで、少しばかり手ほどきをした。その手ほどきとは何か――。

〝タメ〟である。

「まず、普通のピッチャーなら、イチで、ふりかぶり、ニーで、テイクバックして、サンで、フォロースルーとなります。大方のピッチャー経験のある監督は、そう教えるでしょう」

「しかし、私は、稲尾君の体からみて、タメをつくった方がいいと判断しました。そのタメが、しっかりしているとボールが、バッターの手元にきて伸びるんです」

「よって、イチ、ニー、サンという投げ方ではなく。イチのあとの、ニーを、ニーぃーで、ためるようにして、サンで放らせました」

稲尾のボールのキレと、ホームベース上でホップするかのように伸びる球の原因は、このニーぃーの〝タメ〟にあった。

さらに、右手をフォロースルーへと持って行く際、その使い方を教えた。

「肘からでて、ねばって、ずーっと、前まで持っていくように」と服部。可能な限り前で離すという、この粘りが、結果として、球威を増した。その後、プロで活躍する稲尾をみて服部は、

「シュートが、膝元で浮かび上がる感じ」と思ったという。

シュートが膝元で浮かび上がる感じとは、長野の証言とも合致する。長野によれば、

「稲尾は、シュートを投げていましたが、このシュートは、ベース手前で、グッとホップして浮かび上がることもありました」

シュート回転しながら、稲尾の独特のタメにより、グッとボールに力が加わり、あたかも浮かび上がるかのような変化を生んだというのだ。長野は、半世紀たった今でもその球筋を忘れることはない。

このように南海投手陣は、いちはやく稲尾に注目して教えたのであるが、別府に治療に行かせた江藤正や、服部武夫らが手がけたことは、南海の山本（鶴岡）監督も自らの著書に記している。

「稲尾君については、無名だった同君を西鉄が発掘して育てたというのが定説になっている。しかし、本当は一番先に目をつけたのは南海だった。当時、南海は肩やひじを痛めた投手を別府へ湯治に行かせていた。その一人が、いい捕手がいると知らせてきた。それが投手になる前の稲尾君だった」

（鶴岡一人ほか『私の履歴書――プロ野球伝説の名将』）

ところが、服部も、江藤も、接触したのは昭和二八年のオフのこと。彼らが南海から、新生チームの高橋ユニオンズに移籍することになり、南海の動きが、停滞してしまう。これに反して、高校二年生での夏の大会の後、西鉄の動きが加速するのだった。

いよいよプロ野球の開幕シーズンがやってきた頃のこと。稲尾青年はメキメキと成長して、さあ、あとは中退を待つばかり――。

ただし、この頃、別府の街を、ある噂がかけめぐるのである。稲尾の著書『鉄腕一代』（スポーツ

ニッポン新聞社）から引用する。この年、西鉄がリーグ優勝をしており、その宴会が別府で行われ、そこで、稲尾青年と西鉄の契約の噂が話題となり、街中に広がるのである。


――その宴会の席上で、地元の人がヒョイと私の名前を持ち出した。

『アァ、緑ヶ丘の稲尾ネ。あれは卒業したらウチ（西鉄のこと）にくることが決まっている』

人の口に戸は立てられない。西鉄関係者の軽はずみな発言が狭い別府の町中に広がっていった。

『久作どん（稲尾の父）とこの和が西鉄へ行くそうな』

『もう、契約も済んだそうじゃ』


街中にこの噂が広がったことから、学校でも騒ぎとなる。当時の様子は、稲尾の他の著書『私の履歴書――神様、仏様、稲尾様』（日経ビジネス人文庫）にも記している。

――一方、西鉄が私に唾をつけているのではないか、という噂も立っていた。この点について緑丘高第二代校長、宮崎豊先生が創立三十五年周年記念誌で回顧しておられる。「ピッチャー稲尾のいる緑丘の野球部は一躍有名になりました。（中略）かくするうち稲尾はとうとう西鉄ライオンズから契約をさせられたのではないかと評判が立ってきました。そうなると野球部は、黙っておれません。校長室にキャプテンがやって来て、その真偽の程を正《（ママ）》して下さい、そうでないと私たちは試合に出られませんと頼まれ、私は稲尾を呼んで契約の判子（印鑑）をおしたかどうかを聞きました。彼は絶対に判は押しておりません、ということで野球部は試合が出来ると安心しました」

野球部員が動き出す。キャプテンが校長室へ真実を確認したいと動き出すのである。これら一連のことは、表現の違いはあるが、『鉄腕一代』にもふれてある。この中退構想を、不審に思った高野連も真相を調べることになる。

「真相追究に高野連が乗り出し、学校側もホトホト困り果てた。『オレのために、みんなに迷惑がかかる。どうすればいいんだ』グラウンドに出ても追いつめられた心境が心の白い部分を、まっ黒に汚してしまう。球友の私を見る目が、どことなく冷ややかに思えて辛かった」（『鉄腕一代』）

ところが、稲尾青年は、この中退構想は知らされていなかったという記述もある。『鉄腕一代』では、稲尾本人は、両親とスカウトの間でのやりとりを知らない上、この疑念がかかったことを子供心に、悲しんでいるのだ。

「両親とスカウトの間で、どんなとり決めがあったか、子供の私には分からない。スカウトが家を訪れる。家に上げてお茶をすすめる。これは人をもてなす義理ではないか。まして契約したなどはまったくのデマだ。オレのどこが悪いんだ。子供心にそう思うと悔し涙があふれ出た」

稲尾青年には知らされぬままに、中退の話をすすめたか、そうでないかは、さておき、やはり中退させる話はかなり広がったようである。

別府市営市民球場にある稲尾和久記念館の世話をしていた小滝台治が、高校時代を振り返る。

取材を進める中で、この小滝も思い出したかのように、稲尾青年の中退構想について話し始める。

二年生の稲尾は迷っていたというのだ。

「（中退構想は）確かに聞きました。本人も迷っていました。その要因として、恵まれた家庭ではなかったのもあります。野球人として、野球でやっていくという信念もありました」

結果的に、ライオンズの投手としてすぐに使おうともくろむ石本であったが、これには、待ったがかかる。別府緑丘高校の野球部の後援会は許さなかった。

〈もう一年待ってくれ〉

高校側の切なる願いであったろう。

プロのコーチである石本に指導を受けたとあって、当然のように稲尾はメキメキと成長し、頭角を現していった。速球、変化球など申し分ない。超高校野球レベルに達していた。

しかし、別府緑丘高校としては、エースが抜かれてなるものかであったろう。一歩も引かない後援会。

「結局、そこまでいうならば、ワシ（石本）が嫌われ者になってもいかんということで、（稲尾は）返そうということになった」（『野球一筋』）

石本のもくろむ稲尾の〝中退構想〟は、いずれにせよ頓挫した。石本による青田買いは、高校側から待ったがかかったのだ。稲尾青年は、無事に高校三年生になることができた。

高校側も胸をなでおろし、夏の大会にのぞむことができた。

ただし、稲尾投手擁する別府緑丘高校は、甲子園の夢は果たせなかった。野球とは、不思議なものである。体制が揺れ動いたチームに最高の結果はもたらされないのである。

この夏の大分県大会の準決勝で、別府緑丘高校が対戦したのは、佐伯鶴城《さいきかくじょう》高校である。とんでもない当り屋がいた。

阿南潤一《あなんじゆんいち》（後、準郎）である――。

後のカープ監督にもなる阿南準郎が、佐伯鶴城高校の主力選手だった。2対2で迎えた三回表、ランナー二塁で、阿南が稲尾からレフト線にタイムリーを放って勝ち越した。

稲尾青年の甲子園の夢は、打ち砕かれた。この日の阿南は当りに当たっていた。

「この日の当り屋阿南が痛烈にレフト線を破って再びリード、必死に追いすがる緑丘を振切って辛勝した」（『大分合同新聞』昭和三〇年七月二二日）

当時の阿南は、九州一の内野手とまで評価した新聞もあったほど、攻守で騒がれていた存在であった。稲尾の最後の夏であり、高校時代は終わった。

さて、この〝稲尾の中退構想〟を録音したテープ（『野球一筋』一九六一年一二月二三日）が発見されたのは、録音から実に五七年過ぎた平成二一年二月二四日のことで、石本が晩年を過した東広島市の西条助実《すけざね》の自宅からである。テープの中では、石本と稲尾とのやりとりが、六分三五秒語られる。

この証言について、間違いはないか、中島国彦に、ふたたび録音を聞いてもらった。

「いや、間違いない。ただ、（稲尾への指導は）二週間に一回だったかも」

石本の表現では「日曜ごとに西鉄に来らした」といっている。指導回数で記憶違いはあるのだろうか。しかし、西鉄での練習のことは三原監督自身も著書で述べている。

「夏の予選が終わったあと、稲尾君はよく大圓寺の合宿に顔を出していた。週末を利用して別府から出てくる。少しでもプロの雰囲気に慣れるためだ」（『風雲の軌跡』）と記している。

三原の見解は、三年生の夏の後のようにも読みとれる。しかし、これら証言のくい違いは残るものの、いずれにせよ、石本の手がかかった稲尾青年は、プロへの道を歩み始める。

ここで、石本から稲尾青年への直接指導が、いったい何であったのか――当時、報道された資料を探った。神戸市のデイリースポーツ本社にご協力いただき、資料室に二日間、閉じこもり、その時代の資料をあたった。

それらしき文面を見つけた。

石本が、稲尾を成長させたことについての総評が、昭和三五年一〇月二四日のデイリースポーツ二面の「デイリージャーナル」のコーナーに載っていた。一部を引用させていただく。

――もともと素質もあったのだろうが、（石本）氏の努力を惜しまないコーチのお陰で稲尾投手の正確なコントロールが生み出され――

とあり、正確なコントロールについて記されている。これは当時、西鉄ライオンズ主将であった河野の証言と合致する。

さらに、西鉄投手陣を育て上げる中での苦労が喜びであったようだ。

――冷たい地面にはいつくばっていた石本氏が、そのために腹を冷やして下痢に悩まされたことなど、選手は知っていないが、氏はこうして一人の投手が完成されていくことを心から喜んで満足していられたものである――

稲尾のボール一個分を出し入れするコントロールは、石本が成長過程にある稲尾青年を指導することで、磨きあげたのだ。

西日本新聞の元記者・武富一彦の話も興味深いものだった。彼の記憶をたどる。

昭和三一年の日本シリーズでの戦いの中で、無事勝利を収めた稲尾は、いつものごとく記者の取材に笑顔で答える。

記者が稲尾にボールの握りについて聞く。

〈稲尾君。カーブの握りはどうしているんです？〉

〈ああ、カーブはこうです〉

〈なるほど。シュートの握りは？〉

〈ああ、こうですね〉

ボールの縫い目にあわせた握りなどをいとも簡単に記者にみせる稲尾だったが、これをたまたま居合わせた石本は血相を変えてどなった。

〈カズ。お前、投手の財産を失うど〉

〈握り一つと思うかもしれんが、それ一つで曲がり方が変わる（分かる）からな〉

〈お前次から打たれるど〉

石本の形相があまりにすごかったため、武冨は、半世紀を超えても忘れることはなかった。ボールの握りは、球筋を決める生命線とばかり、石本は稲尾を叱り、どなりつける。

別府湾の海を見ながら育った稲尾である。当時から素直でまじめ、嘘がつけない性格から、ボールの握りなどいとも簡単に見せてしまう。

こうしたこともあって、三原監督は、稲尾に近づく人物をとかく嫌っていた。なるべく稲尾と話をさせない雰囲気をつくっていたようだ。武冨は続ける。

「当時、三原さんは、稲尾にあまりものをいわせない雰囲気をつくっていました。ところが石本さんが直接、稲尾になにかいうと、ほったらかしにしていましたね。あの辺が人柄というか、信頼関係というか、三原さんにしてみれば、（石本さんの指導なら）悪いことはいわないだろうから、という感じでしたね」

稲尾と石本が話をしている様子を武冨は語る。

「まるで肉親のようでしたね。そういう叱り方ができるのは、普通の関係ではないと思いました」

石本は、昭和三〇年のシーズンで西鉄ライオンズを退いた後も、NHK解説者として、デイリースポーツ技術論説記者として、平和台球場に足を運ぶこともあった。そこで、三原から好意的に迎えられたこともあってか、稲尾には厳しい言葉をあびせた。

稲尾と同期で西鉄ライオンズに入団した畑隆幸投手の妻・孝子の証言にも、石本の話題がでてくる。

「主人も何かずいぶん教えてもらったらしくって、お世話になったようです。何分《なんぶ》だして、何分入れてとか。昔の表現だったらしく、それがおもしろかったようです」

アウトコースに二分（約六ミリ）出して、三分（約九ミリ）はずして、という表現は独特の石本節である。こうした西鉄投手陣への指導は、石本退団後に入団した畑投手にもあったようである。ご夫人にまで伝わっていることから、六ミリや、九ミリを〝分〟で表現する石本の指導は、とても印象深かったのであろう。

畑と同期入団の稲尾自身にも同じことがいえる。取材中に、幾度となく稲尾と石本とのやりとりを聞いた。現役投手として晩年、衰えを感じた稲尾は、調子を落としたとき、石本の自宅にまでやってきて、指導を仰いだという証言も少なくなかった。この晩年の稲尾と石本とのやりとりは後に記す。

こうした西鉄メンバーへの熱心な指導は投手陣だけではなかった。野手の中で、好意的な指導を受けたのは河野昭修であった。野武士軍団を主将として率いた人物である。

昭和二九年、春のキャンプ中のことだ。

河野がバッティング練習をしていると、石本が必ずケージの後ろにやって来たというのだ。しばらくの間、黙ってじーっとみている。目をこらしてである。

すると、いきなり石本が口を開いた。

「それじゃ、だめじゃ〜、もっと、レフトに打て」

「もっとファウルを打て」

「なに？　ファウルを打てだと？」

この石本の忠告に、河野は「なぜファウルを打つのか？」と自分に問いかけながら葛藤する日々であった。しかし、とにかく石本は、徹底して河野にレフト方向に打たせた。

「そうじゃ、ファウルになってもえーから」

「なぜ？」と、疑問が頭をもたげた。しかし、練習する後ろにきては、ファウルを打たせる。こうして河野は、腕をよくふることを覚えた。引っ張ることで、強い打球が飛ぶようになった。この成果は、この昭和二九年のシーズンにはっきりと現れた。

昭和二九年の河野のバッティングは変わった。前年までのホームラン数は、プロ生活四年間で通算一本という河野である。しかし、この年は違った。非力の河野でも、レフト方向に力強い打球が飛び始めたのだ。結局、この年、ホームランを一三本放った。一三六試合に出場して、一二九安打で、打率二割六分四厘。さらに犠打に関しては二一本とリーグ一位で、堂々の成績でレギュラーに定着した。

後々まで河野は「非力な自分が、一三本のホームランはすごい」と誇らしく語った。それもそうだ。石本が指導をしたこのシーズン以外の、ホームランの最高本数は三本だからだ。

「レフト側にファウルを打つことで、力強いスイングが身についた。現代の野球指導が、ピッチャーに対して、腕をよくふれという言葉を聞くだろう。しかし、これは、バッティングもそうで、強く腕をふらなければ、当然、強い打球や本来の体にあったスイングにならない。これが自分に欠けていた。（練習で）ファウルを打つことで自分の打撃は、本当に変わった」と河野。

後に三連覇を達成する野武士軍団とよばれた西鉄ライオンズだが、打線の骨格がおおよそ形成されたこの年、チームのホームラン数は一三四本であり、前年（昭和二八年）の一一四本から二〇本増えている。その約半分である一二本を増やしたのが河野である。

ここで、この年の選手ごとのホームランの増減数で目立った選手に注目してみる。

四番の大下は、一二本から二二本と一〇本増えている。豊田が二七本から一八本へと、あの中西太は、三六本から三一本と五本分減っている。

ホームランの増加数でトップだったのは関口清治で、一四本から二七本と一三本増であるが、そこにはわずか一本およばなかったものの、前年から一二本増やした河野は、石本の指導の効果が如実に現れたのだ。

「ファウルを打て――」

「腕をふれ――」

河野は、取材をすすめる中で、平成二三年八月八日に亡くなった。享年八〇歳。

その晩年の取材でこう語った。

「今の時代でこそ、〝腕をふれ〟という指導は、一般的だが、自分はその時はじめて、石本さんから〝腕をふれ〟と指導された。長い野球人生でも初めてだった」

ファウルを打てという石本の言葉の意味は、当時は分からなかった。しかし、半世紀を超えて、その意味をかみしめながら、鬼籍にはいった。

※1　諸説あるので、他説も記す。「契約金五十万円、月給三万五千円（年俸四十二万円）の条件だった」（『私の履歴書――神様、仏様、稲尾様』日経ビジネス人文庫）と五〇万円説もある。他では『鉄腕一代』（スポーツニッポン新聞社）に「西鉄が条件提示した契約金五〇万円。これで、両親に少しでも恩返しができる、と思うと進学の夢は、あっさりと捨てた」とある。他には、西鉄に入団する経緯としては、当時の西日本新聞の別府支局長が、稲尾を発掘したとも。

※2　諸説ある。『鉄腕一代』（スポーツニッポン新聞社）では「二八年の秋、肩の強そうな部員がマウンドに集められた。（中略）私はキャッチャー式フォームで力一杯投げた。ところが、合格である」とも。

石本に投手采配を

石本が昭和三〇年のシーズンをもって、西鉄ライオンズを去ったのは先に述べた。その理由に関して、文献でみつけたものといえば、『伝説の野武士球団　西鉄ライオンズ』で、三原監督との指導上での意見が分かれたこととある。

大きな要因となったのは、投手起用にあるとされている。石本がピッチングコーチ就任一年目にライオンズは優勝した。投手陣の育成をはじめ、投手のやりくりや継投策がうまくいかず悩んでいた西鉄球団幹部を納得させ、若い投手陣を急成長させた。

しかし、三原自身が両手をあげてこの石本の投手育成の功績を喜んでいたかというと、そうではない。野球人における、深層心理は複雑なものである。石本の育成能力を認めながらも、そこには嫉妬心がうまれ、三原の監督という立場に危機感さえ与えた。

石本のしゃべりは愛された。「ほい、じゃけーですね」「ほうじゃ、ほうじゃ」と独特の広島弁は、投手陣を中心に受け入れられた。話し方を真似たりする選手もいて、投手陣に愛された石本である。マスコミも石本の歯に衣きせぬ〝もの言い〟の中から情報を収集し、ペンを走らせることができた。それだけではない。新聞社への企画にも協力的だった。

もともと新聞記者でならした石本である。原稿を書くのはお手のもの。「西鉄ライオンズ打線の徹底解剖」（『西日本新聞』昭和三〇年三月二日～一〇日）という、石本自筆による企画も生まれ、紙面を賑わすことさえあった。

いわゆる人情派の石本のコメントや動きは、九州人の腹の底にスーと落ちていき、広く受け入れられた。ところが、三原は、なかなかそうはいかない。大学出身でエリートというプライドがあった。語り口も理論派で、上から見下ろすかのようなコメントは、並みの記者では相手にできなかった。ましてや、口数もそう多い訳ではない。寡黙であり、自分の心と対話をくりかえしながら、策を練る三原には、なかなか記者もより付かない。これに対して、石本の回りには、マスコミも集まった。

三原は、石本を囲むマスコミのことを自らの著書でこう述べている。

「孤立無援といえた。地元の報道陣が、私をとり囲んで談笑する、ということもない。東京からの流れ者、といった見方もあったろう。黄金期を迎える前のことだ。渦中の人であるより、疎外されていた感じが強い。石本さんは、その点、違っていた。話好きだ。歯に衣を着せない発言もある。聞いている方には痛快でもあろう」（『風雲の軌跡』）

しかし、監督は三原である――。

三原にしてみれば、かねてから懸案であった投手陣をつくりあげた石本の存在を認めないわけにはいかない。だからといって、石本だけがマスコミに囲まれ、注目されることに、気分がいいはずはなかった。ただ、若手投手陣にあっては、石本が打つ手、打つ手がうまくいくから、石本を中心にまとまりが生まれる。

また昭和二九年の優勝に、西村と共にエースとして活躍した河村久文（英文）は、ややもすれば、三原のいうことを全く聞かず、石本の言葉のみに耳を傾けた。

当時の話を、先輩記者から伝え聞いた西日本新聞の元記者、武冨は振り返る。

「石本さんがＯＫしないとピッチャーが使えない。やりづらさがあって、非常に三原さんも困って、しかし、オレが監督だから、直接、一回、河村にリリーフを命じている。石本さんは、オレを通さず使ったというので、かなり怒ってね。二人がしばらくものをいわなかったという間柄になったと聞きました」

河村にしても「石本さんを通さずに、マウンドに行っていいのか」の思いであった。また、こうした、積もり積もった思いからか、三原と石本がものをいわなくなったどころの話ではとどまらず、まわりの人にもさまざまな動きがでてくる。

西鉄本社をはじめ、ベテラン選手や、地元びいきのファンの中にも、石本を支持する動きがでて、体制が割れ始める。

本社にあっては、投手起用に関して、かねてから石本に託す気持ちがあったのである。

ある日、三原を呼び出した西亦次郎《にしまたじろう》代表は、

「どうだろう、三原君、投手起用、運営についてはすべて石本さんに任せられないだろうか」（『風雲

の軌跡』）

これには三原本人も猛反発するのである。

しかし、かねてから西鉄本社や幹部、首脳陣の中にたまっていた思いでもあった。投手起用の機微がよめない三原に対し、その疑念からか、石本がコーチに就任する前には、投手采配への合議制なるものまで持ち出されている。

石本入団前の昭和二八年は四位と低迷していたが、その当時の合議制とはこうだ。

「窮余の策として三原監督を中心に宮崎《みやざき》（要《かなめ》）主将、川崎、大下、日比野と変則的な五人の合議制をとるのやむなきに至った西鉄として専任のピッチング・コーチ確立はかねての懸案だったわけでそれだけに石本氏の参加は大きく、三原監督も本来の腕がふるえるというもの」（今泉京子氏資料・昭和二八年）

まだまだ、成長過程にあった三原にとって、長きにわたり苦悩の時期をすごした。後の名将とよばれた黄金時代の三原にはなりきれてはいなかった。

また、ファンにしても三原には、ぐっと喉をつまらせるものがあった。

強い西鉄をつくるために、若くて伸び盛りの選手をとってきては、地元九州出身の選手や、生え抜き選手のクビを切る。毎年、一〇人単位で選手を辞めさせている。この行いを快く思わない選手連中らが徒党を組んだり、さまざまな動きが出るのも無理はなかった。

西鉄ライオンズは、もともと西鉄クリッパースと西日本パイレーツの古参選手を寄せ集めてつくったことは、すでに述べた。しかし、三原は、アメリカ大リーグにでも勝てるチーム作りを提唱しながらも、古巣巨人をたたくことを心に秘めていた。こうした思いから、三原の理想に及ばない、年々力が落ちていく古参選手を、長くチームにおいておくわけにはいかなかった。

その先陣をきった出来事がある。昭和二六年、三原の監督就任一年目までさかのぼる。打線の中枢が担える打者がほしい――ならばと、三原はあの〝青バット〟の大下をほしがった。これにより、投打の柱ともいえる生え抜き選手を放出するのだ。地元のファンにしてみれば、三原とは「なんたることをするぞ」――であったろう。

エースである地元九州出身の緒方俊明《おがたとしあき》投手と、西鉄クリッパース創設の年、ホームラン二二本をかっとばして主力打者にあった深見安博。この二人を西鉄は手放した。シーズン中であったにもかかわらず、東急に移籍させた。ところが、深見は移籍した年、合計二五本のホームランをかっ飛ばし、ホームラン王を獲得したのだ。

それほどの看板選手を放出することはあるまい――地元びいきで、義理人情に厚い九州人の気質から、三原に対する疑念がうまれてくる。

ホームラン王を放出するのか――。

エースまでもか――。

三原の目指すチーム構想というべきか、理想像にあわない選手ならば、なで切るかのようにトレードの対象とする三原は恐れられた。

西村は、当時のことを素肌感覚でこう感じている。以下は、大切な内容であるため、読みづらさがあろうが、証言のままを記す。

「大下さんをとるために、緒方さんは、十何勝ピッチャーで。深見さんは三割（正確には、昭和二七年、二割九分二厘）。ホームラン王。みたいな人と、ピッチャーの十何勝した人（緒方のこと）。だきあわせて、大下さんをもらったから。何をするのか、という反逆児みたいなファンがでてきた」

三原の退団は、昭和三四年のシーズンオフである。しかし、三原退陣に向けた火種は、長きにわたって密かに燃えていた。西村は続ける。

「三原さんが、退陣の話が、そこででてきたのは。三原さんが辞めたのは、ファンも、『みんな昔の人を辞めさす』というのは反対だったし、西鉄の上層部も、三原さんをよんでよかったけれども、あまりにも、身内を辞めさせてしまう。どんどん辞めさせてしまう」

西村の記憶をたどるが、毎年、西鉄を去る選手が続出した。

「私が入ったのは（昭和二八年で）。（中西）太さん入ったのは二七年で、そのときも何人か辞めて、二八年にはいったときもずいぶん辞めとるんですよ。二九年もだいぶんやめたんですよ。三〇年もだいぶん辞めさせられた。自分がこれ以上働く、希望のチームにするためには、これこれ以外には、いかんと、最終的には、坂上（惇）も、もう、すごいピッチャーで、いいピッチャーやと思ったが、それも出す。大津守も出す。みんな出してしまったから。ああ、これはもうとにかく（いかん）」となったという。

結局、チーム創設初期の頃から残った選手は、わずかになってしまう。

「バタバタと、昔の人を切って。それで残ったのは、河野さんと、関口さん、それと、永利さん、日比野さんの、四人ぐらいしかおらんでしょう」と西村は言う。

選手の間では「次は、オレの番か――」。「次はオレだろう」と、クビもしくは、トレードなど、解雇通告を恐れながら、待つばかりとなる。選手らの気持ちは、とうていおだやかではなかった。時代柄、あわや刃傷沙汰《にんじょうざた》にもなりかねない。

三原には、人情というものがないのか——と反旗を翻すメンバーまででてくる。これに揺れ動いたのは、西鉄本社側もである。再び西村の証言。

「本当に反旗を翻したのは、あのチームの中でいうならば、宮崎さん、それから、川崎さん、大下さんはもちろんだけど。それから、古く辞めた、新留《にいとめ》（国吉《くによし》）さんか。塚本さん。関口さん。そういうノンプロでやった人たちがいたけれど。どんどんどんどん、その古いのをやめさせて、新しいのばかりで組んでいって。それが刃傷沙汰になって、その野中（春三）さん（西鉄会長）、村上（巧児）さん（西鉄相談役）、木村《きむら》（重吉《じゅうきち》）さん（西鉄社長）、その辺の西鉄の電車の方の、本社の中心部に行って。三原をよんだらこうなって、刃傷沙汰にもなりかねない。九州のチームでありながら、地元ファンの、みんなから、その支持を受けられなくなるから、という話がでてきたわけですよ」

ところが、三原にしてみれば、人生の全てをなげうっての西鉄であった。我が娘を、あの中西太のところに嫁がせたことなどは、いうまでもなく、である。

また、中西や豊田をはじめ、西村らなどの若い主力選手には、三原を男にしたい、なんとか三原を優勝させたいと奮闘し、三原をこよなく慕った若手の精鋭ともいえるメンバーもいた。

「とにかく西鉄が優勝をするためにはいうて、三原さんは中西太に、自分の娘を（嫁がせる）という話をだした。豊田は、その、水原さんが三原さんを追い出したということで、その三原さんを、その、とにかくはよう男にしたい。（水原さんを）負かしてやろうという気持ちがあった」と西村。

この時点では、少数派となった三原であり、擁護する人も少なかった。西鉄の本社筋のメンバーのほとんどが、反三原になっていくのである。

チームが割れる。さまざまな動きがでてくる。三原を辞めさせよう——という一連の動きの中で、なんと石本が担がれてしまうのである。西村は言う。

「西鉄ライオンズの首脳、西鉄ライオンズの、鉄道の社長、会長から始まって、石本さんの（支持派が増えた）。その石本さんが（西鉄に）入ってきて、その河村、西村、大津、川崎、それから島原がドーンと、勝ってなかったピッチャーが勝ち上がって、どんどんいく。河村が二五勝して、私が、二二勝して、川崎さんが一〇勝、守さん（大津）が一八勝して。それで、石本さんが、ものすごくピックアップされて……。このときに、旧クリッパースと、その西鉄と、西日本（パイレーツ）の、ノンプロから這い上がってきた人たちが、石本さんをかついだんですよ」

石本が西鉄ライオンズの監督になるのか――。

当時のことを元記者の武冨は振り返る。

「球団の職員の一部も、三原さんが冷たい男なので、ことごとく石本さんの肩をもつ。石本さんを監督にして三原さんを追い出そうという動きになった。石本さんを慕い、四番の大下弘もこれに巻き込まれて、石本さんを監督にしようとなった。

（洗練された）すごいチームと思われていたけれど、中身は野武士で、すごい。監督が抑え込もうと思っても抑えられない。内部で画策して。石本さんは、（監督への意欲は）それほどではなかったけれど、持ち上げられて、非常にチームの中はギクシャクした」

チームがギクシャクすれば、自然と周囲にも伝わるものである。三原が時折、コメントとしてポロリともらしてしまうこともあった。

洗練された都会派という自負のある三原にあっては、九州の土地柄や気質がしっくりこなかったのであろう。平和台球場の設備にかんしても、なかなかなじめなかったようだ。三原のコメントであるが、その心情がよくよく現れている。

「文化的な感覚の欠如にはあいそがつきます」（『西日本新聞』昭和二九年八月七日）

しかし、石本の思いはというと全く違っていた。ましてや原爆で廃墟となり、戦後の痛手を全て受け入れ、一から出直しを強いられた石本である。気取ることをしない、人情あふれる、九州の地を好んだ。指導においても、九州出身選手の人なつっこい対応の早さに、このうえなくとけこんだ。

「野球に関しては、九州が一番ですね」（『野球一筋』）

九州人の野球に対する感覚がすばらしいことを認めている。

しかし、である。さまざまな人間模様がからみあう中にあっても、優勝監督である三原を辞めさせることはできなかった。そこで浮上してきたのが、さきに記した〝石本に投手起用を任せる〟ことである。

この時期の石本の評判はクローズアップされるばかり。勝てなかった若手投手をすべて二〇勝クラスの投手に育てあげたのは、先に述べた。西鉄ライオンズ創設からの悲願でもあった投手陣が形成され、安定したこの年の成績は、衆目だれもが認める石本の功績となった。

石本の投手指導は、技術指導だけではない。正確な読みができることも、三原自身をはじめ、選手、さらに記者連中までも驚かせている。

翌昭和三〇年のシーズンが始まる前のことである。さきの今西良光記者は、石本の投手起用の正確性をはじめ、その奥義に魅せられた人物である。三原にも信頼されながらも、石本をおいかけた。さらに異例ともいえる石本コーチがペンをとり書き下ろすというコラム「ライオンズ投手陣の展望」（『西日本新聞』）を、昭和三〇年のシーズン前に企画した人物である。

このコラムでは、シーズン前の勝ち星の予想を掲げている。
「川崎は昨年病気のため、一〇勝一〇敗に終わったが、体力を回復した以上、一五勝の予想は軽い。登板回数を三〇回とみて、勝率（防御率2・38点）五割の勝率である。恐らく、昨年と同日の比ではないから、六割で一八勝。七割で二一勝であるが、中間をとっても一八勝は堅いものと観測している。大津も三〇回の登板としても、一五勝（防御率1・78点）は動かない。西村、河村が四〇回として、五割で二〇勝、六割で二四勝というのがソロバン上の予想である」（『西日本新聞』昭和三〇年三月二五日）

シーズン前に単純計算をして、勝ち星をはじきだした数字であるが、石本は過去の実績から独自の計算をしている。それは、投手ごとに勝負の責任を負うであろう、責任登板回（日）数をまず決める。そこに前年の勝率である、六割五分七厘（0・657）を掛けて計算をしている。

これにより、昭和三〇年シーズンの各投手の勝ち星を予測した。
「実質的に勝負の責任を負う正味の登板回（日）数は川崎、大津が二五回、西村が三〇回、河村が三三回に短縮して計算せねばならないから、平均六割六分（昨年度六割五分七厘）の勝率を稼ぐと仮定して、川崎、大津が一七勝、西村一九勝、河村二二勝というのが、昨年の成績に対する責任勝率ということになる」（「ライオンズ投手陣の展望」『西日本新聞』昭和三〇年三月二五日より連載・続編）

石本はここまで正確な勝ち星がよめるのか――というほど、この昭和三〇年のシーズンの、〝石本予測〟は的中した。シーズン前の予測に対する結果はこうだ。

川崎は一七勝の予測に対して――結果は一七勝。

大津は一七勝の予測に対して——結果は二一勝。
西村は一九勝の予測に対して——結果は一九勝。
河村は二二勝の予測に対して——結果は二一勝。

河村のマイナス一勝、大津のプラス四勝はあったものの、四人の投手をあわせての〝ずれ〟は、三勝のみとあって、もはや予想的中というより他になかろう。現代のような管理野球下でのデータ重視の時代ではない頃の分析結果としては、あまりにも鮮烈すぎる。

さらに、である。大津のプラス四勝についてであるが、同じコラムの中で、大津の調整具合のよさを指摘している。大津の練習量の多さに注目している。あたかもプラスで勝つことを予見しているかのごとくコメントをしているのもすごい。

「四選手の現在のコンディションは、もっとも練習をつんだ大津が良く」(『西日本新聞・ライオンズ投手陣の展望』)

この石本の独自の読みについてであるが、(責任登板回数)×(前年勝率)という一定の公式をもっており、先発として責任が与えられる投手の勝ち星は、この計算方法によって、正確にはじき出している。

この連載を企画した元記者の今西良光は舌を巻いたほどである。

「ドンピシャリといっていいほど合致している」(「今西良光直筆手紙」から引用)

余談であるが、石本が投手陣をつくり上げる上で、一番重視したことといえば、「四‐四の体制」を築いたこと、といわれている。

「『四‐四体制』を築くことで優勝が狙える」(「今西良光直筆手紙」から引用)である。

当時を取材した今西の証言であるが、これは、四人の先発投手と、四人のリリーフ投手のことであり、これを掲げ、投手陣形成に励んだ。昭和二九年の優勝は、河村、西村、大津、川崎の四人で先発投手陣を形成し、リリーフ陣も育てた。

これを石本はさらに進化させて、就任二年目には、「五‐五体制」をつくり上げることに尽力した。しかし、これが完成されたのは、昭和三一年のことであり、ここに島原や稲尾が加わるのである。

この「五‐五体制」は、現代のプロ野球指導者の間でも用いられている考え方である――「優勝するためには、五人の一〇勝投手と、五人の五勝投手が必要」などと表現されているがこの勝ち星を総計すると、七五勝ラインがみえ、この七五勝ラインをクリアすることが、優勝戦線に加わるかどうかの分岐点となる訳だ。石本の時代と現代とでは、若干のニュアンスの違いはあるものの、時おり、プロ野球のコーチ経験者などが口にする「五‐五体制」である。

ただ、石本にあっては、昭和二〇年代にすでにこの「五‐五体制」を作ることを提唱しているのには驚かされる。これら投手陣の頭数がそろい、西鉄三連覇につながるのである。

話を戻す。いよいよ、石本監督構想が浮かび上がる。その中心人物となったのは、あの青バットの大下弘である。投手部門では、前年、最多勝をとっている川崎である。いよいよ、三原追放運動にまで発展する。この動きに賛同したのは、クビの宣告を待つ古参選手らであり、一説には、連判状にまで発展したとの話もあった。

石本監督構想が浮かび上がった。当時を中島国彦は、こう振り返る。

「みんなが石本さんの方にくっつく。（大下、川崎、古いメンバー全部）うん」

これは、なぜかを聞いた。

「僕にはよう分からんが、いずれにしても、（石本さんに）選手がくっつくから。三原さんを嫌ってしまう」

石本を囲む選手らと石本の関係はというと、

「そりゃー、石本さんは、西鉄の時はみやすかったと思うね。選手が（慕うから）」

ついに、西鉄ライオンズの監督になるのか――。

しかし、そうはならないのが、野球史の数奇なところでもある。西鉄ライオンズの保守本流となるのは、優勝監督である三原であった。石本は、自ら監督に躍り出ることはしなかった。意外な結末かもしれないが、自ら退く道を選んだのである。その背景には、西鉄で、関東地区のスカウトをしていた、あの国民リーグ時代に苦楽を共にした宇高勲の存在が大きかった。中島の証言。

「やっぱり、西鉄は宇高勲が、彼がある程度発言力が（あった）。野球界詳しいからね。あれの意見いうのは。我々は評価しよったからね」

宇高の忠告があったのであろうか、石本は自ら退陣の道を選ぶのである。

「石本さんは、結局、自分で辞めたいと表明して辞める。こっちで辞めてくれではなく。自分で、辞めるという表現で辞めた」と中島。

この時の石本の思いとしては、やはり、三原に配慮したとされている。再び中島。

「（三原さんに配慮して）と思うね。宇高さんのあれ（助言）もあったと思う。宇高さんから引いた方がいいぞというのもあった。そうしないと整理しようとか、うんぬんは、こちらからいうたこともない。辞める意志があったから、引きとめまいと」

しかし、なぜ、石本がここまでかつがれたかであるが、それは、無骨でまじめ、かけひきができず、実直このうえない人柄にあった。中島はいう。

「石本さんいうのはかけひきができないもの。それが選手には、わりかし通じるんじゃない。あんまり人間のことで（かけひきをしない）。試合以外でかけひきをしたりするいうのがね（できない）。三原さんはうまいというか、上手に使うからね」

後の西鉄三連覇の功績は、三原の島流しによる怨念に始まり、巌流島決戦で果たされたかのように捉えられているのが、野球界の大筋であり、それは事実であろう。しかし、その裏側にひそむ真実があった。西鉄ライオンズの功績の陰の存在として、石本の名前をあげずにはおれまい。投手陣がスクスクと育ち、その土壌ができあがった。監督にまで担がれたが、自分の役目のみを果たすことだけを貫いた。

結局、石本は、監督に推されながらも、これにはやすやすとのらず、自ら三原続投を支持したのである。

当時を知る西村は『魔術師〈上〉』でこう語っている。

「あのころ、ちょっと聞いたのは、何かの時に石本さんが『三原さんを辞めさせちゃ、イカン』と（球団社長の）西さんの所へ言いに行った、と。当時は俺も河村も調子が良くて、ピッチングコーチの石本さんは（西鉄投手陣の）救世主みたいなもんだったから、球団に対しても発言力があったし、『三原さんを辞めさせるぐらいなら、俺も辞める』ぐらいのことを言ったように思うよ。俺は、この石本さんの一言が効いたと思うな。石本さんのコーチで俺や河村や大津さんが勝つようになって、本当に優勝を狙えるチームになったんだからね。そのピッチングコーチがもしいなくなったら、チームとしてはどうしようもないわけですからね。この話は、誰からも聞いとらんだろう。その頃はもう、三原さんが辞めるんじゃないかと、九州の記者連中の間でも評判になっとったよ」

結局、一連の騒動の中で、自らが身を引く決断をしたのは、石本自身である。

当時、西鉄球団職員であった中島国彦であるが「やめるときには、退職金ちゅうのは別途に払った。大きい額ではないが、二〇〇万か三〇〇万円位払った」。

こうして、石本の西鉄ライオンズ時代は終わった。

理想形のチームをつくり、水原巨人を叩く――。巨人をおわれた三原の怨念がおさまることはなかった。しかし、そのために、なれあいの中で、徒党を組みながら、プロ生活を送る選手が姿を消していき、切磋琢磨しながら、戦う軍団、いわゆる野武士軍団ができあがっていくのである。

いずれにせよ三原監督によって、西鉄ライオンズは昭和三一年から三年連続日本一という大偉業をやってのける。プロ野球界始まって以来の最強軍団とまでいわれ伝説になるチームである。石本は、その黄金期に活躍する西村、河村、島原、稲尾などをベンチで見守ることはなかった。バックネット裏から見守ることになる。また、稲尾の発掘から育成に関しては、後に『野球一筋』の対談でもあるように「本人の体がよかったから」と述べるに留まっており、石本自らの功績を語らないのである。

知る人ぞ知る、石本の遺産は確かに存在し、大きなものであった。しかしながら、西鉄三連覇においては、あくまでも陰の存在として、直接的に評価されることはなかった。

ただし、半世紀を超えて、その選手らが〝石本のじいちゃん〟と口にする、嬉々とした表情は、いかに石本が、西鉄ライオンズ投手陣に愛されていたかを物語る。野球指導にかけた情熱の大きさをうかがい知ることができる。

座談会的に取材をすすめた、スナック「ドンレオあべ」の店主で元西鉄選手の、安部《あべ》和春《かずはる》がもらした言葉。

「話を聞けば聞くほど、西鉄の三連覇いうのは、石本さんのお陰かのう……。なんかそう思うよ」

第九章　中日のヘッドコーチに——野球技術者として

中日ドラゴンズ、濃人が監督就任

昭和三〇年のシーズン終了とともに西鉄ライオンズを退いた石本は、ＮＨＫ解説者として野球を論じた。さらに、デイリースポーツの技術論説委員として、健筆をふるった。

石本が、プロ野球の現場から退いて、五年の月日が過ぎようとしていた昭和三五年の秋に驚くことがあった。

石本は戦前、名古屋金鯱軍の監督をしたが、そのときの教え子である濃人渉《のうにんわたる》が、中日の監督に就任しようとしていた。同じ釜の飯を食った仲である。戦後は、ノンプロの日鉄二瀬《にってつふたせ》の監督をして、都市対抗野球で二度の準優勝を経験し、古葉毅《こばたけし》（竹識《たけし》）をはじめ、江藤愼一など、当初は無名だった選手の多くをプロに送り出したことから、プロからも注目され、濃人学校とまでよばれた人物である。

特に打撃や守備における指導の手腕をかわれた濃人は、昭和三四年のシーズンオフには、中日の二軍監督に就任した。現場重視の指導力は、球団内部からも評価が高く、石本自身もデイリースポーツ評論家時代に取り上げたこともあった。その記事はこうだ。

「濃人の指導方針は率先垂範を地で行くところにある。どんなことでも口先の指導は効果が薄い。監督自身やって見せればどんな横道に走らんとする選手でもついてくるものだという信念を持っている。これがグラウンドであろうが日常生活であろうが実行される。心技一体の鍛えに培われる選手が随伴していくうちに、だれからも愛される従順さと明るさを身につけて人の変わったようなよい性格になっていくのだ。そして戦闘意識の強いファイターが出来上がるのである」（昭和三五年一月一八日）

石本は率先垂範の指導で、人格形成をしていくという、強い指導力を高く評価した。
中日は、昭和二九年のエース杉下茂の大活躍によるリーグ優勝と、日本一が一度あるのみで、栄光から遠ざかっていた。選手は地元出身者志向が強い上に、はえぬきを重んじており、結果としてぬるま湯的なチームになっていた。

監督の人選もそうで、二リーグ分裂してからの中日（名古屋軍）は、天知俊一《あまちしゅんいち》（昭和二五・二六、二九、三二・三三年）、坪内道典《つぼうちみちのり》（昭和二七・二八年）、野口明《のぐちあきら》（昭和三〇・三一年）、杉下茂（昭和三四・三五年）といった、はえぬきを重んじながら、一部では、明治大学の学閥の流れも大切にしながら、やってきていた。

何とかせねば、という思いが、球団の中に芽生えていたのであろう。この年の一一月二六日には、球団代表が平岩治郎《ひらいわじろう》から、高田《たかだ》一夫《かずお》に代わっている。

この人事には、根が深いものが感じられる。球団代表となる高田は、戦前、名古屋にあったもう一つの球団、金鯱軍のマネジャーの経験があるが、その時、内野手として主力選手であったのが濃人であり、さらに、監督は石本だった。この三人とも広島出身者でもあった。

戦前の流れに戻そうというわけではなかろうが、戦後、地元志向で小さくまとまってきたチームを一掃する流れが出始める。

昭和三五年のシーズンは、前半戦の快進撃が嘘ともいえるほど、九月からは負けが込み、二リーグ分裂後初となるBクラスで五位と不甲斐ない成績となったドラゴンズは、選手育成で評判のよかった濃人に白羽の矢をたてたのだ。

二軍監督に就任してからわずか一年である。濃人は、すぐに恩師である石本に相談をもちかけた。

昭和三五年一〇月一六日のこと。石本は、その年の日本選手権の観戦を終えて、広島に帰る途中、名古屋に立ち寄った。

〈石本さん、どうしましょう〉

〈まだ、早すぎるだろう〉

石本は自重を促す。

「いかにいうても早すぎる。三年ぐらい現在の職務を全うしてからじゃ」

しかし、プロ野球の監督になりたくない者はいない。濃人も自身の思いを石本にぶつけ始める。

「あなたがコーチとして助けてくれれば、自分も監督を引き受ける」(『デイリースポーツ』昭和三五年一〇月二一日)

あろうことか、石本に相談しながらも、コーチ就任を打診し始めたのである。

濃人の監督就任は難航した。というのも、濃人が、球団につきつけた条件とは、こうであった。

石本さんが、コーチになってくれるのならば、監督を引き受けよう——。

これを昭和三五年一〇月二一日のデイリースポーツは、大々的に報じた。しかし、石本本人の最初のコメントは冷静そのもの。

「後輩である濃人君を助けてやりたい気持ちは十分ある。しかし、自分にも家の事情もあることだし、すぐ引き受けると断定できない」

しかし、濃人自身も、石本に負けず劣らず、一度言い出したら、聞かない。最初の相談を行った一〇月一六日から、すぐに中日球団に進言し、了解を取り付けたかと思うと、そのまま広島まで出向いて、直談判に乗り出した。濃人の石本コーチ実現への思いは他ならぬものがあった。そのことが、翌二二日のデイリースポーツに載った。

濃人のコメント（一部抜粋、順不同）は、こうである。

「ボクはピッチングとバッティングの両方を見てもらおうかと思っている」

「石本さんはどうしても来てほしい。私が監督を引き受けたのも石本さんがコーチになることを条件としていたんだから……」

「私としては石本さんをこのまま名古屋へお招きして代表とともに説得すればなんとかなると思っているが……」

こうした情熱的なコメントに対して、石本はこうだ。

「まだはっきり決まったわけではない。今、明日中に名古屋に行き、中日の首脳部と話し合ったうえ、正式に態度を決めたいと思っている」

この時点では、かなり石本の気持ちも傾いてきたのであろう。濃人からの申し出に応じる形で、代表に会うことをコメントしている。

翌日二三日のデイリースポーツのコラム〝石本説法〟では、再び第一線に返り咲くことを決意して筆をとったが、心の底から、現場復帰など考えられなかったことがうかがえる。

「五年前の西鉄を最後にして報道や執筆によって野球を語る老後の楽しみを満喫して余生をまっとうすることを念じていた」

かくして、かつての教え子の下で、ヘッドコーチの任務を負ったのだ。

このときのことを濃人渉の息子、濃人賢二（帝国ホテル大阪元総支配人）に聞いた。

「石本さんは、もうユニホームを着る気がなかったのを、親父が無理やり頼み込んで、コーチをお願いしたのだと思います」

その理由を濃人賢二は伝え聞いていた。

「野球に哲学を持っていると言っていました。特に投手交代については、相談していました。例えば投手を交代するべきか、否か、迷うとします。ただ、石本さんの考え方は、迷ったなら、交代させる。ただし、すべて上手くいくことはない。しかし、失敗したとしても、その失敗から、なぜ、失敗したかが学べる訳です。それは一歩踏み出して、自分が交代という結論を出している場合にあって、その学びは大きく、必ず次にいかせるようになるからです」

「こういったことを、ノンプロの日鉄二瀬時代にも、いつも聞いていたと思います」

石本には、投手交代の哲学があるという。

権藤のボールに光明を感じて

濃人監督、石本ヘッドコーチの体制で、中日ドラゴンズの昭和三六年のシーズンは始まった。その年、中日は大躍進するのであるが、その中心を担った人物といえば、権藤博《ごんどうひろし》投手である。社会人野球、ブリヂストンから入団し、彗星のごとくデビューした。

ルーキーイヤーでありながら、その登板回数は半端ではなかった。六九試合に登板し、三五勝一九敗で、防御率1・70である。この年の中日の勝ち星が七二勝であることから、その四八・六%と、ほぼ半分を権藤で勝ったことになる。新人王をはじめ、最優秀防御率、最多勝利、最多奪三振、最優秀投手賞、沢村賞などタイトルを総ナメにしたのだ。また、この年の投球回である四二九回と三分の一（二リーグ分裂後最多）は投手の分業化がすすんだ現代には破られることはない記録とされている。

あの名文句が生まれたのも、権藤の度重なる登板があってのことだ。
「権藤」、「権藤」、「雨」、「権藤」、「雨」、「雨」、「権藤」、「雨」、「権藤」※1
少しばかり解説をするが、権藤の登板日が二日続くとする。三日目に雨がきて試合が中止。さらに四日目は権藤が登板するも、五日目、六日目と両日雨で流れてしまう。すると、七日目は、また権藤が登板し、八日目はまた雨。しかし、九日目は、また権藤という具合に、雨が降って中止にならない限りは、全て権藤が投げているではないか――と語られたほどだった。

キャンプ中の指揮をとる濃人監督（左）と石本ヘッドコーチ

　この昭和三六年、パ・リーグの最多勝は稲尾和久で、七八試合に登板し、四二勝一四敗、防御率1・69と驚愕の記録を残している。勝ち星では、権藤が七勝及ばないが、ハイレベルな競い合いが演じられ、稲尾のライバル出現と捉える人も少なくなかったろう。しかし、当の権藤自身の思いは、全く違ったものだった。

　ライバルとよばれたのは、周囲の評価ばかりで、権藤にしてみれば、稲尾はあこがれの存在であることに違いはなかった。その思いは、私生活にも現れた。着るものから、プライベートでのしぐさ、歩き方、さらに、投球フォームまでまねた。しかしながら、権藤は、翌昭和三七年に三〇勝をあげてから、鉄腕の座から遠ざかってしまう。さらに翌三八年の一〇勝（一二敗）、三九年の六勝（一一敗）と、登板過多からくる疲労もあり、成績は下降線をたどった。

本人の述懐である。

「やはり、私は、稲尾さんにはなれませんでした。コピーは、やはり、コピーでしたから」

連戦連投の権藤とあって、蓄積された体の疲れ、右腕の消耗など、計り知れないものがあったろう。加えて、まだピッチャーが投げた後の、回復に対する考え方が明確でなかった時代である。

権藤はインタビュー中、こうふり返った。ピッチャーが、登板した後に行うアイシングのことである。

「今でこそ、投げた後、アイシングといって、肩を冷やしていますが、当時は、肩をシャワーのお湯で温めていました。炎症を起こしている、黒ジリや、青ジリの箇所にシャワーをかけるようなものですからね」

このように、まだまだ回復への施術が確立されていなかった。結果、連投に耐え抜いた権藤の投手生命は短かった。入団五年目には、打者へ転向したほどである。

しかしながら、この回復処置について、石本は古くから、適正な処置を施しているのに驚かされる。登板の後や、炎症や打撲に関して、きちんと冷やすような処置をしているのだ。面白い記述がある。

戦前、石本の指導による魔球を習得し、シーズン四〇勝をおさめ、鉄腕といわれた野口二郎が、石本の自作ともいえる冷やす薬で、患部をアイシングしている。

「石本さんは選手の捻挫《ねんざ》とか筋肉痛に対して、エントウ水という、水になにか粉末を溶かしただけのような湿布薬を信頼して、使っていた」（『私の昭和激動の日々』）

エントウ水とはいったい何であろうか——。

かつてほとんどの整骨院で使われていたとされる鉛糖水であるが、いまではほとんどみられなくなったのも事実である。

しかしながら、公益社団法人　広島県柔道整復師会の紹介により、現在でもその効能があることから、鉛糖水を使っているという、広島市安佐南区の西川接骨院（昭和三六年開業）の西川正彦《にしかわまさひこ》院長に聞いた。

「鉛糖水は、酢酸鉛という結晶を二～三％割合で、水に溶いて使います。脱臼、ネンザの湿布剤として使いますが、脱脂綿を五枚重ねにして、鉛糖水に浸し、そこに油紙をあてます。いわゆる亜麻仁油（紙）というものです。そこが乾燥しながら、気化熱として体から熱を奪うため、患部を冷やします。時代とともに外傷が減り、骨折や脱臼などが少なくなったため、ほとんど使われなくなりましたが、他のなによりも患部を冷やすことができるので、私は現在でもお薦めしています」

石本は、この鉛糖水の効能に注目し、患部を冷やしていたのだ。患部は、冷やさなければならない——石本は、現代のアイシングに近い考え方を早い時期、戦前から持っていた。

この年、ドラゴンズは大躍進して、上位進出を果たすのであるが、やはり権藤博の活躍が大きかった。この時のピッチングコーチは石本であるが、権藤が語った、石本の驚きのエピソードがある。最初にこれがプロなのかと思い知らされた出来事があったというのだ。

キャンプに突入したばかりのこと――。

西鉄ライオンズのコーチを昭和三〇年のシーズン終了とともに退いてから、五年間、バックネット裏から野球評論家の立場で、または、デイリースポーツの技術論説委員としてペンをとってきた石本である。その独自の野球哲学は、さらに深みが増しており、野球理論を選手に語るようになった。

キャンプ地は、別府市営球場で、キャンプに入ってすぐのことだが、権藤の記憶をたどる。

練習中に外野の芝生に選手を集めて、いつものように石本の野球談議がおこなわれた。野手と投手が分かれての指導ではなかった。石本はとにかく話せば長い。さらにだんだん熱を帯びてくる。顔には青筋が立ち、真っ赤っかに――。

さらに身振り手振りが加わる。聞いている選手にも、石本が話している野球技術や理論ではなく、ただただ、石本の情熱だけが、伝わる。

すると石本は十数メートル後ずさりし、いきなり全力疾走。そして、選手の前に向かってきて、頭から芝生めがけて、飛び込んだ。

ヘッドスライディング――。

権藤は思った。「これがプロの世界か――」

度肝を抜かれるほどのヘッドスライディングだった。

「これは、石本さんの本能的なものでしょう」と、権藤は振り返った。このときすでに六三歳で、還暦をすぎている。

権藤は冷静に振り返る。「スライディングが決まったというよりは、とにかく気合で飛んで跳ねたという感じ。しかし、年齢的なことを顧みない、ファイトを前面に押し出す指導だった」。プロの世界を初めて感じたという。

このスライディングは、五年後の昭和四一年、カープのヘッドコーチに就任したときにもみせている。

当時、カープに入団して二年目だった衣笠祥雄《きぬがささちお》の記憶をたどる。

「一塁ベースでリードの取り方など、走塁の指導をしているときだったと思いますが、石本さんは、リードをして帰塁する際のフックスライディングをやってみせました。ものすごい勢いに圧倒されました。この時、見入ってしまい、石本さんを見る目が変わりました」

この時、六八歳の年齢であっても、全身全霊をこめた指導はおとろえてはいなかったのだ。


話を中日時代の権藤とのやりとりに戻す。

開幕前、名古屋市の中村区向島町《むこうじまちょう》にあるドラゴンズの合宿所でのことだ。この合宿所は、当時、球界でも群を抜いていいものといわれていた。鉄筋コンクリート四階建て。一階の食堂の横には娯楽室があり、食事をした後の雑談や、マージャンに興じる選手もいた。娯楽に関してはフル装備だった。さらに隣接して、練習場も設置されていた。

当時、マネジャーとしてチームを支えた足木敏郎《あしきとしろう》の記憶をたどる。足木はドラゴンズ一筋、選手から裏方を務め、『ドラゴンズ裏方人生57年』の著者でもある。足木は、石本が開幕前から権藤に注目しており、じっと見つめる視線をしっかりと覚えているという。

プロ入り最初のシーズンにのぞむ権藤は、合宿所の隣接の練習場でピッチングに励んでいた。石本は、その新人の権藤のボールをじーっと見ていた。

「おい、あの坊やは、すごい球を投げるど〜」

石本は、権藤のストレートの速さに加えて、カーブをはじめ、スクリューボールなどの変化球のキレに目を見張った。

「えー球じゃ」

権藤は、石本の目を釘付けにした。

「シーズンに入る前のことです。石本さんはとりつかれたように権藤の投げる姿に注目していました」と足木。

その権藤に、石本はフォークボールを懸命に教えたという。しかしながら、これが、全く落ちなかった（権藤談）。しかし、マスコミの報道は先行する。その指導をみていた記者たちは、こぞってかきたてた。石本直伝のフォークボールだと――。

このマスコミ報道が思わぬ展開をよんだ。

この頃の権藤の武器はスクリューボールであった（権藤談）。権藤はキャッチャーと試合前のやりとりの際、こう伝えたという。

「シュート系のボールがありますが、シンカー気味に落ちますから」。スクリューボールの軌道を伝えて、サインを決めた。

シーズンに入って、権藤は決め球であるスクリューボールに磨きがかかった。長嶋茂雄《ながしましげお》とも開幕二試合目、四月九日、後楽園球場で対戦しているが、そのときは、権藤は八回まで無失点で抑え込んだ。長嶋、王貞治を擁する巨人打線を、あわよくばシャットアウトゲームかというほど圧倒した。九回に1点を許したものの中日が4対1で快勝した。長嶋には1安打を許してはいるものの、試合後、長嶋は権藤のことを絶賛している。
「権藤は予想していたより良い投手だ。おちるタマはフォークボールではないのかな」（『中部日本新聞』昭和三六年四月一〇日）
実際にはスクリューボールであったことは想像に難くない。この長嶋の錯覚は、石本のフォークボール指導がマスコミによって広く伝えられていたこともあってのことであろう。

※1　巨人の堀本律雄投手が、口にした言葉が広がったとされている。以下、引用する。「『中日は権藤しかピッチャーはおらんのかいな。権藤、雨、旅行日、権藤、雨、権藤や』」「七月四日から一五日までがすごい。国鉄戦が雨で中止になって以後は、雨で中止の試合以外は権藤がいずれも先発。一一日の巨人戦もまた先発のマウンドに上がったが、このとき、巨人の先発投手である堀本律雄が試合前に新聞記者との雑談中に口にした一言が、この年の権藤の投球を表す言葉として、のちに伝えられることになる」（共に『週刊プロ野球セ・パ誕生60年』第一四号・ベースボール・マガジン社）

石本の指導を録音せよ！

石本が中日のヘッドコーチに就任した最初のシーズン、昭和三六年は巨人、国鉄、中日の三つ巴で優勝争いを続ける一年となった。

当時のことを取材した中での共通の話としては、やはり、石本の情熱のこもった技術指導である。昭和三六年シーズン当初、中日の四番にすわり存在感をみせた森徹も、石本の指導にかけるこの上ない情熱を感じていた一人である。

森は、この前々年の昭和三四年、大洋の桑田武《くわたたけし》、巨人の長嶋茂雄らとホームラン争いを繰り広げ、桑田と共にホームラン王に輝いた人物である。中日の看板選手として、成長株ともいえる存在であった。

森は石本のことを振り返る。

「ここまで野球に情熱を燃やす人はいないね。本当に熱心だった」と。石本の熱い指導にほだされ、打撃フォームを変えて、ヒットを量産し、シーズン序盤はドラゴンズ打線を牽引した。

森のいう石本の熱心な指導についてであるが、シーズン中でも試合後になるとミーティングが度々行われた。石本独自の精神訓話と技術指導は連日続いたのだ。

「この右腕を、こうやって前にもっていき、ここで左腕を追い越す」

バッティングにおけるミートポイントのことであろう。なかなか難しいバッティングの技術論が飛び交う。

しかしながら、中日ドラゴンズの選手たちには、石本の技術論はあまりにも難しかった。一度聞いただけでは理解できないと判断し、ある選手が「録音して聞いてみよう」と言いだす始末だった。

これには、中利夫《なかとしお》（後、三夫《みつお》、暁生《あきお》、登志雄《としお》）も賛成だった。

ところが、いざ、再生してみると。

「こうして、あーして、こうじゃけん」

この〝こうして、あーして〟というのが、どこを〝こうして、あーする〟のか、分からないのである。さらに、カセットテープを再生してみる。

独特のしわがれ声が響く。

「ここは、こうじゃけん。そこはあーなるんじゃけん」

「ここで、左手を追い越して、右手が前に出るんじゃ」

ここで追い越すという「ここ」がどこか分からないのである。加えて、しわがれ声の広島弁が耳につくばかり。

「聞いてみたら、逆に全く分からなくなりました。結局、録音はやめました」とは、中利夫の談である。

権藤も、石本から感じるものがあった。

「集中力、執念というのは凄いものがありました。あの人たちの育ち方というのは、すさまじい。戦争体験者ばかりでしょう。肩が痛いとか、肘が痛いとでも言おうものなら、『たるんどる、命までは、とられやせん』と、二言目にはそれが、でてきていましたからね。濃人さんでもです。だから、みんな、赤紙一枚で召集されたら、明日をも知れぬ命じゃないですか。それからしてみて、『野球なんかやれるなんか、最高だよ。命まではとられやせん』。濃人さんの口癖だったですね」

濃人のスパルタ的なチームづくりの最大の理解者が石本であった。

「石本さんも、やはり精神論者ですね」と権藤は言う。

技術指導の後には、精神訓話が始まることもあった。かつて、広島商業時代に〝真剣の刃渡り〟をしたという話も、石本から直接聞いたことはないが、権藤にも誰からともなく伝わっていたという。

「刀の上を歩いたというのは……。何か（刃渡りを）やったという話を（誰かに）聞いた。僕は、（石本さんから）直接は聞いていないですね。あんまり自分の自慢話をする人ではなかったですからね。何でも熱血で、やれば……。やればできるという、『心頭滅却すれば、火もまた涼し』とそういう人だったですね」

また、この年は、江藤愼一の成長が著しい一年でもあった。打率でいうなら、前年の二割五分二厘から二割六分七厘。安打でいうなら一〇八本から一二八本、ホームランでいうなら一四本から二〇本と、着実に成績を伸ばし、大打者への礎を築き、全てにおいて成長がみられたシーズンとなった。

江藤は、ノンプロの日鉄二瀬の時代から、濃人監督を師匠と慕っている人物だった。中日でクリーンアップを打ち、その後、パ・リーグに渡り、プロ野球史上初のセ・パ両リーグで首位打者を達成した人物である。加えて、史上九人目の二〇〇〇本安打も達成した。シーズン当初、四番であった森徹にかわって、途中からは、この江藤が四番にすわることもあった。その成長の背景には、石本の存在が大きかったと森は語る。

「(中日で、石本さんから)影響を受けた人は多いね。特に江藤愼一はそうだろうね。一番影響受けたと思うね」

森のいう、一番影響を受けたとされる江藤愼一であるが、その著書に、升田幸三九段の言葉として、石本の野球理論がよく現れている一文があったので記す。

「自分が劣勢の時は、ねばりにねばって、何とか、一手ちがいにまで追いついておこうと努める。そうしておけば、逆転のチャンスが、いつもひそんでいるからだ」(『闘将火と燃えて』)

要は勝負で突き放され、たとえ劣勢に立たされたとしても、無理をして一気に逆転を狙うような無謀なことはしない。その一つ手前、もしくは、並ぶ状態を目指して戦うというもの。

一気に逆転を狙っていると、無理をして、チャンスをつぶしかねない。一歩手前でもいい。もしくは、同点にでも追いついておけば、次は逆転のチャンスを引き寄せることができるという考え方だ。

この石本の野球理論は後に記すとする。

森徹の苦悩

昭和三六年の中日は大躍進し、巨人に対して勝ち数で上回ったものの、結局、優勝はのがした。残念な一年となった。

しかし、シーズン当初、石本の指導に従って気をはいたのは、森徹である。森は、昭和三三年に中日に入団した。ミスターと呼ばれた長嶋茂雄と同期のプロ入りである。互いに東京六大学野球出身で、神宮をわかせた人物である。

入団した年の長嶋は、打率三割五厘で、阪神の田宮謙次郎《たみやけんじろう》の三割二分に及ばず、タイトルを逃したものの、二九本のホームランを放ち、本塁打王と、九二打点で打点王の二冠に輝いた。加えて三七個の盗塁を決めるなど、群をぬく成績で新人王も獲得。ただし、この立教大学のスーパースターに対して、早稲田大学出身の森も黙ってみていたわけではない。

森は打率二割四分七厘でホームラン二三本。長嶋が一三〇試合フル出場したことに比べて、森は一一二試合の出場での記録である。

森は、オールスター前に扁桃腺を患ったことから、試合へ出られない日もあったが、大きく水をあけられた訳ではない。

事実、翌昭和三四年には、中日の四番に座った森は一三〇試合に出場した。打率だけは、三割三分四厘をマークした長嶋に譲ったが、ホームラン三一本と、打点八七で、長嶋を抑えて二冠に輝いた。森が名実ともに中日の顔となった年である。

しかし、昭和三五年、杉下茂監督の二年目のシーズンは、一二九試合に出場し、打率こそ二割七分五厘とそこそこ打ったが、併殺打が一七でリーグワーストを記録した。ここぞというときに弱く、好不調の波があった。

その森が、昭和三六年当初は、快打を連発し、三割をキープし続けたのだから、いかに石本の指導が的を射たものであったかがわかる。

石本は森に「三割は最低のノルマだぞ――」と至上命令を下した。

気分屋とされた森であるが、苦手とされたカーブ打ちを克服し、気持ちの浮沈にかかわらず三割を達成させて、長嶋と競える打者に育てるのが石本の狙いであった。

『野球一筋』で石本は当時をこう語っている。

「ホームランも大事じゃが、平生《へいぜい》、確実に打つのが先決なんです。確実に打つようになってから、ホームランを狙うべきなんです。順序ですね。それで、練習で、フォームを変えたんです。確実に打つように」。「ほいで（バットを）短くして、スタンスも変えてね。それで、ボールに遅れないようにね。フォームを変えました。（森は）カーブが弱いんです。カーブが打てるようにやった訳なんです。これについては、まあ本人も納得して、練習に励んだんです。まあ、かなり良くなって、シーズンに入ってですね。あれで一ヵ月半くらいは、非常にあたったんですよ。三割以上打っとった」

この指導を守りながらも、森の心の中には、若気の至りであったろう、おごりも潜んでいた。

「オレはいつだって三割ぐらい打てる。四球を一つ選べばいい」

森の独自理論である「四球一つを選べばいい」とはこういうことだ。当時、対戦する投手側には、森攻略の暗黙の了解があった。常にアウトコースにボール一個分をはずして投げこめば、森は少々のボール球でも振ってくるというものだった。これにより、ひっかけて凡打するか、無理やり引っ張って、外野フライ。最悪の場合でもシングルヒットですむ――というもの。

当時、カープのエースだった長谷川良平は、森の攻めには、独自の理論を持ってのぞんでいたという。「森は、打たせてやればいい。振ってくるから」と、決め球であるシュートをアウトコースにシンカー気味に落とし、そのボール球を誘い球にして勝負したという。

森を分析していた長谷川は、森本人に対して、また周囲の人にも、こう伝えていたという。

「長谷川良平さんがなんていったかっていうと、『あいつはなんぼうでも打たせてやれ、ヒットは。アウトコースに放っておけばいいんだよ』って『アウトコースギリギリ放ったらヒットは打つよ』と。『しかし、アイツは満足せんから、必ず、ふりまわしてくる、引っ張りにくるから』って」

森が後に長谷川本人から聞いた話である。

ところが、このきわどいアウトコース攻めにあったとしても、森は一試合でおおよそ1安打は打っていた。要は、一試合に四打席あるならば、一つだけフォアボールで歩けばいいというのだ。結果、三打数一安打となり、打率三割を超えるじゃないか——というのが、森の考え方であった。

こういう森を、手なずけるには、一筋縄ではいかなかったろう。豪放磊落《ごうほうらいらく》な性格は、バッターボックスでの一発狙いが周囲にも伝わるほどであった。しかし、森の指導にあたった石本は、ホームラン狙いをやめさせ、安定的なバッティングに変えることで、長嶋と競わせようとしたのである。

短期的な選手育成が上手いとされた石本の狙いはピタリとあたった。森はここぞという場面でヒットを打ち、結果となってすぐに現れた。

四月二五日時点の数字を見る。森の好調によって、首位を行く中日だったが、打撃ベスト10においては、長嶋は四三打数一六安打で、三割七分二厘で二位につけていた。傍らで、ドラゴンズの四番、森は、四七打数で一六安打を放ち、三割四分で三位につけて、ぴたりと長嶋を追走したのだ。

石本の狙いに狂いはなかった。バッティング技術はすぐに身につくものではないが、このまま、一年間、打率を残すことができたら、翌年にはホームランを狙ってもよいと、実直で堅実な石本らしい考え方であった。

「これを推し進めていけば、一年でも確実になれば、次の年はホームランを狙ってもええと。でまあ、技術はすぐ身につくもんじゃないんだから、この一年はこれでいこうと。そうすれば、三割五分でも打てれば、長嶋と競争もできるし、まあ、ホームランは少ないかもわからんが、競争できる」

（『野球一筋』）

しかし、なぜか、森の表情はさえなかった。例えば、森の狙い通りにフォアボールで一塁に歩くとする。そこで浴びせられるファンからの言葉は、心に染みて堪《こた》えた。

〈おーい、お前のフォアボールを見にきたんじゃないぞ〉

ファンは豪快なホームランを期待したのだ。

この期待に応えようと、いつの間にか、石本との約束が崩れ始めたのである。

石本も森の変化に気付き始めている。

〈森が打てなくなっている〉

森自身も、なんだかんだいっても、シーズン当初はきっちり結果を残した。石本の指導の理論[※1]でいうならば、「中間打法」の考え方によって、森の打撃フォームを定着させたのであろう。

しかし、ファンからの声援に呼応するかのように、大振りが続いた。もともと中間打法で定着させたバッターが、大振りを始めたとしても、すぐに打てるはずはなかった。

森が三割を切るようになると、チームの勢いも薄れていく。小さなすれ違いから、生え抜きのレギュラー選手らの間で、改革がすすむ体制がしっくりこないとの小言がもれるようになった。

今まで仲良くやってきた中日とは違うじゃないか――。

生え抜き選手らの間にくすぶっていた思いが、改革を断行する幹部らと、水と油のように分離してしまい、一つにまとまらないのである。

濃人と石本は考え、中日幹部らも動き出す。高度経済成長期のまっただ中にあって、世の中はめまぐるしく変わっている時勢。名古屋人の気質でみたされたぬるま湯チームでは勝てないと、大改革が本格化するのである。

これまでの体制を変えなければならないと、生え抜き選手らを始め、森、井上登《いのうえのぼる》、吉沢岳男《よしざわたけお》などの主力選手の放出を検討した。

ちょうどその頃、南海もチームの大改革を検討していたこともあり、渡りに船であった。これに敏感に反応して、条件を持ち出してきたのは、あの南海ホークスを率いていた名将、鶴岡一人であった。石本の広島商業時代の教え子でもある。

主力選手三人と南海の間で、大型トレードを画策し始めていた。

これがどこから漏れたか、マスコミも取り上げ、一部ではチームの崩壊の危機とさえ揶揄《やゆ》する声が聞かれた。

しかし、森は、リーグを超えるトレードに関しては、選手の同意を必要とするという野球協約を用いて抵抗した。

当然ながら、優勝どころではなかった。昭和三六年のシーズン、優勝を逃したことが転機となって、翌年のシーズンに向かって、さらなる大改革が決行される。成績が残せなかった選手だけでなく、若さと実力を兼ね備えていても、チームの方針に造反的な選手らは、たとえレギュラーであっても放出したのだ。

好打者、井上登は南海へ――。

児玉泰《こだまやすし》投手は近鉄へ。

石川緑《いしかわみどり》投手は阪神へ。

前年の昭和三五年、先発、リリーフに活躍し、一五勝した広島衛《ひろしままもる》（尚保《なおやす》）投手も移籍させた。

扇の要であるキャッチャーの吉沢岳男は近鉄へ。

ついには、長嶋とホームラン王を争った森徹でさえ、大洋へ。

地元ファンの抱きかかえるような、生え抜き選手らばかりである。

もはや、中日ドラゴンズではない――。ファンの間でもささやかれ始めた。

前年のあわよくば優勝か――という勢いが、昭和三七年のシーズンにも出てきたのはオールスター明けである。鳴り物入りで入団した高卒ルーキーの門岡信行《かどおかのぶゆき》投手も、プロの水になじんできたのか、その力を発揮し始めた。

「新人の門岡は七月八日に阪神をくだして初勝利を得ると、そのあとは順調に勝ち星を重ね、それまで振るわなかった権藤と柿本《かきもと》（実《みのる》）も、オールスター・ゲーム以後はじょじょに調子をあげてきたので、中日は首位グループの大洋、阪神を激しく追いつめていったのである」（『ああ中日ドラゴンズ』白馬出版）

大胆な補強によって、短期間で復活させたチームの勢いは確かにあった。

特に、明るい話題をいうなら、石本の秘蔵っ子である柿本実が、前年からの期待を背負って六〇試合に登板し、石本が公言した通りの活躍をみせ、二〇勝（一七敗）をあげて、いきなりエース格に躍り出たのだ。この柿本の台頭については石本の観察眼の深さ、指導力の高さが生きている。

※1　石本が打者を指導する上で、打撃法を「短打法」「中間打法」「長打法」と大きく三つに分け、さらにそれぞれを「短打」「長打」に分けたもの。後にふれるが石本は、上田利治、稲垣人司らに教えて伝え、野球界に多くの影響を及ぼした。

柿本実の台頭

石本の精神論を伝授され、成功したとされるのは、柿本実（日炭高松～南海～中日～阪急～阪神）であろう。鳴かず飛ばずで苦しんでいた柿本を、リーグを代表する投手に育てあげるのである。柿本は石本からこの上なく大事に育てられたという。

最優秀投手のトロフィーと、そのペナントリボンを持つ柿本実。

「ドラゴンズ時代で、一番かわいがってくれたのは、私ではないですか」とは柿本本人の談である。

昭和三五年に南海に入団したものの、一説によると、ほぼ戦力外に近い形で退団させられた。しかしながら、本人談によると「自分から辞めた」というのが真相のようだ。

しかし、縁あって、すぐさま中日に入団することができた。

柿本のアマチュア時代は、豊岡セメントで四年間、準硬式野球を経験した。その後、硬式野球部の日炭高松に移籍。「二年間、ノンプロでやったら、必ず、プロへいく」と強い気持ちを持ち続けた。苅田《かんだ》高校（現、苅田工業高校）時代は、内野を守っていたが、投手になったのは、社会人になってからだ。

硬式野球を経験するのは、ノンプロになってからだったが、着実に一歩ずつ階段を上がっていった人物である。ただ、昭和三五年、南海に入団したものの、登板機会に恵まれず、一試合に投げたのみで、一年で辞めることになる。

柿本は一大決心をし、あの鶴岡一人に直談判に出る。

「（昭和三六年）一月九日、十日戎《とおかえびす》さんの日だった。自由契約にしてくれっていいにいった。鶴岡監督に進言した、『私、ノンプロに行きますわ』と」

これにより、柿本の南海の退団が決まった。プロ一年目の壁は厚く、柿本の前に立ちはだかった。

しかしながら、運命はこの投手を見捨てていないどころか、後ろ盾をする人さえいた。柿本の弁。

「ノンプロ時代の監督深見さんが、前の日に中日に行く話をしてくれていたのだと思います」

ノンプロ時代の監督である深見安博と、中日の球団代表の高田一夫のつながりがあったという。

「確か中央大学の先輩後輩というつながりだと聞きました」

こうして縁あって中日に移籍することができた。

柿本は準硬式から転向して、硬球を握った経歴からか、肩の痛みを感じることもあった。加えて、ダイナミックに投げ下ろす投球フォームに限界を感じてもいた。なにか別の投球フォームはないかと思案しており、アンダースローへ転身することを考え始めていた。南海には、下手投げのお手本ともいえる投手が多かったことにも影響を受けた。

「ベンチで、杉浦《すぎうら》（忠《ただし》）さん、皆川《みながわ》（睦雄《むつお》）さんを見とったでしょう。自分も肩痛いしね。南海でベンチ入って、いつも応援しておったからね。あ〜、こうやって投げたいな〜って、まねをし続けていたんです」

悩んでいたとき、運命の指導者が現れる。

昭和三六年一月三一日。キャンプ地となる別府で柿本は石本と出会った。柿本にとって、人生最高ともいえる運命の出会いであった。

キャンプに入ってからのこと。

「肩痛いから、横から放りますわ」

〈よし、投げてみい〉

「やる以上は、人が真似できん放り方しようかと思って、石本さんにだいぶアドバイスしてもらいましたわ。それでええわ。南海で（オーバースローで）あかんかったから。変えて投げたら、いけるんちゃうか（と言われました）」

しかしながら、すぐさまアンダースローやサイドスローが身につけられるはずもない。柿本はバッティングピッチャーをしながら辛抱強く投げ続ける日々をすごした。石本の温かみのある言葉に支えられた。

「カキ、カキ」と石本は親しみを込めてブルペンで見守ったが、柿本は、この「カキ、カキ」の言葉がたまらなくうれしかった。グラウンド内だけでなく、オフでもそうだ。

例えば、選手は試合後の休息の時間には、マージャンに興じることも少なくない。その際にも石本は、自分がする訳ではなく、柿本の反対側に陣取って、大局を見守った。時折、柿本に目配せをしながら、柿本を勝たせるための細工をしたという。

この話から、権藤は石本の人柄をこう振り返る。

「そういう無邪気なところがあるかもしれませんね。石本さんはね。こうやって見てて、こっち見て、切ろうとしたら、『それ、いけんよ』。ということは言ったんでしょう。『おおエエ手じゃの〜』、また、こうやってみて、『そりゃーいけんよ』と。（マージャンをやっている）みんなは、『石本さんそれはダメですよ。そんなことを言ったら』。『ほうかの〜、細かいこと言いやがって』。ケラケラケラっと、そういう無邪気なところがあったですね、みんなに注意されたりして」

野球を離れたら、恩情とユーモアの塊でもあった。マージャン卓の後方に陣取って、相手の切るパイを見ながら、無邪気にその場を楽しんだ。傍らで、柿本が勝つように〝口撃〟した。プロではまだ、芽がでていない柿本に配慮した。

「当時、給料少なかったよね」と柿本。

「おい、お前、もう少し（給料を）もらわんとあかんで」と石本は声をかけ続けることもあった。

昭和三六年のシーズンがはじまっても、柿本はバッティングピッチャーの毎日だったが、柿本がブルペンに入ると、石本は、必ずいつもの折りたたみイスを持ち込んで、柿本の後ろに座った。

サイドスローに変えた柿本を、ただ「カキ、いいぞ」と声をかけ続ける日々だった。「（この頃は）技術指導はほとんどといっていいほどなかったと思います。しかし、石本さんには『ええか、こういう気持ちで投げろ』だとか『ピッチングは精神力だ』などという、メンタル面の指導をしてもらいました」と振り返る。

数あるプロ選手や、選手ＯＢの取材の中にあって、あの「真剣の刃渡り」の話を直接石本から聞いているのは、柿本だけであった。

「刀の上に乗るっていうことですか？」

「ほうじゃ」

「足が切れるじゃないですか？」

「精神修養じゃ。魂を込めて乗れば、切れるものじゃない」

「…………」

「集中力で、根性で、やれ。向かっていけ」

柿本はいう。「広商時代、刀（の上）を刃渡りしたと、石本さんから聞きました。『何のためにするんですか。危ないでしょう』いうたら、それが集中力やいうてましたよ。集中力を養っていたら、魂が入っていたら、切れやせんいうて。集中力で、根性でやれ、いうて言われましたよ」

石本は、柿本にバッティングピッチャーをさせながら、ある期間育つのをじっと待ち続けた。その成果は意外にも早く現れ、転機が訪れた。石本の視線の先に感じるものがあったのであろう。

「石本さんが、柿本を投げさせてくれと、濃人監督に言うてくれて、先発できました」と柿本。

昭和三六年九月二一日、ダブルヘッダーの二試合目に初先発。柿本が七回まで投げて、その後、権藤がリリーフした。7対0と完璧に抑え込んだのだ。みごと初勝利をあげ、石本の期待に応えた。ほぼ完璧ともいえる、柿本のピッチング内容であった。翌日の新聞にはこうある。

「外角低めへのスライダー、そしてこれに切れのあるシュートをまじえて巨人打線を寄せ付けなかった。許した安打は七回まで散発の3安打。三塁まで与えたのは七回長嶋に右翼（線）三塁打を打たれたときのただ一度だけだった」（『中部日本新聞』昭和三六年九月二二日）

さらに、この日の勝ち星で、対巨人戦の勝ち越しを決めたのだ。彗星のごとく現れた柿本であるが、この一勝が人生の転機となった。シーズン終盤の優勝を争う場面で一七試合に登板し、三勝三敗、防御率2・67とまずまずの成績をあげた。

その年のオフのことだ。石本は柿本にいった。

「カキ、お前、来年は、一〇勝位はできるかの〜」

「いいや。わし、一〇勝じゃのうて、二〇勝しますわ」

「本当にできるかの〜」

「わし、しますわ。頑張ります」

柿本は、石本に誓ったという。

ただ、言うは易し、行うは難し——のはずである。きびしいプロの世界、すぐに結果が出せるかといえばそうでもなかろう。しかしながら、石本は、この時点で、柿本は必ず出てくる投手であると公言しているのだ。その選手を見抜く力には驚かされる。

石本は中日でのコーチ初年度である昭和三六年のシーズンを終えて、地元広島に戻り、中等学校時代の宿敵であった広島中（現、広島国泰寺高校）の木本進氏と対談した。その録音『野球一筋』から引用する。プロ野球における、実力のある投手の話題の中で、翌年のドラゴンズの投手陣の成績予想を問いかけられ、石本は四人の名前をあげるが、その中に柿本が登場するのである。ただ、柿本はプロに入って、三勝しかしていない頃のことだ。

「今年の成績からいってですね。実力からいうと、権藤、板東《ばんどう》（英二《えいじ》）、河村《かわむら》（保彦《やすひこ》）、柿本の順ですね」と現在の投手としての能力を解説した。その後、すぐさま、柿本に言及する。

「（柿本は）シーズン終盤に出てきましたでしょう。この四人《よったり》で、権藤、柿本、河村、板東の順で（勝ちま）すね」と勝ち星の多い順から名前をあげている。

では、石本の予測に従って、実際の成績を見てみるが、この四人の翌昭和三七年の勝ち星の多い順に記すとする。

権藤博	三〇勝	（一七敗、防御率2・33）
柿本実	二〇勝	（一七敗、防御率2・06）
河村保彦	四勝	（五敗、防御率3・02）
板東英二	二勝	（九敗、防御率4・25）

驚くなかれ、石本の示した順番通りになっているではないか——。

西鉄ライオンズのヘッドコーチ時代には、投手の勝ち星までピタリとあてた石本であるから、そのチームでの順番をあてることなど、たやすいことであったかもしれぬ。

しかしながら、前年の成績では柿本は三勝であり、三五勝している権藤との比較にはならない存在のはずであるが、権藤の三〇勝に次いで、柿本がくると予測しており、ピタリとあてるのである。さらに、防御率は、権藤さえ上回ったのであるが、それだけ、柿本の勢いを正確に捉えていたのだ。

この柿本の勢いを肌で感じとっていたのであろう。昭和三七年のシーズンの開幕戦のこと。四月七日、地元名古屋での対広島戦であるが、いきなり開幕投手に抜擢されたのは柿本である。前年、最多勝、最優秀防御率、新人王、沢村賞に輝き、主なタイトルを総ナメにした、あの権藤をさしおいてである。

この期待に応えるかのように、2対1と接戦を投げ抜いて、見事に完投勝利を収めた。開幕戦での初完投勝利はセ・リーグ史上初の快挙となった。セントラルでは、後にも先にも柿本実ただ一人の記録である。[※1]

開幕戦の勢いでもって、この年、六〇試合に登板し、順調に勝ち星を重ねた柿本は、二〇勝一七敗で防御率2・06という、堂々たる成績を残した。石本との約束である二〇勝を果たしたのだ。石本は柿本を第一線級に育て上げた。

さらにこの翌年、なぜか柿本が奮闘しているのは、広島カープとの対戦であった。柿本が広島戦に登板すると不思議と勝ち星を重ねることができたという。

結果、昭和三八年、カープからは八勝（一敗）をあげている。二一勝のうち、その四割近い勝ち星を、石本が解説者としてみつめる、カープ戦からあげている。

「広島市民球場では、よく勝っていますよ。お陰でよく試合出られるようになったと思います」

よく試合に出られるどころか、柿本はエース街道をかけのぼっていった。この後、勢いが増して昭和三八年、最優秀防御率のタイトルを獲得し、リーグ屈指の投手となる。なかなか調子があがらなかったエース権藤に代わって、チーム内では最多勝をマークする。

この柿本の大躍進の陰には何があったのだろうか――。

当時、広島カープで投手だった竜憲一《りゅうけんいち》（東映、広島　本名：龍憲一）は、元は社会人時代に日炭高松で、柿本と同じ釜の飯を食ったチームメイトである。昭和三五年に東映に入団し、昭和三七年にカープに移籍。そのカープで大活躍するシーズン（昭和四〇、四一年）があった。短命であったものの、ファンに鮮烈な記憶を残した。

昭和四〇年、六四試合に登板して、一八勝、一三敗、防御率2・31。

昭和四一年は五五試合に登板して、一六勝、一四敗、防御率2・85。先発、リリーフと台所事情の苦しいカープにあって、大車輪で投げぬいた骨のある投手である。

また、現役を引退してから後、カープ黄金期のピッチングコーチとして、池谷公二郎《いけがやこうじろう》をはじめ、北《きた》別府学《べっぷまなぶ》、大野豊《おおのゆたか》、山根和夫《やまねかずお》、川口和久《かわぐちかずひさ》らを育て、投手王国を築いた立役者でもあり、コーチ時代に五度の優勝、三度の日本一も経験した。

近年でいうならば、広島経済大学野球部監督時代に、柳田悠岐《やなぎたゆうき》（ソフトバンク）を発掘し、育てた人物であり、その観察眼の深さは、野球人の間では定評がある。一説には、早々とカープに入団してはと動き出した、とも言われる。当時、左打者が前田智徳、嶋重宣、岩本貴裕と揃っていたこともあり、獲得に至らなかったが、独自の嗅覚を持つ男だ。

竜は柿本の大躍進の裏側に、石本によるフォームの矯正があったことを証言する。柿本は、もとはオーバースローの本格派投手であった。まっすぐはめっぽう速く、力で抑えこむピッチャーであった。ダイナミックなテイクバックから投げ込む姿は見どころがあったが、右腕は、そのフォームの大きさから生まれる、いわゆる〝巻き〟の状態であった。

「後ろに、ものすごく、こうやって投げてきよったんです」と、竜は腕を大きくまわし、背中の方向にもっていってみせた。

「彼は上から、こう（後ろで〝巻く〟ように）投げていたんですよ。速い球を。そのときが、石本さんがピッチングコーチなんです。サイドスローに変えたんですよ。そしたら、二〇勝したんです。そういうことが、他のチーム（西鉄）でも多かったんです」

石本の投手育成の技術として、まずは、テイクバックの大きさに注目する。柿本は、あまりにも大きいフォームで、その腕が背中側に入りすぎないようにさせるのがポイントであった。

竜は続ける。

「私もピッチングコーチになって、（石本さんに昔、言われたことで）はー、なるほどだなっと思ったことが一つあるんですけど。結局ね。バックスイングをみますと、ふつう、ピッチャーは、こっち（ホームベース側）に投げるのに、自分のからだより、あまりにも後ろに、これ（背中）より、向こうにもっていくと、こういう風に（手が大まわりして、遅れるように）なるんです。ところが、サイドスローの場合は、こっち（横）に入れさせると、うまく回せるわけです。だから、右腕が遅れてくるピッチャーは、ちょっと腕を下げた方が成功する率が高いんですよ。私が、コーチを一七年間やる中で、自分でも感じたことなんです。遅れるというのは、こっち（背中の方）に入りすぎるから、外回りしてくる訳ですよ。極端に言うたら、アンダースローで投げさせた方が上手くいく。これを入らないように投げなさいと言うよりは、腕を下げた方が早いんですよ」

石本の、この腕が出てくるのが遅れてくるピッチャーの矯正と、それを見極めて、フォームを変えるように導く力は、抜群であったのだ。加えて、深く語りながらではなく、自然な会話から、腕を下げさせており、柿本という一時代のエースを育て上げたのである。フォームを矯正した柿本は、リーグ屈指の投手になった。

昭和三八年のこと。柿本は二一勝一三敗、防御率が1・70で、最優秀投手に輝いたのであるが、「ワシの力じゃないよ。石本さんの力よ」と柿本はいう。加えて、現役一〇年間で、三〇〇試合以上の登板機会があって、「暴投が一球とてないんですよ」と本人は語る。このようにコントロールがいいというのが、石本によって育てられた投手には多いのも特徴である。

石本の投手育成の特徴の一つといえるのが、短期間でありながら、一人前の投手に成長させていることである。その典型例が中日では柿本であった。後に解説するが、石本の短期的な指導で成功するケースとしては、

ボールに近いところから、体をつくっていく――。

というのがある。短期的な指導は、投手の場合は、ボールの握りなどから、手ほどきをはじめている。ボールの縫い目をいかに使いこなせるかが、石本の指導の極意でもあった。

※1　ちなみに「パ・リーグでは、一九五〇年に、毎日の榎原好がプロ入り初登板の三月一一日の西鉄戦で挙げて」いる。近年では、「日本ハムの斎藤佑樹投手が二〇一一年三月三〇日の開幕戦・西武戦（札幌ドーム）で完投勝利を挙げた」（共に『週刊ベースボール二〇一一年四月一六日号』）。

石本、ドラゴンズを去る

昭和三七年は、優勝ができなかっただけでなく、選手の顔ぶれも、名古屋色のないチームに様変わりした。この二年間の、補強や移籍、新入団の選手は、ほとんどが濃人監督の日鉄二瀬時代のおひざ元といえる、九州の選手に偏《かたよ》っていた。

例えば、投手の出身地でいうなら、権藤は佐賀、柿本は福岡、門岡は大分と九州オンパレードである。ましてや、その年、南海から入団した寺田陽介《てらだようすけ》は福岡で、長谷川繁雄《はせがわしげお》は、石本の故郷広島である。地元カラーを大切にする中日ドラゴンズから、かけ離れてしまった。水面下にあった批判的な見方がいよいよ表面化してくる。

当時、マネジャーだった足木敏郎は振り返る。

「優勝でもすればいいんだけど、わずかな差で二年目も、ああいう結果（三位）になっちゃったから。結局、あれでしょうね。地元というか、そういうファンの思いもあったかもしれないですね。〝名古屋色〟がなくなっちゃったからね」

当時の地元事情をいえば、読売新聞でさえ名古屋には、販売エリアを拡大しきれていない時代だった。何ごとにおいても、地元最優先の考え方が根強い名古屋にあって、地元出身の選手を大事にしたいというファンの思いに押され、濃人、石本のいわゆる外様的ともいえる体制に限界がみえてきたのである。

いずれにせよ、名古屋カラーが薄れたチームに、地元ファンがアレルギーを起こした。結果として、濃人、石本の体制は、セントラルでの最多の勝ち星をあげた一年目以上の成績が求められる。つまり、優勝が果たせなければ、中日に残る道はなかったのだ。

一二月一〇日、濃人監督と石本コーチを解任――。

柿本は、この年の一一月二二日に挙式した。新婚旅行から帰ってきたら、「濃人さん、石本さんがいないのには、驚きました」と言う。

また、昭和三七年は、隔年で日米野球が開催される年であり、柿本は大仕事をやってのける。毎日新聞の主催による日米野球で、デトロイト・タイガースを招き、一〇月二七日から、一八試合の親善興行を行った。一二勝四敗二分の成績で、タイガースの圧勝であったが、一一月五日の試合は、柿本が、大リーグを相手に好投するのだ。

中日球場で巨人、中日、近鉄、大毎の四チームの連合軍で臨んだ試合のこと。先発のマウンドに立ったのは柿本である。前半は独擅場《どくせんじょう》ともいえるほどのピッチングをみせた。デトロイト・タイガース打線は、モートン、キャッシュ、マコーリフなど強力なラインアップにかかわらず、四回までは圧巻のゼロ行進。

柿本は、張り切りすぎたせいもあって、中盤になって、ホームランを許してしまう。結局、七回途中まで投げて４失点したけれど、６対４で連合軍が勝利するのだ。勝ち投手が柿本で、抑えは権藤であった。

この試合、采配をふるった濃人監督は、立ち上がりの柿本の好投をたたえた。

「柿本が前半によく投げてくれたのが勝因だ。タイガースは外角へ変化するタマには弱いが、高めにはいったり内角球は絶対に強い。この点、柿本のタマが低めに決まったのがよかった」（『毎日新聞』昭和三七年一一月六日）

石本がヘッドコーチを務めた中日時代の成績は、昭和三六年が二位で、昭和三七年は三位と健闘した。

しかしながら、その後は、川上哲治監督による「巨人軍Ｖ９」時代の到来もあり、当分の間、中日は優勝から遠ざかることになる。

当時、エースとして活躍した権藤はこう振り返る。

「それから、ウォーリー与那嶺《よなみね》さんが来て、中日が優勝するまでずいぶん時間がかかるんですよ。（監督は）杉浦《すぎうら》（清《きよし》）さんから、西沢（道夫）さんになり、また、杉下（茂）さんになり、まあ、いろんな人が監督をやったんですが……、水原（茂）さんもやりました。そういう点では、やっぱり、（濃人と石本が残留していても）何とかしたかもしれませんね。濃人さんのことだから。あのコンビ（濃人、石本）は強力だったですね。二人でしょっちゅう、一緒にいましたからね」

石本は、戦前、金鯱軍時代からの縁があった中日を去ったのである。

稲垣人司の野球理論

石本秀一のまわりには不思議と、さまざまな伝説が生まれた。その石本の野球道を学ぼうと、石本の門を叩いて書生となった人物がいる――稲垣人司《いながきひとし》である。石本野球を忠実に学び、広めていった人物であり、高校野球界に残した功績は多大で計り知れない。

稲垣人司は昭和七年六月一五日生まれ。三次《みよし》中学校（現、三次高校）卒業の後、大蔵省中国財務局に入局するが、二年で退局した。これが野球以外の経歴である。この後、石本がカープの監督として駆けずり回っていた頃のこと。稲垣は復興まっただ中の広島の中心街で、石本とばったり出会った。この運命的な出会いをきっかけに、昭和三〇年代、石本の自宅（吉島）に住み込んで、石本の野球を学んだ。

自らの選手人生に恵まれなかった分、指導者を志したのである。三次工業高校（現、三次青陵高校）の監督を皮切りに大東文化大学、ノンプロ時代の日拓を経て、昭和五一年、創価高校（東京）の監督となり、昭和五八年にはエース、小野和義《おのかずよし》（近鉄－西武）を擁して、甲子園に出場した。

その後、神奈川県の桐光学園の監督を経て、平成元年から、埼玉県の花咲徳栄《はなさきとくはる》高校の監督に就任した。数々の高校、大学で指導者として転々とする人生から、〝渡り鳥監督〟と呼ばれながらも、多くのプロ選手を輩出した。特に投手の育成には定評があった。

後に、雑誌で特集された全国高校野球選手権大会八〇回記念号には、過去に育てた投手をはじめ、プロに送り出した選手らの名前がズラリと載った。

「プロに送った教え子は、小野和義（近鉄）、前田幸長《まえだゆきなが》（ロッテ）、品田操士《しなだあやひと》（近鉄）、池田郁夫《いけだいくお》（広島）、弓長起浩《ゆみながたつひろ》（阪神）、神田大介《かんだだいすけ》（横浜）、松元秀一郎《まつもとしゆういちろう》（ヤクルト）、片岡光宏《かたおかみつひろ》（元広島）、栗山英樹《くりやまひでき》（元ヤクルト）」（『ホームラン』日本スポーツ出版社・平成一〇年八月号）

という面々だった。

稲垣は高校野球の監督をしながら、スクール形式の野球教室を開催して、石本野球を広めていった。これが口コミで広がり、全国から有志が集まってきていたのだ。そこに参加していた一條康洋（当時、広島県立三次高校監督）の記録ノートや音声を基に、みていくとする。

一條が参加したのは、一九九六年の年末に、埼玉・花咲徳栄高等学校で行われた野球教室である。その冒頭で、稲垣は次のように口火を切った。

「今からみなさんが勉強する野球は、石本秀一という野球人についてです。石本秀一は広島商業の出身である。当時、日本の名将といわれた、慶応大学野球部の腰本（寿）監督さんは広島商業に教えにいった。その薫陶《くんとう》をうけて石本は慶応に入った。入学前から、石本は神童であり、野球の天才といわれていたので、スポンサーがついた。酒屋の主人である」

こう語って教室は始まる。

稲垣は石本と寝食を共にした経験から、石本自身の経歴を聞いており熟知していた。よって教室の冒頭で、まずは石本の経歴をユニークに紹介している。

石本は呉市の酒屋さんがスポンサーとなって入学したため、そこから出されるお金目当てに先輩らが毎日のようにやってきていた。一緒になって酒を飲み明かす日々だったが、このことがイヤでしょうがなかったのだ。しかし、石本はこのお金の出どころなど知る由もなかった。

ところが、ある日のこと。便所に行った際、何やら先輩らの立ち話が聞こえてきた。その話からスポンサーの存在を知ったのである。稲垣は解説する。

「石本が慶応に入った流れを、小便しながら、先輩らが話しているのを聞いてしまった」

このスポンサーの存在を知ったことで、純粋に野球に情熱をたぎらせる石本は、若気のいたりといえばそれまでだが、ついに大学から逃げ出すのである。その後、もともと誘いのあった関西学院大学に入学したというのだ。

この野球教室を主宰した稲垣人司であるが、その指導方法には奇想天外なことも少なくなかった。稲垣から指導されて、現在のプロ野球界でも活躍する人物を挙げるとすると、北海道日本ハムファイターズの指揮官である栗山英樹であろう。栗山の日本ハムの監督就任が発表されたのは二〇一一年の一一月のことだ。

プロ野球の解説者として、また、ジャーナリストとしても定評のあった栗山英樹が、日本ハムの監督に就任するとあって、『スポーツニッポン』では、栗山の過去の野球歴を三回のコラムにして記載した。その中で栗山の野球に対する思考に大きな影響を及ぼしたのが、高校時代の恩師稲垣人司であることが分かる。

コラムの記事には、稲垣から授かった野球こそが原点であると記されている。

「栗山新監督の野球に対する考え方は高校（創価）時代の恩師、稲垣人司監督（故人）に原点がある。投手づくりの名人とも言われた稲垣監督から『考え方の方向性と練習の工夫を学んだ』という。ボールを投げる、打つといった動作を科学的に分析し、細かい動きまで指導。ロウソクの火をバットスイングの風圧で消す練習もした」（『スポーツニッポン』二〇一一年一一月一一日）

当時、創価高校監督だった稲垣は、栗山に対してロウソクの炎をバットスイングでおこる風によって消す練習をさせた。この奇想天外な練習で栗山は、ヘッドスピードの大切さを認識したようだ。

稲垣が主宰した野球教室の講義の記録が残されているので、そこから稲垣が伝えていった石本野球に触れていくとする。石本直伝の野球技術が現れている言葉をいくつか拾い上げてみる。

稲垣が語った言葉のニュアンスもそのまま感じてほしいという意味も込めて【稲垣語録】は、読みにくさもあるが、稲垣の発する言葉をできる限りそのまま記す。さらに、【解説】では、取材から得たさまざまな野球技術や、プロ選手らのエピソードなどを元にして読み解いていくとする。

【稲垣語録】～投手のプレートの踏み方～

「石本野球においては、ピッチャーは必ずキャッチャーに正対し、プレートを斜めには踏まない」

「前足（右足）をプレートに平行にして置き、キャッチャーに正対する。このとき、足首とヒザをひねっているから、後ろの足（左足）を地面から離せば、自然に左肩がホームベース側に向く」

【解説】

ピッチャーが投球動作に入るときに石本が基本にしたことは、キャッチャーに正対することである。マウンドの中心にスッと立ち、正対することで、わずかでも体が大きく見えて、威圧感がでてくるというのだ。右足でプレートを踏む際に、プレートと平行に右足を置くことで、始動する際、左足を地面から離すと、自然と左肩はホームベース側に向くため、投球にスムーズに入っていける。上体をきちんと腰上に乗せることができ、投げるまでの動きに無駄がでない。後ろの足（左足）を意識してはね上げる必要もない。

【稲垣語録】～ピッチングフォーム〝巻き〟を排除～

「素質のあるいいピッチャーでも、スイングが巻いたら、ピッチャーとしての生命が終わる」

「現実的にはボール一個か、二個は入ってくる。それ以上入ると、スイングを巻いている」

【解説】

ピッチャーは振りかぶった後に、右腕を後ろに持っていく。分かりやすくいうと、その右腕や右肩の位置が、二塁方向にあるのが一般的だ。しかし、反動をつけて、強いボールを放ろうとするあまり、二塁から一塁の方向にまで右肩が寄ってしまう投手がいる。この状態を〝巻く〟という。もし、この症状がでると、右肩をいったん一塁方向から二塁方向まで戻さなければならない。この余計な動作が入る分だけ、ロスが生まれる。石本はこの〝巻く〟症状が出た場合、短期で矯正していた。ボールが手から離れる位置を下げるように指導し、スリークォーターやサイドスローに変えさせた。変えたことにより、自然と巻く状態が解消され、勝ち星を上げる投手が次々と誕生して球界を驚かせた。

【稲垣語録】～ピッチャーにおけるストレートの定義～

「何を基準にまっすぐ（直球）というのか、現実問題、プロのコーチでも返事は返ってこない」

「軸足（右足）のかかととアウトコースを結んだ線、これがまっすぐの定義である。ちょっと開き気味に見えるが、この方法が一番、アウトコースの制球力がつきやすい」

【解説】

プロ野球のピッチングコーチでさえ、まっすぐの定義を問われると、明快な答えが返ってこない、と稲垣は言っている。石本はピッチャーの右足のかかととアウトコースを結び、そのラインをストレートだと定義づけている。この線を意識することで、コントロールに磨きをかけた。稲垣はプロのピッチャーを指導するなら、寝てもさめても、投げればアウトコースにボールが集まるように、ピッチングフォームをつくっていくべきと説いた。

【稲垣語録】〜ピッチャーの前足の踏み出しについて〜

「ピッチャーの重心の移動がスムーズに行われるのは、前足をつま先からついたときと石本は言う。別所さんはかかとからつけると言うけれど、石本は絶対につま先からが、道義だといった」

「踏み出した、前足の親指の内側で着地をする練習をし、そこに〝ピッチャーだこ〟という、たこができるピッチャーは信用していい」

「（前足で）着地をしたら、その状態で前足をポンと上方に蹴って、足がはね上がる状態が、そのピッチャーの重心の移動が一番スムーズに行われる歩幅である。広くてもスパイクの六足分いっぱいまで。ただし、それからもう一足分ぐらい足すのは目をつぶってもいい」

「ピッチャーというのは思い込みが強いから、力を入れて、強い球を放ろうとする。そういうときは

絶対ボールはキレない。力を抜いて、軽くふって、重心の移動だけをスムーズにやって放ったボールは必ずキレが出てくる」

【解説】

ピッチャーが前足（左足）を踏み出す際の、プレートからの距離や、踏み出し方、さらに、踏み面の足の着地の仕方を説いており、ピッチングの奥義が凝縮されている。特に近代のプロ野球界では、一般的に歩幅は六足半と言われているが、歩数ありきでないのが石本らしい。特に、前足を着地させてみて、その足を無理せずにポンと上に蹴りあげることができる状態が、その投手の動きが一番いい歩幅というのが石本の見解だ。

その歩幅はせいぜい六足程度という。強い球を放るために、歩幅を増やすのは間違い。また、着地はかかとからと解説する別所毅彦に対して、石本は〝つま先から〟と主張し続けた。これはインコースやアウトコースへ投げ分けることにも深く関係してくるが、前足のつま先の親指の内側部分で着地するのが理想的で、そこにピッチャーだこができる状態がフォームとしてバランスがとれている、というのだ。

人間の体は力が入れば入るほど、動きが鈍くなってくる。より強い球、より速い球、より伸びる球、より切れる球にしようと思えば、体の力を楽に分散させておき、テイクバックからリリースに向かう。そのリリースの瞬間に局所的に力を集中させて放れるようにもっていくのである。

【稲垣語録】～ピッチャーの制球力について～

「高低の制球力は、重心の移動で決まる。コースの制球力は踏み出した方向により決まる」

「（左足の）踏み出しは同じ場所にするほうが操作上、非常に楽である。アウトコースもインコースも真ん中も同じ場所につま先をつける。コースによってはかかとを引っ張って、つま先を投げる方向にあわせる。これを今まで、三〇〇人ぐらいのピッチャーで試してみたが一番成功率が高かった」

「要するに、つま先は必ず投げる方向に向ける。なのでつま先はインコースとアウトコースの間に必ず向くことになる」

「コースの投げ分けは、かかとを引っ張る度合いと、アウトコース、インコース、それぞれの方向につま先を向けたリリースポイントで決まる。決して、スナップだけで調整はしない」

【解説】

石本が投手育成で重視したのはコントロールである。コースや高低などに投げ分けるために、小手先での調整は行わないように指導したとされる。高低は重心の移動により調整するようにした。また、コースを狙って投げる場合は、左足の踏み出しと、その後の操作にポイントを置いた。前足のつま先を着地させる地点は、一定にして動かさないが、アウトコースやインコースは、つま先が着地した後、そこを起点にしてかかとの位置をコースごとに操作する。この操作は難しく、または投手本人の才能もあるため、稲垣は時間をかけて指導した。稲垣は三〇〇人の投手で試して、この方法がインコース、アウトコースに投げ分けるコントロールが一番つきやすかったという。

【稲垣語録】～ピッチャーのグラブ側の手の使い方～

「ボールを右手で投げるという感覚を少なくしたほうがいい。右手で投げるんじゃなくて、〝左手でボールを投げる〟という感じのほうがいい」

「右手を速くしようと思えば、左手の引きを速くする練習をやる。簡単なこと。それは、左手でチューブを引っ張る」

【解説】

ピッチャーがボールのスピードを速くしたいと考えるとき、右手を速く振ろうと練習をするのが一般的だ。しかし、石本は、右手と左手の動きは密接にからみあっているので、右手の訓練だけではなく、左手もゴムのチューブで鍛え、強く速く動かせるようにした。左手が強化され、動きがよくなることで、右手の動きのアップを狙ったのだ。結果として、球速にも好影響をもたらしたとされる。ただし、左右の腕の振りのタイミングを一致させるのではなく、左手を少しだけ先行させるようにした。要は左手で右手を引っ張るという感覚である。

【稲垣語録】～投球の中でのグローブの使い方～

「グローブというのは、その〝芯〟でバッターの目を襲う」

「バッターの目は必ずグローブで押さえておかないといけない。押さえて、なおかつ、ピッチャーは、右目でアウトローが楽に見えるという位置が必ずある」

「グローブで目を押さえられると、バッターはボールの出口が見えない。ウワーッと慌てていると、ポッとグローブが消えて、途端にボールがキャッチャーミットに入っている。これはスピードのないピッチャーが、バッターを抑えていく、一番簡単な方法」

【解説】

球速の遅いピッチャーでも、グローブの力を借りることで、よりスピードボールに見せることができるという。ピッチャーは投球に入ると、バッターの両目をグローブで、視線をさえぎるかのようにバッター方向に差し出す。これにより、バッターは、グラブに目を奪われた後、ボールがいきなり出てくる感じになり、ボールのスピードが速くなったように感じるというのである。このとき、ピッチャーは右目をアウトコース低めにやるが、うまく見える位置が必ずあるので、繰り返し練習して身につける。また、人間の目は上下についてなくて、横に並んでボールを見ているため、グローブは上下に使うのではなく、バッターの両方の目を抑える意味で、横に使うという。

こうした石本の野球技術は、勝つためにはあらゆるものを有効に使うという意識でもって、体の細部の動きにまで注視した。一説には、宮本武蔵の『五輪書』を読んで身につけたといわれている。勝つためには何でも使うという気構えから、さまざまな有効策を生み出していったのだ。

石本が稲垣に授けた指導で一番成果が大きかったとされるのが投手の育成である。コントロールをつける方法として、高低を投げ分ける場合には重心の移動を使うこと。コースを投げ分ける場合にはステップの踏み出しを変えて投げ分ける、という見解である。

これらをあわせることで、高低、コースという二つの課題を解決していく。手先だけの調整に頼らないようにするのが望ましい。特にイン、アウトを投げ分ける技術については、一般的な書籍に記されているものは少ないが、石本が推奨するのは前足（左足）のつま先と、かかとでイン、アウトの方向を出すという方法である。

稲垣の晩年であるが、花咲徳栄高校の野球部の監督をしながら、練習試合の最中にグラウンドで倒れてしまい、帰らぬ人となった。心筋梗塞であった。二〇〇〇年一〇月一五日。享年六八歳だった。

この直前まで、高校野球をはじめとする、野球の指導者に教室を開いて、石本の技術に裏打ちされた魂の野球と技術を説いていった。

〝修理屋〟なる技術集団

石本は稲垣人司を寝泊りさせながら、まさに手塩にかけて野球人として、指導者として育ててきたが、花が咲き始めたのは昭和四〇年代の後半に入ってからである。

石本から授かった野球技術でもって、稲垣は野球指導を行い、正しい技術を若者たちに身につけさせ、広めていった。少年期など早くから芽を出す選手が出てくれば、高校時代に甲子園に出場する選手も出てきた。

また、一方ではプロになってもなかなか芽が出ない選手を預かり、技術的に正しいピッチングフォーム、もしくは理想的なバッティングフォームを身につけさせ再生させたりもした。いわば技術屋的な存在でもあったのだ。決して表に出ない、陰の存在である。長い間、日の目をみなかった選手であっても、正しい技術を身につけたとあらば、急激な成長をみせ、チームの勝ち頭になることも珍しいことではない。

これは、プロの世界でも、しばしばみられることである。業界では〝修理する〟〝修理が入った〟などの言葉で呼ばれるため、ここでは仮に〝修理屋〟と呼ぶこととする。

この修理屋の実情をみてみるとする――。

稲垣の運転手を長年務めた比留間《ひるま》昭博《あきひろ》は、修理屋の風聞には数多くふれてきたのであるが、こんなこともあったという。

「大学まで行って、修理をする場合は、その子の野球の経歴や教わった指導者が誰かまでを聞きながら、その指導者にあわせて、指導するんですね。誰に教わっているかや時代背景によって、根本が違います。そして、どっちを選択するかは本人に選ばせる。実際にやってみて、どっちがいいかを選ばせるんです」

比留間は、稲垣からこんなことも聞いていた。昭和四〇年頃のある日のことだ。当時、稲垣は広島で石本野球を学んだことから、指導者になった後にも石本の家にも足を運んで、教えを請うていた。そんなある日、あの鉄腕、稲尾和久から、石本に依頼があったと聞いた。

昭和四〇年代に入ると、「西鉄ライオンズに稲尾和久あり」といわれた当時の名声も、少しずつ薄れてきていた。というのも、三連覇の後、昭和三六年には年間四二勝をマーク、昭和三八年には二八勝を上げて、ライオンズを再びパ・リーグ優勝に導いた。しかし、その後は肩痛に見舞われることもあった。連投に次ぐ連投で酷使した肩は悲鳴をあげていたのだ。

この時期の稲尾は、肩の故障で痛々しかったが、野球人としては、最高のふるまいをみせている。西鉄ライオンズの本拠地、平和台球場でうぐいす嬢だった今泉京子は言う。

「稲尾さんが本当にね、肩壊してさ、一軍から二軍に下りていてね。本当に涙が出るようで、悲しかったね。あれだけの大投手がね。球も投げられなければ、バットも振れなくなったのね。でも、誰から言われたわけでもないのに、自分で黙々とボール拾いしているのよね。あの人の人間性ですよ。そんな姿を何回も見ました。ホント毎日投げていたんだからね。今みたいに中五日とか、一週間に一回投げるだなんて、とんでもない」

その鉄腕も昭和三九年には、六試合に登板したのみで、〇勝二敗の成績でなりをひそめた。二七歳という若さでありながら、酷使からくる限界であった。

「もう、自分の持っていたピッチングパターンでは通用しない。球威が半減した以上、それも当然である」（『鉄腕一代』）

そして稲尾は恩師ともいえる石本へ、いわゆる修理の要請をした。とにかく必死であったろう。何ら不思議のない行動といえた。

広島の町は狭い――。

この時期、稲尾が石本を訪ねてきているという噂は、はやくに広島の町に流れた。現在、カープのトレーナーを束ねている福永富雄《ふくながとみお》は半世紀たった今でも、当時の噂話をしっかり覚えている。

「石本さんは話がよく伝わってくる人でしたね。だけど、オフの時に稲尾さんが来ていたのは驚きました。家に、西鉄ライオンズの稲尾さんが来てたんですからね。その話は、野球の人からではなく、近所のオバチャンから聞いた話なんですよ。三篠《みささ》の寮の近くの食堂のオバチャンがね。その人の話だからね。まさか嘘じゃないと思うけど」

福永がカープにトレーナーとして入団したのは、昭和三八年のことだ。兄がたまたま巨人軍のトレーナーをしていた縁で、カープに入団することになる。当時、福永は広島商科大学の短期大学部（夜間）に通っていた。

昭和三九年の東京オリンピックにはチームトレーナーとして参加した経験を持つ。時代の趨勢は、スポーツ選手にとって、日ごろから体のメンテナンスや筋力をはじめ、肉体的なバランスを保つことが求められてきていることを感じてもいた。だからこそ、昼間はカープ二軍のトレーナーをしながら、夜は大学で学んでいた。忙しい日々に追われ、苦労しながらも夢を追い、カープ三省寮《さんせいりょう》に寝泊りする日々だった。

仕事の後大学に出向いて勉強し、授業が終われば、もうクタクタだ。ただ、寮に帰っても、すでに食事はなかった。ひとときの楽しみといえば、三省寮から歩いてわずか三、四分のところにある鶴亀屋[※1]で過ごすひとときだった。

福永は、いつもながら食事をし、オバチャンとの会話が弾んだ。広島の町の噂は本当に早かった。

「稲尾さんが、石本さんとこにおったって」

「えっ？」

「なんでもキャッチボールしよるとこを見よったって」

「そんなわけないでしょう」

「まさか、あの稲尾さんが……」。それが福永の実感であった。当時、当然石本の名前は知ってはいるものの、雲の上の存在だった。はてまた、なんで稲尾さんと……。

なぜ、鶴亀屋にいながら、石本のことが話題にされ、稲尾に繋がっていくのか。実はこの頃、石本がヘッドコーチでカープに復帰するとあって、ファンの間の話題は石本でもちきりだった。福永の証言である。

「でねえ、昭和四一年ぐらいかな、石本さんが入った頃、話が出てね。石本さんが、こうこうこれで、シーズンオフに稲尾さんが来ていたって。今から思うとすごいな〜と思ってね」

福永は、なぜ半世紀も前のことを正確に記憶しているのか――。これには明快な理由があった。

福永の証言である。

「ちょうど、昭和四〇年だったかな、鹿児島の志布志《しぶし》という所があって。そこでね、（西鉄と）二軍戦をやったんですよ。そのときに稲尾さんがいたんですよ。僕がまだ二軍にいた頃ですよ。この日はバス一台に、カープと西鉄の選手が一緒に乗り込んで行ったと思います。あの稲尾さんが来るぞ、って。みんな言っていましたね。当時の稲尾さんといったら、すごかった。ケガか何かで、もちろん投げはしなかったんだけど。まあ〜、人もたくさん集まってて」

それでは、稲尾は石本からは何を教示されていたのだろうか――。

「何かキャッチボールをしていたという話です。庭か、空き地か、公園かな、キャッチボールをしていたという話ですよ。それは吉島（石本の自宅）ですけどね。付近の公園かどっか、知らんけど」

第二次世界大戦中のこと。吉島地区周辺から南岸にかけては埋め立てられ、陸軍の航空部隊の飛行場が置かれた。この名残からか石本の自宅周辺には空き地が多かった。野球の練習をするにはこと欠かなかった。

ここで投げさせて、ピッチングフォームをみるのには格好のロケーションだった。また、この地には、あの名将三原脩が西鉄の若手投手らを昭和二八、二九年のオフの間、何人も送り込んだ場所でもある。この地で稲尾は石本の指導を仰いだという。

この神様の修理ともいえる、稲尾のフォームの矯正は、稲垣人司が行う野球教室に参加していた一條康洋のノートにも詳細に記されていた。

「稲垣さんから聞きました。晩年の稲尾さんは、おとろえが否めない。その中で、もう一花咲かせたい。こうした思いで石本さんを訪ねられたと聞きました。直されたのは、股関節の開きと直球の〝重さ〟です」と一條康洋は言う。

この股関節の開きとは、プロのピッチングコーチや野球解説者の間では、たびたび話題になる話で、〝股割れ〟とも呼ばれている。

稲尾は子どもの頃、家業である漁業を手伝い、漁船の櫓《ろ》をこいで強靭な足腰を作りあげたが、その足腰にも衰えがみえ始めたのである。

課題となったのは股割れであるが、分かりやすく言うと、ボールを投げる際、右足は通常の位置からわずかに三塁方向に開いてしまう。さらに左足にあってもホームベース側にわずかに向いてしまうというものだ。本来、ピッチャーはボールを投げる瞬間、軸足側でグッと力をためて投球動作に入る。そのためた力は前足にうまく移動させることで、腰の回転も生まれ、力のあるボールが投げられるのである。しかし、この時期の稲尾は右足と左足がわずかながら別の方向に開いていたのだ。石本はこの股割れに気が付いて矯正したという。

それだけではなかった。

ボールを詰めたのだ。詰めたといっても、当然ながら箱に詰めたわけではない。ピッチャーの経験者ならば、分かる人もいるであろうが、ボールを握る指の間隔を詰めたのだ。人差し指と中指の間隔をなくして投げるのである。一般的なフォーシームは、右の人差し指と中指をキュッとくっつけて放る。そうすると、球質は軽くなるが、ボールのキレが出てくるのだ。球の回転も上向きになるため、ストレートがグッと手元まで伸びるように感じられる。あの藤川球児《ふじかわきゅうじ》の全盛期を想像してもらうとよい。

ところが稲尾のストレートは、人差し指と中指の間隔をあけて放った。いわゆる〝重たいボール〟なので、回転数は上がらないが、ボールの重たさでもって、力強くグリップする、その力で勝負してきたのだ。この修理によって、組み立ての中で特に変えたこととしては、カウントを追い込んでから、握りをつめて、キレのよい球を胸元へ投げる、このことを心がけたようだ。結果、三振の数が、故障していた昭和三九年はわずか二個であったが、昭和四〇年には、一〇一個、翌四一年には一三四個と、復活していくのである。

次々と、稲尾を修理したという証言は出てきた。

西鉄ライオンズ三連覇の陰の功労者でもある中島国彦によると、稲尾から石本への感謝の言葉をたびたび聞いていたようだ。

「石本さんの助言ちゅうのは、よく稲尾自身が話はしよったね。『石本さんからうんぬん、受けた恩ちゅうのは、忘れられんですよ』ちゅうことは、稲尾はよくいいよった」

ただし、このことはほとんど口外されずに現在に至った。当然ながら、理由があってのことだった。もともとライオンズが昭和二九年に初優勝をした後、石本を監督にしたいと、その構想までが、ベテラン選手の間で持ち上ったのである。しかし、監督は三原である。このときの監督を誰にするかで揺れ動いたチームの内情を知っていたためか、稲尾は三原に配慮して、だんまりを決め込んでいたという。

「それはあまりいうと、三原さんとか、他の者にも影響がでるからね」と中島は続けた。

ほとんど表に出ることはなかったが、稲尾は石本が指導したというのが、中島の証言である。

「僕は、そう言っても過言ではないと思うね。うん、一番基礎になるものをね。あのね、稲尾のフォームで、右の太ものこっちをね、上の方向に上げろというて。回転がつくからいうてね（石本さんが言われた）。だから投球が崩れるときは、下半身の回りが崩れる。右足の太もの内側をね。この回転が、バネがつくからと言うてたね。ケツの芯までついてくるというてたね。腰の芯までついてくる。軸足を、こう開いたのを閉じて、内側に捻じる。すると自分でも、軸足の浮いたのが、見えるやろう、そうするとバネがついて、ケリがよくなる。それが稲尾の最大の魅力だと、石本さんが見抜かれた」

プレートに足を置いたあと、左足を地面から離して軸足で立つと、そこで一瞬、右太ももが上方に上がり、軸足の踵《かかと》がわずかに浮かんで、つま先立ちになる。このときに生まれるタメは稲尾の足腰の粘り強さから、最大の武器になるということを中島は言っている。この稲尾最大の武器となる箇所が崩れてしまったことから、その軸足をはじめとする下半身全体がわずかであるが、股を開いた形となってしまい、投球全体に悪い影響を与えたようだ。石本は稲尾の足腰の粘りを取り戻すべく、股割れを矯正したのだ。

※1　広島市西区三篠町三丁目一三番にあった食堂。昭和四八年戸別詳細地図に店名「鶴亀屋」という記載がある。「昭和四〇年代を中心に一〇年以上続いた」と当時、カープ選手が通った三滝湯に勤務していた品川つる枝（昭和三年生れ）さんの証言。

第十章　ふたたびカープに

長谷川体制でヘッドコーチ

一九七勝二〇八敗——。

これは、カープ草創期に弱小チームを支えたエース長谷川良平の生涯成績である。キレの鋭い〝一尺シュート〟を武器に勝ち星を積み重ねていった長谷川も、広島市民球場に舞台を移してからは、なかなか勝てなかった。市民球場が完成したのは、昭和三二年七月二二日のことだ。当時、二三〇万燭光《しょっこう》の照度で日本一の設備ともいわれた球場だが、長谷川にしてみれば、新球場では新たにウィークポイントが生まれたのである。

広島市民球場は三塁側からライト方向に向かって風が吹くのだが、旧広島市内の地形は、三角州デルタとなっており、西南方面からの風をうけやすい。球場の西側には元安川、本川《ほんかわ》、天満川《てんまがわ》、福島川《ふくしまがわ》（現、太田川放水路）、山手川《やまてがわ》（現、太田川放水路）と川が多かった。

広島市民球場は三角州の地形のほぼ中央に建設されたとあって、川風の影響もあった。これが右ピッチャーでシュートを武器にする長谷川には不利だった。シュートは右バッターの懐へ切れ込んでいくが、そこに西南からの横風がくるのである。当然、鋭いとされたシュートのキレは鈍くなる。

こうしたことが、長谷川の投手生命を縮めることになったとされる。自身プロ一四年目の昭和三八年のシーズンでもって、三三歳の若さで引退した。その後、第二次白石勝巳監督の下で、カープのピッチングコーチに就任し、昭和四一年のシーズンには監督となった。

この長谷川の恩師といえば、ほかならぬ石本である。畳が擦り切れるまで、右足のケリを練習させ、強靱な足腰から、シュートのキレを磨き上げた。その指導の過程で、石本秀一の野球技術の高さを実感していた長谷川は、昭和四一年のシーズンから、石本をヘッドコーチに要請した。自分を育ててくれた石本の残像が消えることはなかった。

ところが、石本は昭和三八年のシーズンから野球評論家として、RCC中国放送で〃終身名誉解説〃の肩書で熱弁をふるっていた。

御年六八歳になる石本であったが、現場は放っておかなかったのである。

石本は再び、自らが育てた球団カープのユニホームに袖を通した。情熱をたぎらせる精力的な指導は、〃野球の鬼〃ともいわれた石本にとっては当然のことだった。就任するやいなや、やはり文字通りの〃精力〃的な指導をした。

昭和四一年のキャンプに入る前の一月末のことである。若い選手が広島市民球場（現、旧広島市民球場）の入口の二階にある「市民球場レストラン」に集められた。

そこでの石本の第一声が驚くべきものであった。

「え～か、お前ら～、女遊びをした後は、必ず〃袋小便〃をせ～」

「フクロショウベンだって？」

投手の安仁屋宗八《あにやそうはち》は、当時二一歳で、驚くことこの上なかった。

昭和四一年のカープのキャンプ地は、現在と変わらず宮崎県日南市《にちなん》（昭和三八年から）だった。球場は現在と同じ天福球場《てんぷく》だったが、さほど離れていないところに油津港《あぶらつこう》があった。この油津地区と近隣の栄松地区《さかえまつ》には、大戦末期、回天特攻隊の基地が置かれ、時代の不遇を背負った地でもある。しかし、油津といえば、漁師町として有名になり、戦前、昭和四年から一六年頃までは、伝説となって今に語り継がれるほどの〃マグロ景気〃にわいていた。

この好況の名残であろう、油津港付近には「芸妓置屋が八店」（『油津 海と光と風と』鉱脈社）置かれ、当時はたいへん繁昌していたようだ。

当時のプロ野球選手は、豪傑も少なくなかった。厳しい練習の後、港町かいわいで、女性と戯れ、遊び事に興じたのならば、まずは袋小便[※1]をせえ、と注意を促したのだ。

袋小便とはいったい何か――。

まず、男性のシンボルの包皮の先をつまむ。その後、小便をためる。そして、たまったら手をパッと離して中のものをいっきに放出するというものだ。これをしておくことで、性器や尿道に付着した菌などを取り除くことができる。石本は、性病をもらわないようにせよと念を押したのだ。

安仁屋は言う。

「市民球場の食堂でミーティングしたんですよ。う〜ん、一月の終わり頃でキャンプ行く前ですよ。二月からキャンプだったからね。そのときに、いちばん最初に言うたのが、袋小便のこと。淋病が一時流行《はや》ったからね。野球の話より先に、その話をしたんですね。僕ら、まだ知らないときだから、終わった後に、先をつまんで、尿をためてパッと離せ、いうて。最初にそれを言われてね。私生活のことからまず始まったんですよね」

この話には、他の証言もあった。入団二年目の衣笠祥雄も驚いたという。

「このおいさん、何を言い出すんかと思えば……。原始的な話ですよね。それが正しい方法論であるかないか、それも疑問ですけどね……。そういう意味では、まだ、その時代には、そういう方法論でやっていた。このことに、もうびっくりしましたね。結局、戦争に行かれるなどして、病気になって（野球が）ダメになった人を見ていたんでしょうね。つぶれた人、失敗した選手が多かった。若い選手には失敗させたくないという思いからでしょう」

日南キャンプに移動しても、石本は精力的に動いて、積極的に選手に語りかけた。まずは、じーっと選手を見て、何か気がついたことを話し始める。選手の記憶をたどるが、まずは阿南準郎だ。阿南は佐伯鶴城高校時代には、九州一の内野手とマスコミに喧伝《けんでん》され、本人も守備にはある程度の自信をもってプロの門を叩いた。また、いっぽうでは阿南の一打によって、高校時代のライバル、稲尾和久の甲子園への道を阻んだという超高校級のバッティングも魅力だった。

ところが、プロ入団直後は、肝心のバッティングがふるわず、打率も二割そこそこと低迷した。石本がヘッドコーチに就任する前年の成績は、一一五試合に出場するも打率は二割八厘だった。伸び悩みからか、その苦悩がうかがえた。

阿南は右投げ右打ちで、スイングにはある特徴があった。石本はすぐにキャンプから指導に乗り出した。

「僕は右の方に重心をおいて、ボールを待ってから、打つという打ち方でした」と阿南は振り返る。このため、スイングの際の重心が、どうしても後ろ（右足）にかかってしまう。これにより、左足を踏み出す際は、重心を左足側に移しながらスイングをしなければならないという欠点があった。

阿南本人も気づいてはいたのだが、「それでは、力がバットまで伝わらないんですね」。すなわち長打が出ないスイングだったのだ。

時折、上体がのけぞってしまうこともあり、すぐさま、石本は指摘した。

「石本さんから、お前のその打ち方じゃあ、ダメだ、と重心をとにかく真ん中に置きなさいと強くいわれました。キャンプ中から、それを一生懸命やらされたというか、やったというか……。個人的にこうしろと指導されたのは、その一点だけでしたね。他のことは言われなかったんだけどね」と阿南は言う。

両足の真ん中に重心を置くことで、スイングに軸ができるのだ。これにより「腰の回転がスムーズになるんです」と、阿南も変えることの効果は理解していた。この一点に集中した指導に明け暮れた。

実直でまじめな阿南は、石本の徹底した指導に対して、必死で取り組んだ。また、夜の素振りも欠かさずやった。しかし、どうしても石本のいう左右の足のバランスの良い、軸を中心に回転するスイングができなかった。また、結構、きつい言葉が飛んできたこともあったようだ。けれども、石本の存在自体がチームにとって大きかった。

「何を言っても、認められている人でしたね。まあ、じいちゃんとみんな呼んでいましたが、年寄りのじいちゃんというよりは、親しみを込めた意味でのじいちゃんでしたから」と阿南は言う。

もがき苦しんだ末、自分にはできないと判断した——。

結果、阿南はキャンプ中、石本に正直に伝えに行ったのだ。

「石本さん、どうしても、できないですから、前に戻します」

このことは「あんまりいい気がしなかったかもしれませんね」と阿南は振り返る。

しかし、阿南の実直な姿勢を石本は受け入れたのであろう。あまりにも、律儀に申し出られたとあって、石本はこれ以上手をかけることはしなかった。結果、成績は前年とほぼ変わらないものだった。一一七試合に出場し、打率は二割一分八厘に終わった。

阿南はこの後、近鉄へと移籍し、現役を引退。近鉄のコーチを経て、昭和四九年には広島にコーチとして復帰する。ひたむきな指導が認められ、昭和六一年から、カープの監督に就任するまでになる。山本浩二《やまもとこうじ》までのいわゆる〝つなぎ監督〟と自覚しながらも引き受けたという。

ところが、いきなりこの年に見事カープを優勝させた。チーム五回目のリーグ優勝である。さらに、西武ライオンズとの日本シリーズは第一戦が延長十四回引き分けだったため、第八戦までもつれた。三勝四敗一分で敗れたものの、ファンの間では伝説となっている。この第八戦というのは、日本プロ野球史上、この年しかない記録である。

石本の熱心な指導はバッティングに限ったものではなかった。走塁においても一日の長があった。衣笠の記憶をたどる。キャンプのある日、石本が一塁ベースのリードのとり方を指導していたときのこと。衣笠はふり返る。

「ファーストベースのところで、石本さんはスライディングをしてみせた。帰塁のときはこうやって帰れと、自らがやってみせるんです」

この年、石本は六八歳である。年を重ねても体ごと先頭を切る指導は一切変わっていなかった。このときの足からベースに戻る激しいフックスライディングは、衣笠の度肝を抜いた。

「僕は、（石本さんを）慕っていたのかもしれない。とにかくあのスライディングで参ったという感じだった。この人がこんなことするんだって。そこで僕はびっくりする。あの年齢（当時六八歳）の人が、こんなファイトもってやっているって。あれで、僕はこう、魅せられたといったら変だけど、凄い人だなと思った」

のちに、衣笠は巨人戦で西本聖からシュートを背中にもろに受けるというデッドボールをくらった。結果、亀裂骨折を負い、連続出場記録が危ぶまれたが、翌日、代打で出場。フルスイング三回で三球三振となった。果敢に挑む姿から〝フルスイングの男〟として伝説になり、記録をもつないで野球界で語り継がれる。その衣笠が見入ったほど全身全霊をこめたスライディングであった。

安仁屋の記憶をたどる。

ある日の試合中でのことだ。ベンチのバットケースのすぐそばに陣取って、いつもながら、身を乗り出すかのようにして石本は戦況をみつめていた。

ランナーが二塁の場面で、ヒットが出た。さあ、ランナーは三塁ベースをけって、本塁へ向かう。ボールが返ってきた。ランナーは本塁に突入する、スライディングの体勢に入る――。

さあ、アウトかセーフか――。

すると、身を乗り出した石本は、三塁からホームへ突っ込むランナーを見つめて声高《こわだか》に叫ぶのである。

「すべれ――」

願い叶わず、タッチ、アウト。

あろうことか、石本もベンチの前でヘッドスライディングをしているではないか――。

以下は安仁屋の証言である。

「すごかったのは、セカンドランナーがおって、自分がベンチの前に座るんですよ。こうしてのり出すように座ってね。例えばバッターがヒット打つでしょう。セカンドランナーがホームに帰ってきたら、『すべれ！』『すべれ！』『すべれ！』って言うて自分まで、その場ですべっているんです。そこで（送球が）右に左に（それる）いうのがあるじゃないですか。送球によって違うすべり方があるんです。（送球の方向によって）すべれ、すべれ、いうて、自分もそれですべってみたり。そういうのがすごく印象に残ってますね。まあ、からだ全部で教えるいう感じの人だったんですね」

選手がスライディングをする際、ベンチ前に乗り出す人はいるかもしれないが、一緒にヘッドスライディングをするヘッドコーチなど見たことがない。さらにバックホームへの送球のずれにあわせ、あっちへすべれ、こっちへすべれ、と叫んで指示も出していたというのだ。

こうした全身全霊を込めた動きをベンチの奥で、じっと見ていたのが上田利治である。石本はチームの勝敗にかかわるプレーのみならず、細かなプレーも凝視していた。上田は言う。

「ベンチの後ろの方から、時折、前に行って、うわーと声を出す。妨害（エラー）をさそうこともあったね。やっぱりあれでないといけない。出るときは出るし、引くときはすばやく引く。情熱があったね。やっぱり、指導者は、そうでないといけない」

上田も石本の熱心さというか、一瞬の勝負にこだわる姿勢に魅せられた一人である。そうした石本の行動は遠征先などで部屋に帰ってからも続いていたという。遠征先では上田と同部屋になることが多かったので、エピソードも尽きない。

部屋では、石本の普段の生活で、いろんな特性を見せられ続けた。日常のささいなことでも、全身を使ってとっさの動きを見せることもあったという。石本は時代劇が大好きで、テレビでよく見ていた。時代劇といえば当時は、終盤で必ず敵がやられるという勧善懲悪《かんぜんちょうあく》のストーリーだ。終盤が近づくにつれて、石本も真剣なまなざしに変わる。

「テレビを見ているんですよ。当時は時代劇が流行っていて、好きなのでよく見ていました。そしたら、終盤に絶対、敵がやられるじゃないですか……。（その前に）敵にやられそうになると、『後ろにおるぞ、逃げー、逃げー』いうんです。『そこに敵が隠れて待っとるぞ、どけー、どけー、走れ、走れ』と自分が刀を持ってやっているような格好をするんです。やられんように、アドバイスをしている。そのぐらい熱中している」

まるで自分が戦っているかのようなしぐさでもって、テレビに向かって叫ぶのである。このように石本にしてみれば、私生活であっても野球においても何ら変わりがなかった。「情熱いうのは普段もグラウンドも変わらんかったね」

上田は石本から熱血漢、情熱、何ごとにおいても譲らない精神を学んだという。

時代をさかのぼると、こんなこともあった。

昭和二七年の巨人との北海道遠征での九回裏のことだ。ツーアウト、一、二塁で、巨人の川上の打球は三遊間を襲った。これをショートの白石が逆シングルで見事にキャッチし、一塁へ投げるまねである偽投でもって、三塁からランナーを誘い出し、ホームに向かわせたのだ。この白石の判断が絶妙に生きたか、三塁をオーバーランして、本塁に向かう間にうまく挟んだ。しかし、サードからホームへ投げたボールが高かった。キャッチャーもジャンプしてつかんだほどだった。

このキャッチャーの動作にあわせるかのように、「ひぇー」と声をあげて、石本もジャンプ。

さらに、再度、ボールが高くなったら、「ひゃー」と声をあげて、石本もジャンプして体ごとボールを摑む動作をしていた――。

このときのジャンプで二、三度、頭をベンチの天井にぶつけたという。たまたま木造のベンチだったからよかったものの、飛び上がって天井に頭をぶつけたことは幾度かあるらしい。また、コンクリート製のベンチで、飛び上がって天井にぶつけたときには、もう、痛いのなんので、たまらず涙、涙であったという。

「石本さんは、一球一球のプレーに体ごと反応していました」と当時、カープ投手であった榊原盛毅（昭和二七年入団）は言う。この上ない集中力で、全身をこめてのぞんでいたのだ。

話は昭和四一年、春季キャンプに戻るが、石本ヘッドコーチをこのうえなく慕ったのは、後輩にもあたる、広島商業出身の山本一義《やまもとかずよし》だった。山本一義は広島商業を卒業すると法政大学に進学した。大学時代は一年からレギュラーに定着し、四年になると四番に座った。その年の春には一二年ぶりの優勝も果たした。華やかな大学生活であった。

その後、昭和三六年にカープに入団した。広商の先輩であり、南海ホークス監督だった名将鶴岡一人がじきじきに獲得に動いたというほどのスラッガーだった。

驚いたのは契約金である。西鉄、南海、巨人、阪神など、計六球団の提示額は、四〇〇〇万円（本人、記憶）だった。あのミスターこと、長嶋茂雄が昭和三三年に巨人に入団したときの契約金でさえ、推定一八〇〇万円といわれていた頃にだ。それを上回る金額で、六球団が山本一義の獲得に乗り出すのだから、期待と実力の高さは一通りではなかった。

しかし、地元カープは市民球場も完成して、入場者数も上向いたが、後援会にたよる経営であることは変わらず、結局、カープが出せるのは一五〇〇万円ほどだった。条件的には難しかったろう。

ところが、である。山本一義はカープに入団した。

どうして、カープに入団したのだろうか――。

この広島出身のスラッガーの獲得に動いたのは、広島出身の池田勇人（当時、通産大臣、後、内閣総理大臣）であった。池田に「大臣室まで来てほしい」と言われ、山本は足を運んだ。二時間にも及んだ説得の末、山本は心動かされた。

ふる里に帰ってほしい――。そして、ふる里のカープを強くしてほしい――。この〝ふる里〟という言葉の透き通った響きに、山本は完全に参ってしまった。心を動かされ、他球団の半分にも満たない契約金で、カープへの入団を決意した。

鳴り物入りの入団となった山本は、入団一年目から出場機会を得た。しかし、いきなりプロの厳しさも味わった。八九試合に出場したものの、打率は二割六厘と低迷した。入団してから五年間で、三割を打つこともなく、自身のバッティングが完成されずに悩んでいた。

転機は、石本がコーチになった昭和四一年にやってきた。キャンプ中、ほとんど毎日のように石本の部屋にやってきては、分からないことを尋ねたという。同じ広商の先輩であることにうまく甘えた。

ただし、先輩といえども石本は六八歳で、山本は二七歳とあって、生きた時代があまりにも違った。この年の差をうめることなど考えられないほどの存在であった。ところが、山本は向かっていった。ここで山本がすごかったのは、とにかく自分が聞きたいことを先行させて話しかけたという。その理由がこうだ。

「私らが何を考えているかは年齢が離れすぎて分かりにくいだろうと思って、気を使った。ぶつかっていった方が、何でも答えてくれるもんだから、ね。こっちが質問せんのに、教えられたら、いや、ちょっと私には分かりませんね、というのが、いっぱい出てきたと思う」と山本は言う。常に質問を先行させるようにしたのだ。そこで、必ずといっていいほど石本からは、的を射た解答がなされたという。その一つが変化球打ちのことである。

「変化球を打つ練習のときに、変化球がくるいうことが、分かって打ってたら練習にならんというわけよ。それは当然、どの変化球がくるか分からん状態で練習することで、その変化球にもうまく手が出るようになるというわけね。オレは、もうそういう練習を、いわれる前からしていたと思う。長嶋さん、王さんを見ているから。その二人はなんでゲーム前に、むずかしいボールを打つ練習をしておるんかなあと。泳いだり、空振りさせられたりしているわけよ」と山本は言う。

長嶋、王の変化球打ちの練習を参考にしていた山本だが、この変化球打ちは、ピッチャーからボールが放たれて、わずか〇・三秒から〇・四秒の間に全てが決まるものである。

「まっすぐに遅れないような、間の取り方をしていたら、わずかな時間の差ができるような変化球がくるんです。少しずらされ、泳がされても、(下半身が)待つことができたら、上体が泳がないようになるんです。下半身だけ、スライドさせるんです」

さらに続ける。

「このときに、上体が残っているのは、下半身が粘っているから。粘りながら、そこでカーブを待って、自分の近くにきたときに、ガーッと振るわけやから。それが完成された技術いうか、それはできていたと思う」と山本は言う。

山本の変化球打ちは、広商時代から定評があったが、さらに、もう一歩自分を深めたいと思っていた。そのために、自分の技術を理論的に考え続けていた。山本は変化球を上手くとらえることができた後、なぜ打てたのか、その理由を知りたいと思っていたのだ。

一般的に、変化球打ちには二通りあるとされている。

一つは、投手の癖や特徴をみて、想定される変化球に狙いを定めて打ちにいき、曲がりながらストライクゾーンに入ってくるところをたたくという打ち方である。ツーストライクに追い込まれるまでは、この打ち方でもいい。次に、追い込まれた場合、体には、速球を意識させておくが、もし、仮に変化球がきた場合までも想定して、体のバランスを崩さないように、うまくバットを合わせていくという打ち方がある。ストレートを待ちながらも、変化球にも対応できるように準備しておくという〝二段構え〟をしておくのだ。

山本は後者のように、速球のタイミングでボールを待ちながら、外角に逃げていく変化球でも体のバランスを崩さないように対応させていたのだ。

ただし、対応できたときに、またもや大きな疑問が生まれた。

体が自然と反応していたからだ。しかし、その自然と反応できる理由が分からなかった――。

なぜ、打てたのか――。

山本は長年悩んでいた。なぜか体は勝手に反応する。その疑問を石本にぶつけてみた。

「昨日、こんな場面でフォークボールが打てたんだが、あれはやっぱり無意識の中だったので、どうやって打ったか、分からんのじゃがとかいう話をしました」

打てる技術でもって結果を出した後、なぜ打てたのか、悩み続けていた山本は石本からの明快な言葉に納得したという。

「『バッターは、打った瞬間には分からんものだ』と言われましたね。ボールがきたから、『体が勝手に動いていているんだ』と。そんなアドバイスをしてくれました」と山本は言う。「きれいにボールを捉えて打っているから、完成しとるんとちがうか」とまで言われたという。「それは、あまりにも褒めすぎだったんじゃが、自信を持たせるために言うてくれたんじゃね。石本さんも気を使って話してくれたんじゃろ」と山本は振り返った。

この日からウロコとでもいえる答えに、山本は長年悩んできたことが吹っ切れた。石本は考えすぎてしまう山本には、そこに配慮して言葉をかけていた。こうした石本の言葉に、山本一義の迷いも少しずつ消えていった。このキャンプの結果は、いきなりオープン戦から現れたようだ。

「ことしのキャンプでは外角球の克服に全力を注ぎこんだ結果、(中略)今季はオープン戦でも二冠王(本塁打、打点)を獲得するほど、気合いがこもっている」(『中国新聞』昭和四一年四月二一日)

石本効果であったのか——、結果がでるのも早く、オープン戦では好打が続き、本塁打と打点の二冠をとった。こうなると、石本からも心地よい言葉が寄せられた。「ほう、ええじゃないか」と石本がもり立てることさえあったという。

石本は、この年、ここぞという場面では、山本を震え上がるほどのやる気にさせて打席に送り出した。

「たしか巨人戦の1対1の場面じゃったんか、打席に入る前に、石本さんからいわれた言葉は忘れられないね。呼び止められて、『あんたが打たんにゃー、勝てんじゃーないか』というんです。いやー、しびれましたね」と山本は振り返る。

この直後、結果は見事なホームランとなって現れた。この年山本の一発が効いて、勝負を決めた試合が幾度かあった。さらに、山本はいう。

「多少お世辞もあったかもしれないけれど、ついついその気になったね」

この証言となる試合は確かにあった。昭和四一年五月一三日の『中国新聞』から引用する。

「広島は三回二死から阿南が左中間を破る二塁打を放つと藤井《ふじい》(弘《ひろむ》)を代打に送った。藤井は渡辺《わたなべ》(秀武《ひでたけ》)の二球目、内角シュートをたたき、一、二塁間をゴロで抜いた。阿南はすかさずかえって同点。動揺した渡辺は山本一に2－2から真ん中に好球を投げ、右翼席に打ち込み一挙に逆転」

このとき、石本は中国新聞に、「あれは考えすぎるんじゃよ」と話している。これは、山本の「なぜ打てるのか」という悩みをしっかりと認識しているコメントであろう。石本は、山本の〝打っても考える〟〝打てなくても考える〟という性格を理解した上で、そのことをサッと忘れさせて、使命感を与える言葉でやる気を出させたのだ。山本はこの年絶えず石本にのせられ続けたという。

山本は、こうした石本からの言葉と共に成長していった。石本ヘッドコーチと共に歩んだ昭和四一年は、一二三試合に出場した。入団から六年目にして初めて打率三割をマークした。打点七〇、本塁打一五本はいずれも過去六年の中で最高の成績で、この年、見事にベストナインにも選ばれた。カープに山本一義ありとまでいわれ、〝ミスター・カープ〟を示したシーズンとなった。

※1　近年の著書に「袋しょんべん」という名称で定義が書かれている。「陰茎の皮を引っ張って亀頭にかぶせ、先をつまんで袋にして、その状態で排尿し、袋の中に瞬間的に尿をためる。そして、つまんでいる手をゆるめ、いっきに放出する」（『土壇場を切り抜けるワルの法則《ノウハウ》』ソフトバンク クリエイティブ株式会社）

古巣で熱烈指導——深夜のミーティング

昭和四一年のシーズンが始まった。石本が最初に目をつけたのはピッチャーの大羽進《おおばすすむ》だった。彼は、速球のスピードと、シュートやフォークといった変化球のキレを武器としていた。高校時代からあの王貞治とは熱戦を繰り広げライバル同士でもあった。王の五打席連続ホームランという大記録がかかった試合、王シフトを行った場面[※1]で登板し、ファーストライナーに打ち取ったのも大羽である。

巨人戦にはめっぽう強く、巨人キラーといわれた逸材だった。ただ、石本がヘッドコーチに復帰する前年には、四〇試合に登板し、防御率こそ2・51ながら二勝三敗と成績が残せず、まだまだ未開の存在であった。この年、先発したのはわずか一一試合であったが、石本が就任した翌四一年には三二試合に先発した。この陰には石本の存在があった。大羽がローテーション入りを果たした年である。

開幕して中日球場でのドラゴンズ三連戦、広島市民球場で阪神戦を終えた後、カープは川崎球場に乗り込んだ。大洋との三連戦を迎える前のことであった。大羽にふり返ってもらった。

「確か練習中に聞こえてきたのは、長谷川さんの『誰かピッチャーおらんかのー。一コマ足らないなー』いう声。そういうことを（長谷川さんが）話していたんです」

ピッチャーが台頭するときといえば、チームの台所事情が苦しいときの登板で好投することが、一番の近道である。このシーズン当初の窮地を救ったのは大羽であった。大羽は川崎球場での大洋との第二戦に先発することになる。開幕から六試合目のことだ。

四月一七日、大羽はスタンカと投げあい、4対1と勝利をおさめている。この試合の大羽は、フォークボールを多投し、近藤和彦《こんどうかずひこ》や近藤昭仁《こんどうあきひと》、桑田武らの〝メガトン〟といわれた打線をヒット4本に抑え完投した。実に見事であった。

この後に、大羽は石本のことを聞いた。

「後から、それとなく聞いたのが、石本さんが僕を推薦してくれたんだと聞きました。たぶん（推薦の話は）川本徳三《かわもととくぞう》さんから、聞いたと思うのですが、もうそこはよく覚えていないですね」

この頃の石本の評判であるが、特に未開の素材を見抜く力があると、マスコミの間でも噂になるほどであった。これは長谷川も自身の経験や風評から感じていたことである。その推薦のひとことがチームを動かしたのである。

こうして、大羽は先発ローテ入りを果たし、四八試合に登板した。弱小のカープの中で一八敗はしたものの、堂々の一三勝をあげた。完投も一〇試合と急成長した年である。防御率も3・18と石本の期待にこたえた。

カープの滑り出しは好調だった。かつてカープ存続の危機をたびたび好投して救った初代エース長谷川が監督であり、さらにカープの育ての親でもある初代監督石本が、ヘッドコーチとあって、重厚感のあるベンチであった。

シーズン当初から三連勝が三回、さらに四連勝も一回とあって、快進撃を続け、巨人、中日と三つ巴《どもえ》の首位戦線に割って入った。それればかりか、六月一一日、安仁屋の好投と、横溝桂《よこみぞかつら》の好打で巨人を4対1と下し首位をキープした。驚くべき快進撃を続けるカープであった。

この年まで、カープは球団創設以来、優勝はおろか、一度もAクラスの経験はなかった。当然ながら、シーズン終盤になると、常に最下位争いをしていた。

球界のお荷物といわれたカープは、ここ一番の精神面の弱さに課題があった。グラウンドを走っていて、ジャイアンツの選手とすれ違おうものなら、自然と道をあけるなど当然のごとくで、なぜか、心の弱さがあったとされる。石本は連日、お得意のミーティングを行い、選手にコンコンと持論を展開した。

「いいか、プロの世界といえど、そう実力の差があるわけではない」

「お前たちの実力でも、一〇回試合をすれば、最低三回、もしくは四回は勝つ」

「じゃが、ここで引き下がってはいけんのじゃ」

「あと、一つ勝てば、いいんじゃ」

「すると、三が四になり、四が五になる」

「五になってみろよ。はあ、もう同じじゃけーの」

実に分かりやすい話に選手は納得し、ここ一番で粘ることの大切さが浸透し始める。一〇試合をするなか、五勝五敗とタイになれば、よしやってやろうという気持ちになるというのだ。石本は長年、プロ野球を見てきたが、一年通してすべての試合を勝てというのでは決してない。あと一つだけ余分に勝てばいいのだ。勝率でいうと三割から四割をうろつくカープには、目からウロコともいえる話だった。

石本の言葉に、藤井弘が反応した。

「確かに、そうだ。じいちゃんのいうとおりだ」

藤井は心に誓った。非常に分かりやすい指示が浸透して、六月一一日までで、三連敗は一回したが、二連敗二回のみと敗け続けることが減り、すぐに結果となって現れた。

藤井は、カープ生え抜き選手として、四番を任された年もある人物。球団創設以来、初めて、他球団並みの契約金をもらった男と呼ばれていた。当たれば大きい一発で、多くの伝説をつくっていった。連続六四イニング無失点を続けていた金田正一から本塁打を放ったことは語り草になったほど――。藤井は石本の考え方を心に染み入るように理解した。

藤井はこう振り返る。

「ミーティングでね。まあ、上位チームと対戦するじゃないですか、例えば、あるチームに五勝一〇敗でいつも負け越している。これをなんとか、もう二つぐらい勝って、七勝にしたらどうかと――。まあ七勝八敗にしたら、一つしか差がないじゃないか、と。そういう具体的な計算をしてみせたね。

ずーっと。それでまあ、この一つぐらいじゃったら、あれも打つ、これも打つという具合に一緒に頑張れって。差を一つでも二つでも縮めると、カープでも三〇勝、四〇勝はするんだから、と。それなら、もう五勝ぐらいすぐ出せる。そうやってお前らが頑張ると、(他チームと)並ぶじゃないかというんです。そういう理屈でね。すると、みんなが、う～ん、なるほどの～、頑張れるかの～と思い始めた」

この年、石本は、「あと一つ、勝つ、あと一つ、勝つ」と選手らに、その大切さを語り続けた。こうして例年でいう、勝率三割台後半から四割台前半に沈むチームの底上げを図った。石本が目指したのは戦力二割アップである。

「長谷川監督に招かれた石本ヘッドコーチは〝戦力二割アップ〟を目標に精力的な指導を始めた」(『V1記念 広島東洋カープ球団史』)

これまでのカープの勝率は、四割そこそこであったが、石本はなんと早々に二割アップさせてみせたのである。カープはシーズン序盤から順当に勝ち続けた。カープのアキレス腱とされるのは五月初旬までで、鯉のぼりの季節である。

なお、この時期をすぎても脱落するどころか、躍進していった。六月一一日を終わった段階で、勝率六割五厘である。勝敗は二三勝一五敗二分で、カープは堂々と単独首位を走っていたのだ。

周囲からも、かつての師弟コンビで指揮をとる長谷川、石本を賞賛する声が上がり始めていた。初のAクラス入りか――。初めての栄光か――。

しかし、好事魔多し――。

石本は、特に攻撃の際の選手への指示に熱を帯びてきた。

「ええか、二球目のカーブを狙え」

その指示通りにできなければ、「ワシが、いうた通りにせんからだ」とか、「ほらみーや」などときつくなった。ひどいときには、ところかまわず、ののしることさえあった。ただし、これは、先の阿南も言っていたが、許されていた部分ではある。

ここで安仁屋の回顧であるが、石本は相手の性格や癖を見抜いた上で読み、指示を出していたというのだ。

「なんでカーブ打たんのや〜、狙わんのかいうてね、独り言をね、ベンチでよくつぶやいてましたよ。う〜ん、だから、ほれみーや、このピッチャーはカーブが得意やろうが、いうてね。広島弁そのままでね。愚痴みたいにいうてましたよ。やっぱ自分がピッチャーあがりということで。ピッチャーのこと、性格的によく見抜いていたんじゃないかね。いま考えたら、そうですよね。やっぱ、相手のピッチャーのことを、よく研究しとった人なんかなという気はしますね。相手の心理が分かる。だから、自分は分かっているんだけど、バッターは分かっていないから狙っていない。違う球を打ったりすると、ほらみーや、ワシが言うたろーが、となるんです」

あるミーティングのはじまりのひとことが、本当にきつかった。

「この肩食い虫が——」

若い選手には本当に精神的にこたえた。投手の肩に負担をかけるような、足を引っ張ることをするなという、石本独自の言い回しである。

一説には、泣き出す選手もいたというほどだ。さらに、こうだ。

「いくら、ピッチャーの肩を食ったら気がすむのだ」

夜のミーティングは、延々と続いた。

夜中の一二時を回ることも、しばしばだった。とある選手のエラーで負けた試合のミーティングでは、その選手はこの日、打てないし、守れなかったので、名指しで注意を促した。

「ミーティングで、『この、ピッチャーの肩食い虫が』ともう平気で言ってね。ミーティングはそこから始まって、やっぱり、夜中一時までしました。たぶん、エラーをして、打席では打てなかったんですよね。それが原因で」とは、ある選手の述懐である。

この日の石本はカンカンにお冠《かんむり》であった。ある選手への集中攻撃は続いた。タバコをふかしてはそのまま、背中の後ろへ放り投げる。石本の背後は、タバコの吸殻だらけになった。

こうしたときに修正がきかないのが石本だった。言い出したらとことん、やりだしたら徹底的にやってしまう。このときのことは〝東京事件〟とまでいわれたらしいが、その責められた選手に聞いてみたら。

「東京事件？　う〜ん、あったかもしれないですね。僕の方が完全に忘れているかな。ハッ、ハッ。石本さんのしゃべりは、だいたいきついですからね。あの人のしゃべり方は、石本節ですから」と本人は語る。

さらにある日のこと。

石本はクリーンアップを打つ大和田《おおわ》明《だあきら》には、こと細かく指示を出した。古巣、西鉄時代に、同じ釜の飯をくったことも関係しているのだろう。

いつものごとく「ええかカーブを狙え。三球目だぞ」と声が飛ぶ。しかし、ストレートを打って凡打すると、「あんたー、いうことをきかんのー」。

すると、次の打席でもこうだ。

「ええか、今度は、三球目のカーブだぞ」。石本は配球を読んでいたのだ。しかし、大和田は、全く受け入れなかった。ストレートを打って凡打した。

これには、石本がキレた。

「あんたー、いうことをきかんのー。本当にいけんのー。おい、長谷川。アイツを代えろ、アイツを使うな！」

石本は監督の長谷川に、大和田を引っ込めるように指示した。

しかし、長谷川はだんまりを決め込んだ。結局、大和田をそのまま使ったのである。

「ゲームセット」

ついに、石本がブチキレた。

「お前ら〜、ワシのいうことを聞かんのんじゃの。なら、ワシはもう遠征には行かん」

と何と、広島市民球場の二階のレストランに立てこもったのである。

これはいけないと、日ごろから石本の身の周りの世話をしていた藤井弘が説得し、その重い腰を上げさせた。夜中の列車にはなんとか間に合った。

このこと以来、石本と長谷川の間に見えない壁のようなものができたのか、石本には孤立感がただよった。

こうなると、開幕からの快進撃は、どこへやら。上位進出の経験がないカープのことだ。チーム内の不協和音は、現場だけではなくさらに続いた。

ここからは、岡本昌義の記憶をたどる。岡本は、小鶴誠のカープ入団の際、手紙でカープ入団を口説き落とした人物である。

彼の推測であるが、球団内で〝悪魔のささやき〟があったというのだ。

球団職員の西野襄（後、球団代表）は、石本の台頭を快しとしなかった。

カープの快進撃が続いていた前半戦のある日のこと。長谷川監督のそばで、西野がなんの気なしにつぶやいたひとこと――。

「〝石本カープ〟の快進撃といわれていますよ」

長谷川は落胆した。初監督の年であって、満を持して全身全霊をこめてのぞんだシーズンだけに、このひとことはつらかった。

〈自分が監督で、上位進出を果たすことができたとしても、石本さんの手柄になるとは〉

岡本昌義の証言を続ける。

「この年、三位以内が確実だった。長谷川の一年目にAクラス間違いないといわれとった。後半に入って、八月から連敗続きになった。長谷川が監督だが、一説には、〝石本カープ〟といわれていました。石本さんは『一年しか、やらんぞ。後は自分でせえ』と（長谷川に伝えていた）。もちろん、監督とヘッドコーチだったが、ええ具合に行きよった。それにアワを食って、圧力をかけられてね。『長谷川、今年、エエ具合にいきよるが、石本カープといわれておる、来年も石本がおらんといけんの―』と言われ、これで監督は勝つ気がなくなってしまった」

事実、八月二四日から一〇連敗を喫した。さらに、一〇月四日から、一〇連敗と続いて、シーズンを終えた。

階段を転がり落ちるかのように、成績は急降下。結果は、五七勝七三敗六分で、四割三分八厘まで落ち込み、前半戦六月中旬までの首位戦線はどこへやら。四位に甘んじることに――。

いまだかつて優勝はおろか、上位進出すら経験がないカープの課題は、戦力が乏しいというだけではなかったのだ。取り巻きであるスタッフにも精神的な未熟さがあった。球団内には、後援会組織の存在の名残から、石本を推す人もあれば、新しく会社にしてやってきた経緯もあり、お互いが足を引っ張り合ってしまう体質となって、初の上位進出は夢に終わった。

しかし、石本が残した功績は、後のカープを背負っていく選手らに多くの野球哲学を残している。昭和四一年には、古葉竹識が選手としてチームを牽引する存在であった。石本と師弟関係にある濃人の指導を仰いで、昭和三三年にカープに入団した古葉である。古葉は石本の目指すものを感覚的に感じることができた。古葉はノンプロの日鉄二瀬からカープに入団したが、濃人の指導が下地にあってか、石本の言わんとすることをすでに身に付けていたといわれている。

日鉄二瀬における濃人監督の練習は厳しかった。のちのプロ生活の基盤を作ったとされている。濃人からのノックは捕球のみで一〇〇本と決められていた。捕球できるかどうか、スレスレのところに打つ絶妙なノックは、三〇〇から四〇〇球にも及んだ。休むどころではなかった。

「よくもまあ、あれだけ、絶妙なところに打つな～というところに打つ」と古葉は振り返る。ショートの守備範囲は広い。ギリギリのところで一本目を捕るとする。すると、二本目はほんのわずか、外にはずして打つ。三球目も少しだけ離れるところに打つため、きつさは半端ではなかった。この練習に耐えた古葉がカープ入団直後に感じたこと。

「プロの練習についていける」というものだった。

ノンプロ時代に鍛えられた感覚は、カープでの泥臭くも厳しい練習にも十分ついていけたのだ。守備は問題ないとなると、打撃にも集中できた。入団後は長嶋茂雄と首位打者争いを演じるなど、伝説に残る戦いを生みだしていくのである。

その古葉が石本からいわれて今も忘れられない言葉がある。それは野球人として、さらに監督として、その後の古葉を築いていくものだ。

「お前にはサインを出さないからな――」

この言葉は、サインを出さないから、一発ホームランでも狙ってこい、というものではない。ここで石本が古葉に与えたものとは何か。打者はバッターボックスに立ち、ヒットを打つことが求められているのはいうまでもない。しかし、この言葉の奥義とは、古葉は、局面ごとの判断ができるのであるから、自分の判断でヒットを狙うのか、進塁打を打つのか、はたまた、盗塁をするのかを決めていから、あえてサインを出さない。よってノーサインの特権を与えるというものなのだ。要は、サインを出さないと――。ただし、誰しもがその特権を得られる訳ではない。

この古葉の忘れられない言葉のことは、他にも似た証言があった。監督である長谷川良平からである。家に帰っても、電話口での会話などから、長男、長谷川純氏が何度も聞いたこととは――。

「古葉は何もいわなくても分かっている――」

要は何か指示を出したり、サインを出したりしなくても、監督やコーチをはじめ、ベンチの首脳陣の考えることを理解して、プレーができるということだ。プロフェッショナルとはこういう域のことをいうのであろうか、何もいわなくても以心伝心のごとくベンチの意向が分かっているのが古葉なのである。意識の上での万能性の高いプレイヤーだった。この言葉は後のカープ黄金期、さらに、現在のカープというチームをつくる上でも生き続けた言葉である。

古葉は続ける。

「まあ浩二、衣笠、慶彦ら、全ては、自分は何をしなければいけないか、全て分かってくれる選手でした。そんな選手の集まりになりました」

このことは、カープ黄金期の内野手、木下富雄《きのしたとみお》からも聞いた。

「当時（黄金期）のメンバーは、一番から、下位打線まで、何もいわなくても、何をしたらいいか全て分かっているメンバーでした」と――。

つまり、石本の野球哲学としては、このレベルに達する選手を育てるというものなのだ。その第一人者といえる最初の人物が古葉であった。

このサインなしの特権には、こんな証言もあった。カープ黄金期に山本浩二のバッティングピッチャーを務め、のちにスコアラーに転身し、カープ一筋三三年という長島吉邦《ながしまよしくに》はこう語る。

「走れ、走れ、というのは、古葉さんの頃からです。慶彦や三村《みむら》（敏之《としゆき》）などにもサインなしで、どんどん走らせた。失敗してもエエからと。これを三村監督も引き継いだ。最初はアウトになってもいい。正田耕三《しょうだこうぞう》、野村謙二郎《のむらけんじろう》、前田智徳《まえだとものり》、金本知憲《かねもとともあき》、緒方孝市《おがたこういち》まで、どんどん行かせる。すると相手（バッテリー）は、警戒するようになるんですよ」

古葉竹識が昭和四一年に石本から授けられた〝ノーサインの特権〟が、現在のカープにもかたちを変えながらも、脈々と受け継がれている。サインを出さなくても、隙あらば行く――、選手の判断能力に委ねるプレー。カープの走る野球を育んできたのである。

これは、目に見えて走れる選手という、走力のあるなしを言っているのではない。要は、「行くべきか」、「行かぬべきか」、「行かぬにしても、リードでもって、さも、行くように見せられるか」。これらの状況判断を任せたとしても、ベンチの意向に違《たが》わぬようにできるというのが、石本の目指した野球なのである。こうしたプレー中の技や、特権など、脈々と引き継がれながら伝統的なカープ野球を作りあげてきたのだ。

これら伝統を感じさせる歴代カープ選手をいうならば、水谷実雄《みずたにじつお》を挙げずにはおれない。石本がヘッドコーチに就任した年、高校卒業し入団してきたのが、水谷実雄である。この水谷は〝豪打〟絢爛《けんらん》ともいえる、豪快なバッティングで、昭和五四年、五五年とカープ連続日本一の立役者となった。石本のヘッドコーチ時代の大仕事を挙げるとするならば、その豪打者を発掘し生みの親となったことである。

水谷がカープに入団したのは、昭和四一年。ドラフト会議が開始された時の入団とあって〝ドラフト一期生〟である。四位で指名を受けたが、そのときはピッチャーとしてであった。

ここからは、水谷の証言をもとに話を進める。

水谷が全国的に注目されたのは、投手としてであった。宮崎商業高校二年の夏のこと。

一回戦、旭川南をシャットアウト。二回戦、滝川（兵庫県）を1点に抑えて完投。準々決勝、熊谷商工（現、熊谷商業）を5対1で圧倒した。しかし準決勝では、高知高校を4安打に抑えていたが、味方のエラーによる1点に泣いた。

大会を通じて一人で投げ抜き、甲子園の準決勝を終えて、失点はわずかに3点と、大会屈指の好投手であることを印象付けた。こうなるとプロのスカウトの動きもあわただしくなる。すぐさま動いたのは南海ホークスだった。

「うちが一位で指名しますからね、っていわれて。まだ、三年生になる前のことだったかな」

水谷の将来は決まったかにみえた。ところが、そう簡単にドラマはすすまなかった——。

「当時、巨人が宮崎でキャンプをしよったんじゃが、宮崎市の町中のど真ん中でね。で、やっぱり、勉強を兼ねて見にいくやない。そしたら、種部《たねべ》儀康《のりやす》投手のサイドスローの投げ方が、すごいきれいで。よし、真似したろう思うて、必死で覚えてね」

しかし、この後のことである。

「ところが、なかなか調子が出んので、もとに戻そう思うたら、肘が上がらんようになってね。結局、三年は予選で負けて、肘を壊すし、さんざんやったね」

悪いことは続く、南海ホークスからのオファーまでがご破算になった。

「それでも、カープは四位でとってくれたね」

契約金は六〇〇万円だった。

「先に一部だけもらったが、それまではめったに見たことがなかった一万円札をね」

ただ、この手付金に救われるのである。卒業を控え、腎臓を壊してしまう。これが水谷のあだ名、〝じんちゃん〟につながるのである。

「当時、ペニシリンとか、抗生物質とかの治療が最先端じゃいうて、保険がきかんかった。契約金の一部があったのでなんとかなったが、一時は病院の支払いに、山を売ろうか、田んぼを売ろうか、という事態じゃったからね」

当然ながら、日南で行われるカープのキャンプに参加できるわけもなく、球団からも疑いの言葉がささやかれ始めた。

「ところが、しばらくして救いの神が現われる」（二宮清純『広島カープ最強のベストナイン』（光文社））。秋のキャンプを迎える頃のことだ。

カープヘッドコーチの石本秀一である。

「あんたー、バッティングがええけー、打ってみんさい」と石本に言われた。

しかもマウンドに立たせたのは、安仁屋宗八である（水谷記憶）。

「確か、ええ当たりをしたんじゃと思うけど。石本さんが、あんたー、キャッチャーで五番が打てるで、いうていうんです」

五番が打てる――、この言葉にのせられるように、そのまま打者に転向した。

この水谷の打者転向には、実は伏線が感じられるのだ。九月三〇日、対大洋戦、0対4と一方的にリードされた試合終盤のこと。石本は先発の高橋重行《たかはししげゆき》投手を相手に、水谷を代打に送った。投手で入団した彼の貴重な一軍デビューの場面は、なんと打者である。

「そりゃー、速いちゅうもんじゃない速かった。まだ、プロいうても、高校生みたいなもんじゃけー」

あえなく、三振。しかし、これは、石本による、水谷の打者転向に向けた伏線的な作戦だったと思える――。水谷の秘めたる才能を見抜いていたのだろうか――。

ここで、石本の長いプロ野球の指導歴の中で、投手から打者に転向させた人物が、もう一人浮かび上がる。

かの、ミスタータイガースと呼ばれた藤村富美男である。現役通算、一五五八試合に出場し、ホームラン二二四本。打率は三割ちょうど。あの長尺バットの使い手であり、数々の伝説を残した好打者である。

この藤村富美男に投手を断念させ、打者転向のきっかけをつくったとされるのが、昭和一三年のシーズン。これも元はと言えば、石本が藤村を代打に送ったのがきっかけである。このことが投手を断念させることになった。

「自分が投手を断念するきっかけになったのは、石本さんによる代打に送られたことだ」(『中国新聞』昭和五七年一一月一一日)

石本が過去の経験を将来に生かしてきたことは数えきれないが、水谷の代打もその一つであろう、平静を装いながらも、転向への道筋として、代打に出すことで何かを得させ、きっかけをつかませようとしたのだ。

たまたま偶然であるが、当時、水谷がいたカープ二軍の指揮をとっていたのが、藤村富美男の弟、藤村隆男《ふじむらたかお》であり、その指導も特に印象に残っているという。

「まあね、何をしゃべりよるか、よう分からんところがあったけど。そりゃー、一塁を守らされてから、ノックいうたら、セカンドのギリギリ手前に打つのには驚いたよ。なんで、こんなに、ギリギリにとれるかとれんか、分からんところに打つんかね〜。そりゃーきつかった」

打者に転向した水谷だが、カープ指導者からの教えは、不思議と奥義が感じられることばかりだったという。

例えば、関根潤三(昭和四五年、ヘッドコーチ)はこうだ。

「まあ、山本浩二や衣笠やら、だいたい同年代みたいなものやろ、三村も。昔は、大阪のときは、(泊まるのは)旅館やん。飯食ったあとにな、バットスイングがある。試合が終わった後、旅館の広間で。オレと上垣内《かみごうち》（誠《まこと》）いうのがおって。いっつもね、なにかしら二人が残っとる。一番最後まで振るんよ。関根さんがね、こう（バットを）構えるやん、構えたら、構えだけ（でええ）いう人なんよ。構えるだけでね。構えが大事よというのがいいたい。こっちはチンプンカンプンやで、説明してくれんのやから、昔の教え方はみんなそう。だから、それは自分で考えなさいということ。そればっかりや、毎日、なんでこんなことやらせるんやろうという」

また、根本陸夫《ねもとりくお》監督の指導は、そのバッターボックスで構えた際、テイクバックさせ、キャッチャー側の後ろまでグリップ部分をもっていくのである。そのため、ピッチャーが視界からわずかに見えるだけ。その手元を後ろに引く練習ばかり繰り返していた。

「根本さんは、本当に、考え方いうのはね、ものすごく、こういう（狭い）考え方じゃなくてね、発想がね、ものすごいんよ。こんな格好して、打ってみー、あっちがピッチャーやろう、構えーてみ、いうて。まだ（引いて）、まだ（引いて）、まだ（引いて）、こんな横に（ピッチャーの）顔がやっとみえるぐらいよ。体をネジってな。ハイ、それから、ステップして打ってみー、こうやってな、体も入れる。（ピッチャー側が）みえない、見えづらいよ、だから、何回首を痛めたことか、そりゃ、痛めるやろう。ここを。だけどね、それもね、自分がバッティングするにあたってはね、だんだんプラスになっていくんよ。おかしなもんやで。だから力感があったわ。よう古葉さんがいいよったけど、『うおー、体にのったのー』。人にはそう見える。手だけで打つような打ち方ではなく、ヴァーッと体で打つような、バッティングに行きついた。自分のもんになっていった。（他の人がしないような練習の）発想自体がすごいね」

コーチ時代の水谷が育てた選手というならば、前田智徳や緒方孝市、さらには野村謙二郎までさかのぼるが、「とにかく、選手が伸びるためにと考えていたら、どうしても、当時、自分が指導してもろうたのと同じようなことをしていったね」と水谷は笑う。

それもこれも、水谷のプロとして打者としての始まりは、石本のひとこと。

「あんたー、バッティングがええけー、打ってみんさい」の言葉によって、スタートすることができたのである。「五番が打てるで」の言葉通り、カープ黄金期における山本浩二の後の五番を担ったのは、まぎれもない事実であり、石本の眼力があったのだと、今さらながら、水谷は石本の言葉を噛みしめている。

※1　昭和三九年五月五日、広島市民球場にて、対巨人戦ダブルヘッダー。王が四打席連続ホームランで迎えたダブルヘッダー初戦の初の打席に、カープは王選手の打球は、主にライト側に飛ぶ確率が高いことを東洋工業の計算機で解析。野手の七人のうち六人までをセンターから右方向に集めるという極端な守備位置を取り、結果、一塁ライナーに打ち取った。この試みから、他球団でも王対策として守備位置を大きくライト側に寄せるシフトが登場した。大羽は内角高めの直球で勝負。「まっすぐだったんですけど、この前、王君にいわせると、シュートだったって言ってましたね」と大羽進（二〇〇九年六月三日証言）。インハイで懐に切れ込んできたため、シュート回転がかかった可能性はあるが、本人はフォアボールを出したくなかったこともあり、ストレートを投げたそうだ。

“四分のラジアン”――上田利治の証言

石本がヘッドコーチを務めるカープ時代、遠征先やキャンプで同部屋だったのが上田利治である。後にあの史上最強軍団といわれた阪急ブレーブスの黄金期を築いた名将である。

また、昭和五三年、阪急とヤクルトとの日本シリーズ第七戦で、上田がヤクルト大杉勝男《おおすぎかつお》の放ったレフトポール際の打球を、ホームランではない、ファウルだと一時間一九分のあいだ猛抗議を行ったのも、ミドルやシニアのプロ野球ファンには記憶に鮮明であろう。

また、カープとの因縁でいうならば、カープ初優勝の昭和五〇年の日本シリーズでは、この上田監督率いる阪急と戦った。このとき、古葉監督率いるカープは一勝もすることができず、四敗二分と一方的な展開で敗れてしまう。上田利治は敵の監督であったが、その上田もプロの道を歩み始め、指導者として歩み始めたのは広島カープなのだから、何ともいえない因縁だった。また、古葉竹識は自身の結婚に際しては、上田の両親が営んでいる宝石店で指輪を買ったというエピソードもあるほどで、いかにカープや古葉との親交が深かったか、である。

上田利治は徳島県の小さな町、宍喰町《ししくいちょう》（現、海陽町《かいようちょう》）生まれで、海南高校《かいなん》（現、海部高校《かいふ》）に進学するが、そこの野球部は、ある説によると、上田の入学を機に硬式野球部が創設されたともいわれているのだ。それだけ期待されていた。創部二年目に県で準優勝を果たすなど、さらに注目を集める存在となった。しかし、甲子園への道はかなわなかった。

関西大学に進学をするが、トップ3の成績で入学。成績優秀であった。将来は父親のように弁護士になりたい、と推薦入学ではなく一般入試で進学した。

大学時代、のちに阪神のエースとなる村山実《むらやまみのる》とバッテリーを組んだことも幸いしたのか、プロ野球からの誘いの声も聞かれるようになる。最初に日の目をみた大会が、大学二年生のときの第五回全日本大学野球選手権である。村山、上田バッテリーでみごと優勝を果たした。

ただ、この時点であっても、上田は悩み続けていたという。実力がついてきた野球でプロに行くか、父のような弁護士になるか、人生の岐路で揺れ動いた。しかし、結果、昭和三四年、カープに入団することになる。このとき、決して自信があったわけではなかったが、カープからの誘いは上田の迷いを打ち消すもので、社会人としての道も用意されていたのだ。

まずは、東洋工業に入社した上で、カープ球団への出向扱いという形でのプロ契約がなされた。こうして、カープ入りが決まったのである。

ところが、現役はわずか三年間だった。成績は入団した昭和三四年、六六試合に出場し、38安打、打率二割三分が最高で、以降、年ごとに低迷していった。

のちの阪急時代の闘将ぶりを思い出すプロ野球ファンにとって、上田の選手時代の実績が乏しいのは不思議でならないだろう。上田は半世紀たって、カープに入団したときのことを、こう振り返っている。

「まあ、（自信が）ないということはないけれど、大きな後釜《あとがま》（として東洋工業）があるよということでスタートしたんだからね。いま考えてみれば甘いですよ。プロとしてやるからには、この道一本で頑張るという、くらいでないとね。（このことは）指導者になって分かったね。だったらプロに来るな、となるからね」

逃げ道ならぬ、東洋工業に就職できるという道が準備されていたことが、現役選手としてのガムシャラさを薄めていったようだ。

しかし、まじめで実直な行いは周囲の誰からも認められていた上田である。当時は学歴偏重社会へと移行していたこともあり、上田ほどの有能な人物を生かさないわけにはいかないと、松田恒次社長が、直々に慰留の説得にあたったのである。

選手として日の目を見ず、引退したいと願った上田に転機が訪れる。要は、若手選手らの育成にあたることになるのだ。青年コーチという名称でよばれながら、カープの若手を育成するコーチに就任した。

その時の松田恒次の言葉を終生忘れず、心に刻んでいたのは上田らしい。

「（現役を）辞めるにあたって、僕は東洋の社長のところに、もう力もないしね、辞めさせてくださいと、自分の方から言いに行ったんですよ。会社が考えてくれよるというのも何も知らなかったからね。そしたらね、松田社長が、『いや、上田君、これからはね、人間の勝負になる。人がいかに人を育てるか、人の勝負になるから、やりがいのあるポジションだと思う』。さらに『野球のために（君を）獲ったんじゃない。いい指導者を、いい選手を育ててもらう、いい指導者になれることを念願して、我々は獲ったんだ。頑張ってもらわんと困る』とこうです」

この言葉にほろりときたのか、上田は心動かされた。

「よく考えたんだけど、野球にかかわらせてもらえるのは、やっぱ、うれしかったですよ」

こうしてコーチ就任が決まった。このとき上田は二四歳であった。最初の仕事というのは、東洋工業の幹部教育を受けることであった。社員と同じように教育が行われ、上田の指導者としての原点を築いていくものになる。このとき松田恒次の思いに感銘を受けたという。

「まず、コーチとしての研修のスタートはね、朝が早いんですよ。そうなったら、早く来なーいかんし、それを僕たち（研修生が）ギリギリに来ても、そのときは何もいわれんかったけれど……。僕らの指導にかかわってる人たちは、もっと早く会社に入っているわけよね。だから、長い時間働かないかんのだなーということを感じていたときオーナーから、いいこと言われてね。選手が一〇〇やるなら、コーチは二〇〇やらにゃいかん。選手の倍働かないと。だから、早く来ておく。準備万端で、いい態勢で（コンディションを）仕上げる。社長はそれのまた倍の仕事をするし、仕事せにゃーいかんと。だから、選手、コーチ、オーナー、それぞれ違う量をね、やらなーいかんいうて。この〝倍〟というのがね。強烈に（印象に）残ったね」

話を昭和四一年のカープに戻そう。石本はヘッドコーチで、上田は若手青年コーチとして五年目を迎えており脂がのってきた頃である。

石本ヘッドコーチは、当時、長谷川監督の目が行き届かない守備や打撃などを見て回っていたと上田はいう。

「やっぱり、長谷川さんがピッチャー上がりの監督だからね。試合になったら、絶対こういうことが必要なんだというようなことが、ピッチャーをやっていたら、知識として入っていないことがあるんです。外野手の細かい守備位置であったり、内野ももちろん。バッティングもそうで、目の届いていないところが、ようけーあるんですよ」

とりわけ、打撃指導に、石本は人一倍熱心であったようだ。

バッティングの基本は、ボールを打つポイントでいうならば、インコースは前で打つ。バットを持った腕を折りたたんで、前でとらえる。真ん中はセンター返し、さらに、アウトコースは、ポイントを遅らせて、逆方向に打つ。しかし、石本の技術指導には、さらなる特徴を感じていた。

「まず、バッターのタイプを短打、中距離、長距離に分けて、そのスタンスにおける重心の置き方をみていました。要は短打の選手は、打った後に前足に七〇ぐらいの割合で重心がかかるんです。長距離や中距離は、スタンスを少し狭めて、後ろ足の方に五〇、もしくは六〇ぐらいの割合で重心を置かせていました」

さらに、時折、指導する中で、聞きなれない〝四分のラジアン〟という言葉が飛び交うこともあったという。ラジアンとは度数法でいうならば約五七度である。〝四分の〟というのは、それを四分割することなので、約一四から一五度の間となるが、それぐらいバットのスイングに角度を持たせるということである。

「バットに当たる瞬間のことですが、バットにボールをのせる感覚の角度のことを言っていました」

さらに、上田が驚いたのは、アウトコースの高めの打ち方だ。

「変化球で攻められて、ポイントを後ろにおいているだけでは、アウトコースは打てません。そこで、石本さんはグッと足を踏み込んで、さらに、前で打て、と繰り返していましたね。大概、変化球はホームベースのかなり手前から曲がってくる。それを待つのではなく、踏み込んで、前でたたけ。さらに、ボールをバットにのせて、ボールを運ぶ感覚をしっかりと教えていました。当時、あの人ぐらいだったね。バッティングの論点がしっかりしていたのは」

情熱や信念を注ぎ込むだけではなかった。バッティング技術には絶対の自信をもって指導をする中で、その選手がもしダメになったら、給料を支払ってやるとまで断言して、石本は心血を注いでいた。こうした記録まで残っている。

「ウルシバタという選手が、なかなか石本の言う通りにしようとしない。しかし、あんたー、もしワシの言う通りにして、打率が下がったら、ワシが給料みちゃるけー、ワシのいう通りにやれ」（「情熱と信念の野球人」）

加えて、上田は、石本の熱血指導や情熱、執念といったものだけを感じていたのではない。バッティングの技術論として、コースごとに確立していると感じていた。

「石本さんのいうアウトコース打ちの技術と、インコース打ちは全く違ってきます。だからインコースは早めに始動させてボールを前で捉えるわけなんですが、このコースごとの技術指導をしていたんです。コースごとに放ってくるボールの軌道に対して、石本さんは解説していました」

コースごとに対応する技術や、打者の飛距離にあわせて、個々のバッティングフォームをみていたという。

「僕らはヒヨコと大将という感じでしたが、接してみて分かったことは、技術的にすごい柔軟性のある、器の大きい人ということですね」

上田は、石本のコースごとに対応していくという、柔軟性に富んだ指導に魅せられた一人である。

ピッチング指導の極意

昭和四一年のシーズン、結局、カープは四位に終わった。過去Aクラスのないカープにとって、球団創設以来、昭和二八年、二九年、三〇年、三五年、三九年にならんで四位は最高順位であった。

この年、すばらしい活躍をみせたのは、竜憲一（本名：龍憲一）である。スリークォーター気味の右投げだが、前年、六四試合に登板し、防御率2・31で一八勝一三敗と大ブレイクした。リリーフしてから試合終了まで投げ抜く「交代完了」も、四四試合と多い上に、先発の隙間を埋めるべく、先発も七試合こなして、フル回転で活躍した。

翌四一年には、オールスター出場を果たした。さらにこの年は、シーズンを通じて五五試合に登板して、九試合に先発し、「交代完了」は二九試合と大車輪の活躍であった。当時、リリーフで有名で〝八時半の男〟といわれた、巨人の宮田《みやた》征典《ゆきのり》投手の交代完了は一二試合（前年の昭和四〇年は四六試合）だったこともあり、カープファンの間では、八時半の男に竜をあげる人も少なくなかった。現役通算でも、宮田の「交代完了」は一四七試合（八年）だが、竜は一七三試合（一一年）であり、短期で奮闘した宮田と比べても竜の存在は大きい。

その後、竜は石本の古巣でもある西鉄ライオンズの後身となった太平洋クラブライオンズで投手コーチを務める。ライオンズの全盛時代の投手陣を育てたとあって、とかく石本の話題を耳にすることが多かった。実際の石本の技術指導を知っている貴重な人物だ。

話をカープに戻すが、その竜憲一は石本からの直接指導を受けている。まず、最初に教えられたのは、マウンドでのプレートの踏み方である。竜は、身長一七五センチで、当時のプロの投手のなかでも小柄であった。マウンドに立ったら右足でプレートを踏んで、左足はセカンドの方に楽に出すのが一般的なフォームであろう。

石本は竜に左足を真後ろに置くように指導したのだ。こうすることで、小柄な竜であっても、マウンド上では胸を張った状態に見えるからだ。打者に対して、無言の威圧感が出せるというのだ。

「(石本さんが言われていた) 打者に威圧感を与えるということは、私がコーチになって気がつくんですけどね。それと、左足を真後ろにもってくることによって、プレートまでの距離が遠くなるから、左足をゆっくりともってくることになる。その分右足（軸足の重心）がしっかりプレートに乗るようになると言われました」

無言の威圧感を出して、さらに、プレートに体重がしっかり乗ることで、タメができる。フォームにわずかながら修正を加えたことで、ボールに体の力が伝わりやすくなったという。この細かな指導が、複合的な効果を生んでいったようだ。

竜は昭和三〇年代にプロに入り、四〇年代前半に現役でピークを迎え、五〇年代には投手王国だったカープをピッチングコーチとして支え黄金期を経験した。プロの投手を長きにわたりみてきたが、石本の指導を受けた投手の多くが二〇勝をあげて、エース級にまでなることに感銘を受けた一人である。石本の中日のヘッドコーチ時代には、柿本実である。西鉄のコーチ時代には、河村英文、西村貞朗、島原幸雄らがそう。

これら投手陣には共通点がみられる。まず、柿本実である。先にも書いたが、昭和三六年に南海から中日に移籍し、アンダースローに転身した。昭和三七年には二〇勝をあげて、中日では権藤とならぶエース級に成長した。その前年から、柿本が二〇勝投手になることを予想しており、ピタリとあてたてみせた。

西鉄ライオンズの河村英文であるが、腕の形状を見抜いて、少しばかり腕を下ろした状態で投げさせることで、持ち球であるシュートのキレを生み出した。西鉄ライオンズ初優勝の昭和二九年のエースである。

さらに、河村と並んで、この年エースになったのは西村貞朗である。エド・ロパット団長率いるアメリカチームからスカウトされたほどの剛腕の持ち主である。懸河のドロップといわれた縦に割れるカーブが武器だが、なかなか勝てなかった。キャッチボールから口やかましく厳しいマンツーマンの指導をつづけた結果、昭和二九年には、見事二二勝をあげた。

さらに、島原幸雄は、ピッチング練習中の石本とのやりとりのなかで、たまたま怒りをボールにぶつけて、横から投げた。そのボールを石本が褒め上げて、フォームを改造させた。昭和三一年に二五勝を上げてエースになった。

「西鉄ライオンズに島原というピッチャーがいて。この人もアンダースローまでいかないけど横にしましたね。そしたらエース級になりました」と竜憲一はいう。

これらの投手にいえる共通点になるものをさぐると、やはりあった。

下手投げや、サイドスローに変えさせているのである。中でも、西村貞朗はオーバースローだったが、やはりフォームを変えるよう打診があった。西村貞朗は当時、アメリカ大リーガーから直接指導を受けていたが、石本の指導としては、リリースの手の位置を下げることを要求した。オーバースローから、スリークォーター気味に手を下ろすように、迫ったのである。西村はアメリカの指導と石本の指導に揺れ動いた。

「アメリカの指導はね、もうお前の思うとおりにフリーに好きなように投げろ、だった。石本さんにはお前はこうして投げろ、と指導された。下ろすというか、一つの型に矯正された。だから、自分なりに両者の真ん中をとったね。下ろすとか、なんとかいうと、誤解を招きかねないけれど……。要は、肩の位置はそのままでいいけど、手を少し下げろ、と言われたね」と西村は語る。

石本がリリースの位置を下げて投げることをすすめた理由であるが、話を竜に戻すとする。竜は指導する立場になってから、あらためて、この石本の指導の極意に気づかされたというのだ。

右ピッチャーの場合、振りかぶった後に右手を大きく後ろに持っていき、さらにそこから、大きく腕を使って投げる際に、肩の筋肉にやわらかさがないと、なかなか大きなフォームで、ダイナミックに投げることは難しいというのだ。ただ、少しばかりリリースの位置を下げて放れは、ボールに力が加わり、球筋が安定するという。

竜憲一はいう。

「石本さんは肩の筋肉を正しく使っているかどうかを、見極めるのが早くて、すぐアンダースローとかに修正しよったですね」

さらに竜はいう。

「選手のよさを引き出す才能には、ものすごく見習うべきものが、勉強になるものがありましたね。自分が選手時代には感じてないんですけど、コーチになって、自分も指導する立場になって、初めて石本さんの才能に気づきました」

プロ、アマ問わず取材をすすめる中で耳にしたのは、石本のこんな驚きの指導もあったことだ。診てもらいたいといってくるピッチャーがいると、まずお風呂に入れて、あがった後、上半身裸のまま、シャドーピッチングをさせるのである。その際、じっと本人の背中をみる。

背中の筋肉の動きの中で、ある特徴をじっとみつめて、リリースするボールの位置を決めるというのだ。ある筋肉とある筋肉は、ピッチングのときに特別な動きを求められるが、その二つのポイントを目視で結び、その延長線上に、ボールのリリースの位置を持ってくるという証言もあった。

一説によると、その投手の背中を見て、その筋肉の動きから、マジックでもってチョンチョンと、ポイントを二つ入れてみるのだ。そのポイントを目視で結び、リリースする手の位置、腕、肩などの動作を決めていたのではないか、という興味深いものである。

ところが指導する選手には、「もち〜と、腕をさげてみろ」としか言わないため、選手は何が起っているのか、なかなか分かりづらいというのだ。

さらにさかのぼると、昭和二七年のカープの投手陣の話である。かつては広島県庁の軟式野球部でピッチャーをしていたという渡辺信義であるが、もののみごとにアンダースローに転身させ、エース長谷川の不調もあってか、後半戦に六勝をあげた。国鉄の金田に投げ勝つ試合もあり、短期間であるがエース張りの活躍であった。

カープOB会の前会長の長谷部稔は、当時、渡辺のボールを受けた一人である。彼は次のように分析する。

「上手投げでは、ボールに押さえがきかず、軟式にありがちだけど、球が浮きよったね」

これは、軟式を経験したピッチャーにありがちなことだが、肩から腕の使い方が大きい割にボールに押さえがきかない。しかし、アマチュアの軟式あがりのピッチャーでさえ、プロで通用するまでに育てた。長谷部は、「石本さんには個々の特徴を見抜く力があって、さらにそれを生かす指導力もありました」と言う。

それでは、なぜ石本の技術指導は、当時から、すごいとささやかれるばかりで、公にならなかったのだろうか。

これには、いくつか理由がある。

石本はカープが貧しい時代、後援会づくりなどの金策に追われ、練習はおろか、遠征になるとチームを離れた。試合の采配でさえも助監督である白石勝巳に任せなければならず、指導の時間らしいものがわずかで、現場では十分な技術指導ができなかった。

また、西鉄ライオンズ時代の、稲尾和久との秘密練習は公にすることができなかった。さらに、育てた投手陣が、三年連続日本一という大偉業をやってのけたのは、石本が退いた後のことである。昭和三一年には、島原幸雄が二五勝し、河村久文が一八勝をマーク。西村貞朗は二一勝と結果を出し続けた。特に目立ったのは、やはり昭和三三年の〝神様、仏様、稲尾様〟ともいわれた日本シリーズ。その年はほとんど稲尾の活躍に注目が集まった。しかし、当然ながら、石本との特訓は明かされてはいない。

中日時代の柿本は、石本が退いた昭和三八年以降は、広島市民球場で、解説者席に石本が座って見てもらうだけで頑張れたというが、ここでも、ベンチに石本がいるわけではない。

なぜか、指導を受けた選手の多くは、石本が退いた後に全盛期を迎える。一、二年の後に、プロの投手として、さらにエースとして咲き誇るのである。または、竜のように、教える立場になって、その教えを振り返ってみて解ってくる。というのが、共通の現象である。

過去の指導が報道されることなどあまりなかった時代である。加えて、気どらない性格で、「ほいじゃがのー」や「そりゃー、いけんよ」など広島弁丸出しの、飾り気のない話しぶりは、周囲の人にはこっけいさがあるため、特別な偉人として崇《あが》められるよりも、親しみを持って〝じいちゃん〟と呼ばれた。また、石本自身が、そうした特別扱いされることを本意としていないこともあり、自身の口から自分が育てた選手らについて語ることはなかった。

病床からの復帰——殿堂入りを果たす

昭和四四年のこと。野球一筋に人生の全てをかけた石本も七二歳を迎える年だった。この時期、石本はRCC中国放送で解説者としての仕事を担った。

ただ、石本には人生の中で心残りがあった。戦前から戦後しばらくは、前妻である露香の実家向原町に疎開していたが、野球ができないつらさを我慢しながら、田畑に出ていた。バットから鍬《くわ》に持ちかえて振り回す日々。その当時の気持ちを懐かしく感じていた。

そうじゃ、あのときやっていた農業をもう一度やろう——。

石本がこの思いを周囲に相談したときのこと。

たまたま、広島商業監督時代の教え子荒仁《あらに》井《い》芳衛《よしえ》が経営する酒店（当時、広島市中区堺町）で話に花が咲いた。荒仁井は昭和六年、広島商業が春の選抜甲子園大会を制覇し、アメリカ遠征にでかけた際、マネージャーを務めた人物。

当初、荒仁井が「農業。そりゃー、ええことじゃないですか」と石本に賛同した。この荒仁井の酒店の営業担当が賀茂泉酒造に勤めていた酒井勝《さかいまさる》であった。酒井は、ほかならぬ石本の思いを聞いたとあって、会社に戻って、すぐに社長である前垣壽三《まえがきかずそう》（広商卒）に語った。

ならばと、前垣壽三が、「酒井くん、石本さんのために、どこか空いている土地はないかのう」と打診して、「ハイ、じゃあ、あたってみます」と酒井が土地を探すことになった。

こうした流れで、東広島への土地探しが始まった。

この一連のやりとりを前垣壽三の息子、前垣壽男《まえがきひさお》（現、賀茂泉酒造社長）がこう証言する。

「うちの親父がいうたんじゃろー、思うよ。だいたい、荒仁井さんもそりゃー、えーわい、ええこっちゃい。それじゃ、酒井さん、土地面倒みてあげーや、いうことになったんじゃ思うよ」

見つかったのは西条駅から東に約二キロ半の助実《すけざね》地区にある小高い松子山の一帯。畑と原野をあわせて約八〇〇坪という広大な山の頂《いただき》である。大自然からの風光明媚な眺めは、向原町の田園風景にも負けず劣らずすばらしかった。この小高い山のすそに、酒井勝の自宅があったことから、酒井は、石本に何かあればかけつけられるとみたのだ。

この当時の東広島市は、現在のように開発が進んでおらず、農業をするにはこの上ない環境だった。広島大学は学生運動盛んな頃で、移転への動きはあるものの、実際は本格化していなかった。この松子山の頂から見下ろした景色の広がりは、農業への夢を大きく膨らませた。

「よし、ここにしよう」

石本は即断即決して、移転が始まった。

「昭和四四年一二月三一日、石本は東広島市西条町助実に新居を構え、広島市中区吉島西の家から引っ越していった」（「情熱と信念の野球人」）

ただし、昭和二八年から住んでいた広島市中区吉島の家は、まだ使えるものが多いとあって、大工に頼んで〝コオコシ〟[※1]をしたという。この旧家を移築再生するという試みである。その間、仮住まいをしておこうと、最初に長屋を建築して移り住んだ。

なにせ山の上の広大な敷地である。母屋の移転さえ済めば、長屋は賃貸用にすればいいと考えたのだ。このあたりが石本らしい。ささやかな賃料であっても家計を潤すことを考えた。老後の生活設計にもぬかりはなかった。

かんじんの農業は、昔に比べて手つきや段取りもよくなっていた。

裏庭には桜を植えて、石灯籠を据えた。庭いじりにも精を出した。母屋から庭越しに西条の街並みを見下ろす景色は、まさに絶景であった。

やりだしたら、とことんやるという、石本の魂は衰え知らずだった。高血圧の体にむち打って、さあ、入口の所にブロック塀を積もう、とせっせと作業していたときに異変が起こった。

昭和四五年四月一八日のことだ。めまいがして、石本は倒れこんだ。脳卒中だった。石本は意識不明になった。

救急車がかけつけた。昏睡《こんすい》状態は続いた。四〇日間もの長い間である。

石本の殿堂入りを祝って、広商野球クラブから贈られた胸像を前に。東広島市の自宅にて。（『道程　みちのり』上原清二発行より）

昭和48年7月21日。神宮球場で殿堂入りを祝うセレモニー。右から三番目、車イスでのぞむ石本。車イスを押したのは稲垣人司

しかしながら、野球の神様は見放さなかった。ここでも石本の不屈の精神力で、一命をとりとめた。野球で心身ともに鍛えた頑健な体は、とても七二歳とは思えないものだった。

昭和四七年、七五回目の誕生日を迎えた数日後の一一月二五日のことだった。朗報が飛び込んでき

た。

野球殿堂入りの知らせを受けたのだ。

しかし、このときの中国新聞の記者の取材時に、石本は「もう、四、五年早かったらのー」と漏らしたのだ。いくつになっても負けん気の強さは並みではない。体半分がいうことをきかない状態にあっても、気持ちだけは違った。

さらに、晴れがましい舞台になったのは、翌四八年七月二一日のセ・パ、オールスターゲームが開催された神宮球場である。試合開始前にセレモニーが行われた。これに連れ添ったのは、書生であり、石本の野球理論を引き継いだ稲垣人司だった。

このときの石本は、

「自分の若いころを思うと、野球がこんなに盛んになるとは思わなかった。非常にうれしい。もういつ死んでもいい」（『中国新聞』昭和四八年七月二二日）

と声を詰まらせて喜んだという。

石本の殿堂入りを神宮球場の満員の観客が見守り、花を添えた。石本秀一、七五歳になっていた。

※1　現在、跡地に住む増田家の証言で、「コオコシをしたと聞きました」とのこと。旧家の移築再生のことを指していると思われる。

初優勝の瞬間の石本を追え

昭和五〇年一〇月一五日の後楽園球場。スタンドは、カープの世紀の瞬間を見届けようと、カープファンで埋めつくされていた。さらに、胴上げを今か、今かと待ち望み、興奮のるつぼと化していた。

石本秀一は半身麻痺で療養しながらも、カープ初優勝の瞬間を見届けたい、と東広島市西条町助実の自宅のテレビの前にいた。病床から身体を起こし、モトメ夫人のそばで画面に目をやっていた。

広島のエース外木場《そとこば》義郎《よしろう》と巨人の新浦《にうら》寿夫《ひさお》の投げ合いで、四回まで緊迫した投手戦となった。その均衡をやぶったのは五回表のことだ。ツーアウト、ランナー二塁から、大下《おおした》剛史《つよし》の二塁打でカープが先制した。守備では、外木場が粘り強いピッチングで、巨人打線を無得点に抑え込み、好投を続けていた。

ちょうどその頃、広島空港（現、広島へリポート）から一台のヘリコプターが飛び立った。乗り込んだのは、浅井昭秋、三六歳（当時）。彼はＲＣＣ中国放送の社員で、当時、県庁記者クラブに張り付いていた、いわゆる〝政治番記者〟だった。

数日前のこと。「浅井、お前は、石本さんの自宅に行け」と報道デスクから命令を受けた。石本のコメントと表情を撮れ、と報道デスクの要請だった。

この日のＲＣＣ中国放送の局内は、朝から騒然としていた。広島県民市民がはじめて経験する世紀の瞬間を全国に届けるために、スポーツ部をはじめとして、報道部のほとんどのスタッフが駆り出されていた。優勝の瞬間を報道することに、一大プロジェクトが組まれていた。石本の自宅への取材のための特別クルーが組まれたのである。

石本の自宅は広島市から東に約三〇キロ離れた東広島市西条町助実の小高い山の頂《いただき》である。当日、夕方の全国放送のニュースに石本の映像を使うことが決まり、自宅までの往復の交通をどうするかと、試行錯誤していた。

カープの優勝の瞬間は、試合開始が午後二時であることから逆算して、おおよそ夕方の五時台と予想された。優勝決定の後、仮に石本の表情とコメントが撮れたとしても、電車や乗用車で局まで戻るのにおおよそ一時間以上はかかる。となると、夕方六時三〇分からの全国ニュースには間に合わない。当然ながら、優勝が午後五時台後半に割り込む可能性もあり、ならばと、ヘリコプターを出したらどうか——となったのだ。

分単位での移動になる可能性があったが、この取材に抜擢されたのが浅井だったのだ。

当日、浅井はヘリに乗って一路、東広島市の石本の自宅まで飛んだ。

近所の広場にヘリを待機させ、自宅に到着したのは、夕方の四時を回っていた。

さあ、これからが本番だと浅井は気合を入れた。自宅に上がり、石本にあいさつをしたが、各局のディレクターやカメラマンに加えて、新聞記者やスポーツ新聞記者が待機していた。カープの育ての親である石本にマスコミは当然注目していた。一番奥のテレビのある和室では、二〇名を超える報道マンがずらりと、石本を囲んだ。

石本は、一喜一憂するわけでもなく、ただ、テレビに向かっていた。

九回表、カープの攻撃はツーアウト、一、二塁からホプキンスの劇的なスリーランホームランが飛び出し勝負の大勢は決まった。一瞬、部屋中わいたが、石本は笑みがこぼれる程度で取り乱すことなく戦況を見守った。その冷静さを受けてか、取り囲んだ報道マンも冷静になった。

——午後五時一八分——

最後のバッター柴田勲《しばたいさお》の打球は、レフト後方にフラフラとあがった。

レフト、水谷実雄がキャッチした瞬間。カープ初優勝。

東京でＲＣＣラジオの実況だった上野《うえの》隆紘《たかひろ》アナは絶叫していた。

「やった、やった、ひろしま、やった初優勝！　シェーンが飛びついていったマウンド上の金城《かねしろ》！　センターから山本浩二が来ます。山本浩二が来る。水谷も走りよる」

「古葉監督も、真っ先……。あーと、古葉監督の今胴上げ。胴上げです」

球団創設から実に二六年目の快挙である。テレビの前で、石本の顔が、少しずつくずれはじめた。テレビから「広島カープ念願の初優勝――、実現いたしました」と流れてきた。次の瞬間、浅井は口を開いた。

「ついにカープは優勝しましたね」

「何とも言えんですよ。本当に、ありがたいもんです」と石本。

「石本さん。お元気でしたら、まず、（あなたが）胴上げですものね」

浅井のこの言葉に、石本のこらえていたものが一瞬にしてくずれた。

「いや、もう、あれで十分です。本当にありが……、ありがとうございます」

顔はくずれ、目はあけているのがやっと、さらに、二度三度、頭をさげながら、感謝した。こうして人生のすべてを野球に注ぎ、いかなる逆境も不屈の闘志で乗り越え、郷土の誇り広島カープを愛し育てた男の顔をしっかりとカメラに収めることができたのだ。

報道マン冥利《みようり》とでもいおうか、特別任務を果たした浅井であるが、特別な感慨に浸る間もなかった。

さあ、オンエアがある。すぐに石本の家を飛び出そうとした。そのとき、「せめて、これだけは飲んでいってください」とモトメ夫人に、お祝いのビールを差し出されたが、しかし頭のなかは六時三〇分のオンエアのことでいっぱいだった。まだ、原稿が残っている――と。

上空での約二〇分間は、一瞬のように感じられたが、おおよその原稿はまとまった。

ちょうどヘリが局の屋上にさしかかったとき。

「よし、今だ」と――。

石本の素顔を撮影した一六ミリフィルムにパラシュートをつけて、屋上めがけて落下――。

これをすかさず、待機していたアルバイトのスタッフが拾って、局の中に足早に入っていくのが見えた。

この映像は、他局でも秘蔵映像となり、大切に保管されている。というのも、その二六年後の二〇〇一年五月のこと。NHKの番組『プロジェクトX　挑戦者たち　〝史上最大の集金作戦　広島カープ市民とナインの熱い日々〟』で、再びこの場面が全国に放送されたからだ。一地方局のディレクターの命がけの取材が、その言葉が、再び、他局であるNHKから全国に届けられた。

この映像には、まだほかにエピソードがある。

優勝した後の石本の表情は昭和五〇年のシーズン終了後、再びテレビで放送され、たまたまであるが、衣笠祥雄は見たという。石本の顔は男の顔だった。頬をつたってこぼれた涙の粒の大きさに野球を愛し、カープを愛した、石本の人生そのものを感じたという。

「石本さんから、昔の話、全部聞かせてもらったのね。カープができた当時、監督だったけど、オレはこんなことしてた、あんなことしてたという話ばかりを、ずーっと聞かされているわけ。だから、その御苦労があの五〇年の優勝インタビューと結びつきましたね」

衣笠は続ける。

「僕はね、五〇年優勝して、あのとき山本浩二が泣いた。これも理解できる。渡し船に乗ってね。県営球場に応援しに行っていた時代から、カープを見て応援していたから……。だから浩二は泣いたっていうのは理解できる。それと、石本さんの涙っていうのは、その二五年にカープができて監督を引き受けた。郷里にプロ野球ができたから帰ってきた。ところがいざフタをあけてみたら、野球どころではない。明日の金がない。だったら、とにかく町の人を回って、金集めにとにかく忙しかった。その話をね、もう、ご飯のときとか、グラウンドのちょっと休憩時間のときとかに、よーしゃべってくれた。だから、僕は四〇年に入団した割には、けっこう、草創期の話を知っている。なんで記憶の中にあるかといえば、全部、石本さんが、その当時の話を話してくれたから」

以後、カープは初優勝をきっかけに、黄金期へとひた走っていくのである。

最期

石本は、晩年、体調がすぐれず、東広島市の自宅から三・五キロ離れた西条駅近くの本永《もとなが》病院に入院していた。

昭和五七年一〇月一日、お見舞いにやってきた濃人渉と昔話に花が咲いた。そのときの一言である。

「ワシは今年いっぱいもつまい」と自らの死を予感していたという。

野球人として、試合運びや個々の指導など、先を予想することにかけては、けた外れの能力を発揮する石本であるが、自分の生命の終わりをも感じて予言していた。

昭和五七年一一月一〇日、午後零時二〇分。石本は心肺不全により、八五歳の生涯を終えた。人生のすべてを野球にかけ、数々の弟子を育て、野球界の発展に貢献し続けた。

葬儀は東広島市の西条町助実にある小高い山の上の自宅で、しめやかに行われた。集まったのは、カープOBをはじめ、古葉監督以下、衣笠、水谷、大下、三村らの主力選手を含む現役選手の多くである。さらに広島商業の野球部OB会の荒仁井会長はじめ、多数の教え子らがかけつけた。

かつて、石本の自宅は、広島市中区吉島にあったことから、ご近所付き合いの縁でもって参列したのは箱上恵吾（後、県議会議員）である。箱上は、阪神球団の幹部らがズラリ揃っていたことに驚いたという。

「小津《おづ》（正次郎《しょうじろう》）球団社長はじめ、球団の幹部が、五名ぐらい参列されていました」と箱上。周囲の空気にも不思議と緊張感があったという。

参列した人の証言でいうと、当時、巨人との江川問題に揺れ動いた後とあって、小津社長自身が余計目立ってしまったようだが、阪神側としては、球団創設直後の初優勝から二期連続優勝という、タイガース黄金期を監督として指揮した石本の最期を見届けたいという思いだったろう。

一連の焼香を終えた頃に、広島商業野球部OB会の教え子らが整列し、野球部のしきたりであろうか、別れを惜しむべく弔歌《ちょうか》「戦の後」がうたわれた。

このとき、普段はあまり声を荒らげることのない、荒仁井会長（当時）はある広島商業のOB選手を見つけた。彼はカープ選手らの列の周りをうろうろしていたのである。

「おい、何をしている。こいー」と大きな声が響き、整列を促した。このときばかりは、広島商業のしきたりを重んじなければならないとあって、その選手は驚きながらもすぐに列に並び、歌をうたった。

さあ、御棺のフタが閉められて、いよいよ石本秀一とのお別れというときに、ことが起こった。

「ウオォーー」「ウオォーー」

と怒声のような泣き声が響きわたった。

あろうことか、石本野球を書生として学んだ稲垣人司が、御棺の中に飛び込むかのごとく、石本へぶつかっていった——。いや、石本の頬に顔をうずめて泣きじゃくった。

「ウオォーー」、「ウオォーー」

泣いた。泣いた。泣き散らした。さらに嗚咽《おえつ》までが聞こえてくる——。子どものように、顔をくしゃくしゃにして、石本の頬を左右に揺らした。

親を亡くしたのか、最愛の人を亡くしたのか——。いや、それ以上の行動に周囲も驚いたが、誰も制する人はいなかった。みんなの悲しみをすべて背負ったかのように一心不乱に泣いた。人目をはばかることなく、泣き続けた。

石本秀一は多くの野球人に見守られて、この世を去った。

翌日のこと。地元中国新聞には多くの悲しみの声が県民市民から寄せられた。特別なコーナーまで設けられた。藤村富美男をはじめ、鶴岡一人、濃人渉ら球界のそうそうたる面々のコメントに混じって、地元球界に「石本賞」の創設をと願う県民の声が印象深く報じられた。

また、食うに食えない日々を過ごしていたカープ選手を御幸荘に寝泊りさせ、着物やオルガンなどの私財をお金に代えて、食べ盛りの選手らを賄いながら、初期のカープを共に支えた砂田時枝さんの願いが球団史などでも語られているが、これを最後に記す。それは「石本さんの胸像を、建ててほしい」というものであった。郷土広島が生んだ、かけがえのない野球人石本秀一の生きざまこそ、人々の心の中で語り継いでほしいと願ってのことであろう。決して忘れられることなく、郷土の誇りとして未来永劫輝き続けてくれると信じる。

おわりに

故人、石本秀一のことを知る人を訪ねて取材し、原稿として執筆をし続けていく中で幾度となく、頭の中をかけ巡り、反芻《はんすう》させられたことが、大きく二つある。

カープ野球とは――。

広商野球とは――。

広島の野球に触れている人は、誰しも一度は、このことを考えてみたことがあるのではないだろうか。しかし、なかなか一言でいい表すことができず、誰もが、答えに窮してしまうのが正直なところだろう。

執筆を開始した当初、石本さんのエピソードでも記せたらいいという軽い気持ちだけで、石本野球の真理そのものに迫ろうなど毛頭考えていなかった。しかし、取材を続けるうちに、石本という人物に触れていく中で、目指すべき道が明確になっていった。

だが、正直に言うと、取材期間の中盤を過ぎて、この思いが見つかったことは恥ずかしく感じている。それぐらい向こう見ずな取材活動となったことを、関係者の方々には深くお詫びしたい。

取材期間中、石本自身の野球にたぎらせた情熱や魂とはいったい何なのか――、加えて、現在の野球界に通じている技術を記さなければ――、この重圧に押しつぶされそうになりながら、ひたすら歯を食いしばった。いや、何度か押しつぶされた。さらにこの企画に没頭して迷走する中で、恥ずかしながら家庭崩壊の危機さえあった。しかしながら、なんとか持ちこたえたというのが正直なところだ。取材開始から全ての原稿を納めるまでにかかった期間は、足かけ一〇年にも及んだが、振り返れば反省することしきりである。

取材活動に励むなか、石本のあくなき想像力や、探求心に驚かされるばかりの日々であった。傍らでは、自分の表現力の稚拙さ、取材力や時間の足りなさとの戦いの日々でもあった。取材のたびに石本が生み出した野球技術や、その技術を生み出すことにつながった独自の観察眼、加えて、選手管理能力、大衆を束ねる経営手腕にも似た組織運営能力に魅せられ続けたからこそ、何とか上梓《じょうし》することができた。その一部で深く心に刻まれたものを記すとする。

石本監督率いる広商ナインがアメリカ遠征に向かう船中のことだ。一一日間の船旅の中で、船酔いにたたられる選手らがいたが、石本は食事管理表をつけた。この記録からみられることとして、食事をきちんと食べているメンバーがレギュラーとなり、主にクリーンアップを打った。もしくは、センターラインを守るなど、主力で活躍しているのだ。昭和六年というと、日本の食卓には、欧米化の流れはでてきていたものの、まだ、一汁一菜のつつましやかな食事をしていた頃にである。現在の管理野球など到底思いつかない時代に、食事の回数管理と、船酔いの関係にまで目を光らせた。この時代に、石本独自の管理野球は始まっていたのだ。

石本が広島商業の監督として指揮をとった昭和六年の春までの甲子園大会（全国大会）での通算成

績をみると、一七勝二敗と驚愕の勝利数である。これを勝率にすると驚くなかれ八割九分五厘というもので、合計六回の大会に出場し、うち四回を優勝に導いたのだ。もし、甲子園大会出場における優勝率とでもいう記録があるのならば、六割六分七厘という驚くべき実績である。甲子園を舞台にした史上初の名将であることは、動かざる事実であろう。

この甲子園球場をホームグラウンドとする大阪タイガースが結成されたときのこと。いわゆる、職業野球連盟の設立により、プロ野球がスタートしたシーズン直後に、石本を監督に、となったのは当然の流れでもあったろう。

就任後の猛練習により、大阪タイガースは昭和一二年の秋と昭和一三年の春、二期連続優勝するなどして、黄金時代を築き上げた。このタイガース監督時代にもすごい記録が残っている。日本にプロ野球が設立されてから八〇年を超えるが、いまだに破られていないものだ。プロ野球の監督の中で、石本は最速で二〇〇勝を達成したのである。監督就任から二七二試合目に達成したのであるが、この間の勝率は、七割四分九厘という驚くべきものであった。無論、数々の名将らと単純に比較することはできないだろうが、水原茂が三〇八試合目、三原脩が三五〇試合目、鶴岡一人が三五一試合目、川上哲治が三六〇試合目という記録からして、初期のプロ野球界においては、石本監督が勝ち頭であり、牽引役であったのが分かる。

この時以降で、連続優勝がない阪神タイガース（旧：大阪タイガース）に、黄金期をもたらすことができたのは、石本監督による独自理論の猛練習があったればこそであろう。とかく阪神球団のある関西は燃え上がるほどの野球熱がある上に、商人気質が高く集まる人も猛者ぞろい。こうした個性的な球団のむずかしさがあったなかでのことだ。

この当時、豪傑が多かったタイガースの選手に、ここ一番でのやる気を起こさせるために、活躍した選手へ報奨金を出したのも、石本のユニークさとその選手の気質、地域性を見抜いていたからこそであろう。加えて、物資不足ながら大戦に向かう時代心理をよくよんだものであった。昭和一一年一二月九日、巨人との優勝決定戦という大事な一番で、「おい景浦、ここで長いのとばしたら賞金出したる」と一言で、選手をやる気にさせたのも石本らしい。

この石本の要求にこたえるかのように、景浦は左翼席に飛び込むホームランを放った。選手個々の性格を見抜いて発奮させた名采配であったろう。プロ野球界における特別ボーナス制度の始まりとされた。現在のプロ野球界にもインセンティブ制度や特別な成績に対して出される報奨金など形を変えながらも存続している。

大阪タイガース時代に石本は〝打倒、沢村・巨人〟を掲げて情熱を燃やした。そこから、次々にアイデアが生まれた。現在も〝沢村賞〟という、投手部門において、先発完投型ピッチャーに対する最高の栄誉として贈られる賞があるが、その名を冠する沢村栄治投手を打ち崩すために、並みの練習をしていては打てるはずはないと、ピッチャーを一メートル手前から投げさせて打撃練習をしたのだ。見事に猛虎打線を爆発させて打ち崩したのも、石本の手腕あってのことだ。これは、今ではプロ野球界における伝説中の伝説たるものとなった。

当時、あのミスタータイガースとよばれた藤村富美男を代打で起用し、投手から野手転向のきっかけをつくったのも石本である。この野手への転向に限っていうならば、カープを例にとると、昭和五〇年代の黄金期の立役者となった水谷実雄もそうである。投手から野手転向を勧めたのも他ならぬ石本である。のち、水谷がカープの打撃コーチとなって、江藤智《えとうあきら》や前田智徳をはじめ、緒方孝市など、数々の名選手を育て上げたことから、そのルーツをたどれば、いかに石本の眼力が正しかったのかが、感じられるのである。

〝戦前の鉄腕投手〟とされた野口二郎が昭和一七年にシーズン四〇勝をマークした。この陰には石本直伝による変化球があったことが野口の著書には記されている。握りは人差し指と親指でボールをはさむ。この間から抜きながら投げることでフォークのような落ちる軌道をとった。これは、現在でいう縦方向に落ちるスライダーのことであろう。いわゆる〝縦スラ〟につながっていくボールである。この握りのままで、右側にひねって放れば、カーブのように曲がった。二種に投げ分けられる変化球で、野口はシーズン四〇勝というとてつもない勝ち星を上げたのだ。

また、石本は〝戦後の鉄腕投手〟とよばれた稲尾和久には、早くからその強靭な足腰の強さに目を付け、その素材に惚れ込み、高校中退を企ててまで、入団できるよう画策した。結果は卒業後の入団となったが、後、あの神様、仏様、稲尾様とまでいわれるほどの大投手となり、西鉄三連覇の牽引役となった。西鉄黄金期をもたらす投手陣を育て上げたのだ。

河村、西村、大津、島原らの育成に深くかかわり、全員が二〇勝を上げるほどのエース級投手に成長させた。こうした背景も、コーチ時代に若手投手陣を毎年、自宅に寝泊りさせて、投球術を学ばせた〝石本道場〟の存在があってのことだ。全盛期をすぎた稲尾も、引退前の花道を飾るための技術的な指導を石本に求めていった。稲尾を見事復活に導いたのだ。

石本が中日のヘッドコーチに就任した一年目の昭和三六年のこと。中日の躍進には目を見張るものがあった。首位戦線に躍り出て台風の目となった年である。結果的に二位に終わったが、勝ち数はリーグ最多という結果を残した。この年の権藤博をはじめ、翌年からの柿本実の台頭は目覚ましく、セ・リーグ屈指の投手を育て上げたのも特筆すべきであろう。

古葉カープに復帰した昭和四一年、石本はヘッドコーチとして古葉竹識を育てた。古葉はカープ生え抜き選手の中では、初ともいえる「自由に打て」「自由に走れ」の特権を与えられた選手となった。のちに、古葉が監督になったときには、高橋慶彦をはじめ、三村敏之などの次世代の〝走る赤ヘル野球〟を築いて継承していった。これは、単なる盗塁へのフリープレーを選手に任せるだけでなく、状況判断のできる頭脳と、それを体現できる技術を兼ね備えた選手を育てていったのである。現在、球界では〝グリーンライトの特権〟とよばれているが、チームのリードオフマンの象徴ともいえるものだ。今のカープでいうならば、菊池涼介《きくちりょうすけ》や丸佳浩《まるよしひろ》、田《た》中広輔《なかこうすけ》らに引き継がれているのだろう、若手育成の一つの指標にもなっている。

カープヘッドコーチ時代に、石本から上田利治へ受け継がれたバッティング技術も、のちの阪急を〝史上最強軍団〟に育てあげた名将上田の素地を築いたものだ。

くしくも昭和五〇年、カープ初優勝の年の日本シリーズは、カープ対阪急という対戦となり、袂《たもと》を分かつものとなった。石本としては教え子同士の対戦という思いもあって、観戦する上では感慨深いものがあっただろう。

第一回全国中等学校優勝野球大会への出場に始まり、広島カープのみならず、現在に至るまでの日本野球に多大な影響を与えたその生涯は、まさに「日本野球をつくった男」というに値しよう。

プロ野球界を始め、中等学校野球（のちの高校野球）など、球界全体に及ぼした影響は計り知れないものであった。なかでも、一番の功績をたたえるとしたならば、やはり郷土広島にプロ野球チームを誕生させたことだ。〝金はない――、選手もいない――〟その中で全国を奔走し、寄せ集め集団と揶揄されながらも、選手をそろえてカープ結成にこぎつけた。復興へ向かう県民市民に希望の光をもたらしたのだ。いきなり経営が行き詰まってしまい、存続の危機にさらされながらも、後援会を結成するという、当時のプロ野球では思いもよらない発想から資金をかき集めて、球団の歴史をつないだ。

この復興に向かって歩み続ける広島カープの存在こそが、平和の象徴であり、ヒロシマが世界へむけた、復興へのモデル都市であることを、証明してみせたとも感じている。県民市民の球団として誕生してから、幾多の試練をファンと共に乗り越え、現在の経営者である松田元《まつだはじめ》オーナーへとタスキが渡され継承されているのだ。

少しばかり、話が飛躍するかもしれないが、いま、世界では中東、アラブ諸国を始め戦火が絶えない。思想の違いから、小さな市民運動をきっかけに、争いに進展し、報復の応酬なる攻撃の連鎖や、奪い合いが頻発している。日本近隣でも、北朝鮮情勢など世情不安がつきまとう上に、中国との尖閣諸島をめぐる水面下の争いは根強い。

内戦を終結させたコロンビアにあっては、ゲリラへの恨みつらみに侵された国民感情の傷は深い。ナイジェリアで起こる生徒拉致など凶悪な組織犯罪も後を絶たない。また、フィリピンの水面下で取り引きされている事態は麻薬戦争ともいえるであろう。薬物に侵される人々、死者が後を絶たず、人権を確立させることの難しさなど、国家統治さえ一筋縄ではいかないのが世界の国々である。加えて、長期化するアメリカと、テロリストらによる見えない戦争の行く末に、緊張感ただよう昨今の世界情勢である。この闇の争いの渦中におかれ、不安定な世界情勢にあっても、日本国としては、核兵器廃絶を声高にメッセージとして伝えられない状況下に置かれているのだ。

しかし、一つだけ日本から、いや、ヒロシマからどこの国に対しても声を大にして言えることがあるのではないか――。

それは争いの放棄である――。

広島はいまだかつてない、人類史上初めての大惨事をもたらした原爆が投下された町である。世界中の国々で起こった戦争のすべてを終わらせる役目を真っ先に担った町でもある。戦後七〇年、いや七五年は草木も生えぬ町と言われ、放射能の影響から体に背負った火傷《やけど》の痕《あと》は心の傷となって残った。いやが応でも差別を被り、広島で生まれ育った身を包み隠して生きることを誓った人がどれほどいたことか――。甚大なる負の体験から、一瞬にして完全なるゼロベースまで経験した世界初の町の悲しい現実は、長年人々を苦しめた。

この傍らで、ヒロシマの町を立ち直らせよう。さらに心のよりどころとして、県民市民の復興の象徴として誕生させたのがカープである。誕生させただけではない。壊滅した廃墟の中で悲劇を被った人々だけでなく、子どもまでがおこづかいを出して、その浄財によって経営を賄い、球団創設二六年目には、カープを優勝に導くのである。日本プロ野球界に大旋風を巻き起こし、黄金期に入っていくのである。これが原爆投下からわずか三〇年後である。

ただし、この復興へ向けた輝かしい歩みの傍らで、石本は自分の身の上をいっさい語らなかった。石本は、原爆による後遺症で父、和三郎、母、ヤスを亡くしている。加えて、弟、隆一は行方不明のまま。焼け跡から、子ども二人を抱いて死んでいた妹ツヤをみつけたときのつらさは、想像を絶するものであったろう。しかしながら、石本は自分の身にふりかかった不幸や無念を口にすることはなかった。辛い、苦しい日々のなかで、黙々と郷土の理想である復興に向かって突き進む男の背中は何を物語っていたのか――。

ルールなきアメリカとの戦いに敗れた日本の惨状を受け入れるのみならず、自身の父、母、妹、弟の悲惨な死さえも一身に背負いながらも、怨みつらみにかられた争い事には全く見向きもしなかった。ルールある戦い――アメリカで生まれた野球でもって、広島の復興に賭けたのだ。怨念の一切を胸に秘めて、未来への一筋の光だけを見つめる目線はゆるぎないものであった。県民市民の精神的な支柱としてのカープの躍進に郷土の未来を託したのだ。これこそが世界的なドラマでなくて何であろうか――。郷土愛や野球愛など、どのような言葉を並べても及ばない石本の人生こそ、広島をはじめとし、カープファンのみならず、全国の人に、はたまた世界の人たちに知ってもらってしかるべきだと感じている。

この本の出版のために、取材にご協力をいただきました阪神タイガースOBの方、西鉄ライオンズOBの皆さま、中日ドラゴンズOBの皆さまをはじめ、広島カープのOBの皆さま、出版をお許しいただきましたカープ球団、ならびに資料、取材情報などの提供をいただきました県民市民の皆さま。そして何よりも、足かけ一〇年もの間、原稿をお待ちいただきました講談社、上田哲之さま。書き上げた乱筆の原稿は七〇万文字を越えた。約四〇万文字にまとめるのは並大抵ではなかったはずだ。そして第九章から校正に奮闘された黒星恵美子さま。取材期間中、発行を今か今かと待たれ、幾度か取材にお越しいただきましたNHKの鈴木昭弘さま、広島テレビの岡田純一郎さま、資料を閲覧させていただきました中国新聞社、広島市中央図書館をはじめ、『広商黄金時代』の掲載の許可をいただきました毎日新聞社、数々の資料を持ち寄ってくださった有志の方々に心から感謝を申し上げましてペンを置きます。

また、私の力及ばずで、生前中に上梓することが叶わず、取材後、原稿の執筆期間中に、お亡くなりになったご長男の石本剛也《たけなり》さまをはじめ、帰らぬ人となられた方々に心から哀悼の誠をささげたいと思います。

皆さま、本当に申し訳ございませんでした。

そして、石本さんにまつわる貴重なお話をお寄せいただきました皆さま、本当にありがとうございました。

平成二九年一月三一日

西本　恵

参考文献　他

【文献】

『日本野球創世記』君島一郎（ベースボール・マガジン社）
『広島県高校野球五十年史』広島県高等学校野球連盟 編（広島県高校野球五十年史編集委員会）
『広商校友会誌九号』
『ふる里の野球＝近畿編』神門晴之（ジェーピー出版社）
『日米野球史　メジャーを追いかけた70年』波多野勝（ＰＨＰ研究所）
『大阪タイガース球団史　１９９２年度版』松木謙治郎・奥井成一（ベースボール・マガジン社）
『阪神タイガース　昭和の歩み』阪神タイガース 編（阪神タイガース）
『プロ野球監督列伝 上』近藤唯之（現代企画室）
『真虎伝　藤村富美男』南萬満（新評論）
『広陵野球史』広陵野球史編纂委員会 編（広陵学園）
『野球大観』旺文社 編（旺文社）
『球技用語事典』櫻井榮七郎 編（不昧堂出版）
『大商・大連商業学校同窓会』
『広商野球部百年史』（広商野球部百年史編集委員会 編）広島県立広島商業高等学校
『廣商黄金時代』石本秀一（大阪毎日新聞廣島支局）
『ああ中日ドラゴンズ』鈴木武樹（白馬出版）
『プロ野球史再発掘⑦』関三穂 編（ベースボール・マガジン社）
『野球殿堂２００７』㈶野球体育博物館 編（ベースボール・マガジン社）

参考文献　他

『私の昭和激動の日々』野口二郎（ベースボール・マガジン社）
『終戦のラストゲーム』広畑成志（本の泉社）
『鈴木龍二回顧録』鈴木龍二（ベースボール・マガジン社）
『昭和十七年の夏　幻の甲子園　戦時下の球児たち』早坂隆（文藝春秋）
『焦土の野球連盟』阿部牧郎（サンケイ出版）
『プロ野球選手・謎とロマン②　遥かなる白球―その軌跡―』大道文（恒文社）
『セ・パ分裂　プロ野球を変えた男たち』鈴木明（新潮社）
『太平洋のかけ橋』キャッピー原田（ベースボール・マガジン社）
『球団消滅　幻の優勝チーム・ロビンスと田村駒治郎』中野晴行（筑摩書房）
『日本プロ野球復活の日　昭和20年11月23日のプレイボール』鈴木明（集英社）
『カープ30年』冨沢佐一（中国新聞社）
『カープ50年　夢を追って』（中国新聞社）
『カープ　苦難を乗りこえた男たちの軌跡』松永郁子／駒沢悟　監修（宝島社）
『全身野球魂　長谷川良平』堀治喜（文工舎）
『V1記念　広島東洋カープ球団史』中国新聞社 編（広島東洋カープ）
『背番8は逆シングル』白石勝巳（ベースボール・マガジン社）
『カープ風雪十一年』河口豪（ベースボール・マガジン社）
『広島カープ昔話・裏話　じゃけえカープが好きなんよ』（トーク出版）
『あなた買います』小野稔（三笠書房）
『The Official Baseball Encyclopedia '94』日本野球機構　BISデータ本部 編（日本野球機構）
『The Official Baseball Encyclopedia '98』日本野球機構　BISデータ本部 編（日本野球機構）
『戦争と野球　兵隊にされたプロ野球選手』川崎徳次（ベースボール・マガジン社）

『ああ西鉄ライオンズ』小野博人（西日本新聞社）
『湯の街　別府の野球史』工藤吉三
『私の履歴書　プロ野球伝説の名将』鶴岡一人・川上哲治・西本幸雄・稲尾和久（日本経済新聞出版社）
『風雲の軌跡』三原脩（ベースボール・マガジン社）
『西鉄ライオンズ最強の哲学』中西太（ベースボール・マガジン社）
『わが野球人生』水原茂（恒文社）
『大下弘日記　球道徒然草』大下弘・大道文解説（ベースボール・マガジン社）
『大下弘　虹の生涯』辺見じゅん（文藝春秋）
『伝説の野武士球団　西鉄ライオンズ』河村英文（葦書房）
『魔術師〈上〉三原脩と西鉄ライオンズ』立石泰則（小学館）
『魔術師〈下〉三原脩と西鉄ライオンズ』立石泰則（小学館）
『「尾張メモの全貌」情報は盗んで活かせ』尾張久次（講談社）
『真説　日本野球史　昭和篇その八』大和球士（ベースボール・マガジン社）
『鉄腕一代』稲尾和久（ベースボール・マガジン社）
『鉄腕一代』稲尾和久（スポーツニッポン新聞西部本社）
『神様、仏様、稲尾様　私の履歴書』稲尾和久（日本経済新聞出版社）
『ドラゴンズ裏方人生57年』足木敏郎（中日新聞社）
『闘将火と燃えて　山賊集団を率いる男の履歴書』江藤慎一（鷹書房）
『赤い手　運命の岐路』板東英二（青山出版社）
『張本勲の実戦打撃論』張本勲（スポニチ出版）
『覚悟のすすめ』金本知憲（角川書店）
『二塁手革命』菊池涼介（光文社）

参考文献　他

『広島カープ最強のベストナイン』二宮清純（光文社）
『知将上田利治』浜田直人 平井隆司 松岡克博（神戸新聞総合出版センター）
『中日ドラゴンズ四十年史』中日ドラゴンズ 編（中日ドラゴンズ）
『プロ野球人国記』大道文（恒文社）
『みよや笹葉ヶ丘 徳商物語』宮本茂昭・国兼由美子（山口県立山口商業高等学校笹葉ヶ丘同窓会）
『徳山商工三十年史』徳山商工三十年史編集委員会 編（山口県立徳山商工高等学校）

『広電が走る街今昔 ＬＲＴに脱皮する電車と街並み定点対比』長船友則（ＪＴＢパブリッシング）
『明治三十七八年海戦史第参巻』海軍軍令部 編纂（芙蓉書房出版社）
『追懐 広島高等師範学校創立八十周年記念』広島高等師範学校創立八十周年記念事業会 編（広島高等師範学校創立八十周年記念事業会）
『黄色い兵士達』工藤美代子（恒文社）
『若槻禮次郎自伝古風庵回顧録』若槻禮次郎（読売新聞社）
『郷土風土記』宗澤節雄（二華園印刷）
『広島県大百科事典 下巻』中国新聞社 編（中国新聞社）
『被爆50周年 図説戦後広島市史 街と暮らしの50年』被爆50年記念史編修研究会 編著（広島市総務局公文書館）
『たばこ専売史』日本専売公社
『ポケットの中のデザイン史 日本のたばこデザイン１９４５-２００９』ＪＴデザインセンター・たばこと塩の博物館（美術出版社）
『たばこの事典』たばこ総合研究センター 編（山愛書院）
『夫・力道山の慟哭 没後40年 未亡人が初めて明かす衝撃秘話』田中敬子（双葉社）
『君は力道山を見たか』吉村義雄（飛鳥新社）
『力道山自伝 空手チョップ世界を行く』力道山光浩（ベースボール・マガジン社）
『追憶 鳥飼秀男』鳥飼千代子（朝日カルチャーセンター）

『廣島商工會議所五十年史』（廣島商工會議所）
『広島県風土記』渡辺則文、北川建次（旺文社）
『米国日系人百年史』（新日米新聞社）
『大槌小槌』中西武五郎 述・千田金二 編（日本甲子会）
『真珠湾攻撃』太平洋戦争研究会 編（新人物往来社）
『原爆市長　よみがえる廃墟広島の記録』濱井信三
『ずいひつ　大蔵省の隠語』谷村裕（日本経済新聞社）
『吟醸酒を創った男「百試千改」の記録』池田明子・秋山裕一 監修（時事通信社）
『海のかなたに蔵元があった』石田信夫（時事通信社）
『五輪書』原著 宮本武蔵・訳者 神子侃（徳間書店）
『東洋工業と松田重次郎』畑耕一（東洋工業）
『軋んだ車体　ドキュメント・東洋工業』梶原一明（実業之日本社）
『油津　海と光と風と』日南市産業活性化協議会 編（鉱脈社）
『私の幸福論　宇野千代人生座談』宇野千代（集英社）
『ステッドマン医学大辞典』ステッドマン医学大辞典編集委員会 編（メジカルビュー社）
『最新医学大辞典　第3版』最新医学大辞典編集委員会 編（医歯薬出版）
『日本大百科全書10』（小学館）
『最新　毒物劇物取扱の手引』古賀元 監修（時事通信社）
『ＪＡＰＩＣ医療用医薬品集２０１３』日本医薬情報センター 編（日本医薬情報センター）
『土壇場を切り抜ける　ワルの法則《ノウハウ》』門昌央（ソフトバンク クリエイティブ）
『江戸の医療風俗事典』鈴木昶（東京堂出版）

【雑誌】

『週刊ベースボール』昭和五〇年一一月三日特大号（ベースボール・マガジン社）
『ベースボールマガジン』昭和二八年一二月（ベースボール・マガジン社）
『週刊ベースボール』二〇一二年四月一六日号（ベースボール・マガジン社）
『週刊プロ野球セ・パ誕生六〇年』第一四号（ベースボール・マガジン社）
『月刊カープファン』昭和五三年一二月一日（カープファン）
『ベースボールニュース』第七二一號昭和二八年一一月（ベースボールニュース社）
『月刊読売』「抑留四年よくぞ還れり　元巨人軍主将　水原茂」昭和二四年一〇月（読売新聞社）
『野球界』昭和二八年一二月（博友社）
『月刊ウィル』二〇一〇年一一月号「プロ野球黄金時代を築いたサムライ達」羽佐間正雄（ワック）
『ホームラン』平成一〇年八月号（日本スポーツ出版社）
『二〇世紀に輝いた我が故郷のヒーロー　高校野球　47都道府県別ベストナイン』日本スポーツ出版社
『週刊サンケイ臨時増刊』昭和五〇年一一月一日号（産経新聞出版局）
『広島東洋カープ　黄金時代の記憶』平成二六年六月二日（ベースボール・マガジン社）

【データ】

厚生労働省「国民健康・栄養調査報告」
総務省統計局データ「昭和六年　我が国の推計人口」

【協力】

阪神タイガース
広島カープＯＢの方々
西鉄ライオンズＯＢ会
中日ドラゴンズ
広島市立中央図書館

広島県立図書館
広島市公文書館
全国野球振興会
野球殿堂博物館
松山市立子規記念博物館
向原酒造
春日原公民館
当仁公民館
飯沼飛行士記念館
鳴門市賀川豊彦記念館
日本海事科学振興財団「船の科学館」
名古屋市鶴舞中央図書館
玉島北公民館
奈良県高等学校野球連盟
奈良県立郡山高等学校
和歌山県立桐蔭高等学校
山口県立徳山商工高等学校
広島県総務局人事課
榎正子（東広島市）
段原公民館
日本硬式少年野球連盟　清原文秀
増原富美子（広島市）

大分県立図書館
外務省外交史料館　閲覧室　米内宏幸
賀川豊彦記念　松沢資料館　磯部浩二
兵庫県立美術館
カイゲンファーマ株式会社
広島市市民局文化スポーツ部文化振興課　山下美和
赤松薬局
日本郵船歴史博物館　赤嶺正治
株式会社東京會舘　雪野純
夏の家　鈴木昭一
武蔵野市立中央図書館　迫重巳
広島商工会議所
日本教育会館　教育図書館　横川敏晃
田辺淑子（倉敷市）
渡辺義明（倉敷市）
東京新聞（中日新聞東京本社　編集委員　田中哲男）
財務省大臣官房文書課広報室　青山克也
福岡市鴻臚館跡展示館
大圓寺
照光寺
広島県食品工業技術センター
段原区画整理事業所

参考文献　他

西武鉄道株式会社
保垣照山会
弘願寺
ヒロシマピースボランティア　品川正則
ＲＣＣ中国放送　尾崎祈美子
広島県柔道整復師会
広島市三篠公民館
志布志市立図書館
宮崎県立図書館
頼山陽史跡資料館
ＲＣＣ中国放送　西村和人
井上仁

【講座】

カープかたりべの会
広島城なるほど今昔ウォーク　中本紀子

【映像・音声】

『プロジェクトＸ　史上最大の集金作戦　広島カープ～市民とナインの熱い日々～』（ＮＨＫ）
『64熱球の軌跡』（ＮＨＫ）
『夢と希望のダイヤモンド～ある日系人野球選手の物語～』（平成二四年一月二七日）（ＮＨＫ）
『フルタの方程式』（テレビ朝日）
『サンデーひろしま「郷土シリーズ〝川〟⑧猿猴川」』（昭和五五年一一月）（ＲＣＣ中国放送）
『サンデーひろしま「高校野球の歩み」』（昭和五七年三月）（ＲＣＣ中国放送）

『さよならぼくらの広島市民球場〜カープとともに半世紀〜』（中国新聞社・中国放送共同企画）
『ピース・フォー・ピースヒロシマ』（二〇一六年三月二七日）（広島テレビ）
『野球一筋』対談 石本秀一 木本進（一九六一年一二月二三日）
『球魂の詩』（広商野球倶楽部制作八ミリ映画）

【資料】

「西鉄ライオンズ昭和二八年・今泉京子」
「花形球人（65）」（吉田要）※廣島カープ 長谷川良平ノ記録
「夕刊中国」（昭和二五年四月二五日）※廣島カープ 長谷川良平ノ記録
「スポーツ時言・中沢不二雄」※廣島カープ 長谷川良平ノ記録
「わが熱球譜 カープと共に八年間」※廣島カープ 長谷川良平ノ記録
「郷土の雑誌 ベース・ボール・カープ」※廣島カープ 長谷川良平ノ記録
「週刊カープ」※廣島カープ 長谷川良平ノ記録
『ベース・ボール・カープ七月号』※廣島カープ 長谷川良平ノ記録
『名選手評論』長谷川良平論――「異能投手」の技術解剖――三宅大輔 ※廣島カープ 長谷川良平ノ記録
「牛田ニュース」（二〇〇二年一一月・二五九号）
「今西良光・手紙」平成二二年四月二七日・平成二五年一月一六日

【新聞】

『中国新聞』「情熱と信念の野球人―石本秀一物語」中国新聞昭和五六年一月一九日〜二月二一日連載
『中国新聞』「広島カープ十年史」昭和三四年一一月二五日〜昭和三五年四月九日連載
『中国新聞』（昭和六年七月一二日）
『中国新聞』（昭和五七年一一月一一日）
『中国新聞』（昭和五四年一一月一四日）

『中国新聞』（平成一八年四月二八日）
『中国新聞』（昭和二七年三月二七日）
『中国新聞』（昭和二七年一月一五日）
『中国新聞』（平成二三年一二月一八日）
『中国新聞』「ファンの広場～あの選手はどうしている～」
『中国新聞』（昭和二九年一月三〇日）
『中国新聞』（昭和二九年一月一三日）
『中国新聞』（昭和四一年四月二二日）
『中国新聞』（昭和四一年五月一三日）
『中国新聞』（昭和三九年七月一日）
『中国新聞』（昭和三九年七月二日）
『読売新聞』（昭和一一年八月一四日）
『読売新聞』（昭和一一年九月一一日）
『読売新聞』「カープ十年史『球』昭和三四年五月～一五八回連載・後藤義輝（一部、薄田純一郎）
『読売新聞』（昭和二四年四月一六日）
『デイリースポーツ』（昭和三二年六月一九日）
『デイリースポーツ』（平成二〇年六月二日）
『デイリースポーツ』（昭和三五年一〇月二四日）
『デイリースポーツ』（昭和三五年一月一八日）
『デイリースポーツ』（昭和三五年一〇月二一～二三日）
『西日本新聞』（昭和二九年四月一七日）
『西日本新聞』（昭和二九年三月二七日）

『西日本新聞』（昭和二九年四月一二日）
『西日本新聞』（昭和二九年四月一四日）
『西日本新聞』（昭和二九年三月二八日～昭和二九年一〇月二四日）
『西日本新聞』（昭和三〇年三月二日～三月一〇日）
『西日本新聞』「ライオンズ投手陣の展望」（昭和三〇年三月二五日）
『中部日本新聞』（昭和三六年四月一〇日）
『中部日本新聞』（昭和三六年四月一七日）
『中部日本新聞』（昭和三六年七月三一日）
『中部日本新聞』（昭和三六年八月四日）
『中部日本新聞』（昭和三六年八月二三日）
『中部日本新聞』（昭和三六年九月二二日）
『毎日新聞』（昭和三七年一一月六日）
『朝日新聞』（昭和六〇年三月八日）
『毎日新聞』大分版（平成一九年五月二四日）
『スポーツニッポン』（二〇一一年一一月一〇～一二日）
『スポーツ報知』（一九九六年七月一二日）
『大分合同新聞』（昭和三〇年七月二二日）

【ホームページ・ウェブ】

『スポニチアネックス野球　第四回　中西太』
『野球記録あら?カルト』久保拓也
『広島ファン倶楽部』
『福岡県野球博物館・懐かしの外国人列伝・ライオンズ編』

『げんまつＷＥＢ　タイガース歴史研究室』
『ドラおた』
『里見秋介の創作ノート』

【取材協力】

野崎泰一／石本晟／備前喜夫／安仁屋宗八／阿南準郎／龍憲一／長谷部稔／榊原盛毅／渡部英之／河野誠之／藤井弘／岡本昌義／増田功／増田アツコ／酒井知恵子／角井康／石本孝則／松村正熙／石本剛也／前垣壽男／松山昇／山本忠男／長島吉邦／三原新二郎／柳瀬釈迦子／足木敏郎／柿本実／渋川寿一／久藤宣機／久藤光江／佐々木リキヤ／奥田恒幸／石本耕三／小島ノブ子／権藤博／中利夫／桐原正文／保田昌志／門岡信行／桑原秀範／松本團治／久山雅志／大羽進／河野昭修／西村貞朗／坂上惇／高倉照幸／滝内弥瑞生／久保山誠／村山泰延／安部和春／清原文秀／鶴田幸生／今泉京子／佐々木圭司／中井政夫／浅井昭秋／池本和彦／山中善和／衣笠祥雄／小笠原孝治／竹野吉郎／佐竹昭／小迫泰彦／森徹／小滝台治／畑孝子／武冨一彦／稲尾律子／西原恭治／山本一義／長野清一／北川建次／服部武夫／中島国彦／今西良光／豊田泰光／中西太／長谷川純／森本達幸／森本達幸（夫人）／石山功／鵜狩道夫／福永富雄／濃人賢二／濃人光子／山本晃正／箱上恵吾／岡本善行／先川和幸／一條康洋／稲垣人司（講義録音）／比留間昭博／菊地正裕／菊地埈司／梅野陽造／住吉節子／菊地恵美子／河野哲頼／富樫珪石／迫谷富三／高路貴子／石本田鶴子／品川つる枝／山根幸子／長野清一／稲垣美智江／上田利治／古葉竹識／西川正彦／桐原正行／水谷実雄／山本陽子

西本　恵（にしもと・めぐむ）

一九六八年、山口県玖珂郡周東町（現・岩国市）生まれ。小五で「江夏の21球」に魅せられ、野球に興味を抱く。広島修道大学卒業後、大手食品メーカーや大手住宅メーカー勤務。脱サラ後、地域コミュニティー誌編集に携わり、地元経済誌編集社で編集デスクを経験。三五歳で独立。雑誌、書籍などでカープ関連の記事を執筆。著書『広島カープ昔話・裏話』（二〇〇八年・トーク出版刊）は『広島カープ物語』（トーク出版刊）として漫画化される。二宮清純氏ＨＰ「カープ・アイ」にレギュラー執筆。ＮＨＫシリーズ被爆七〇年ドラマ「鯉昇れ、焦土の空へ」（二〇一四）取材協力、資料提供。ＲＣＣ中国放送開局六五周年記念ラジオ番組「カープ伝説」（二〇一七）ではナレーション原稿担当。劇場版「鯉のはなシアター」（二〇一八）の脚本アドバイスを行うなどカープ史企画が多数。

日《に》本《ほん》野《や》球《きゅう》をつくった男《おとこ》——石《いし》本《もと》秀《ひで》一《いち》伝《でん》

二〇一八年一一月二八日第一刷発行

著　者　西本《にしもと》　恵《めぐむ》

発行者　渡瀬昌彦

発行所　株式会社　講談社
東京都文京区音羽二－一二－二一　〒一一二－八〇〇一
電話　〇三－五三九五－三五一二（編集）
〇三－五三九五－四四一五（販売）
〇三－五三九五－三六一五（業務）

装幀者　池田進吾（next door design）

印刷所　豊国印刷株式会社

製本所　株式会社若林製本工場

本文データ制作　講談社デジタル製作

ISBN 978-4-06-513899-1　Printed in Japan　N.D.C.780　580p　19cm